Jochen Schmidt

Hölderlins geschichtsphilosophische Hymnen
›Friedensfeier‹ – ›Der Einzige‹ – ›Patmos‹

Jochen Schmidt

Hölderlins geschichtsphilosophische Hymnen
›Friedensfeier‹ – ›Der Einzige‹ ›Patmos‹

Wissenschaftliche Buchgesellschaft
Darmstadt

Einbandgestaltung: Neil McBeath, Stuttgart.
Einbandbild: Friedrich Hölderlin.
Getuschter Schattenriß, wohl 1797.

CIP-Titelaufnahme der Deutschen Bibliothek

Schmidt, Jochen:
Hölderlins geschichtsphilosophische Hymnen:
„Friedensfeier" – „Der Einzige" – „Patmos" /
Jochen Schmidt. – Darmstadt: Wiss. Buchges., 1990
ISBN 3-534-10869-8

Bestellnummer 10869-8

Gedruckt auf säurefreiem und alterungsbeständigem Werkdruckpapier
Satz: Setzerei Gutowski, Weiterstadt
Druck und Einband: Wissenschaftliche Buchgesellschaft, Darmstadt
Printed in Germany
Schrift: Linotype Times, 9.5/11

ISBN 3-534-10869-8

INHALT

VORWORT

Seit jeher gelten die in den Jahren 1801 bis 1803 entstandenen Hymnen Hölderlins als ein Höhepunkt, wenn nicht als *der* Höhepunkt seines Werks. Manchen von diesen esoterischen Texten, die zu den schwierigsten in deutscher Sprache gehören, hat sich die Forschung schon ergebnisreich zugewandt, einigen aber erst ansatzweise, vieles blieb im Dunkel und vor allem fehlt es an übergreifenden strukturbildenden Untersuchungen. Während sich die Wissenschaft mit Erfolg um Hölderlins Bedeutung in der Geschichte des deutschen Idealismus bis zur Jahrhundertwende bemüht, d.h. in der Zeit, in welcher der ›Hyperion‹, der ›Empedokles‹ und die theoretischen Schriften entstanden, blieben die Jahre nach 1800 und damit das überragende lyrische Spätwerk weitgehend außerhalb des philosophischen und historischen Fragehorizonts. Lyrik, mochte sie von noch so hoher geistiger Intensität zeugen, schien trotz der gerade bei Hölderlin schon immer naheliegenden Einsicht in den inneren Zusammenhang von Denken und Dichten in kein Kontinuum der Reflexion und in keinen systematisch beschreibbaren Horizont integrierbar.

Das hatte nicht nur zur Folge, daß das Spätwerk in dieser Hinsicht beinahe eine *terra incognita* blieb; man glaubte auch Erkenntnisse, die sich aus der Analyse des früheren Werks ergaben, einfach auf das spätere übertragen und es im übrigen vernachlässigen zu können. Nicht zuletzt ging so die Frage nach einer möglichen weiteren Entwicklung von Hölderlins dichterischem Denken fast verloren – nach einer Entwicklung, die sich doch für die ebenfalls nur knapp bemessenen Schaffensjahre vor der Jahrhundertwende klar abzeichnete.

Mit diesem Buch, das auf einen Vorlesungszyklus an der École Normale Supérieure in Paris zurückgeht, hoffe ich in mehrfacher Hinsicht Vorstudien zu geben. Es soll die noch längst nicht genügend erhellten Texte durch philologische Analyse weiter aufschließen – wer allein übergreifende geschichtsphilosophische Perspektiven darin sucht, wird sich durch die kommentierenden und fundierenden exegetischen Partien mit ihren genauen Detail-Nachweisen enttäuscht sehen. Es soll, zweitens, eine Reihe der wichtigsten späten Hymnen erstmals in einem denkerischen Zusammenhang zeigen und, drittens, diesen Zusammenhang sowohl systematisch wie vor allem historisch vertiefen –

auch durch den Versuch, Hölderlins bisher fast ganz unbekanntes theologisches Erbe und dessen Bedeutung für seine geschichtsphilosophische Konzeption zu eruieren und zugleich den Synkretismus antiker und christlicher Vorstellungen zu erfassen, durch den das Toleranzdenken der Aufklärung den Horizont idealistisch universalisierender Vergeistigung erreicht. Hölderlin, wie kaum ein anderer ein *poeta doctus*, der sich selbst in den geschichtsphilosophischen Hymnen zum *poeta vates* stilisiert, dennoch aus seinem poetischen Dialog mit der Überlieferung sowie aus den Problemstellungen und geistigen Tendenzen seiner Zeit als *historisch verständliche Gestalt* wiederzugewinnen, ist ein Hauptziel der hier vorgelegten Untersuchungen.

Ich habe mich von der Überzeugung leiten lassen, daß Hölderlins Hymnen, so wesentlich ihre geschichtsphilosophische Grunddimension ist, sich doch nicht auf Geschichtsphilosophie reduzieren lassen und daß ihnen eine bloß philosophische Lektüre sowenig gerecht wird wie eine bloß historische, psychologische oder ästhetische. Daß sich aber geschichtsphilosophisches Denken hier poetisch, hochpoetisch, artikuliert, dürfte nicht nur den individuellen Grund haben, daß Hölderlin ein Dichter war. Es scheint auch eine historische, allen bloßen Theoriegebilden überlegene Wahrheit darin zu liegen: Geschichtsphilosophie, als teleologisch geprägte Vorstellung von der Geschichte in einer schon längst hereingebrochenen Krise des teleologischen Denkens, nun aufgehoben zu sehen in der poetischen Fiktion und im Gewande mythischer Metaphern.

Für wertvolle Hilfe bei der Druckvorbereitung dieses Buches danke ich Gabriele Schulz, Stephanie Schwarz, Katrin Seebacher, Thomas Greiner, Thomas Pittrof und Burkhard Wahle.

Freiburg, in meinem 50. Jahr J. S.

EINLEITUNG

Vom zyklischen zum eschatologischen Geschichtsdenken

Zum allgemeinen Horizont von Hölderlins geschichtsphilosophischen Hymnen gehören ihre deutlich hervortretenden theologisch-heilsgeschichtlichen Voraussetzungen, die geschichtliche Dimensionierung der Theodizee, ferner die Wandlung des geschichtsphilosophischen Denkens von Voltaire über Herder bis Hegel und das sich bereits abzeichnende Ende der Geschichtsphilosophie in der nachidealistischen Epoche des 19. Jahrhunderts. Ihr spezieller historischer Ort ist derjenige der idealistischen Geistphilosophie. Für sie ist die Geschichte die Selbstverwirklichung des Geistes und die Geschichtsbetrachtung selbst, wie Hegel wiederholt betont, eine säkulare Form der Theodizee, welche den denkenden Geist mit dem Negativen in der Geschichte versöhnt. Fundamental ist ein entschieden teleologisches Denken, dem sich Geschichte noch nicht resignativ, wie später für Jacob Burckhardt, auf bloße Kontinuität reduziert, und erst recht nicht, wie für Goethe, als ein „Gewebe von Unsinn für den höheren Denker" und als eine „ungeheure Empirie" darbietet, deren Ungeheures in einem jede Sinnwahrnehmung obstruierenden Pluralismus weitgehend isolierter, jedenfalls aber sich nicht in eine Gesamtordnung fügender Geschehnisse liegt; ein teleologisches Denken, das sich vielmehr gerade angesichts der säkularen Skepsis und auch des scharfen Bruchs, den das epochale Ereignis der Französischen Revolution für das historische Bewußtsein bedeutete, bei Hölderlin noch einmal in einer äußersten Anstrengung artikuliert.

Wie keine der auf möglichst reine Begrifflichkeit angelegten und daher immer schon reduzierenden geschichtsphilosophischen Theorien bewahren Hölderlins Hymnen den Reichtum von mythologischen und theologischen Vorstellungen auf, die dieses Denken nicht nur seit langem und bis zurück zu den eschatologischen Ursprüngen illustrieren, vielmehr es strukturieren und seine Wirkung miterzeugt haben – ja in gewissem Sinne dieses Denken *sind*. Die Esoterik der hymnischen Sprache, die keine leichte Wiedergewinnung all dessen erlaubt, was in ihr mehr aufgehoben als ausgesprochen ist, beruht auf der intensiven Einschmelzung dieser Welt von Vorstellungen; sie folgt aber auch dem Impuls spekulativer Vergeistigung, wie sie für den deutschen Idealismus charakteristisch ist.

In Hölderlins Werk selbst bezeichnen die geschichtsphilosophischen Hymnen der Jahre 1802 und 1803 das Ende, doch repräsentieren sie nicht abschließend noch einmal eine bereits früher ausgeprägte Denkform und Vorstellungswelt. Im Gegenteil. Ein Rückblick auf das frühere Werk zeigt eine deutliche Wandlung des Geschichtsdenkens. Noch bis in das Jahr 1801 hinein ist es nicht eschatologisch, sondern zyklisch strukturiert, wenn auch immer wieder von finalisierenden Perspektiven mitbestimmt. Oft spricht Hölderlin in seinen früheren Dichtungen von dem periodischen Wechsel von „Tag" und „Nacht", d.h. von erfüllten und unerfüllten Zeiten. Den Wandel vermag am besten ein Vergleich zwischen der ›Friedensfeier‹ und der Rhein-Hymne zu erhellen. Auch in der Rhein-Hymne ist von einem vollendenden „Fest" die Rede, und auch dort ist die mythische Metapher dieses festlichen Vollendungsgeschehens die Einkehr der Götter bei den Menschen. In Anspielung auf den *hieros gamos* spricht Hölderlin vom „Brautfest", das sie mit den Menschen feiern (V. 180). Doch signalisiert dieses Fest nicht wie in der ›Friedensfeier‹ das Ende der Zeit und damit der Geschichte. Wohl ist es ein Vollendungsgeschehen, aber es dauert, wie es wörtlich heißt, nur „eine Weile" lang (V. 183). Lediglich um eine binnengeschichtliche Gipfelzeit zwischen geschichtlich dunklen Zeiten handelt es sich. Sie kann „schnell vorüber" gehen (V. 196). Während in der eschatologischen Sicht der ›Friedensfeier‹ das „Fest" der vollendeten Zeit zugleich die Aufhebung von Zeit und Geschichte bedeutet, ist es in der Rhein-Hymne selbst der Zeit unterworfen und wird daher noch im eigentlichen Sinne historisch begriffen.

Die Rhein-Hymne reflektiert die geschichtlichen Bedingungen, unter denen sich Gipfelzeiten ereignen können. In der Schlußpartie versucht sie, eben weil das geschichtliche Geschehen ewig veränderlich ist und sich weder beherrschen noch in eine teleologische Perspektive bringen läßt, aus stoisch-philosophischem Geist sich *über* alles Zeitliche zu erheben – durch die Herausbildung eines souveränen Bewußtseins. Als höchstes Ziel erscheint eine vom geschichtlichen Geschehen unabhängige Existenz, die zu bestehen vermag, ganz gleich, wie die geschichtliche Situation aussieht: zu bestehen „Bei Tage, wenn / Es fieberhaft und angekettet das / Lebendige scheinet oder auch / Bei Nacht, wenn alles gemischt / Ist ordnungslos und wiederkehrt / Uralte Verwirrung" (V. 216–221). Doch versucht Hölderlin *innerhalb* der beliebig vielen und nicht „sinnvoll" aneinandergereihten Zyklen Gesetzmäßigkeiten aufzudecken. Nur aufgrund solcher Gesetzmäßigkeiten und ihrer auf Wiederkehr angelegten Struktur kann das Geschichtsbild der Rhein-Hymne als zyklisch erscheinen.

Hölderlin geht von einem Gegensatz und seiner vorübergehenden Vermittlung aus: von dem auch für Hegel entscheidenden Gegensatz von „Positivem" und „Negativem". Alles Geschehen nimmt, wie am Anfang der Hymne der Rheinstrom, seinen Ausgang von reiner Negativität, d.h. von einer noch chaotischen, aber schöpferisch unmittelbaren Ursprungssphäre, um sich dann immer mehr ins „Positive" fester Formen und Bindungen hineinzubegeben. In der Mitte zwischen den Extremen liegt der Zustand der geschichtlichen Erfüllung: des harmonischen Ausgleichs von Unendlichem und Endlichem, den Hölderlin mythisierend als Brautfest der Götter und Menschen bezeichnet. Aber diese ideale Mitte und Vermittlung läßt sich nicht stabilisieren. Sie wird überschritten durch den unaufhaltsam zum „Positiven" drängenden geschichtlichen Prozeß. Der am Ende dieses Prozesses erreichte einseitig-„positive" – Nietzsche wird später sagen: apollinische – Zustand aber produziert den dialektischen Umschlag in die reine Negativität. In dieser Denkform versucht Hölderlin auch die geschichtliche Notwendigkeit von Revolutionen zu fassen. Nach dem dialektischen, revolutionären Umschlag in die reine Negativität wiederholt sich der gleiche Vorgang, bis wieder, nach dem idealen Mittelzustand des harmonischen Ausgleichs, das Stadium der Erstarrung im einseitig „Positiven" folgt, und so fort. So stellt sich die zyklische Struktur der Geschichte her.

Die Einsicht in diese Struktur der Geschichte rettet aus blinder Desorientierung, ja sie vermittelt ein Bewußtsein, das über das jeweils unmittelbare Geschehen erhebt, weil es dieses in den größeren Zusammenhang einzuordnen vermag. Indem die Rhein-Hymne auf solche geistige Unabhängigkeit zielt, extrapoliert sie das Bewußtsein aus dem Geschichtsprozeß, durch den es sich gebildet hat. In der ›Friedensfeier‹ dagegen bleibt der Bewußtseinsprozeß immer in den – nunmehr linearen – Geschichtsprozeß integriert, weil nun, und dies ist das Entscheidende, der Geschichtsprozeß selbst als ein Vergeistigungsprozeß aufgefaßt wird. Deshalb auch verläuft er linear und eschatologisch. Es ist der „Geist", der am Ende dieses geschichtlichen Vergeistigungsprozesses den Menschen in höchster und zugleich universaler Weise offenbar wird; und schon vorher, im Geschichtsprozeß selbst war er am Werk. „Der hohe, der *Geist* / Der Welt" (V. 77f.) neigt sich zu den Menschen, heißt es im Hinblick auf die Vollendung. Die noch nicht vollendete, aber durch den Geist und im Geist zur Vollendung geführte Geschichte ist gleichsam sein „Tagewerk" (V. 81). In diesen vergeistigenden und zu einer Vollendung im reinen Geist hinstrebenden Geschichtsprozeß ist die Bewegung des menschlichen Bewußtseins ganz miteinbezogen: „Wo aber wirkt der *Geist*, sind wir auch mit, und streiten, / Was wohl das Beste sei" (V. 85f.). Ein solches Denken im linearen Kontinuum tendiert, im Unterschied zum zyklischen Geschichtsmodell, nicht nur zur Aufhebung der Zeit. Es ist auch ein Versuch, Geschichte ohne die Notwendigkeit von Revolutionen zu konzipieren, wie sie für das zyklische Modell mit seinem dialektischen Umschlag vom „Positiven", Erstarrten in die reine Negativität charakteristisch sind.

Doch läßt sich daraus nicht folgern, daß das neue Geschichtsdenken, wie es sich in der ›Friedensfeier‹ abzeichnet, von einer prinzipiellen Ablehnung revolutionärer Prozesse motiviert wird. Denn erstens hätte dann auch schon die 1801 entstandene Rhein-Hymne, die Hölderlin nach seiner Enttäuschung durch die Französische Revolution und nach der Hinwendung von revolutionären zu evolutionären Hoffnungen[1] schrieb, ein auf der periodischen Notwendigkeit von Revolutionen beruhendes Geschichtsbild nicht mehr entwerfen dürfen. Und zweitens hätte Hölderlin nicht noch später, in den ›Anmerkungen zu Antigonä‹ das revolutionäre Modell zugrunde gelegt. In der ›Antigonä‹ repräsentiert ihm Kreon mit seinem Edikt die Sphäre des „Positiven" im Zustand inhumaner Erstarrung und Antigone die darauf folgende Reaktion: den dialektischen Umschlag in die radikale Negativität. Diesen Umschlag bezeichnet Hölderlin als „vaterländische Umkehr", wobei „Umkehr" das deutsche Wort für „Revolution" ist. Er definiert sie als eine totale Revolution: als eine „Umkehr aller Vorstellungsarten und Formen" (V, 271, Z. 5)[2], und sieht sie nach Art einer „Reaction" verlaufen: „das unförmliche entzündet sich an allzuförmlichem" (V, 271, Z. 21f.). Das „Unförmliche" ist das gegen die bestehende Form gerichtete „Negative", während das „Allzuförmliche" das im einseitig „Positiven" Erstarrte ist. Daraus ergibt sich, daß das linear-eschatologische Geschichtsbild der ›Friedensfeier‹ nicht etwa das zyklisch-revolutionäre schlicht ablöst.

Das Nebeneinander beider Denkmodelle läßt sich am ehesten verstehen, wenn man darauf achtet, daß Hölderlin die Art des Hergangs in der ›Antigonä‹ als „tragisch" bezeichnet. Deshalb demonstriert er

[1] Hierzu: Jochen Schmidt, „Hölderlins Entwurf der Zukunft", Hölderlin-Jahrbuch 16 (1969–70), S. 110–122, bes. 117–120.

[2] Zitate nach der Großen Stuttgarter Ausgabe, hrsg. v. Friedrich Beißner.

ihn ja gerade an einer Tragödie. Nicht also um eine optimistische Bejahung revolutionärer Prozesse handelt es sich, was nach der schon längst vollzogenen und von einer schweren Enttäuschung gekennzeichneten Abwendung von der Französischen Revolution ohnehin nicht mehr möglich gewesen wäre. Aber Hölderlin sieht nach wie vor die unter bestimmten historischen Voraussetzungen gegebene *Unausweichlichkeit* von Revolutionen. Das ist dann der „tragische" Verlauf von Geschichte, weil in ihm Tod und Vernichtung Bedingung für die Entstehung einer neuen lebendigen Ordnung sind. Den Vorrang gegenüber solch „tragisch"-revolutionären Verläufen erhält nun aber der Gedanke an die Möglichkeit evolutionärer Prozesse. Hölderlin entwirft sie in zwei Varianten. Die frühere Variante ist die vor allem in den Deutschland-Gedichten – in den Oden ›An die Deutschen‹ und ›Gesang des Deutschen‹ sowie in der Hymne ›Germanien‹ – zum Tragen kommende Idee einer naturhaft organischen Entwicklung, die weitgehend dem Vorbild von Herders organologischer Geschichtsinterpretation folgt. Die spätere Variante, deren erstes großes Zeugnis die ›Friedensfeier‹ ist, zeigt ein Geschichtsbild, das zwar die Geschichte, wie besonders aus der Schlußtrias hervorgeht, auch in der Natur und in einem naturhaften Reifeprozeß begründet, sie aber zugleich idealistisch als einen Vergeistigungs- und Bewußtseinsprozeß zu begreifen sucht.

Gemeinsam allerdings haben beide Geschichtsmodelle Hölderlins, das zyklisch-revolutionäre und das linear-eschatologische, die Tendenz zum Absoluten und Totalen, wenn auch in unterschiedlicher Weise. In den ›Anmerkungen zur Antigonä‹ spricht er von der „Umkehr *aller* Vorstellungsarten und Formen", und des weiteren verwendet er Kategorien, die auf das Unendliche, in seiner Unendlichkeit geradezu Undenkbare und deshalb nur dämonisch Erfahrbare eines solchen revolutionären Hergangs zielen – was weit jenseits realpolitischer Vorstellungen von Revolutionen liegt. In der ›Friedensfeier‹ steht am Ende der „*all*versammelnde" Festtag als Zeichen der All-Versöhnung. In dieser Tendenz, Geschichte in jedem Fall, sowohl durch das vollendende Ende wie durch die innere Unendlichkeit eines revolutionären Augenblicks, zum Totalen und Absoluten zu transzendieren, zeigt sich am deutlichsten das religiös-metaphysische Erbe des Idealismus. Während in der optimistischen Vision der ›Friedensfeier‹ der „Gott" in der Rolle des All-Versöhners als Pleroma und kosmologisches Optimum der Vermittlung vorgestellt wird und das „Fest" den endzeitlich gesicherten Kosmos glanzvoll repräsentiert, kennt selbst noch die „tragische" Vision der *nicht* vermittlungsfähigen Geschichte in der ›Antigonä‹ den zwar zerstörerischen, aber doch zugleich beseligend-„ungeheuren“: den „göttlich“ totalen Moment der reinen Negativität.

Voll erkennbar wird der Stellenwert des zuerst in der ›Friedensfeier‹ entworfenen Geschichtsbildes erst, wenn man ihn nicht nur zum zyklisch-revolutionären Geschichtsmodell, sondern auch zu den Weiterentwicklungen des linear-eschatologischen Geschichtsmodells ins Verhältnis setzt. Die auf die ›Friedensfeier‹ folgende Patmos-Hymne und die zweite Fassung des ›Einzigen‹, Hölderlins letzte Geschichtsdichtung, gehen von dem neuen, eschatologischen Geschichtsverständnis aus. Sie sind auf das „Ende“ hin perspektiviert. Mit den lapidaren Worten „Ist aber geendet“ schließt die 2. Fassung des ›Einzigen‹, indem sie das Ende des in ihr dargestellten Geschichtsverlaufs konstatiert. „... und eilend geht es zu Ende“, heißt es in der Patmos-Hymne (V. 178) von dem „Werk“ der Geschichte. In beiden Hymnen ist, wie schon in der ›Friedensfeier‹, die Gestalt Christi von außerordentlicher Bedeutung. Es ist kein Zufall, daß Hölderlin gerade in diesen drei im Zeichen Christi stehenden, wenn auch von jedem kirchlich-orthodoxen Christentum weit entfernten Hymnen das linear-eschatologische, im weitesten Sinn heilsgeschichtliche Geschichtsverständnis entwickelt. Ihm war bewußt, daß dieses Geschichtsverständnis seiner Grundstruktur nach der christlich-heilsgeschichtlichen Tradition verpflichtet ist.

Doch wechselt er nicht einfach zu diesem Geschichtsverständnis über. Das eigentlich Interessante ist, wie er den Wechsel begründet: Er beruft sich auf das mit Christus in die Welt gekommene pneumatische Prinzip. Im Zentrum der Patmos-Hymne steht die Aussendung des Geistes. Sie ist nicht ein einmaliges Ereignis, vielmehr beginnt damit ein immer weiter wirkender Vergeistigungs*prozeß*, der über alles Beschränkt-Positive, auch des religiösen Lebens selbst, zur Vollendung der Geschichte in einem Zustand universal vermittelnder Geistigkeit führt.[3] Dieses pneumatische Prinzip des Geschehens läßt nun aber nicht mehr zu, daß es – wie in der zyklischen Geschichtsauffassung – immer wieder zu einer Erstarrung im Einseitig-„Positiven“ kommt, die dann ihrerseits *per reactionem* den chaotisch-revolutionären Umschlag in die Negativität heraufbeschwört. Denn da es sich um einen immer weiter fortschreitenden Vorgang der Vergeistigung handelt, wird das Positive, das am Anfang der christlichen Ära noch dominierte, immer weiter aufgelöst. Das wichtigste Symbol dafür ist

[3] Vgl. S. 234 ff.

für Hölderlin wie für Hegel in seiner Frühschrift ›Der Geist des Christentums und sein Schicksal‹ der Tod Christi. Die Auflösung der „positiven“ Gestalt signalisiert die Auflösung überhaupt des Prinzips des Gestalthaften, Plastischen zugunsten des Pneumatischen, dessen Ära durch die bezeichnenderweise auf den Tod Christi folgende Aussendung des Geistes beginnt. „Sein Licht war Tod“ heißt es in einer späten Überarbeitung von ›Patmos‹ (186, V. 175), und vorher schon: „erloschen ist der Ruhm die Augenlust ... Und Reiche, das Jugendland der Augen sind vergangen“ (180, V. 62–64).

Daraus läßt sich folgern, daß das zyklisch-revolutionäre Modell nun nicht einfach als ein falsches begriffen wird: vielmehr daß es erst mit dem Beginn der pneumatisch-christlichen Ära seine Geltung verliert, während es weiterhin als das für die plastische vorchristliche Ära der antiken Kultur maßgebende erkannt wird. Mit anderen Worten: Hölderlin mußte, wenn man dieser Logik folgt, nicht eine die *gesamte* Geschichte durchgehend bestimmende Struktur, sondern ein eigenes Strukturgesetz für die antike Ära vor Christus und wiederum ein eigenes Strukturgesetz für die nachchristliche Ära annehmen. Tatsächlich zieht er diese letzte Konsequenz in der nach der Hauptfassung von ›Patmos‹ zu datierenden 2. Fassung des ›Einzigen‹. Sie unterstellt die vorchristliche antike Geschichte dem zyklisch-revolutionären Gesetz, indem sie vom „Positiv“-Werden der antiken Kultur und dem daraus folgenden Umschlag in die chaotische Negativität spricht; dann aber läßt sie mit Christus eine linear-eschatologisch gerichtete Geschichtsära beginnen.[4] Natürlich war es Hölderlin bewußt, daß er mit dieser Dichotomie dem geschichtlichen *Selbst*verständnis sowohl der vorchristlich-antiken wie andererseits der christlichen Zeit folgte. Denn die beherrschende Geschichtsanschauung des Altertums war die zyklische, während die christliche traditionell heilsgeschichtlich-eschatologisch ist. Bei Hölderlin aber handelt es sich weder um das nur historisch interessante, jeweils verschiedene *Selbst*verständnis noch um den sich in diesem Selbstverständnis ausdrückenden Anspruch auf das Verständnis von Geschichte in ihrer Ganzheit; vielmehr sieht er darin die tatsächlich verschiedenen Strukturen von zwei einander an der Zeitwende ablösenden Epochen abgebildet.

Ihre Bedeutung gewinnt die mit der ›Friedensfeier‹ einsetzende linear-eschatologische Interpretation von Geschichte seit Christus indessen nicht als eine spezifisch christlich gemeinte, sondern als die für die Moderne und also für die Gegenwart und ihr geschichtliches Be-

[4] Vgl. S. 156–165.

wußtsein gültige. Hölderlin wendet sich damit von seiner eigenen, noch über das Jahr 1800 hinaus dominierenden Gesamtinterpretation von Geschichte ab, die im wesentlichen zyklisch war. Die Gegenwart war ihm nur „Nacht" zwischen dem einstigen griechischen und dem erhofften künftigen „Tag". In zahlreichen Gedichten fragte er nach Möglichkeiten, in der Gegenwart wiederum eine so glanzvolle Kultur hervorzubringen. „Wo ist dein Delos, wo dein Olympia ...?" lautet die Frage an Deutschland im ›Gesang des Deutschen‹. Die Elegie ›Brod und Wein‹ und der ›Archipelagus‹ evozieren mit vollendeter poetischer Kraft die Bilder der untergegangenen griechischen Welt, ihre Tempel, Theater, Feste und alle anderen Einrichtungen einer idealisch verklärten Polis, um nach Bedingungen zu forschen, die in der eigenen Zeit wiederum eine solch glanzvolle – wenn auch das Vergangene durchaus nicht klassizistisch nachahmende – Kultur ermöglichen. Das alles ist nun, samt dem zugrundeliegenden zyklischen Geschichtsdenken, durch die mit der ›Friedensfeier‹ beginnende und durch den ›Einzigen‹ sowie die Patmos-Hymne vollendete Wendung zum pneumatischen und zugleich eschatologischen Prinzip überholt. Gerade nicht mehr auf die Wiederkunft der einstmals ersehnten „plastischen" Kultur, sondern auf die so ganz andere pneumatische Vollendung kommt es nun an. So überträgt sich die Hölderlins ganzes Spätwerk durchziehende, aus der Reflexion auf die Problematik des Klassizismus entstandene Anstrengung um ein eigenes, authentisches Wesen – eine Anstrengung, die man bisher nur in der anthropologischen und kunsttheoretischen Sphäre wahrgenommen hat – auch in die geschichtsphilosophische Dimension.

›FRIEDENSFEIER‹

Einführung in das wörtliche Verständnis und in die Struktur der Hymne*

Wohl nur ein Gedicht von den in der Literaturgeschichte berühmten ist so rätselvoll und umstritten wie Hölderlins ›Friedensfeier‹ – Vergils vierte Ekloge, und sie ist es aus ganz ähnlichen Gründen. Seit jeher geben die Hauptgestalten beider Dichtungen, Vergils „puer nascens" und Hölderlins „Fürst des Festes", als schwer faßliche Verkörperungen der dichterischen Heilserwartung den Interpreten Rätsel auf.[1] Beiden Gestalten verleihen historische Vorgänge und aktuelle Anlässe die Aura des unmittelbar Nahen. So konnte man auf die Pax Brundisina des Jahres 40 v. Chr. und auf das Ereignis des Friedens von Lunéville im Jahre 1801 hinweisen; man glaubte in Vergils „puer nascens" den Sohn eines römischen Konsuls und in Hölderlins „Fürst des Festes" den Ersten Konsul der Französischen Republik, Napoleon Buonaparte, zu erkennen. Am Ende der ›Friedensfeier‹ erscheint die große Mutter Natur als der letzte Grund des sich herstellenden Heils – bei Vergil entspringt das Heil den Konstellationen kosmischer Natur. In die vierte Ekloge wie in Hölderlins Hymne spielt der Mythos vom Goldenen Zeitalter herein. Schließlich versammeln sich zahlreiche soteriologische Vorstellungen in einem konzeptionell wie kulturgeschichtlich aufschlußreichen Synkretismus auf den Repräsentanten eschatologischer Hoffnungen – vor allem ist der Bezug des göttlichen Sohnes zum göttlichen Vater in beiden Dichtungen gleichermaßen von Bedeutung.

Offenkundig kann ein nach gewöhnlichen Maßstäben gewonnener

* Veränderte und wesentlich erweiterte Fassung der unter dem Titel ›Die innere Einheit von Hölderlins Friedensfeier‹ erschienenen Abhandlung im Hölderlin-Jahrbuch (künftig: HJb) 14 (1965/66), Tübingen 1967, S. 125–175. Zitate nach der Großen Stuttgarter Ausgabe.

[1] Umfassende Literaturangaben zur ›Friedensfeier‹ in: Internationale Hölderlin-Bibliographie, hrsg. v. Hölderlin-Archiv der Württembergischen Landesbibliothek Stuttgart, bearbeitet von Maria Kohler, Stuttgart 1985, Nr. 5609–5718.

Begriff von Eindeutigkeit der Herausforderung solch komplexer Gebilde nicht gerecht werden, da deren fehlende Eindeutigkeit geradezu poetisches Programm ist. Die Bemühung um Verständnis kann sich aber nicht damit begnügen, dieses Programm – bewußte und gewollte Vieldeutigkeit und daher in einem weiteren Sinn doch wieder „eindeutige" Vieldeutigkeit – positiv zu begreifen. Wenn es zutrifft, daß das Universelle und deshalb schwer Faßliche der göttlichen Gestalt, auf die sich Hölderlins ähnlich wie Vergils Heilserwartung richtet, zum Wesen dieser Gestalt gehört, dann müssen sich alle, auch die vielen bisher dunkel gebliebenen Züge klären: als Elemente, die sich dieser Konzeption zuordnen, als Strukturen, die sie überhaupt erst zum Tragen bringen.

I. Die erste Strophentrias

Den Anfang der wie fast alle großen Hymnen Hölderlins nach pindarischem Muster in Strophentriaden aufgebauten ›Friedensfeier‹ erfüllt ganz die Vision der Vorbereitung zum endzeitlichen Göttermahl. Die „Situation" der Feier wird exponiert: der zeitliche und räumliche Rahmen des Festes, das Nahen der Gäste und ihr Empfang, das staunende Gefühl und das hohe Zeremoniell, das dazu gehört. Die Stimmung sublim-pathetischer Feierlichkeit, die oft auch das Exordium anderer Hymnen trägt, ist hier, wo der Name „Feier" schon in der Überschrift steht, konstitutiv. Stilistisch kennzeichnend dafür sind die weitausschwingenden syntaktischen und rhythmischen Linien, die Türmung ausgesuchter, ja auserlesener Epitheta und die ungewöhnliche Amplitude dieser meist als Doppelwort und partizipial gebrauchten Formen: still wiederklingend, ruhigwandelnd, altgebaut, seeliggewohnt, weithinglänzend, goldbekränzt, wohlangeordnet, ferne kommend.

Der himmlischen, still wiederklingenden,
Der ruhigwandelnden Töne voll,
Und gelüttet ist der altgebaute,
Seeliggewohnte Saal; um grüne Teppiche duftet
Die Freudenwolk' und weithinglänzend stehn,
Gereiftester Früchte voll und goldbekränzter Kelche,
Wohlangeordnet, eine prächtige Reihe,
Zur Seite da und dort aufsteigend über dem
Geebneten Boden die Tische.
Denn ferne kommend haben

Hieher, zur Abendstunde,
Sich liebende Gäste beschieden.

Schon diesen klassischen Natureingang bestimmt indirekt, aber strukturbildend die sich durch das ganze Gedicht ziehende Leitmetapher: die Metapher des Gewitters für das im endzeitlichen Frieden ausklingende stürmische Geschehen der Geschichte. Deutlicher ist in der Retrospektive der dritten Strophe die Rede vom „tausendjährigen Wetter", das hinunterbraust als „des Donnerers Echo"; und die zehnte Strophe beginnt im Hinblick auf die erwarteten Himmlischen:

Leichtathmende Lüfte
Verkünden euch schon,
Euch kündet das rauchende Thal
Und der Boden, der vom Wetter noch dröhnet.

Da die Eröffnungsstrophe bereits das Ende der Geschichte antizipiert, um von vornherein die eschatologische Gesamtperspektive der dichterischen Geschichtsdeutung zu konstituieren, ist das Geschichtsgewitter in ihr nur noch als ein soeben vergangenes wahrzunehmen – nur noch in feinen Spuren. Nicht mehr auf die Gewalt und das Dumpfe des Gewitters deuten sie; die Welt ist erfrischt („gelüftet"), sie schimmert in dem Glanz, der nie so intensiv wie nach einem reinwaschenden Gewitter der Natur Leuchtkraft gibt („weithinglänzend"); der Vogelgesang erwacht wieder, er klingt nun besonders voll und harmonisch – die Luft ist „der himmlischen, still wiederklingenden, / Der ruhigwandelnden Töne voll". Die Elegie ›Stutgard‹, in der Hölderlin ebenfalls das erquickte Leben nach dem Gewitter als Natureingang ausgestaltet, spricht nicht metaphorisch von himmlischen Tönen, sondern direkt vom Vogelgesang (V. 3ff.):

Offen steht jezt wieder ein Saal, und gesund ist der Garten,
  Und von Reegen erfrischt rauschet das glänzende Thal,
Hoch von Gewächsen, es schwellen die Bäch' und alle gebundnen
  Fittige wagen sich wieder ins Reich des Gesangs.
Voll ist die Luft von Fröhlichen jezt und die Stadt und der Hain ist
  Rings von zufriedenen Kindern des Himmels erfüllt.

„Um grüne Teppiche duftet die Freudenwolk'": Auch dieses Bild gehört in die Gesamtvorstellung von der Stimmung nach dem Gewitter. Als Metapher der Wiesen, die den „geebneten Boden" des Talgrunds bedecken, sind die Teppiche „grün“. Um diese Wiesen duftet die „Freudenwolke“: der feine Dunst, der nach einem eben abgeklungenen Gewitter über den Wiesen in die abgekühlte Luft schwebt. „Freude“ ist für Hölderlin ein Grundwort, mit dem er die belebende und begeisternde Erfahrung eines höheren Lebens und dementsprechend auch die „göttliche“ Wirkungsenergie bezeichnet, die er vorzugsweise durch die Gewittermetapher veranschaulicht. Der Anfang der Elegie ›Heimkunft‹ preist „die Wolke, / Freudiges dichtend“ (V. 1f.); und ein später Entwurf charakterisiert mit den gleichen Worten „duften“ und „Freude“ wieder die Stimmung nach einem eben abgeklungenen Gewitter: „Wenn aber die Himmlischen haben / Gebaut, still ist es / Auf Erden ... Und wohl duftet gelöscht / Von oben der Aufruhr. / ... Denn Freude schüttet / Der Donnerer aus ...“ (II, 222, V. 1ff.).

Die Großeinteilung der Landschaft in der Eröffnungsstrophe, die man immer wieder als unmetaphorische Darstellung eines wirklichen Saales mißverstanden hat, wird durch die metaphorischen Anspielungen auf die grünen Wiesen und die seitlichen Erhebungen der Berge deutlich, die im umgreifenden metaphorischen Rahmen des „Saales“ als „Teppiche“ und als „Tische“ erscheinen. In der Elegie ›Brod und Wein‹, in der Griechenland in gleicher Weise wie später in der ›Friedensfeier‹ die ganze Welt als „Haus der Himmlischen alle“ (V. 55) gepriesen wird, ist der Vergleich zwischen „Bergen“ und „Tischen“ ausgeführt (V. 57): „Festlicher Saal! der Boden ist Meer! und Tische die Berge ...“. In der ›Friedensfeier‹ dagegen steht nur die Metapher der „Tische“, doch wird diese Metapher gesprengt, damit sie auf das eigentlich Gemeinte hin durchsichtig werden kann: „Zur Seite da und dort *aufsteigend* über dem / Geebneten Boden“ heißen die „Tische“ – von wirklichen Tischen müßte es ja heißen, sie seien „aufgestellt“. Auch weist das „da und dort“ auf ein weit ausgreifendes und irreguläres räumliches Geschehen. Absonderlich wäre es nicht zuletzt, im Hinblick auf einen gewöhnlichen Saal hervorzuheben, er sei „geebnet“.

Immerhin scheint eine Schwierigkeit für die Deutung der Anfangsstrophe als einer poetischen Landschaftsdarstellung in der Aussage zu liegen, die Tische seien „gereiftester Früchte voll und goldbekränzter Kelche“ – Bilder, die sich nur mit Gewalt als *Metaphern* für Landschaftliches begreifen lassen. Und dennoch deuten sie, wenn auch in anderer, unmetaphorischer Weise, wiederum auf Landschaftliches, so daß der übergeordnete Bezugsrahmen gewahrt bleibt. An die Stelle der sonst bestimmenden metaphorischen tritt hier die *metonymische*

Darstellungsweise.[2] Die „gereiftesten Früchte" stehen für die herbstlichen Obstgärten, die „goldbekränzten Kelche" für die Weinberge. Weil das Laub der Weinberge im Herbst golden gefärbt ist, heißen die Kelche „goldbekränzt".

Endlich weist der „altgebaute" Saal (V. 3) auf das mythische Alter der Erde. Sonst wendet Hölderlin dieses Prädikat meistens auf die Berge an.[3] Der Worttyp „altgebaut", „göttlichgebaut" selbst ist griechisch, und in der Tat liegt ein griechischer Ausdruck, θεόδματος, zugrunde.[4] Insgesamt erhält die erste Friedensfeier-Strophe ein griechisches Gepräge durch die Häufung solcher bald hymnisch-feierlichen, bald episch-schmückenden Benennungen. Sie gehen auf Homer und Pindar zurück. So ist „goldbekränzt" griechisch χρυσοστέφανος, „wohlangeordnet" εὔκοσμος, „weithinglänzend" τηλαυγής.[5] Nicht sicher bestimmen läßt sich der Sinn des Adjektivs „seeliggewohnt". Entweder will es sagen, daß der Anblick des Saales mit Glück erfüllt, weil er so heimatlich vertraut und „gewohnt" ist. Oder es sagt in einem nicht gewöhnlichen, aber in Hölderlins Sprachgebrauch sehr wohl möglichen transitiven Sinn, die Erde sei durch das geschichtliche „Wohnen" der Menschen, durch den bis zur verklärenden Vollendung fortgeschrittenen Geschichtsgang, selbst verklärt und „seelig".

Besonders bedeutungsintensiv sind die Worte „still" und „ruhig". „Der himmlischen, *still* wiederklingenden, / Der *ruhig*wandelnden Töne voll ..." – diese Anfangsverse sind ein Vorklang zu der beziehungsreicheren Aussage der dritten Strophe „es blüht / Rings abendlich der Geist in dieser *Stille*" und insbesondere zu der Benennung des höchsten Gottes in seiner endzeitlichen Epiphanie als des „*stillen* Gottes der Zeit" (V. 89) und des „Sohnes" in der sechsten Strophe als eines „Ruhigmächtigen". Wichtig sind die „Stille" und die „Ruhe" dem in der pietistischen Tradition stehenden Dichter vor allem als

[2] Daß die metonymische Darstellungsweise Hölderlin nicht fremd ist, zeigt auch der zweite Vers der Elegie ›Der Wanderer‹, wo „Olymp" für „Himmel" steht.

[3] Vgl. z. B. die Verse 55ff. aus der Elegie ›Brod und Wein‹:

Seeliges Griechenland! du Haus der Himmlischen alle ...
Festlicher Saal! der Boden ist Meer! und Tische die Berge,
Wahrlich zu einzigem Brauche vor Alters gebaut!

[4] θεόδματος: Homer, Ilias Θ 519; Pindar Ol. 3,7; Ol. 6,59; Pyth. 1,61; Pyth. 9,10; Isth. 5 (6), 11.

[5] εὔκοσμος: Homer, Odyssee φ 123; τηλαυγής: homer. Hymnen 31,13; 32,8; Pindar Ol. 6,4; Pyth. 2,6; Pyth. 3,75; Nem. 3,64; χρυσοστέφανος: homer. Hymnen 6,1; Pindar Ol. 6,57; Ol. 8,1; Pyth. 9,109.

Ausdruck der Nähe zum Wesentlichen, wie schon die Jugendgedichte ›Die Stille‹, ›An die Ruhe‹ und ›An die Stille‹ zeigen.

Die Friedensstimmung, in der alles Getrennte wieder Eins und damit das tiefste Sein der Welt als Eins-Sein offenbar wird, findet in den ersten Versen noch durch ein besonderes Kunstmittel Ausdruck. „Still wiederklingend" ist ein Oxymoron. In diesem stillen Klingen vergegenwärtigt sich die dialektische Einheit der Gegensätze als das vollkommen Harmonische ebenso wie in den „ruhigwandelnden Tönen". Wie bewußt Hölderlin im Gebrauch dieser Vorstellung verfährt, beweisen die Analogien in anderen Dichtungen. Im ›Archipelagus‹ heißt es vom Zustand der Vollendung, daß die Seele des Volks sich „*Still*vereint im freieren *Lied*" (II, 110f., V. 259f.), und die Evokation der weihevollen Stimmung in der ersten Strophe von ›Brod und Wein‹, die wie in der ›Friedensfeier‹ eine von Frieden, Innigkeit und Geisteswehen erfüllte Abendstimmung ist, wagt die Kühnheit: „*Still* in dämmriger Luft *ertönen* geläutete Gloken" (II, 90, V. 11) – ein Vers, der die harmonische Stimmung des Abends in vollendeter Reinheit ausdrückt, in dem In-Eins von Licht und Dunkel, das sich auch sonst in Hölderlins Verständnis des Wortes „dämmrig" als das eigentlich Gemeinte nachweisen läßt,[6] in dem In-Eins von Laut und Stille. Gerade die Dichtungen der Jahre 1800 und 1801, die in einem tieferen Sinn klassischen Dichtungen Hölderlins, kultivieren das Oxymoron als Zeichen der intendierten dialektischen Einheit der Gegensätze. Besonders augenscheinlich ist diese Einheit von Stilwillen und Gedankenwurf in der Eröffnungsstrophe der Elegie ›Heimkunft‹.

„Denn ferne kommend haben / Hieher, zur Abendstunde, / Sich liebende Gäste beschieden" – dieser Schluß der ersten Strophe erklärt den Sinn der geschilderten Vorbereitung zum Gastmahl und bildet die Schwelle zur zweiten Strophe, die in der Vision des Fürsten sogleich die Hauptgestalt unter den „liebenden Gästen" nennt. Das umstrittene Wort vom verleugneten „Ausland" pointiert die Aussage, daß die liebenden Gäste „ferne": von fern her kommen.

Und dämmernden Auges denk' ich schon,
Vom ernsten Tagwerk lächelnd,
Ihn selbst zu sehn, den Fürsten des Fests.
Doch wenn du schon dein Ausland gern verläugnest,
Und als vom langen Heldenzuge müd,

[6] Vgl. Emil Staiger, Hölderlin: Drei Oden, in: Meisterwerke deutscher Sprache, 3. Aufl., Zürich 1957, S. 28f.

Dein Auge senkst, vergessen, leichtbeschattet,
Und Freundesgestalt annimmst, du Allbekannter, doch
Beugt fast die Knie das Hohe. Nichts vor dir,
Nur Eines weiß ich, Sterbliches bist du nicht.
Ein Weiser mag mir manches erhellen; wo aber
Ein Gott noch auch erscheint,
Da ist doch andere Klarheit.

Vom ersten ahnenden Sehen des Fürsten steigert sich die Vision über die Erfahrung des Gestaltannehmens bis zu der verklärenden Wirkung, die von seinem Erscheinen ausgeht: von dem mehr vermutenden „Dämmern" am Beginn der Strophe bis zu der sich ereignenden „Klarheit" an ihrem Ende. Schon die innere Logik dieses Verlaufs spricht dafür, daß sich der Passus „dämmernden Auges" nicht auf den erscheinenden Fürsten, sondern auf den visionär ergriffenen Dichter bezieht.

Am Ende der ersten Strophe heißt es, daß die liebenden Gäste sich zur „Abendstunde" her beschieden haben. Zu dieser Zeitangabe fügt es sich nun, daß der Fürst „vom ernsten Tagwerk lächelnd" zu dem abendlichen „Fest" kommt: zum Feier-Abend. „Tagwerk" (V. 14) und „Fest" (V. 15) bilden einen Gegensatz. Der energisch fortfahrende Vers: „Doch wenn du schon dein Ausland gern verläugnest" knüpft an diesen Gegensatz an, der sich noch weiter darin zeigt, daß der Fürst vom „ernsten" Tagwerk „lächelnd" kommt. Dieses Lächeln „verläugnet" den Ernst, der dem Tagwerk innewohnte. Damit läßt sich auch die eigentümliche Bedeutung des Wortes „Ausland" fassen. Metaphorisch sagt es, daß der Bereich des Tagewerks dem tiefsten Wesen des Fürsten nicht angemessen war; sein eigentlicher Bereich ist das „Fest", zu dem er nun vom Tagwerk kommt wie von einem zeitweilig betretenen Ausland in den ursprünglich angestammten, ihm voll entsprechenden heimatlichen Seinsbereich, wo nicht mehr geschichtliche Gegensätze, Objektbezüge und Vereinzelung, Schicksal und Herrschaftsverhältnisse bestimmend sind, sondern zeitlose Einheit, Harmonie, Allheit, Liebe, Frieden. Denn dies ist das Wesen der Gottheit und der von ihr verklärten Welt, wie dann die siebte Strophe zeigt, dies ist vor allem auch das Wesen des Festes, wie es die neunte Strophe entfaltet.

Der Aufenthalt beim „Tagwerk", im „Ausland", das Wirken im Wetter der Geschichte, von dem die dritte Strophe spricht, gleicht einem „Heldenzug", der durch Gegensätze zur Einheit, durch Streit zur Versöhnung führt. „Lang" ist dieser Heldenzug gewesen, wie das

„tausendjährige“ Wetter (V. 32). Nun aber, bei seiner Epiphanie als Friedensfürst, hat der Gott alle dunklen, drohenden Züge abgelegt: alles, was vor der Gewalt des „Donnerers“ erzittern ließ (V. 32). Als Verkörperung der göttlichen Versöhnungsmacht nach der langwährenden Trennung zwischen Göttern und Menschen „lächelt“ er nun und nimmt „Freundesgestalt“ an. In dieser Verwandlung zu Freundesgestalt bleibt die Gottheit aber doch göttlich: ihre Hoheit beugt fast die Knie. Auf biblische Tradition zurückgreifend betont Hölderlin die Notwendigkeit der Beschattung, die der überirdische Glanz des Göttlichen erfahren muß, damit die Menschen es ertragen können: „leichtbeschattet“ ist das Auge des Gottes – ein Äquivalent zum notwendig nur „dämmernden“ Sehen des Dichters. Das deponentisch gebrauchte Wort „vergessen“ (oblitus) hat keinen eindeutigen Sinnbezug. Indessen soll wohl weniger gesagt werden, der Fürst sei seiner Göttlichkeit vergessen, als vielmehr des Tagwerks – des langen Heldenzugs – nun, da er zum Feste kommt. Einem Topos der griechischen Literatur folgend spricht Hölderlin oft von der Vergessenheit der Mühen, der Sorgen, des Kampfes: Entsprechungen des „Tagwerks“.[7] Die Wendung „*als* vom langen Heldenzuge müd“ bedeutet nicht, daß der Fürst von dem langen Heldenzug durch die Geschichte tatsächlich müde ist. In seiner neuen Nähe zu den Menschen scheint es nur so, denn dieses – scheinbare – menschliche Verhalten macht ihn menschlich vertraut. Hölderlin gebraucht die Partikel „als“ häufig zur Einleitung eines solchen Vergleichs.[8]

Zum ersten Mal exponiert der hymnische Anruf „du Allbekannter“ das entscheidende Motiv der ›Friedensfeier‹: das Allheits-Motiv. In ähnlich gewichtiger Verbindung bezieht es die sechste Strophe ebenfalls auf den obersten Gott als den nunmehr „Alllebendigen“ (V. 71). Es beherrscht dann geradezu die folgenden Strophen.

[7] Stutgard, II, 88. V. 82f.: „... der Mühn / Süße Vergessenheit bei gegenwärtigem Geiste“; Der Wanderer, II, 83. V. 105ff.: „... Daß ich ... der Mühn und aller Leiden vergesse“; die Übersetzung der ersten Pythischen Ode, V, 65. V. 84ff.: „Wenn nemlich mir die ganze Zeit / Reichtum so und der Güter Gabe reichte / Und der Mühen Vergessenheit brächte“ (Pindar: καμάτων δ'ἐπίλασιν); die Übersetzung aus dem ›Aias‹ des Sophokles, V, 280, V. 18f.: „... Ajax, / Der Mühe vergessend ...“ (V. 709f.: Αἴας λαθίπονος).

[8] Chiron, II, 57. V. 30ff.: „... und drunten voll / Von üpp'gem Kraut, als in Gesichten / Schau ich die Erd' ...“; Der Archipelagus, II, 110. V. 253ff.: „... und jene, die göttlichgebornen, / Wohnen immer, o Tag! noch als in Tiefen der Erde / Einsam unten ...“; Germanien, II, 149. V. 24f.: „Nur als von Grabesflammen, ziehet dann / Ein goldner Rauch, die Sage drob hinüber ...“.

Von der Gottheit heißt es, daß sie teilt „*alles* Schiksaal. / Schiksaalgesez ist diß, daß *Alle* sich erfahren" (V. 81ff.), und vom „Zeitbild", das sich am Ende der Geschichte entfaltet: „... die Unerzeugten, Ew'gen / Sind kennbar *alle* daran" (V. 97f.). In hymnischer Steigerung hebt die neunte, die Gipfelstrophe, die Allheitsbestimmung sofort emphatisch ins Strophenenjambement: „Zulezt ist aber doch, ihr heiligen Mächte, für euch / Das Liebeszeichen, das Zeugniß / Daß ihrs noch seiet, der Festtag, // Der *All*versammelnde ..." (V. 100ff.); zum Äußersten trägt diese Strophe das Leitmotiv durch eine ausdrucksvolle Anadiplosis empor: „... und eher legt / Sich schlafen unser Geschlecht nicht, / Bis ihr Verheißenen *all*, / *All* ihr Unsterblichen, uns / Von eurem Himmel zu sagen. / Da seid in unserem Hauße." Die Schlußtrias läßt es in dem ihr eigenen „naiven" Ton ausklingen: „Denn *Alles* gefällt jezt, / Einfältiges aber / Am meisten" (V. 133ff.).

In dem Wort „Fürst" klingt für Hölderlin, wie mehrere seiner Dichtungen erkennen lassen, noch der etymologische Sinn des Wortes „Fürst" nach.[9] Er ist der „Erste", der zum Fest kommt und zugleich oberste Gottheit. Der „Götter Gott" nennt sie einer der Entwürfe (II, 132, V. 73). Der Hauptgrund für die Bezeichnung als „Fürst" in der ›Friedensfeier‹ ist allerdings die Messias-Verheißung bei Jesaja 9, 6ff., in der sich schon die Gestalt des Fürsten mit der Vision des endzeitlichen Friedens verbindet: „... er heißt Wunderbar, Rat, Kraft, *Held*, Ewigvater, *Friedefürst* ..." Auf diesen Bibelvers bezieht sich Hölderlin auch, indem er vom „langen *Helden*zug" des Friedefürsten in der Geschichte spricht. Gerade die Messiasverheißung vom „Friedefürsten" spielt in der Geschichte der Frömmigkeit eine bedeutende Rolle, nicht zuletzt in der Sphäre des Pietismus, mit der Hölderlin vertraut ist. Das erklärt sich aus der entschieden eschatologischen und chiliastischen Stimmung des Pietismus, die Hölderlin zur Grundstimmung der gesamten ›Friedensfeier‹ macht.[10] Im pietistischen Schrifttum ist immer wieder vom „Friedefürsten" die Rede. Indem Hölderlin vom „Fürsten" des endzeitlichen Friedensfestes spricht, setzt er also auch ein schon traditionell chiliastisches Kennwort ein.

Als übergreifendes Prinzip steht der „Fürst" in einem Verhältnis der Allbezogenheit und heißt daher „allbekannt". Dieser Allbekanntheit

[9] Am deutlichsten ist dieser Sinn in der Elegie ›Stutgard‹, wo die schwäbische Landeshauptstadt „Fürstin der Heimath" heißt (II, 88, V. 79), und in dem hymnischen Entwurf ›Wie Vögel langsam ziehen ...‹, V. 2f., wo vom Leitvogel des Schwarmes gesagt wird: „Es bliket voraus / Der Fürst ..." (II, 204).

[10] Vgl. S. 86ff.

des Fürsten widerspricht es nicht, daß der Satz „Nichts vor dir, / Nur Eines weiß ich, Sterbliches bist du nicht“ auf das Schwinden alles partikularen „sterblichen“ Wissens bei der Epiphanie des totalen, unsterblichen Seins der Gottheit hinweist. Nur der Gegensatz als solcher, die entschiedene Empfindung des Anders-Seins drängt sich auf: „Sterbliches bist du nicht.“ Dieses Moment der Konfrontation mit dem ganz Anderen tritt klar hervor, denn es heißt nicht: „Nichts *von* dir weiß ich ...“, sondern: „Nichts *vor* dir ... weiß ich ...“. Darin liegt das Erlebnis des überraschenden und überwältigenden Gegenübers, das nicht mehr das Problem des Wissens stellt, sondern es aufhebt. Die folgenden Verse verallgemeinern diese aus dem Augenblick der Epiphanie entspringende Erfahrung durch eine Gnome. Hölderlin liebt die Gnome gerade am Strophenschluß, wo sie in ihrer konstatierenden Kürze und ihrem gesetzlich verallgemeinernden Charakter energisch die Strophengrenze markiert:

> Ein Weiser mag mir manches erhellen; wo aber
> Ein Gott noch auch erscheint,
> Da ist doch andere Klarheit.

Deutlich ist die Anknüpfung an die Worte „Nichts vor dir, / Nur eines weiß ich ...“ (wissen: Weiser). Der Weise ist der nur „sterblich“, stückweise Wissende, der zwar „manches erhellen“ kann; wenn aber zu dieser partiellen Weisheit des Weisen sich die Erscheinung göttlichen Wesens ereignet, kommt doch „andere“: nicht mehr die auf „manches“ Einzelne beschränkte, sondern in der Weise göttlicher Allheit leuchtende „Klarheit“. In der Vorstufe war dieser Allheitsaspekt noch entschiedener formuliert: „... wenn aber / Ein Gott erscheint, auf Himmel und Erd und Meer / Kömt allerneuende Klarheit“ (II, 130, V. 11ff.).

Die Korintherbriefe des Apostels Paulus, insbesondere der erste, sind mit fast allen Hauptgedanken in die ›Friedensfeier‹ einverwandelt worden. Die letzten Verse der zweiten Strophe beziehen sich auf 1 Kor 13,9–12: „Denn unser Wissen ist Stückwerk, und unser Weissagen ist Stückwerk. / Wenn aber kommen wird das Vollkommene, so wird das Stückwerk aufhören. / ... Wir sehen jetzt durch einen Spiegel in einem dunkeln Wort; dann aber von Angesicht zu Angesicht. Jetzt erkenne ichs stückweise; dann aber werde ich erkennen, gleich wie ich erkannt bin.“ Die Prägung „andere Klarheit“ geht auf 1 Kor 15,41 zurück: „Eine andere Klarheit hat die Sonne, eine andere Klarheit hat der Mond, eine andere Klarheit haben die Sterne ...“ Esoterisch verwandelt ist auch der genaue Sinn dieser Bibelworte in die ›Friedensfeier‹ eingegangen: die Unterscheidung zwischen sterblicher und unsterblicher, zwischen irdischer und himmlischer Seinsweise. „Und es sind himmlische Körper und irdische Körper“ heißt es in Kor 15,40, also in dem Vers vor dem bereits zitierten, „aber eine andere Herrlichkeit (ἄλλη δόξα – Luther übersetzt in der folgenden Partie: „andere Klarheit“) haben die himmlischen und eine andere die irdischen“.

„Klarheit“ ist nicht verstandesmäßige Klarheit wie die Weisheit der Weisen, obwohl sie als Einsicht ins Ganze auch vollendete Erkenntnis ist. Vor allem aber ist sie ein existentieller Zustand, eine Verklärung, die alles ergreift und verwandelt – eine Offenbarung des vollkommenen Seins, dessen manifest werdende Alleinheit die Hymne als Frieden feiert. Dem Charakter der eschatologischen Schau entsprechend haben die Verse der Vorstufe „... wenn aber / Ein Gott erscheint, auf Himmel und Erd und Meer / Kömt allerneuende Klarheit“ ihr Vorbild in der geheimen Offenbarung. In Anlehnung an Jesaja (65,17) „Denn siehe, ich will einen neuen Himmel und eine neue Erde schaffen ...“ sagt der Seher der Apokalypse (21,1): „... ich sah einen neuen Himmel und eine neue Erde“, und er hört Gott rufen: „Siehe, ich mache alles neu!“ (21,5).

In der gesamten zweiten Strophe ist von derselben göttlichen Gestalt die Rede, vom „Fürsten des Fests“ – die Schlußwendung „... wo aber / Ein Gott noch auch erscheint ...“ deutet nicht auf das Hinzukommen einer neuen Gottheit, vielmehr ist die Verallgemeinerung „ein Gott“ durch die gnomische Färbung der Aussage bedingt. Die Partikelhäufung „noch auch“[11] erklärt das sich nun in der Epiphanie des Fürsten ereignende und alles menschliche Wissen übergreifende Wesen der göttlichen Klarheit als Zuwachs zu den Möglichkeiten menschlicher Weisheit. Auch der Wechsel zwischen der Darstellung in der dritten Person und der direkten Apostrophe in der zweiten Person weist nicht auf verschiedene Gottheiten. Der antike Götterpreis, als

[11] Der eigentümlich steigernde Gebrauch der disjunktiven Konjunktion „auch“ im Sinne von „sogar“ liegt auch in V. 108 der ›Friedensfeier‹ vor, wo es heißt, daß am allversammelnden Festtag der Himmlischen „ihr Geliebtestes *auch*, / An dem sie hängen, nicht fehlt“; noch deutlicher in V. 107f. der Elegie ›Brod und Wein‹, wo das Erscheinen Christi in der Geschichte mit dem Distichon angedeutet wird: „Oder er kam *auch* selbst und nahm des Menschen Gestalt an / Und vollendet' und schloß tröstend das himmlische Fest“ (II, 93). (Hinweis von Ulrich Häussermann, Friedensfeier. Eine Einführung in Hölderlins Christushymnen, München 1959, S. 91 f.)

vergleichbares literarisches Genus, läßt oft beide Formen in der gleichen Weise ineinander übergreifen.[12] Die innere Logik des Wechsels ist gut einzusehen. Im ersten Ahnen der noch ungewissen Erscheinung des Fürsten gebraucht der Dichter die noch distanzierte Rede *von ihm*. Die direkte Anrede *an ihn* mit „du" folgt bei der Vorstellung, wie der Fürst des Fests durch Verwandlung in Freundesgestalt auch zu einem solchen „Du" geworden ist. Umgekehrt, von der dichterischen Funktion der Aussagenfolge her betrachtet: Der Wechsel von der dritten zur zweiten Person ist ein künstlerisches Mittel der Steigerung, mit dem das Näherkommen der göttlichen Gestalt spürbar gemacht wird.

> Von heute aber nicht, nicht unverkündet ist er;
> Und einer, der nicht Fluth noch Flamme gescheuet,
> Erstaunet, da es stille worden, umsonst nicht, jezt,
> Da Herrschaft nirgend ist zu sehn bei Geistern und Menschen.
> Das ist, sie hören das Werk,
> Längst vorbereitend, von Morgen nach Abend, jezt erst,
> Denn unermeßlich braußt, in der Tiefe verhallend,
> Des Donnerers Echo, das tausendjährige Wetter,
> Zu schlafen, übertönt von Friedenslauten, hinunter.

Nach der adventistischen Beschwörung göttlicher Epiphanie als einer unmittelbar bevorstehenden Gegenwart in der zweiten Strophe stellt dieser Anfang der dritten Strophe rückerinnernd die Geschichte insgesamt als ein Nahen der Gottheit dar. Der erreichte Zustand des Friedens, so zeigt sich in dieser geschichtlichen Rückerinnerung, ist nicht ein Augenblicksgeschenk, sondern Ergebnis einer langen historischen Entwicklung, die sich erst jetzt, vom Ende her, überblicken läßt. So erscheint die ganze Geschichte wie eine Verheißung und Ankündigung des Gottes: „Von heute aber nicht, nicht unverkündet ist er."

Einer, „der nicht Fluth noch Flamme gescheuet", der mitten im Wetter der Geschichte gewirkt hat, „erstaunet", jetzt, wo nicht mehr der Donner der Geschichte rollt, sondern göttlich erfüllte Stille

[12] So im Prooemium der hesiodeischen ›Erga‹, wo Zeus zunächst (V. 3–8) in der dritten Person gepriesen, dann (9–10) mit κλῦθι und τύνη apostrophiert wird; Vergil (Aeneis VIII, V. 284ff.) läßt die Salierpriesterschaft dem Herkules einen Hymnus singen, in dem er von der Darstellung in der dritten zur Anrufung in der zweiten Person überwechselt. Vgl. Eduard Norden, Agnostos Theos, 4. Aufl., Darmstadt 1956, S. 163.

herrscht; wo nicht mehr Gewaltausübung und Herrschaftsverhältnisse, sondern Liebe, Versöhnung, Ausgleich und Friede das Dasein bestimmen. Er erstaunt „umsonst nicht", weil dieses Wirken mit Flut und Flamme höchst paradox zu einem solchen Ende in Stille, „Klarheit" und Frieden geführt hat. Hätte bisher schon der Verlauf der Geschichte auf dieses Ende schließen lassen, bestünde kein Anlaß zum Staunen. Da jedoch das „Werk" (V. 29) „jezt erst" (V. 30), vom Augenblick des Endes her in der Überschau über den Gesamtverlauf als ein „Werk", d. h. als ein sinnvoll zu einem Vollendungsziel gelenktes Geschehen erscheint, ruft es Staunen hervor. Deutlich pointiert und gesteigert ist die Wiederaufnahme des Zeitadverbs in V. 30: „jezt erst" gegenüber V. 27: „jezt" – beide Male ist das Wort exponiert und betont. Immer wieder hebt Hölderlin hervor, daß die Deutung der Geschichte, wie er sie in der Hymne entwickelt, nur vom eschatologischen Gesichtspunkt aus möglich ist.

Besonders opak ist die Wendung „Und *einer*, der nicht Fluth noch Flamme gescheuet, / Erstaunet ... umsonst nicht ...". Das Wort „erstaunen" verwendet Hölderlin immer wieder auch transitiv,[13] und transitiven Sinn muß das „Erstaunen" der Gottheit haben. „Fluth und Flamme" sind Haupteigenschaften des Gewittergottes, des „Donnerers", von dem einige Verse später die Rede ist (Jupiter pluvius und Jupiter tonans).[14] Der Gott kann also nur der erste und höchste sein, der später, am Ende der Geschichte als Friedensfürst erscheint. Hier ist er noch ganz als in der Geschichte wirkender Gott begriffen. Die eigentümliche Aussage, daß er Flut und Flamme „nicht gescheuet", ist präzise nuanciert. Sie weist darauf hin, daß der Gott dieses Wirken im Wetter der Geschichte als ein seinem tiefsten Wesen nicht gemäßes Wirken sich dennoch zugeeignet hat. Seinem eigentlichen Wesen entspricht die „Klarheit": der Zustand reiner Aufhellung, in der das Gewitter endet. Flut und Flamme gehören in den nun von der Gottheit am Ende der Geschichte „gern" verleugneten Bereich des „Tagwerks" – an diese Vorstellung des „Tagwerks" knüpft das Wort „Werk" in V. 29 an.

Die Gottheit bleibt auffällig undefiniert. In dem Passus „... *einer*, der nicht Fluth noch Flamme gescheuet" ist sie als nicht näher be-

[13] So in der Elegie ›Brod und Wein‹, V. 15ff.: „die Schwärmerische, die Nacht kommt, / Voll mit Sternen und wohl wenig bekümmert um uns, / Glänzt die Erstaunende dort ..."

[14] Darauf weist Wolfgang Binder, Hölderlins ›Friedensfeier‹, in: Hölderlin-Aufsätze, Frankfurt 1970, S. 310.

stimmtes Subjekt nur indirekt zu erschließen; auffällig ist auch der Wechsel vom unbestimmten „er“ des ersten Verses („Von heute aber nicht, nicht unverkündet ist er“) zum unbestimmten „einer“. Doch gehört gerade dies zum Charakter der allgemeingültigen Aussage: Die Gültigkeit für den gemeinten besonderen Fall ergibt sich aus der Allgemeingültigkeit. Das Gnomische dient der inneren Begründung. Der Dichter zieht sich darauf zurück in seinem Bestreben, von der Gottheit, vor der er „nichts weiß“, möglichst nicht direkt zu sprechen. So reiht sich auch diese Formulierung in ihrer Eigenart sinnvoll zu den anderen Aussagen, die schwer faßbar sind, weil die Gottheit selbst, wie es am Anfang der Patmos-Hymne heißt, „schwer zu fassen“ ist.

Aus demselben Kapitel des ersten Korintherbriefes, dem die Wendung von der „anderen Klarheit“ entnommen ist, stammt der Gedanke, daß im Augenblick der Vollendung „Herrschaft nirgend ist zu sehn bei Geistern und Menschen“ (V. 28): „... Darnach das Ende, wenn er das Reich Gott und dem Vater überantworten wird, wenn er aufheben wird alle Herrschaft und alle Obrigkeit und Gewalt“ (1 Kor 15,24). In seiner idealistischen Heilsspekulation formt Hölderlin diese Bibelverse so um, daß sie nur gerade noch als Hintergrund erkennbar sind – ein für seinen Umgang mit der Bibel weitgehend typisches Verfahren. Der erste Korintherbrief läßt im Augenblick des Heiles Herrschaft und Obrigkeit aufhören, weil am Ende alles dem Vater untertan sein soll: eine Aufhebung also aller einzelnen, untergeordneten Herrschaftsverhältnisse zur Konstituierung einer ausschließlichen, monarchischen Herrschaft des Vatergottes. Dagegen fällt bei Hölderlin, wie noch besonders die siebte und die achte Strophe zeigen, im endzeitlichen Heilszustand das Herrschaftsverhältnis als Prinzip dahin.

Herrschaft bedeutet Trennung und Entgegensetzung. Als Offenbarung der Einheit des Seins hebt der allversammelnde Heilsaugenblick jedwede Herrschaft auf. An ihre Stelle tritt Versöhnung, Liebe, Frieden, und dies in allumfassender Weise: Herrschaft ist nirgends zu sehen „bei Geistern (= Göttern) und Menschen“. Bezeichnenderweise gipfelt der All-Einheits-Hymnus des Hyperion-Romans in derselben Vorstellung vom Aufhören aller moralischen, geistigen und physischen Zwangs- und Herrschaftsverhältnisse (III, 9,11,1ff.): „Eines zu seyn mit Allem, was lebt! Mit diesem Worte legt die Tugend den zürnenden Harnisch, der Geist des Menschen den Zepter weg, und alle Gedanken schwinden vor dem Bilde der ewigeinigen Welt, wie die Regeln des ringenden Künstlers vor seiner Urania, und das eherne Schiksaal entsagt der *Herrschaft*, und aus dem Bunde der Wesen schwindet der Tod ..."

Das Werk geschieht „von Morgen nach Abend": vom Orient zum Okzident, denn dies ist nach Hölderlins Vorstellung die Richtung des Geschichtsverlaufs. In der Hymne ›Germanien‹ macht er den Adlerflug vom Orient über die Gipfel Griechenlands, Italiens und schließlich der Alpen ins hesperische Germanien zum Sinnbild des Geschichtsverlaufs. In der Hymne ›Am Quell der Donau‹ kommt das Wort, die „menschenbildende Stimme", „aus Osten".

Die ›Friedensfeier‹ ist ganz von eschatologischer Abendstimmung, von Abend-Frieden erfüllt. Es ist Abend des Tages, Abend der Geschichte, herbstlicher Abend wohl auch des Jahres – darauf deutet der Vers der ersten Strophe: „Gereiftester Früchte voll und goldbekränzter Kelche". Abend, Frieden, Reife, Vollendung gehören zusammen. So heißt es: „ferne kommend haben / Hieher, zur *Abend*stunde, / Sich liebende Gäste beschieden" (V. 10ff.); „sie hören das Werk, / Längst vorbereitend, von Morgen nach *Abend*, jezt erst" (V. 29f.); „es blüht / Rings *abendlich* der Geist in dieser Stille" (V. 35f.); in der neunten Strophe wird der Jüngling „Zum *Abend* der Zeit" gerufen (V. 111). Die Beendigung des Tagwerks läßt an den Abend denken, ebenso die Wendung „und eher legt / Sich schlafen unser Geschlecht nicht ..." (V. 112f.), und noch einmal, in der zehnten Strophe, das idyllische Bild von Mutter und Kind, die vor der Türe des Hauses sitzen und den Frieden schauen – Feier-Abend im höchsten Sinne.

Die Mitte der dritten Strophe trägt eine jener kunstvollen Bogenbauten, in denen Hölderlin der Weite und ungeheuren Dimension eines Geschehens Ausdruck verleiht:

> Denn unermeßlich braußt, in der Tiefe verhallend,
> Des Donnerers Echo, das tausendjährige Wetter,
> Zu schlafen, übertönt von Friedenslauten, hinunter.

Das syntaktische Mittel ist einfach: extreme Auseinanderspannung von Verb und zugehörigem Richtungsadverb („braußt ... hinunter") durch stauende Zwischenglieder. So werden Sinn und rhythmischer Gehalt vollkommen eins, das „Unermeßliche" des hinuntertosenden tausendjährigen Wetters überträgt sich in die sprachliche Form.

Abschließend kommt die erste Strophentrias wieder auf das am Beginn evozierte Mahl zurück und vollendet damit, nachdem die eschatologische Bedeutung des zu feiernden Festes klargeworden ist, die thematische Ringkomposition dieser Trias:

Ihr aber, theuergewordne, o ihr Tage der Unschuld,
Ihr bringt auch heute das Fest, ihr Lieben! und es blüht
Rings abendlich der Geist in dieser Stille;
Und rathen muß ich, und wäre silbergrau
Die Loke, o ihr Freunde!
Für Kränze zu sorgen und Mahl, jezt ewigen Jünglingen ähnlich.

Nach Ausweis der Vorstufen sind die „theuergewordnen, die Tage der Unschuld“ die Festtage, die dem Dichter aus der „unschuldigen“ Kindheit noch in Erinnerung bleiben mit ihrem sonntäglichen Frieden und ihrer Feierstille. In der Feier des endzeitlichen Friedens sieht er den verlorenen paradiesischen Zustand der Kinderzeit – wie sich zeigen wird: in hoher Vergeistigung – wiederkehren. Die letzten drei Verse schließlich bilden die Züge eines antiken Symposions nach. Zu einem solchen Symposion gehörte die Bekränzung der Schläfen. Weil die Götter ewige Jugend besitzen, d.h. der menschlichen Zeitverfallenheit enthoben sind, heißen sie „ewige Jünglinge“. Indem der Dichter mit den „Freunden“ nun, da er für „Kränze“ und „Mahl“ zur endzeitlichen Friedensfeier sorgt, sich den Göttern: den „ewigen Jünglingen ähnlich“ werden fühlt, deutet er auf die Aufhebung der Zeit im idealen Zustand einer zeitlos-ewigen Erfüllung des Daseins, damit aber auch auf die Aufhebung menschlicher Zeitverfallenheit („... und wäre silbergrau / Die Loke ...“)[15] in einem Geschehen idealer Verjüngung. Entmythologisiert weisen diese im mythischen Schema entworfenen Bilder darauf hin, daß das Ende der Geschichte auch alle geschichtlich gewordenen Trennungen aufhebt – die Trennungen, die in der scheinbar unüberbrückbaren Distanz von Menschen und „Göttern“ ihren entschiedensten Ausdruck gefunden haben. Daß die Menschen nun selbst den in der Geschichte als „Götter“ vorgestellten Gestalten existentiell „ähnlich“ werden, ist

[15] Momme Mommsen, Dionysos in der Dichtung Hölderlins mit besonderer Berücksichtigung der Friedensfeier, in: GRM, N.F., Bd. XIII, S. 371 weist auf Horaz, carm. II, 11, 13ff.:

cur non sub alta vel platano vel hac
pinu iacentes sic temere et rosa
canos odorati capillos,
dum licet, Assyriaque nardo

potamus uncti? dissipat Euhius
curas edacis ...

ebenso Zeichen dieses Aufhebungsgeschehens wie umgekehrt die Einkehr der ehemals nur in der Distanz des Göttlichen vorstellbaren Wesen bei den Menschen.

II. Der Gesamtaufbau der Hymne

Ich halte hier ein, um vor der Klärung des zentralen Problems den Aufbau des gesamten Gedichtes zu überblicken. Die ›Friedensfeier‹ ist symmetrisch gebaut. Als Rahmenpartien schließen sich die erste und die letzte Trias um das große Mittelstück: um die zweite und dritte Trias.

Als Aufgesang beschwört die erste Trias überblicksartig in drei Dimensionen die endzeitliche Friedensfeier. Den Raum, und das heißt: die allumgreifende Bedeutung des Festes, entwirft die erste Strophe. Die zweite stellt die göttliche Gestalt des Fürsten ins Zentrum des Festes: Das All des Festgeschehens konzentriert sich in Einem. Die dritte Strophe erläutert die gegenwärtige Epiphanie des All-Einen als Ergebnis eines geschichtlichen Prozesses, ja als Ergebnis der Geschichte schlechthin. Denn die Geschichte war ihrem Wesen nach eine fortschreitende Aufhebung aller Trennung, aller „Herrschaft" und Gegensätze auf die Harmonie der All-Einheit hin, die nun als „Frieden" gefeiert wird. Insofern ist der erscheinende oberste Gott der gestaltgewordene Geschichtssinn: der „Geist der Geschichte"; insofern ist er selbst das Wesen des Friedens, zu dessen Feier der Dichter am Ende der Trias aufruft.

Diese Rückführung der gegenwärtigen Vollendungsgestalt auf ihr geschichtliches Werden weist summarisch auf den teleologischen Verlauf der Geschichte. Damit bildet die dritte Strophe als Ende der ersten Trias die Schwelle zur zweiten und dritten Strophentrias, d.h. zum großen Mittelteil der Hymne, der den Vollendungsgang der Geschichte näher auslegt und begründet. Entscheidende Aspekte dieses geschichtlichen Vollendungsgangs sind der Aspekt des *Werdens* und der Aspekt des werkhaften *Herstellens*. Sie bestimmen jeweils eine ganze Trias.

Die zweite Strophentrias deutet die Geschichte unter dem Aspekt des *Werdens* und seiner – scheinbaren – Gefährdungen. Mit der Erinnerung des Gewesenen reflektiert sie diejenigen Hauptkräfte, die zum Werden des jetzigen Vollendungszustandes beigetragen haben: das historische Schicksal Christi, scheinbar nicht im Sinne des Prozesses (4. Strophe), in Wirklichkeit ihm aber weise entsprechend und ihn erst ermöglichend, weil der Schwäche menschlicher Wesensorganisation angepaßt (5. Strophe); die „göttlichen“ Kräfte der Natur, die uns der großen Vater-Gottheit und damit indirekt auch der Erkenntnis des geschichtlichen Werdens nahegebracht haben (6. Strophe). Der große „Vater“ heißt der „Alllebendige“, insofern er als das alles Leben durchwaltende Prinzip gedacht wird, und „der hohe, der Geist der Welt“, insofern er nun, am Ende der Geschichte, „Geist“ geworden ist. Sein universales Wesen kommt in beiden Bezeichnungen – „*all*lebendig“ und „Geist der *Welt*“ – zum Ausdruck.

Die Nennung des Vaters, des „hohen Geistes der Welt“, am Ende der sechsten Strophe leitet zur dritten Trias über, welche die Geschichte nicht mehr unter dem Aspekt des Werdens, sondern unter dem Aspekt des werkhaften *Herstellens* betrachtet. Als beherrschende Gestalt exponiert diese Triade den „Vater“, den demiurgischen „Weltgeist“, denn als Repräsentant der Allheit ist er das Prinzip des Vereinens – „allversammelnd“ wie der Festtag, dessen „Fürst“ er ist. Sein geschichtliches Walten bewirkt, „daß *Alle* sich erfahren“ (7. Strophe); an dem Zeitbild, das er entfaltet, „sind kennbar *alle*“ (8. Strophe); der Festtag, in dessen Zentrum er steht, ist „*all*versammelnd“ (9. Strophe). Unter dem Aspekt des *Werdens* erschien der Gang der Geschichte als unbewußtes Wachsen zur Vollendung des Ganzen aus dem Einzelnen – wofür die einzelnen „Söhne“, repräsentiert durch Christus, sowie die einzelnen Naturelemente standen. Unter dem Aspekt des *werkhaften Herstellens* erscheint die Geschichte – die nunmehr abgeschlossene Geschichte – als „Werk“ und „Bild“: als Vollendung einer von vornherein sinnvoll konzipierten Ganzheit durch den zum „Weltgeist“ gewordenen „Vater“.

Als abschließender Rahmenteil trägt die letzte Strophentrias deutlich den Charakter des Abgesangs. Den Geschichtsgang nimmt sie zurück in den Bereich reiner Natur, so daß alle mythologischen Figurationen, deren sich die Hymne bedient hat, nun als Mythologisierungen eines naturhaften Vor-Gangs erkennbar werden. Die zehnte Strophe leitet in diesen elementaren Bereich über mit den einfachen Bildern naturhaft-kreatürlicher Erwartung. Die elfte Strophe stellt die Geschichte als naturhaften Wachstumsvorgang dar, an dessen Ende die „goldne Frucht“ von „uraltem Stamm“ fällt. Schließlich ruft die zwölfte Strophe die große Mutter Natur selbst an, als den Urgrund, in dem die Vollendung schon seit jeher heranreift.

III. Die zweite Strophentrias

Die zweite Strophentrias gilt den Konstituentien des Geschichtsverlaufs, insofern er als ein sinnvolles *Werden* des Vollendungszustands zu denken ist. Wesentlich sind zunächst die „göttlichen" Mittlergestalten, die in der Geschichte als Instanzen der Sinnvermittlung und damit auch auf das sinnerfüllte Ende hin gewirkt haben. Die Nennung der „ewigen Jünglinge" schon am Ende der ersten Trias hat, wie alle Schlußverse in den Strophentriaden der ›Friedensfeier‹, Schwellencharakter: Die einleitenden Worte am Beginn der zweiten Trias „Und manchen möcht' ich laden ..." knüpfen unmittelbar daran an. Der Dichter möchte „manchen" von den ewigen Jünglingen laden. Weil sich die Gäste, wie es in der ersten Strophe heißt, selbst herbeschieden haben, glaubte man diese Einladung als sinnwidrig auf die nachlassende Spannkraft des Dichters, d. h. auf die zerstörende Wirkung der beginnenden Geisteskrankheit zurückführen zu sollen.[16] Aber handelt es sich überhaupt um einen Widerspruch, um ein Versehen in der ›Friedensfeier‹ und nicht vielmehr bloß um kurzschlüssige Interpretenlogik? Seit langem bekannt ist in dem von Homer dargestellten Geschehen von Göttern und Menschen die sogenannte „doppelte Motivation". Das heißt: einem Götterbeschluß oder einer Götterhandlung ordnet sich ein entsprechender menschlicher Beschluß oder eine entsprechende menschliche Handlung zu. Und was wäre einleuchtender als in der ›Friedensfeier‹ eine solche doppelte Motivation anzunehmen, so, daß dem endzeitlichen Kommen der himmlischen „Gäste" bei den Menschen eine innere Einstellung entspricht, die sich in der Einladung ausdrückt? Abgesehen davon aber gibt es sowohl traditionsgeschichtliche wie vor allem zu der bewußtseinsphilosophischen Dimension der Hymne gehörende Gründe dafür, daß gerade der *Dichter* eine solche Einladung ausspricht. Darauf wird noch später einzugehen sein.[17]

Und manchen möcht' ich laden, aber o du,
Der freundlichernst den Menschen zugethan,
Dort unter syrischer Palme,
Wo nahe lag die Stadt, am Brunnen gerne war;
Das Kornfeld rauschte rings, still athmete die Kühlung

[16] So Peter Szondi, Friedensfeier, in: Einführung in die literarische Hermeneutik, Frankfurt 1975, S. 366f.

[17] Vgl. S. 61 und S. 83ff.

Vom Schatten des geweiheten Gebirges,
Und die lieben Freunde, das treue Gewölk,
Umschatteten dich auch, damit der heiligkühne
Durch Wildniß mild dein Stral zu Menschen kam, o Jüngling!
Ach! aber dunkler umschattete, mitten im Wort, dich
Furchtbarentscheidend ein tödtlich Verhängniß. So ist schnell
Vergänglich alles Himmlische; aber umsonst nicht;

Daß es sich um eine Einladung Christi handelt, zeigt die Wendung: „. . . du, / Der freundlichernst den Menschen zugethan, / Dort unter syrischer Palme, / Wo nahe lag die Stadt, am Brunnen gerne war." Sie weist nicht nur auf die Gestalt Christi, indem sie an eine Szene aus dem Dasein des „Unvergeßlichen" erinnert. Die besondere Art dieser Erinnerung soll die vorrangige Einladung Christi auch begründen: Unter den ewigen Jünglingen erscheint Christus als derjenige, der am menschlichsten war, „freundlichernst den Menschen zugethan", wie weiter noch die zur geselligen Idylle ausgestaltete Szene am Brunnen bei der Stadt Sichar zeigt (Joh. 4,5ff.), am Brunnen, wo er das Gespräch mit den Menschen pflegte, in der Nähe der „Stadt". Dieses ganz der Gemeinschaft mit den Menschen zugeneigte Wesen ist es also, das den Dichter zuerst an die Ladung Christi denken läßt. Auch der anakoluthisch weitergeführte Satz: „Das Kornfeld rauschte rings, still athmete die Kühlung / Vom Schatten des geweiheten Gebirges, / Und die lieben Freunde, das treue Gewölk, / Umschatteten dich auch, damit der heiligkühne / Durch Wildniß mild dein Stral zu Menschen kam, o Jüngling!" – auch dieser Satz begründet besonders die Einladung Christi. Denn wie das so menschlich sich zuneigende Wesen Christi das Gefühl der hohen Fremdheit des Göttlichen kaum aufkommen läßt und die Ladung nahelegt, so deutet die „Kühlung" des göttlichen Feuers und die Umschattung des „heiligkühnen Strales" durch die „lieben Freunde" auf die Anpassung Christi an menschliche Gegebenheiten, die in der theologischen Tradition als συγκατάβασις bezeichnet wird.[18] Sie ermutigt ebenfalls dazu, Christus einzuladen, um die menschlich-göttliche Gemeinschaft herzustellen. „Freundlichernst" und „mild" ist Christi Verhältnis zu den Menschen.

Die eigentümliche Wendung „die lieben Freunde, das treue Gewölk" erinnert an Hebr. 12,1, wo Paulus von der „Wolke von Zeugen" (νέφος μαρτύρων) spricht. Doch ist im Griechischen überhaupt das Bild der „Wolke" als Metapher für die „Menge", die „Schar" ge-

[18] Vgl. S. 91.

bräuchlich.[19] Mit dem „treuen Gewölk" der Freunde meint Hölderlin also die „Schar" der Jünger. Er nimmt diese Metapher auf, weil sie sich der dominierenden Schatten-Symbolik der Strophe zuordnet. Wie in der Patmos-Hymne, wo Christus „der Sonne gleich" (V. 180) heißt, erscheint er hier als Sol salutis, als Christos Helios. Der Gedanke von der notwendigen Umschattung und Umwölkung seines sonnenhaften göttlichen Glanzes entspricht einem biblischen Topos: „Die Herrlichkeit des Herrn erschien in einer Wolke" (1 Mose 9,13); „... der vor euch herging ... des Tages in der Wolke" (5 Mose 1,33); „Gott ... dessen Herrlichkeit in Wolken ist" (5 Mose 33,26). In der Verklärungsszene auf dem Berge Tabor, wo Christi Antlitz „wie die Sonne" (Matth 17,2) leuchtet, werden die Jünger von einer „Wolke" „überschattet" (Matth 17,5; Mark 9,7; Luk 9,34). Hölderlin nun läßt die Jünger selbst die mildernde Vermittlung des göttlichen Lichts bewirken. Die „Umschattungen" Christi dienen der Schonung des Menschengeschlechts, das den unmittelbaren Glanz des Göttlichen nicht ertragen könnte.[20]

Ganz ins Irdisch-Kreatürliche eingeformt erscheint Christi Dasein durch die szenischen Evokationen der vierten Strophe: Baum („unter syrischer Palme" – ein Vorklang des Umschattungsmotivs), Stadt, Brunnen; das rauschende Kornfeld, die Kühlung vom Schatten des geweiheten Gebirges; die „lieben Freunde" schließlich lassen Christus als den Menschen nahvertraut, als „Freund" erscheinen. So kann der

[19] Voß übersetzt Ilias, 4,274 „... ἅμα δὲ νέφος εἵπετο πεζῶν: „... es folgt ein Gewölke des Fußvolks", und Ilias 16,66 „... εἰ δὴ κυάνεον Τρώων νέφος ἀμφιβέβηκε": „weil ja mit düsterem Graun der Troer Gewölk sich umherzog"; Herodot 8,109 schreibt die Wendung „... νέφος τοσοῦτον ἀνθρώπων": „... eine so große Wolke von Menschen".

[20] Diese Vorstellung stammt aus biblischer Tradition. Als Gott im brennenden Dornbusch erscheint, verhüllt Mose sein Angesicht, weil er „sich fürchtete, nach Gott hinzusehen" (Ex 3,6). Mose wird geradezu vor dem unmittelbaren Anschauen Gottes gewarnt, weil dies für den Menschen vernichtend wäre (Ex 33,20). Mose darf nur „von hinten" nachschauen, wenn Gottes Herrlichkeit vorüberzieht (Ex 33,23). Vgl. W. W. Graf Baudissin, „Gott schauen" in der alttestamentlichen Religion, in: ARW 18 (1915), S. 173–239; E. Fascher, Deus invisibilis, in: Marburger Theol. Studien I (1931), S. 41–77; R. Bultmann, θεὸν οὐδεὶς ἑώρακεν πώποτε, in: ZNW 29 (1930), S. 169–192. Vor dem Hintergrund dieser biblischen Tradition ist auch Klopstocks Ode ›Das Anschauen Gottes‹ zu verstehen, auf die Wolfgang Binder (Friedensfeier, S. 313) hinweist: „Aus der Ferne nur, nur einen gemilderten Schimmer, / Damit ich nicht sterbe! / Einen für mich durch Erdennacht gemilderten Schimmer / Deiner Herrlichkeit seh ich."

Dichter, der sich selbst schon „ewigen Jünglingen ähnlich“ fühlt, die Ladung zum gemeinsamen Mahle auch aus dem Bewußtsein der Menschennähe Christi wagen.

Das „geweihete Gebirg“ ist der heilige Berg Garizim bei Sichar, wo die Einwohner Samarias ihre Kultstätte hatten (Joh 4,20f.). Zu der Vorstellung des „Kornfeldes“, das am Brunnen in der Nähe der Stadt und des „geweiheten Gebirges“ rauscht, bot noch einmal die gleiche Bibelszene das Vorbild: „Saget ihr nicht: Es ist noch vier Monate, so kommt die Ernte? Siehe, ich sage euch: Hebet eure Augen auf und sehet in das Feld; denn es ist schon weiß zur Ernte“ (Joh 4,35).

Vom Anfang der vierten Strophe bis V. 48 („... o Jüngling“) ergibt sich aus der Analyse der Gedankenführung folgende Erklärung der syntaktischen Konstruktion und der stilistischen Eigenart: Die mit dem Passus „aber o du ...“ eingeleitete Einladung unterbleibt, um so entschiedener aber drängt sie sich aus der emphatischen Aposiopese ins Bewußtsein. Daß es sich in der Tat um eine Einladung handeln muß, geht aus dem ersten Vers („Und manchen möcht' ich laden ...“) und aus der Rückblende in der neunten Strophe hervor („denn darum rief ich / ... / Dich ...“). Und daß vor allem Christus eingeladen werden soll, beweisen die folgenden Verse, die Christus als idealen Gast bei der göttlich-menschlichen Gemeinschaft erscheinen lassen. Das schwere Anakoluth der Fortsetzung „Das Kornfeld rauschte rings ...“ ist ein expressives Stilmittel. Es verleiht der sich verselbständigenden Erinnerung an den „Unvergeßlichen“ (9. Strophe) und damit der Faszination Ausdruck, die von ihm ausgeht. Die gesamte Periode stellt ein Extrem hymnisch harter Fügung dar.[21]

[21] Eine zweite Möglichkeit zur Erklärung der syntaktischen Bahn wäre denkbar – die Alternative hat nur formale, insbesondere rhythmische Bedeutung, denn sie betrifft nur die Gedankenfolge, nicht den Aussagegehalt. Der Passus „aber o du“ braucht nicht unbedingt der erste Teil eines Satzes zu sein, dessen zweiter, aus einer Aposiopese zu erschließender Teil die Einladung an Christus darstellt. Es könnte vielmehr der Aussagekraft der Verse 41ff. allein überlassen sein, darzustellen, daß es um eine vorrangige Einladung Christi geht. Das „aber“ in dem Passus „aber o du ...“ wäre dann nicht eine steigernde Abhebung Christi („du“) von den anderen Götterjünglingen („manchen“) im Verfolg des Gedankens an die Einladung, sondern schon ein „aber“ des Bedenkens gegen die Möglichkeit einer Einladung Christi wegen seines dunklen Todesverhängnisses, von dem die letzten Verse der Strophe sprechen. Dann wäre in dem auf die Anakoluthie folgenden Satz „Ach! aber dunkler umschattete, mitten im Wort, dich / Furchtbarentscheidend ein tödtlich Verhängniß“ das „aber“ eine Epanalepsis jenes ersten „aber“ („aber o du ...“). Die

Die Schlußverse der vierten Strophe intensivieren das schon zweimal gebrauchte Bild der „Umschattung“ Christi. „Dunkler umschattete“ ihn „ein tödtlich Verhängniß“. Die anderen Umschattungen, diejenigen während seines irdischen Daseins, milderten nur das göttliche Feuer. Die „dunklere“ Todesumschattung, die Christus ganz hinwegnahm, hat ihn aber scheinbar aller menschlichen Realität entrissen, ins Nichts eines vorzeitig abgebrochenen Auftrags. Eindringlich formuliert die Wendung „mitten im Wort“ das Jähe dieses Schicksals und die Tragik der unvollendeten Sendung. Die Gleichsetzung Christi mit dem „Wort“: dem Logos verleiht auch dem Schluß der Strophe noch johanneische Prägung.

Die Metapher von Christi „Umschattung“ durch ein tödliches Verhängnis nimmt einen homerischen Topos auf. Wie eine schwarze Wolke legt sich das Todesverhängnis bei Homer um die im Kampfe Fallenden. Es „umhüllt“, „umschattet“ sie (ἀμφικαλύπτειν). Voss übersetzt Ilias 20,417: „νεφέλη δέ μιν ἀμφεκάλυψε κυανέη“: „Und Gewölk des Todes umhüllt' ihn“; Ilias 16,350: „θανάτου δὲ μέλαν νέφος ἀμφεκάλυψεν ...“: „Und dunkles Gewölk des Todes umhüllt' ihn“; Odyssee 4,180: δὴ θανάτοιο μέλαν νέφος ἀμφεκάλυψεν ...“: „... Bis uns die schwarze Wolke des Todes endlich umhüllte!“.[22] Daß Hölderlin das Umschattungsmotiv einmal auf die biblische Tradition von der notwendigen Umschattung göttlichen Glanzes zurückbezieht, es dann aber, in ganz anderer Bedeutung, als homerische Todesmetapher einsetzt, ist nicht bloß ein Verfahren des *poeta doctus*, vielmehr eine kunstvoll synkretistische Operation. Durch die Vermischung von Anspielungen auf sowohl Christlich-Biblisches wie Heidnisch-Antikes vollzieht er formal die ideelle Konzeption nach, die in ihrer Grundstruktur synkretistisch ist: die Verbindung Christi und der christlich geprägten Geschichte mit den antik-heidnischen Gottheiten und der ihnen zugeordneten Ära in einem allumfassenden und alles versöhnenden „Frieden“. Diese Kunst des Mischens von Vorstellungen aus den verschiedenen Kulturbereichen bestimmt, wie noch zu sehen sein wird, die ›Friedensfeier‹ und die anderen geschichtsphilosophischen Hymnen immer wieder – sie gehört zu ihrer künstlerischen Systematik.

pathetische Stützung der Epanalepsis durch „Ach!“ wäre als eine Verstärkung zu interpretieren, deren Notwendigkeit sich aus der Länge der Zwischenschaltung ergibt.

[22] Homer, Ilias und Odyssee in der Übertragung von Johann Heinrich Voß (nach dem Text der Erstausgaben Hamburg 1793 und 1781), Darmstadt 1962.

Die fünfte Strophe verleiht dem Tod Christi einen überraschenden Sinn:

> Denn schonend rührt des Maases allzeit kundig
> Nur einen Augenblik die Wohnungen der Menschen
> Ein Gott an, unversehn, und keiner weiß es, wenn?
> Auch darf alsdann das Freche drüber gehn,
> Und kommen muß zum heilgen Ort das Wilde
> Von Enden fern, übt rauhbetastend den Wahn,
> Und trift daran ein Schiksaal, aber Dank,
> Nie folgt der gleich hernach dem gottgegebnen Geschenke;
> Tiefprüfend ist es zu fassen.
> Auch wär' uns, sparte der Gebende nicht
> Schon längst vom Seegen des Heerds
> Uns Gipfel und Boden entzündet.

Im Schicksal Christi drückt sich exemplarisch ein Lebensgesetz alles Himmlischen aus: Es ist „schnell vergänglich", wie der Schluß der vierten Strophe sagt. Diesem Gesetz wird mit der Vorstellung göttlicher Schonung Sinn zugesprochen – einer Vorstellung, die auch in der Elegie ›Brod und Wein‹ dazu dient, die nach Christi Tod hereinbrechende „Nacht" als sinnvoll zu deuten. Sie steht in alter Theodizee-Tradition,[23] bildet aber in Hölderlins Spätzeit keineswegs ein stabiles Erklärungsmuster, was darauf hinweisen könnte, daß Hölderlin selbst ein Ungenügen an diesem von der Theodizee geprägten theologisch-geschichtsphilosophischen Versuch empfand, des Sinnlosen, Diskontinuierlichen und Kontingenten in der Geschichte Herr zu werden. Jedenfalls wechselt er in der Patmos-Hymne[24] zu einem anderen, wesentlich radikaleren und dabei ungleich integrationsfähigeren Erklärungsmuster über, indem er den Tod Christi, den er wiederum als repräsentativ für alles – aus seiner geschichtsphilosophischen Sicht: scheinbar – Zerstörerisch-Sinnlose in der Geschichte nimmt, nun als notwendige und damit gerade sinnvolle Voraussetzung einer Transformation ins Rein-Geistige versteht. *Alle* Zerstörung und Zerrüttung im geschichtlichen Geschehen, alle Verluste und alles tödliche Untergehen sieht er nun als Auflösung des – in Hegels Sinn – „Positiven", wodurch sich erst der „Geist" befreien kann, und er wagt nun die verzweifelt idealistische Paradoxie, gerade die tragische Interpretation

[23] Hierzu S. 90ff.

[24] Vgl. S. 233f., 237ff.

der Geschichte als eines fortschreitenden Zerstörungsprozesses zur Bedingung der Auffassung von der Geschichte als einem fortschreitenden Vergeistigungsprozeß – und damit das scheinbar Sinnlose zur Bedingung des in Wahrheit Sinnvollen zu machen.

Die Verse „Denn schonend rührt des Maases allzeit kundig / Nur einen Augenblik die Wohnungen der Menschen / Ein Gott an, unversehn, und keiner weiß es, wenn?“ enthalten wiederum eine jener scheinbar ins Vage gehenden Verallgemeinerungen, die das Verständnis der ›Friedensfeier‹ erschweren. Wie es gegen Ende der zweiten Strophe hieß: „wo aber / *Ein Gott* noch auch erscheint ...“ und in der dritten Strophe „Und *einer*, der nicht Fluth noch Flamme gescheuet“, so heißt es nun, daß „ein Gott“ die Wohnungen der Menschen nur einen Augenblick anrührt. Daß es sich nur um die oberste Gottheit handeln kann, zeigt der Passus „des Maases allzeit kundig“. „Allzeit“ waltend und vorsehend ist nur die höchste Gottheit, der Vater, der durch seine Söhne immer wieder für einen geschichtlichen Augenblick in die Zeit der Menschen hineinwirkt.[25] Den Sinn der eigenartigen Formulierung „ein Gott“ verdeutlicht das unmittelbare und durch das Enjambement verstärkte Stoßen des Versendes „...Wohnungen der Menschen“ auf den Versanfang „Ein Gott ...“:

> Denn schonend rührt des Maases allzeit kundig
> Nur einen Augenblik die Wohnungen der Menschen
> Ein Gott an, unversehn, ...

Rhythmisch spürbar wird so das Aufeinanderstoßen menschlicher und göttlicher Sphäre und das „Unversehene“ des göttlichen Anrührens. Weil er „ein Gott“ ist und also etwas ganz anderes als die Menschen, rührt der oberste Gott die Wohnungen der Menschen nur einen Augenblick an. „... unversehn, und keiner weiß es, wenn?“: Darin klingt einer der häufigsten biblischen Topoi nach; Matth 24,12: „... ihr wisset nicht, welche Stunde euer Herr kommen wird“; Matth 24,44: „... des Menschen Sohn wird kommen zu einer Stunde, da ihr's nicht meinet“; Matth 24,50: „So wird der Herr des Knechtes kommen

[25] Bis in die Wortwahl hinein entsprechen die Verse 24ff. der Elegie ›Heimkunft‹ diesen Versen der Friedensfeier-Hymne – und auch in der Elegie ist vom Vater, vom „Vater Aether“, die Rede: „Der ätherische scheint Leben zu geben geneigt, / Freude zu schaffen, mit uns, wie oft, wenn, *kundig des Maases*, / Kundig der Athmenden auch zögernd und schonend der Gott ... Traurige wieder erfreut“ (II, 96f.).

an dem Tage, des er sich nicht versieht („unversehn“!), und zu der Stunde, die er nicht meint“; Matth 25,13: „... ihr wisset weder Tag noch Stunde, in welcher des Menschen Sohn kommen wird“.[26] „Wenn“ steht mundartlich für „wann“. „Ein Gott weiß aber / *Wenn* kommet, was ich wünsche das Beste“ lauten die Verse 90f. aus der ersten Fassung des ›Einzigen‹ (II, 155).

Die folgenden Verse unterscheiden zwei menschliche Verhaltensweisen gegenüber dem mißkannten Göttlichen in der Nachtzeit der Geschichte: das Freche und das Wilde. In knappster Andeutung wird die verschiedene Art dieser Verhaltensweisen charakterisiert. Das „Freche“, das frevelhaft Hybride, tritt mit Füßen auf das Heilige, es „geht drüber“. Das „Wilde“, die nicht widergöttliche, aber doch dem Göttlichen gegenüber noch ungemäße Haltung „kommt“ zum heiligen Ort. Es „darf“ nicht kommen – wie das Freche drübergehen „darf“ –, sondern „muß“ kommen, einem geheimen Schicksalsanruf folgend; und so erfüllt sich an ihm eine höhere Bestimmung, nachdem es anfänglich noch primitiv „rauhbetastend den Wahn“ geübt hat. Im Lauf der Geschichte, die Hölderlin ähnlich wie Lessings ›Erziehung des Menschengeschlechts‹ und in der gleichen Tradition stehend als einen Entwicklungsgang zum Geistigen hin deutet, entsteht aus dem „Wilden“ Kultur: wahrhafte Erkenntnis des Höheren und demgemäßes Verhalten. Doch ist dies alles erst Ergebnis eines langen geschichtlichen Reifungsprozesses: „Dank, / Nie folgt der gleich hernach dem gottgegebnen Geschenke; / Tiefprüfend ist es zu fassen.“ Das Wirken Christi in der Geschichte, nach seinem Tod, ist eine langsame Vertiefung und Einverwandlung zum Wahren hin. Diese Entwicklung ist – wie Hölderlin wiederum im Anschluß an alte Theodizee-Tradition sagt[27] – Zeugnis göttlicher Ökonomie und „Sparsamkeit“ (V. 61), die damit ebenso weise und „kundig des Maases“ verfährt wie mit der immer nur „einen Augenblik“ dauernden unmittelbaren Epiphanie. Die scheinbar vor der Erfüllung abgebrochene Bahn Christi, die ein Zeichen für die generell rasche Vergänglichkeit des „Himmlischen“ auf Erden ist (V. 50f.: „So ist schnell / Vergänglich

[26] Vgl. auch die Stellen der Bibel, denen zufolge der Herr „wie ein Dieb in der Nacht“ kommt (1. Thess. 5,2; 2 Petr. 3,10; Apoc. 16,15). Auch in Hölderlins Dichtung ist dieses „unversehene“ Kommen der Gottheit, das plötzliche Ergriffenwerden vom Göttlichen, eine wichtige Vorstellung. Es sei nur erinnert an die Schlußverse der ›Wanderung‹: „Oft überraschet es einen, / Der eben kaum es gedacht hat“ (II, 141. V. 116f.).

[27] Vgl. S. 90ff.

alles Himmlische") hat sich erst in der Geschichte vollendet, den Menschen unbewußt.

Neben dem im engeren Sinn geschichtlichen Geschenk einzelner „göttlich" großer Gestalten wie Christus sind in der geschichtlichen Nacht noch andere, „gottgegebene Geschenke" wirksam: die der Natur. Von ihnen spricht die sechste Strophe.

Des Göttlichen aber empfiengen wir
Doch viel. Es ward die Flamm' uns
In die Hände gegeben, und Ufer und Meersfluth.
Viel mehr, denn menschlicher Weise
Sind jene mit uns, die fremden Kräfte, vertrauet.
Und es lehret Gestirn dich, das
Vor Augen dir ist, doch nimmer kannst du ihm gleichen.
Vom Alllebendigen aber, von dem
Viel Freuden sind und Gesänge,
Ist einer ein Sohn, ein Ruhigmächtiger ist er,
Und nun erkennen wir ihn,
Nun, da wir kennen den Vater
Und Feiertage zu halten
Der hohe, der Gcist
Der Welt sich zu Menschen geneigt hat.

Alle Elemente, die uns „in die Hände gegeben" und „vor Augen" sind, haben wir nicht nur „menschlicherweise": nicht nur zur unmittelbaren Wahrnehmung und zum Nutzen. Sie sind uns auch „fremde", hohe „Kräfte", die inspirierend wirken. Deshalb lautet der erste Vers: „Des *Göttlichen* aber empfiengen wir / Doch viel." Die Inspiration durch das Leben der – mit Spinoza als „göttlich" verstandenen – Natur ist ein Grundthema Hölderlins. Am eindrucksvollsten und zugleich differenziertesten gestaltet er es im ›Archipelagus‹, wo alle menschliche Kultur aus der Erfahrung der großen Natur des Archipelagus entspringt.[28]

Das Verhältnis des Menschen zu einer Natur, die zwar menschlich zugänglich und „vertraut" ist, zugleich aber ins Unverfügbare reicht und den Menschen als eine höhere, „göttliche" Sphäre umgreift und beseelt, findet eher verrätselten als erläuternden Ausdruck in den

[28] Vgl. Jochen Schmidt, Natur und Kultur in Hölderlins ›Archipelagus‹, in: Friedrich Hölderlin, Der Archipelagus. Faksimile der Homburger Handschrift, Nürtingen 1987, S. 57–81 (Nachwort).

Versen: „Und es lehret Gestirn dich, das / Vor Augen dir ist, doch nimmer kannst du ihm gleichen.“ Nur der Traditionshintergrund erschließt diese fremdartigen Vorstellungen. Der erste Teil: „Und es *lehret Gestirn* dich ...“ spielt auf die durch Platon in die Tradition eingegangene Vorstellung von der Urform des Lernens und Lehrens an: Zählen und Messen wurde den Menschen durch den Umlauf der Gestirne ermöglicht. So heißt es in Platons ›Timaios‹ (39b), der, wie noch zu sehen sein wird, auch die Gesamtkonzeption der ›Friedensfeier‹ mitbestimmt, daß Gott die Bahnen der Gestirne geschaffen hat, damit die lebenden Wesen „die Zahl besäßen, indem sie vom Umlauf *lernten* (μαθόντα)“. Geradezu vom „Lehren“ der Gestirne spricht Platon in der ›Epinomis‹ (978d2–4), und wieder im Hinblick auf das Zählen als die Urform des Lernens: „niemals hört er (der Himmel) auf, die Menschen das ‚eins‘ und ‚zwei‘ zu lehren, bis auch der Ungelehrteste in zureichender Weise das Zählen lernt“ (οὐδέποτε παύεται διδάσκων [sc.: οὐρανός] ἀνθρώπους ἕν τε καὶ δύο, πρὶν ἂν καὶ ὁ δυσμαθέστατος ἱκανῶς μάθῃ ἀριθμεῖν). Daß dieses Lernen von den Gestirnen, die insofern „lehren“, eine göttliche Gabe ist („Des Göttlichen aber empfiengen wir / Doch viel“), bringt Platon im ›Timaios‹ zum Ausdruck, indem er die Erschaffung der Gestirne durch Gott darstellt. Im ›Philebos‹ (16c5ff.) betont er geradezu: Wenn Gott uns die Gestirne geschenkt hat, dann auch durch ihre Vermittlung die Zahlen. Sie sind „ein Geschenk der Götter an die Menschen“ (θεῶν μὲν εἰς ἀνθρώπους δόσις).

Gleichfalls auf die antike Tradition spielt der zweite Teil der Aussage an: „doch nimmer kannst du ihm gleichen“ (dem Gestirn). In der Antike galten die Gestirne als göttliche Wesen. Sich in der Astronomie wissenschaftlich mit ihnen zu beschäftigen, war deshalb ein Vergehen an den Göttern: Hybris. Nach dem Schema der „Homoiosis“: der den ursprünglichen Abstand aufhebenden *Angleichung* des Erkennenden an das Erkannte erblickte man darin den Versuch, sich den Gestirn-Göttern gleichzusetzen – eine Anschauung, die noch bis zu Augustinus reicht,[29] denn auch im Christentum blieb der „Himmel“ mit den Sternen noch lange Gott vorbehalten. Für Hölderlin wird diese alte Anschauung zur dichterischen Metapher eines fehlgeleiteten, weil nur noch verfügenden und menschliche Autonomie beanspruchenden Umgangs mit der Natur überhaupt. Er beklagt ihn in seinen Dichtungen immer wieder – immer wieder auch mit dem Gestirn-

[29] Vgl. hierzu: Jochen Schmidt, Hölderlins später Widerruf in den Oden ›Chiron‹, ›Blödigkeit‹ und ›Ganymed‹, Tübingen 1978, S. 48f. (mit Belegen).

Topos.[30] Indem er in der ›Friedensfeier‹ direkt auf die Homoiosis-Problematik anspielt („... doch nimmer kannst du ihm *gleichen*"), lehnt er nicht etwa antikisierend das wissenschaftliche Bestreben ab, über die Gestirne und von den Gestirnen wissenschaftliche Erkenntnisse zu gewinnen – ein Paradigma für Naturwissenschaft überhaupt –, denn daß das Gestirn „lehrt", ist ein anderer Ausdruck für das legitime Erzielen naturwissenschaftlicher Erkenntnis. Aber sie soll weder zur Hybris führen noch zu einem bloß funktionalisierenden Reduktionismus, der den Menschen verarmen läßt, weil er so die lebendige Natur-Erfahrung verliert, die zum „Göttlichen" zu erheben vermag. Am eindrucksvollsten und wiederum mit dem astronomischen Paradigma spricht davon die Chiron-Ode. „... bei der Sterne Kühle lernt' ich", klagt der sternkundige Chiron, der in der Tradition als mythisches Urbild des Astronomen gilt,[31] „aber das Nennbare nur ..." (V. 15f.). In der ›Friedensfeier‹ kommt es, mit ganz positiver Akzentuierung, auf die zum Unnennbaren hinverweisende Erfahrungsfülle an: „Des Göttlichen aber empfiengen wir / Doch viel ..."

Die Verse vom „göttlichen" Alleben der Natur und von ihrer Bedeutung für die Menschen zielen auf die Erkenntnis des Göttlichen. Mit deutlichem Rückbezug auf sein Wirken in der Natur heißt der Vater der „Alllebendige". Von ihm sind „viel Freuden und Gesänge" – gerade die Regungen und Äußerungen, zu denen die Natur inspiriert und mit denen der Mensch das Höhere feiert, das er in der Natur erfährt.

Wenn dieser Allebendige einen Sohn hat, so muß er ein „Ruhigmächtiger"[32] sein: „ruhig" aus der Harmonie des allebendigen Lebens und „mächtig" aus seiner allumfassenden Fülle. Doch ist das Ruhigmächtige Christi nicht nur aus dem Wesen des Vaters gefolgert. Es erhält seine aktuelle Bedeutung im Hinblick auf die mit der Epiphanie des „Geistes der Welt" zur Vollendung gelangte Geschichte. Denn jetzt erst, vom Ende der Geschichte her, erweist sich der zunächst scheinbar so sinnlos Entrissene als ein verborgen und „ruhig", aber dauerhaft und „mächtig" in der Nacht der Zwischenzeit zur Vollendung hin Wirkender. In diesem geschichtlichen Sinne erschließt die Erscheinung des Vaters als „Geist der Welt" auch eine neue Gegenwart

[30] Vgl. Schmidt, Widerruf, S. 47–52.

[31] Vgl. Schmidt, Widerruf, S. 45–47.

[32] Es wurde schon mehrfach darauf hingewiesen, daß der Satz in diesem konditionalen Sinn zu verstehen ist, weil die Gestalt Christi bereits eingeführt ist.

des Sohnes, ja erst seine volle Erkenntnis. Und erst diese Erkenntnis, die eine Erkenntnis vor allem seiner erst vom Ende der Geschichte her zu ermessenden geschichtlichen Wirkungsmächtigkeit ist, macht die Ladung zum endzeitlichen Mahle möglich. Die Ladung, das wird jetzt klar, ist Metapher der sich aus der endzeitlichen Erkenntnis ergebenden geschichtebildenden Fähigkeit des dichterischen Geschichts*bewußtseins*, alles einzelne, was geschichtlich gewirkt hat, im Ganzheitshorizont der vollendeten Geschichtswahrnehmung gültig zu *vergegenwärtigen*. Die Ladung und die endzeitliche Friedensfeier als *Repräsentation* des geschichtlich Gewesenen, insofern es zur Vollendung der Geschichte beigetragen hat, sind mythische Chiffren für einen aufgrund eschatologisch strukturierter Geschichts-*Erkenntnis* möglich werdenden *Bewußtseinsvorgang*. Ausdrücklich formulieren die Schlußverse der sechsten Strophe den entscheidenden Erkenntnisprozeß:

Und nun erkennen wir ihn,
Nun, da wir kennen den Vater
Und Feiertage zu halten
Der hohe, der Geist
Der Welt sich zu Menschen geneigt hat.

Daß einerseits erst durch die am Ende der Zeiten geschehende Herabkunft und „Erkenntniß“ des Vaters als des nunmehr „hohen Geists der Welt“ der Sohn in seiner Bedeutung erkennbar wird, andererseits aber die geschichtliche Erscheinung des Sohnes auf die endzeitliche Erkenntnis des Vaters hinwirkt, ist kein Zirkelschluß. Denn es ist zu unterscheiden zwischen den in der Geschichte von den Menschen unbewußt und sogar in Verkennung (5. Strophe) erfahrenen, aber eben doch *erfahrenen* Wirkungen Christi und der erst am Ende, vom Ergebnis her gewonnenen *Erkenntnis* des Geschehens. Die Geschichtsmächtigkeit der geschichtlichen Partial-Epiphanien steht fest, nur bleibt sie während des Geschichtsverlaufs noch unbewußt. Erst das perspektivierende Ende der Geschichte mit der Total-Epiphanie des „hohen Geistes der Welt“ schafft auch darüber Klarheit. Es handelt sich also um die Figuration eines Bewußtseinsproblems. Nachdem der Zusammenhang der Geschichte erfaßt und alles Gewesene in diesem Sinne begriffen ist, wird die Ladung an den Sohn Christus möglich. Anders ausgedrückt: Die Einzelzeit kann in die Gesamtzeit eingeordnet werden.

So schließt sich der Ring der zweiten Strophentrias. An ihrem Anfang stand der Wunsch, „manche“ von den halbgöttlichen Gestalten, die in der Geschichte gewirkt haben, allen voran aber Christus, einzuladen; an ihrem Ende zeigt sich dieser Wunsch als erfüllbar, weil auf die in der geschichtlichen Nachtzeit in Unkenntlichkeit versunkene Gestalt des – zugleich alle anderen halbgöttlichen Gestalten repräsentierenden – „Sohnes" Christus von der endzeitlichen Epiphanie des Vaters her das Licht voller Erkenntnis fällt. Steht die erste Strophentrias ganz unter dem Thema der Festvorbereitung, indem sie zugleich den weltgeschichtlichen Horizont der Feier entwirft, so dominiert in der zweiten Strophentrias der „Sohn" Christus als Figuration der Kategorie geschichtlicher Einzelzeitlichkeit. Durch die endzeitliche Epiphanie des Vaters, der als „hoher Geist der Welt" zur Figuration des sich erst am Ende der Geschichte herstellenden gesamtgeschichtlichen Bewußtseins wird, gewinnt der Schluß der zweiten wie schon derjenige der ersten Trias Schwellencharakter, denn die Gestalt des Vaters beherrscht die dritte Strophentrias. Sie führt zu der Vorstellung des endzeitlichen Göttermahls als dem Symbol der All-Synthese.

Zunächst bleiben noch einige Bemerkungen zum Schluß der sechsten Strophe. Die Verse „Und nun erkennen wir ihn, / Nun, da wir kennen den Vater" kehren die Worte des Johannesevangeliums eigentümlich um: „Wenn ihr mich kenntet, so kenntet ihr auch meinen Vater" (Joh 14,7). Von diesem Satz ausgehend entwickelt das Evangelium die mystische Identität von Vater und Sohn. Hölderlins Umkehrung des Johannesworts ist durch die kategoriale Fixierung des Vater- und des Sohnbegriffs in seiner geschichtsphilosophischen Konzeption begründet, in der erst die endzeitliche Ganzheitswahrnehmung die Erkenntnis des geschichtlich Einzelnen in seiner wahren Bedeutung ermöglicht. Doch bleibt der biblische Begriff des „Erkennens" ein Grundbegriff seiner Dichtung. Auch seine spezifische Färbung stammt beinahe durchgehend aus dem biblischen Gebrauch des Wortes.[33] Nicht der dianoetische Akt, nicht die intellektuelle Leistung, vielmehr das Aufnehmen des Göttlichen in einem „offenen"

[33] Hierzu einige von den zahlreichen Bibelstellen, die „erkennen" und „Erkenntnis" in diesem Sinne gebrauchen: Jes. 11,9: „Das Land ist voll Erkenntnis des Herrn"; Hos. 4,1: „... ist keine Liebe, keine Erkenntnis Gottes im Lande"; Hos. 6,6: „Denn ich habe Lust an der Liebe, und nicht am Opfer, und an der Erkenntnis Gottes, und nicht am Brandopfer"; 1 Kor. 1,5: „Daß ihr seid ... reich ... gemacht ... in aller Erkenntnis"; Kol. 1,11: „... Und wachset in der Erkenntnis Gottes"; 2 Petr. 1,2: „Gnade und Frieden durch die Erkenntnis Gottes"; 2 Petr. 3,18: „Wachset in der Gnade und Erkenntnis"; Joh. 14,47: „Die Welt ... kennt ihn nicht. Ihr aber kennet ihn".

Herzen ist damit gemeint, im Sinne des Prophetenwortes: „Und will ihnen ein Herz geben, daß sie mich kennen sollen“ (Jer 24,7). Geradezu als Kommentar zur sechsten Strophe der ›Friedensfeier‹ eignen sich Verse aus der Hymne ›Wie wenn am Feiertage ...‹: „Und was zuvor geschah, („des Göttlichen aber empfiengen wir / Doch viel ...“) doch kaum gefühlt („Dank, / Nie folgt der gleich hernach dem gottgegebenen Geschenke; / Tiefprüfend ist es zu fassen“), / Ist offenbar erst jezt (die Epiphanie des Vaters, des Weltgeistes in der ›Friedensfeier‹), / Und die uns lächelnd den Aker gebauet, / In Knechtsgestalt, sie sind *erkannt* („ ... Nun, da wir *kennen* den Vater ...“) / Die Allebendigen („Vom Alllebendigen aber ...“), die Kräfte der Götter“ (II, 119, V. 32f.). Hier wie in der ›Friedensfeier‹ geht es um die Entwicklung vom zwar wirksamen, aber unbewußten Walten des Göttlichen zur vollen Erkenntnis und zum Bewußtsein, das der offenbaren Gegenwart der Götter entspricht. In der Elegie ›Stutgard‹ werden beide Zustände einander direkt gegenübergestellt: „Aber ihr, ihr Größeren auch, ihr Frohen, die allzeit / Leben und walten, *erkannt*, oder gewaltiger auch, / Wenn ihr wirket und schafft in heiliger Nacht ...“ (II, 88, V. 85ff.). Und wie das „Kennen“ des Vaters in der ›Friedensfeier‹ den entscheidenden Augenblick kennzeichnet, so beschwört der Dichter in der Schlußstrophe von ›Brod und Wein‹ den Vollendungszustand mit dem Wunsch, daß der „Vater Aether *erkannt* jeden und allen gehört“ (II, 95, V. 154).

Das doppelte „Nun“: „... Und *nun* erkennen wir ihn, / *Nun*, da wir kennen den Vater“ hebt den großen Augenblick emphatisch hervor. Es entspricht der Gespanntheit dieser und vieler anderer Dichtungen Hölderlins auf das Ereignis des Heiles und der ekstatischen Vergegenwärtigung der Heilserfahrung, daß gerade der Augenblick als die unmeßbare Spanne, in der das Ewige in die Zeit einbricht, eine besondere Bedeutung gewinnt. Nicht nur die Erfüllung als solche, auch der große Augenblick, dem die Feier des Dichters gilt, die *Zeit* der Erfüllung, erhält eine eigentümliche Intensität. In der ›Friedensfeier‹ geschieht dies immer in den Schlußstrophen der einzelnen Strophentriaden. Am Anfang der dritten Strophe vergegenwärtigen die Worte „jezt ... jezt erst“ ekstatisch das Erlebnis des geschichtlichen Eschaton; am Schluß der sechsten Strophe bezeichnet das „nun ... nun“ den Augenblick der großen Erkenntnis von Vater und Sohn; die neunte Strophe evoziert den göttlichen Augenblick des „Festtags“; die zwölfte Strophe schließlich holt den Kairos in den mütterlichen Grund der Geschichte, in die Natur zurück und löst damit nach den immer höher gespannten vorausgehenden Triadenschlüssen alle Spannung.

IV. Die dritte Strophentrias

Die alte Streitfrage der Forschung, wer der Fürst des Festes sei, läßt sich am besten vom Ende der zweiten Trias her entscheiden. Die Verse „... Nun, da wir kennen den Vater / Und Feiertage zu halten / Der hohe, der Geist / Der Welt sich zu Menschen geneigt hat“ kennzeichnen die Vatergottheit, den „Alllebendigen“, den „Geist der Welt“ als den Fürsten. „Feiertag“ ist ein Synonym für „Fest“, und derjenige, der sich herabneigt, um Feiertage zu halten, ist notwendig der „Fürst“ des Festes. Fürst ist der sich nun als Weltgeist manifestierende Vater als Prinzip alles anderen, Fürst als Quell alles partiellen Heilsgeschehens und – erkannt – als Quell der Erkenntnis dieses Heilsgeschehens. Schließlich sagen die zitierten Verse nicht, daß sich nun der Vater, der Weltgeist, herabneige, sondern daß er sich schon herabgeneigt hat. Das kann nur eine Berufung auf die Vision von der Ankunft des Fürsten in der zweiten Strophe sein.

Auch aus anderen Verbindungslinien ergibt sich die Identität des „Vaters“ mit dem „Fürsten“. In der zweiten Strophe heißt es: „Und dämmernden Auges denk' ich schon, / Vom ernsten *Tagwerk* lächelnd, / Ihn selbst zu sehn, den Fürsten des Fests.“ Die ersten Verse der siebten Strophe lauten: „Denn längst war der zum Herrn der Zeit zu groß / Und weit aus reichte sein Feld, wann hats ihn aber erschöpfet? / Einmal mag aber ein Gott auch *Tagewerk* erwählen ...“ Diese Gottheit am Anfang der siebten Strophe ist also mit dem Fürsten des Fests zu Anfang der zweiten Strophe identisch, denn es ist beide Male die Gottheit, die „Tagewerk“ getan hat. Nun ist die Gottheit zu Anfang der siebten Strophe der zum Weltgeist gewordene Vater, da die Verse an den Schluß der sechsten Strophe anknüpfen: „Nun, da wir kennen den Vater / Und Feiertage zu halten / Der hohe, der Geist / Der Welt sich zu Menschen geneigt hat. // (7. Strophe:) Denn längst war der zum Herrn der Zeit zu groß ...“ „Der“ ist der „Vater“, und da „der“, der das „Tagwerk“ vollbracht hat, zugleich der Fürst des Festes ist, ist der Vater in seiner endzeitlichen Erscheinung als Weltgeist Fürst des Festes.

Indes kann die Erschließung der Einheit der Hymne aus ihren Querbezügen der Forderung nach Einsicht in ihre konzeptionelle Einheit nicht genügen. Es ist daher wesentlich, daß auch die dargelegte kategoriale Bedeutung von „Vater“ und „Sohn“ im Geschichtsentwurf der ›Friedensfeier‹ diese Deutung erfordert.

Zwar ist es von übergeordnetem Belang, daß der „Vater“, insofern er das Prinzip ist, von dem alles ausgeht und zu dem sich, wenn er am Ende der Zeit „Geist“ der Welt geworden ist, wieder alles vereinigt, als „Fürst des Festes“ und damit als Leitfigur des gesamten Geschehens fungiert. Doch kommt es nicht darauf an, den Fürsten auf *eine* Benennung, etwa die des „Vaters“ oder des „Weltgeists“ zu reduzieren. Dies würde der geschichtsphilosophischen Gesamtkonzeption widersprechen, da die oberste Gottheit nicht bloß am Anfang der Geschichte – als „Vater“ – und am Ende der Geschichte – als „Geist der Welt“ – gedacht wird, sondern auch als ein mittelbar, bereichsspezifisch und in spezifischen Qualitäten und Funktionen *in* der Geschichte und *in* der Natur Wirkender – und nicht zuletzt als ein deshalb jeweils anders Erfahrener. Da er in der Weise der Universalität und Totalität ist, die sich geschichtlich und naturhaft ausdifferenziert – womit Hölderlin einem stoisch-pantheistischen Konzept folgt[34] –, ist er niemals ganz mit irgendeiner seiner Wirkungsweisen oder Erscheinungsformen zu identifizieren, ja, schon in der stoisch-pantheistischen Tradition wird formuliert, was Hölderlin in seiner Hymne systematisch ins Werk setzt: daß die oberste Gottheit, je nach den Bereichen und den Funktionen, in denen sie wirkt, verschiedene Namen haben könne.[35] Nicht umsonst hat Hölderlin mit der Wahl des Wortes „Weltgeist“ („Der hohe, der Geist der Welt“, V. 77f.) ein pantheistisches Kennwort eingesetzt, dessen sich übrigens auch Goethe gern bediente.[36] Der Weltgeist, der in der Weise der Allheit ist, heißt im Spektrum seiner geschichtlichen und naturhaften Möglichkeiten bald so, bald anders, und seine verschiedenen Namen – er kann alle tragen, weil er in der Weise der Allheit ist – sind nur Funktionen der Bereiche, in denen er wirkt. So erscheint er am allversammelnden und repräsentierenden Festtag als „Fürst“; im Zusammenhang seiner Wirksamkeit in der Natur heißt er „alllebendig“; im weiteren Zusammenhang der Alldeszendenz und des Alldurchwaltens „Vater“ und eben „Geist der Welt“; im Zusammenhang seiner Wirksamkeit in der Geschichte „Gott der Zeit“; und wo er geradezu am „Werk“ und beim „Tagwerk“ erscheint, heißt er „Meister“; wo er schließlich als alles Menschliche übersteigende Wirkungsmacht erfahren wird, wählt der Dichter die lapidare Benennung „ein Gott“ (V. 23, V. 54, V. 81).

Denn längst war der zum Herrn der Zeit zu groß
Und weit aus reichte sein Feld, wann hats ihn aber erschöpfet?

[34] Vgl. S. 111f.
[35] Vgl. S. 113ff.
[36] So in dem pantheistischen Altersgedicht ›Eins und Alles‹ und in dem berühmten Brief an Zelter vom 19.3.1827.

Einmal mag aber ein Gott auch Tagewerk erwählen,
Gleich Sterblichen und theilen alles Schiksaal.
Schiksaalgesez ist diß, daß Alle sich erfahren,
Daß, wenn die Stille kehrt, auch eine Sprache sei.
Wo aber wirkt der Geist, sind wir auch mit, und streiten,
Was wohl das Beste sei. So dünkt mir jezt das Beste,
Wenn nun vollendet sein Bild und fertig ist der Meister,
Und selbst verklärt davon aus seiner Werkstatt tritt,
Der stille Gott der Zeit und nur der Liebe Gesez,
Das schönausgleichende gilt von hier an bis zum Himmel.

Der „Vater" und „Geist der Welt" war längst zum Herrn der Zeit zu groß, weil die Macht eines Herrn nach der Größe seines Herrschaftsbereichs bemessen wird: Die „Zeit" aber als Bereich der endlichen Erstreckung ist kleiner als die Gottheit, der nur das Ewige entspricht. Hölderlin formuliert einen Grundgedanken der traditionellen Metaphysik: daß die *potentia absoluta* der Gottheit immer alles von ihr Geschaffene übersteigt. Zwar reichte das „Feld" der geschichtlichen Zeit „weit aus", wie das „unermeßliche" Hinunterbrausen des „tausendjährigen" Wetters in der dritten Strophe zeigt; aber in dieser weiten Erstreckung blieb es doch endlich und konnte den Ewigen nicht „erschöpfen". Wie schon das Wort „Herrschaft" in der dritten Strophe deutet nun der Ausdruck „*Herr* der Zeit" darauf hin, daß während des Geschichtsgeschehens ein Spannungsverhältnis besteht, das sich am Ende der Geschichte harmonisch aufhebt. Im folgenden Vers „Einmal mag aber ein Gott auch Tagewerk erwählen" ist der Passus „ein Gott auch" stark zu betonen, denn nur so kommt der Sinn zum Vorschein: der Gegensatz zwischen dem ewigen Sein der Gottheit und dem beschränkten Feld des „Tagwerks", das die Gottheit nicht „erschöpft", das sie sich aber wohl „einmal" erwählen kann. Dieses „einmal" enthält und verbirgt zugleich ein Problem des ontologisch-metaphysischen Denkens: das Problem, warum die als ursprünglich absolutes, ewiges *Sein* gedachte Gottheit sich überhaupt in das *Werden* der Geschichte hineinbegeben hat – wie sich Ewigkeit zur Zeit hin öffnen und Unendliches endlich werden oder aber Endliches schaffen könne.

Im Erwählen des geschichtlichen Tagwerks teilt die Gottheit mit den Menschen „alles Schiksaal". Diesen Allheitsgedanken trägt der Folgesatz pointiert weiter: „Schiksaalgesez ist diß, daß *Alle* sich erfahren, / Daß, wenn die Stille kehrt, auch eine Sprache sei." Das „Schiksaalgesez" der Allerfahrung deutet auf die Endlichkeit der Welt und des Vorhandenen zurück. Denn aus dieser Endlichkeit ist zu folgern, daß auch die gegenseitigen Erfahrungsmöglichkeiten nicht endlos sind, vielmehr sich einmal erschöpfen müssen: Dann haben sich „alle“ – der Allheitsbegriff ist hier nicht metaphysisch – erfahren. Da Hölderlin die Allerfahrung unter dem Aspekt der Ausbildung universaler Einheit sieht, bedeutet ihre Vollendung zugleich das Ende aller Geschichte und damit das Aufhören der Zeit, Still-Stand, die Einkehr der „Stille“.

Die vollendete Allerfahrung ist Stille des erfüllten Lebens im höchsten Bewußtsein. Erfahrung entspringt der Entgegensetzung von Subjekt und Objekt. Aus ihr erwächst das Bewußtsein. All-Erfahrung unter dem Aspekt der universalen Einheit erzeugt also *ein* Bewußtsein, dessen Leben, dessen Ausdruck *eine* „Sprache“ ist. Die neue All-Gemeinschaft repräsentiert sich so in der Sprache, die *eine* Sprache als Leben im Bewußtsein der All-Einheit darstellt. Dies ist die Erfüllung des „Schiksaalgesezes“ – das Ziel der ihm innewohnenden Tendenz, die als eine immanente Intention erscheint: Das Schicksalgesetz der All-Erfahrung gilt, *daß*, wenn die Stille kehrt, auch eine Sprache sei.

Es war schon vorher klar, daß das Schicksalgesetz der All-Erfahrung, insofern die Gottheit es ganz teilt, zur Einheit von Welt und Gott und substantiell zur All-Einheit führt, weil der Gott als metaphysisches Prinzip der Allheit in der Form der Einheit gedacht wird. Die Tendenz zum „Besten“ beruht also auf der Einführung dieses metaphysischen Prinzips in das Geschehen. Hierfür ist nun in völliger Deutlichkeit die Aussage gewählt, daß „der Geist“ in diesem Geschehen „wirke“. Der „Geist“ drängt zu seiner vollen Selbstverwirklichung, aus dem Ausland des noch unvollendeten Tagewerks in den ihm allein ganz angemessenen Bezirk der Vollendung, und dabei vollendet er zugleich die Weltgeschichte als sein „Werk“. Alles, auch die Menschenwelt, ist in diese Vollendungsbewegung zum Besten hin einbezogen. Deshalb heißt es: „Wo aber wirkt der Geist, sind wir auch mit, und streiten, / Was wohl das Beste sei.“ Auf das Dialektische des Vollendungsgangs zur großen Synthese deutet das Wort „streiten“.

„So dünkt mir jezt das Beste, / Wenn nun vollendet sein Bild und fertig ist der Meister, / Und selbst verklärt davon aus seiner Werkstatt tritt ...“ Statt vom „Werk“, wie in der dritten Strophe, ist nun vom „Bild“ die Rede – mit gewolltem Doppelsinn. Es handelt sich um ein vom Meister vollendetes *Gebilde*, zugleich aber auch um das Bild seiner selbst: sein *Abbild*. So drückt sich die geschichtlich entstandene Einheit von Welt und Gott, das Ineins von Selbstverwirklichung der Gottheit und Vollendung der Welt, in der Ambivalenz des dichterischen Wortes aus. Dieses vollkommene Ineinander-Übergehn von

Welt und Gott im Augenblick der Erfüllung ist eine geschichtsphilosophische Transformation der pantheistischen Identität von Gott und Welt. Hölderlin, und das ist entscheidend, verwandelt diese statische Identität in einen geschichtlichen Prozeß der Identitätsbildung, um die Transzendenz der noch nicht vollendeten Geschichte zuzuweisen (womit Transzendenz zu einer Frage des Bewußtseins wird) und die Geschichte selbst als einen Prozeß der Aufhebung von Transzendenz zu deuten – bis zum Augenblick der Vollendung, wo der Dualismus aufhört, da die bisher nur transzendent vorzustellende höchste Vollendung *immanent* wird. Im dichterischen Bild: Die Himmlischen kehren auf der Erde ein, der hohe, der Geist der Welt „neigt sich herab" (V. 77f.), die Himmlischen sind alle da „in unserem Hauße" (V. 117), die Welt selbst wird zu Gottes „Bild" und damit zum Gebilde, das, insofern es sich nicht um ein totes Abbild, sondern um einen lebendigen Kosmos handelt, nun die Qualität des bisher nur als göttlich-transzendent Vorstellbaren zur immanenten Erfahrungsfülle werden läßt.

„Sein Bild", „Meister", „Werkstatt" – das alles weist auf den Demiurgen-Mythos aus Platons ›Timaios‹, nachdem die zweite und dritte Strophe mit den Worten „Werk" und „Tagewerk" noch im Bereich vorbereitender Andeutung geblieben sind. Platon erläutert seinen Demiurgen-Mythos in folgender Weise: „Den Schöpfer und Vater dieses Alls (ποιητὴν καὶ πατέρα τοῦδε τοῦ παντός) nun zu finden ist freilich schwierig, und wenn man ihn gefunden hat, ist es unmöglich, sich für alle verständlich über ihn auszusprechen; doch muß man in Betreff seiner wiederum dies untersuchen, nach welchem von beiderlei Urbildern er als Baumeister (τεκταινόμενος) die Welt gebildet hat (ἀπηργάζετο), ob nach demjenigen, welches stets dasselbe und unverändert bleibt (dies sind die ewigen Ideen), oder aber nach dem Entstandenen. Wenn nun aber noch diese Welt schön und vortrefflich und der *Meister* (δημιουργός) gut und vollkommen ist, so ist es offenbar, daß er nach dem Ewigen schaute ... Die Welt ist das Schönste von allem Entstandenen, und der *Meister* ist der beste ... von allen Urhebern ... Schreiten wir nun auf diesen Grundlagen zur Betrachtung dieser unserer Welt, so ist sie eben hiernach ganz notwendigerweise ein *Abbild* von etwas (πᾶσα ἀνάγκη τόνδε τὸν κόσμον εἰκόνα τινὸς εἶναι)."[37]

[37] Timaios 28c–29b (Platonis opera, hrsg. v. Ioannes Burnet, Bd. IV), die Übersetzung ist von Franz Susemihl (Platon, Sämtliche Werke, 3. Bd., Heidelberg o. J.). Hölderlins Timaios-Lektüre läßt sich mehrfach belegen, am deutlichsten im ›Fragment von Hyperion‹, StA III, 169, *193*, 1f., wo ein direktes Zitat steht: „... ach! wo der Aegyptische Priester dem Solon noch

Hierauf behandelt Platon die Einrichtung der Welt durch den göttlichen Demiurgen, und der ›Timaios‹ gipfelt in der abschließenden Feststellung über die Art des vorher genannten „Abbildes". Die Welt ist „zum *Abbilde* des Schöpfers und sinnlich wahrnehmbaren Gott (εἰκὼν τοῦ νοητοῦ ϑεὸς αἰσϑητός) und zur größten und besten, zur schönsten und vollendetsten (μέγιστος καὶ ἄριστος κάλλιστός τε καὶ τελεώτατος) geworden"[38]. In Platons abschließender Formulierung ist die pantheistisch gefärbte Einheit der Gottheit und des Kosmos ebenso deutlich wie bei Hölderlin, der allerdings den Demiurgen-Mythos insofern verändert, als er den Schöpfer-Mythos zum eschatologischen Mythos, den Schöpfergott zum Geschichtsgott umdefiniert.

Dem ›Timaios‹ folgt Hölderlin nicht zuletzt mit seiner Zeitspekulation. Die ganze dritte Trias ist von Beginn an durch eine Zeitspekulation strukturiert, derzufolge die „Zeit" ein „Bild" der Ewigkeit – die Geschichte ein Bild der ursprünglich zeitlosen Gottheit ist, wobei aber Hölderlin die Korrelation von zeitloser Gottheit und geschichtlicher Zeit in die Dynamik der Geschichte selbst überführt, um schließlich die immanente Identität des „Zeitbilds" herzustellen. Diese idealistisch-ontologische Verankerung des Zeitbegriffs kennt die Moderne nicht mehr, seit es nur noch den naturwissenschaftlichen und andererseits den subjektiven Zeitbegriff gibt. Für Platon und auch noch für Hölderlin ist Zeit nicht der absolute Gegensatz zur Ewigkeit, vielmehr öffnet sich die Ewigkeit in die Zeit und teilt ihr von ihrem Wesen

vorwarf, ‚ihr Griechen seid alle Zeit Jünglinge!' ..." (Timaios 22b: Ὦ Σόλων, Σόλων, Ἕλληνες ἀεὶ παῖδες ἔστε ... Νέοι ἐστὲ ... τὰς ψυχὰς πάντες). Vgl. III, 494. Z. 26ff. Die bisher unerkannte und – wie auch noch aus dem Folgenden sich ergibt – geradezu konzeptionelle Bedeutung des ›Timaios‹ für Hölderlins ›Friedensfeier‹ gehört in den weiteren, von künftiger Forschung noch zu erhellenden Zusammenhang der Aktualität des ›Timaios‹ für den deutschen Idealismus überhaupt. In Schellings Nachlaß befindet sich ein aus seiner Frühzeit – also der unmittelbaren Nähe zu Hölderlin – stammender, noch ungedruckter Timaios-Kommentar. Die Spuren von Schellings Beschäftigung mit dem ›Timaios‹ führen bis in die naturphilosophischen Schriften der Jahre um 1800. Zwei Jahre nach der Entstehung der ›Friedensfeier‹ hat der Schelling-Anhänger Karl Joseph Hieronymus Windischmann eine Timaios-Übersetzung (Hadamar 1804) mit einer bezeichnend naturphilosophischen Einleitung herausgebracht. Zu Hegel vgl. den Überblick bei Jean-Louis Vieillard-Baron, Platon et l'idéalisme allemand (1770–1830), Paris 1979, S. 325–350: Hegel et le Timée.

[38] Timaios 92c.

mit, so daß diese zu ihrem „Bild“ werden kann. Die für eine lange Tradition grundlegende Aussage im ›Timaios‹ lautet (37d5–7): „Ein bewegtes *Bild der Ewigkeit* beschloß er zu machen (εἰκὼ δ'ἐπενόει κινητόν τινα αἰῶνος ποιῆσαι), und den Himmel ordnend macht er zugleich ein gemäß Zahl fortschreitendes ewiges *Bild* der im Einen verharrenden Ewigkeit, eben das also, was wir *Zeit* genannt haben.“ Von Platon übernimmt Plotin in seine Schrift ›Über Ewigkeit und Zeit‹ (περὶ αἰῶνος καὶ χρόνου) diese Vorstellung vom Verhältnis der Zeit zur Ewigkeit – auch er nennt die Zeit ein „Bild der Ewigkeit“.[39] Plotins Abhandlung ist neben dem ›Corollarium de tempore‹ des Simplikios die wichtigste antike Schrift über die Zeit zwischen dem ›Timaios‹ und Augustins Abhandlung über die Zeit im 11. Buch der ›Confessiones‹. Durch die ganze Antike bis in die Neuzeit wirkte die platonische Zeitauffassung[40], nicht zuletzt durch die Vermittlung Augustins. Für Augustinus ist „die Zeit eine Spur der Ewigkeit“[41] und ein „Abbild der Ewigkeit“[42]. „Die Zeiten“, so sagt er, „bilden die Ewigkeit nach.“[43] Ähnlich formuliert Boethius. Indem Hölderlin unmittelbar an Platon anknüpft, wie schon die Anspielungen auf den Demiurgen-Mythos zeigen, steht er also zugleich in einer Gesamttradition, die das Denken über Zeit und Geschichte durch viele Jahrhunderte prägte. Nur aus ihr heraus ist sein Vorstellungsschema verständlich und zugleich wird nur an ihr die modern-geschichtsphilosophische Modifikation im Horizont eines entschieden pantheistischen Immanenzdenkens meßbar.

Für den synkretistischen Charakter der Friedensfeier-Hymne wiederum bezeichnend ist es, daß gerade die Strophe, die an Vorstellungen Platons orientiert ist, zugleich Biblisches mit ins Spiel bringt. So vollzieht sich auch hier im dichterischen Verfahren die Herstellung der universalen Einheit, die das ideelle Ziel der Hymne ist. „Schiksaalgesez ist diß, daß Alle sich *erfahren*, / Daß, wenn die Stille kehrt, auch eine Sprache sei. / Wo aber wirkt der Geist, sind wir auch mit, und streiten, / Was wohl *das Beste sei*“ – diese Verse erinnern deutlich

[39] αἰῶνος εἰκόνα, Enneaden III 7, 11, 20; vgl. 1,19; 11,29; 46; 13,24.

[40] Zur platonischen Zeitauffassung: A. E. Taylor, A Commentary on Plato's Timaeus, Oxford 1928, S. 678ff.; R. Mondolfo, L'infinito nel pensiero dell' antichità classica, Florenz 1956, S. 101–117; H. Conrad-Martins, Die Zeit, München 1954, S. 95–135. Zur Nachwirkung vgl. den Katalog bei Werner Beierwaltes, Plotin, Über Ewigkeit und Zeit, Frankfurt 1967, S. 255.

[41] tempus quasi vestigium aeternitatis, de Gen. at. litt. imp. lie. 13,38.

[42] aeternitatis quaedam imitatio, enarratio in Psalm. IX 7,17.

[43] tempora aeternitatem imitantia, de musica VI 11,29.

an Phil 1, 9/10: „Und darum bete ich, daß eure Liebe je mehr und mehr reich werde in allerlei Erkenntnis und *Erfahrung*, / Daß ihr prüfen möget, was *das Beste sei.*"[44]

Indem der „Meister" „selbst verklärt" von seinem Bild aus der Werkstatt tritt, erscheint er geradezu als ein vom eigenen Werk beglückter und vom Vollendungsgefühl begeisterter Künstlergott. Doch hat diese „Verklärung" auch tiefere Bedeutung: Die Gottheit tritt aus der einmal eingegangenen Bindung im Endlichen hinüber in ihre wahre, ewige Gestalt, wobei diese – darauf kommt viel an – nun zugleich die ewige, vollkommene Gestalt der Welt selbst ist. „Und ander Gewand nicht, denn / Ein festliches ziehet er an / Zum Zeichen, daß noch anderes auch / Im Werk ihm übrig gewesen", heißt es im ersten Entwurf (II, 132, V. 77ff.). Das Ende der Geschichte, an dem das zeithafte Werden in zeitloses Sein übergeht, hebt die Gottheit in den vollen Glanz ihres eigentlichen Wesens, das nun zugleich dasjenige einer vollendeten Welt ist. Dieses zeitlose Sein ist nicht das ursprüngliche, denn „verklärt" von ihrem Bild kann die Gottheit vor allem heißen, weil der reine Geist erst durch den Erfahrungsgang, den dialektischen Prozeß der Geschichte, zum *Bewußtsein* gelangen mußte. Nun, im Anschauen seiner selbst – seines „Bildes" –, befindet sich der reine Geist im absoluten Bewußtsein. Seine Klarheit verklärt ihn.

Wiederum anknüpfend an Platons ›Timaios‹ (37 d), wo „Aion" als Inbegriff der „ewigen", ganzheitlich in sich ruhenden, übergeschichtlichen Zeit von „Chronos" als der geschichtlichen Zeit unterschieden wird, läßt Hölderlin nun den Gott als „stillen Gott der Zeit" erscheinen: als Aion im Gegensatz zu Chronos. Aus dem Katarakt der *Sukzession* ist er in die harmonische Ruhe des vollendeten Werks und in die stille Einheit des Alles-Zugleich, der *Simultaneität* übergegangen. Anstatt des aus Spannung und Entgegensetzung erzeugten „Schiksaalgesezes" der All-Erfahrung gilt jetzt „der Liebe Gesez", in welches das Schicksalgesetz der All-Erfahrung ausmündet als in einen Zustand des schönen Ausgleichs und der Allharmonie. Der „Streit" um das Beste hat in der „Liebe" sein Ziel und zugleich seine Aufhebung gefunden. Die Zeit (Chronos) ist zugleich vollendet und zu Ende.

> Viel hat von Morgen an,
> Seit ein Gespräch wir sind und hören voneinander,
> Erfahren der Mensch; bald sind wir aber Gesang.

[44] Darauf hat besonders Walter Hof, Zu Hölderlins Friedensfeier, in: Der Streit um den Frieden, Nürnberg 1957, S. 82 hingewiesen.

Und das Zeitbild, das der große Geist entfaltet,
Ein Zeichen liegts vor uns, daß zwischen ihm und andern
Ein Bündniß zwischen ihm und andern Mächten ist.
Nicht er allein, die Unerzeugten, Ew'gen
Sind kennbar alle daran, gleichwie auch an den Pflanzen
Die Mutter Erde sich und Licht und Luft sich kennet.
Zulezt ist aber doch, ihr heiligen Mächte, für euch
Das Liebeszeichen, das Zeugniß
Daß ihrs noch seiet, der Festtag,

Der Allversammelnde ...

Während die siebte Strophe den weltgeschichtlichen Prozeß darstellt, der zur Vollendung des „Bildes" führt, charakterisiert nun die achte Strophe dieses „Bild" als „Zeitbild". Das Wort „Zeitbild" schließt die beiden wesentlichen Elemente der vorhergehenden Strophe zu einer Einheit zusammen: Es war vom stillen Gott der „Zeit" und vom nunmehr vollendeten „Bild" die Rede.

Zusammenfassend deuten die ersten drei Verse noch einmal den Geschichtsprozeß. Der „Morgen" ist der Anfang der Geschichte, der für Hölderlin auch räumliche Bedeutung als Osten, als Orient hat. Seit diesem Beginn der Geschichte hat der Mensch viel „erfahren". Damit ist das Schicksalgesetz der Erfahrung erneut hervorgehoben, aber der Vorgang, in dem sich diese Erfahrung ergibt, heißt nun bedeutungsvoll „Gespräch". Das Gespräch ist das vielfältige Gegeneinanderklingen der Stimmen im Streit um das Beste; der „Gesang" dagegen Einheit, vollendete Harmonie. In ihr klingen alle Stimmen zusammen. Die Formulierungen „Seit ein Gespräch wir *sind*" und „bald *sind* wir aber Gesang" deuten auf eine das ganze Dasein erfassende Existenzform. Das „Viel" der Teile im Gespräch – „Viel hat ... erfahren der Mensch" – steht im Gegensatz zur All-Einheit des Gesangs. In der Wendung von dem vieles erfahrenden Menschen gelangt nicht nur die geschichtliche Vorstufe des Vollendungszustands zur Darstellung, sie enthält auch eine deutlich wertende Aussage über den Unterschied von Gespräch und Gesang. Wie Heraklits „Vielerfahrener", der πολυμαθής, als der Mann des gesammelten Stückwerks dem wahren Weisen, dem σοφός, der aus der Einheit des Weltverständnisses lebt,[45] in seinem ganzen Wesen unbedingt nachsteht, so

[45] Heraklit Frg. 40 und 41 (Die Fragmente der Vorsokratiker, H. Diels und W. Kranz, 1. Bd., 11. Aufl., Zürich–Berlin 1964).

sieht auch Hölderlin in der Vielerfahrenheit, wo er sie isoliert betrachtet – ohne geschichtliche Zuordnung und prozeßhafte Dynamik wie in der ›Friedensfeier‹ – das Negative. In der sapphischen Ode ›Unter den Alpen gesungen‹ heißt es von der Unschuld, die „immerzufriedner Weisheit" voll in dieser Welt den Bereich ursprünglicher Einheit und Eigentlichkeit verkörpert: „... was noch jezt uns / *Vielerfahrenen* offenbar der große / Vater werden heißt, du darfst es allein uns Helle verkünden" (II, 44, V. 13ff.).

Das vom großen Geist entfaltete Zeitbild ist ein Zeichen, „daß zwischen ihm und andern / Ein Bündniß zwischen ihm und andern Mächten ist". Nicht nur hebt die Epanalepsis das Wichtige emphatisch hervor: Die Apokoinu-Stellung des Wortes „Bündniß" im Verhältnis zu zwei völlig identischen Partien, deren erster es als Schlußteil, deren zweiter es als Anfangsteil zugehört, verleiht als expressive *Bindungsform* dem Inhalt der Aussage über das „Bündniß" denkbar intensiven Ausdruck. Daß das Zeitbild, in dem ja Wesen und Wirksamkeit des bisher nur göttlich-transzendent Vorstellbaren aufgehoben sind, nun vom großen Geist „entfaltet" wird, läßt die Weltgeschichte selbst als *explicatio dei* erscheinen, aber als *explicatio* eines nun immanenten „Gottes" der Geschichte. Sie wird in ihrem Gesamtsinn: in der endzeitlichen Simultaneität alles Sinns vorgewiesen. Dabei geschieht aber das Merkwürdige, daß der „große Geist" – vorher hieß er: der „Vater / ... / Der hohe, der Geist / Der Welt" – eingeordnet ist in einen Zusammenhang von „Mächten", die durch die Bezeichnung „die Unerzeugten, Ew'gen" als gleichberechtigte, unabhängige Urkräfte erscheinen. Mit den „Unerzeugten, Ew'gen" kann nicht der stellvertretend für alle einzelnen geschichtlichen Träger der Sinnkonstitution genannte „Sohn" gemeint sein, der ein Erzeugter, Zeitlicher ist, vielmehr nur der elementare Naturbereich. Darauf deutet wohl auch der folgende Vergleich, der neben Licht und Luft die Mutter Erde nennt. Zusammen mit den Natur-„Mächten" schafft der hier ganz unter der Kategorie der Zeit stehende „große Geist" erst geschichtliche Realität und schließlich das Zeitbild, in das dann allerdings zugleich auch die schon im engeren Sinn geschichtlichen Manifestationen des „Göttlichen", d.h. die „Söhne" – Christus und die griechischen Gottheiten – integriert sind.

Die Einbeziehung des elementaren Grundbereichs und seine Bezeichnung als „unerzeugt, ewig" ist für das Gesamtverständnis der ›Friedensfeier‹ von Belang. Hölderlin, so läßt sich daraus schließen, meint sein Sprechen von Gott und von Christus nicht im Sinne der christlichen Lehre, für die alle Wesen außer Gott selbst gerade nicht unerzeugt und ewig, vielmehr geschaffen und zeitlich sind; ihm sind „der Gott" und Christus mythologische Chiffren in einem stoisch-pantheistischen Gesamtkonzept, wie es auch sonst sein Denken weitgehend bestimmt.[46] Nur unter dieser Voraussetzung kann auch in der letzten Strophentrias der ›Friedensfeier‹ die „Natur" als letzter Grund der Geschichte erscheinen. Lediglich insofern sich die Natur in der Geschichte vergeistigt und immer schon vom Logos durchwaltet zeigt und insofern dieser Logos in früheren Phasen der Bewußtseins-Geschichte als Transzendenz extrapoliert wurde, kann vom „Himmlischen" und vom „Göttlichen" die Rede sein.

Die Verse über das „Bündniß" des „großen Geistes" mit den „Unerzeugten, Ew'gen ... allen" nehmen sogar ein spezifisches stoisch-pantheistisches Denkbild auf. Ihm zufolge ist der „göttliche", aber immanente Logos – Hölderlins „großer Geist" – das eigentlich gestaltende Prinzip der Welt. Diesen Logos verglichen die Stoiker in seiner Funktion mit Platons Demiurgen – und das ist der Grund, warum Hölderlin seine Konzeption mit Platons Demiurgen-Mythos verbindet. Zugleich verstanden die Stoiker den Logos als pantheistischen „Gott". Damit aber durch die Annahme einer immateriellen Vernunft (Logos, Hölderlins „großer Geist") als selbständigen Prinzips nicht der pantheistische Monismus, der nur die immanente Natur kennt, aufgesprengt wurde, unterschieden die Stoiker zwischen Element (στοιχεῖα) und Prinzip (ἀρχή). Element und Prinzip sind in der Wirklichkeit niemals getrennt, da es keinen gestaltlosen Stoff und keine stofflose Vernunftform gibt. Nur zusammen sind sie wirklich, und in ihrer Verbindung bilden sie die „Körper".[47] Beides, Element und geistig-gestaltendes Prinzip, ist, um es in den Worten der Friedensfeier-Hymne zu sagen, „unerzeugt, ewig". Hölderlin transponiert das stoisch-pantheistische Denkbild, das bloß der Universal-*Natur* gilt, in die sich zum „Zeitbild" ausprägende Universal-*Geschichte*, betont aber in der Schlußtrias den Zusammenhang der Geschichte mit der Natur. Diesen Zusammenhang kategorial zu begründen, ist der eigentliche Zweck der Verse in der achten Strophe, die vom „Bündniß" des

[46] Vgl. das besonders gegen Ende des ›Hyperion‹ zur Geltung gelangende, durch Spinoza vermittelte stoisch-pantheistische Daseinsverständnis sowie die nach dem stoischen Kategoriensystem konzipierte Ode ›Dichtermuth‹ (hierzu: Schmidt, Widerruf, S. 103–112) und den ebenfalls vom stoisch-pantheistischen Denken her bestimmten ›Archipelagus‹ – vgl. hierzu Anm. 28).

[47] Texte hierzu in: Stoicorum veterum fragmenta. Coll. Ioannes ab Arnim, 4 Bde., Leipzig 1903 sqq. (Ed. ster. Stuttgart 1964), Bd. II, 299 sqq. 409.

„großen Geists“ mit den „unerzeugten, ew'gen“ Elementen sprechen. Denn darin ist „der große Geist“, der Logos, als „Gott (Geist) der *Zeit*“ aufgefaßt.

Die Zeit ist als Form, als gestaltendes Prinzip, der Elementarbereich als Stoff, als Leben gedacht. So ist das Zeitbild ein in der Weise der Zeitlichkeit gestaltetes Leben und eine aus den Kräften der Natur lebende Gestalt.

Die Verse über das „Bündniß“ reichen aber noch erheblich weiter – sie wagen einen virtuosen Synkretismus zwischen der antik-stoischen Konzeption und biblischen Vorstellungen. Durch diesen Synkretismus, der wiederum zur inneren Systematik der ›Friedensfeier‹ gehört, wird das inhaltlich Ausgesagte, das die Apokoinu-Konstruktion schon in die adäquate sprachliche Aussageform überträgt, noch auf einer anderen Ebene zur poetischen Struktur. Denn indem die Verse über das „Bündniß“ historisch ganz divergente stoisch-pantheistische und biblisch-monotheistische Perspektiven vereinigen, ereignet sich das endzeitliche „Bündniß“ auch in der Sphäre kultureller Erinnerung des einst – aber nur getrennt – Gewesenen. Mit anderen Worten: Wie der vom Dichter beschworene „große Geist“ am Ende der Zeit das universalsynthetische Zeitbild als „Zeichen“ entfaltet, so vollzieht der Geist des Dichters die universale Synthese des bisher geschichtlich Getrennten – und seine „Zeichen“ sind Synkretismen.

Das biblische Element wird in die schon erörterte stoische Konzeption durch ein wörtliches Zitat projiziert. In der Genesis sagt Gott (1 Mose 9, 13): „Meinen Bogen habe ich gesetzt in die Wolken; der soll das *Zeichen* sein *des Bundes zwischen mir und der Erde*.“ Bekanntlich verwendet Klopstock in der Schlußstrophe seiner ›Frühlingsfeyer‹, aus der wichtige Reflexe in Hölderlins ›Friedensfeier‹ hineinwirken,[48] diese biblische Symbolik des Regenbogens. Er nennt ihn „Bogen des Friedens“, und Hölderlin übernimmt in mehrere seiner Dichtungen das Friedenssymbol des biblischen Regenbogens.[49] Zwar unterbleibt

[48] Vgl. E. L. Stahl, Hölderlin's ›Friedensfeier‹ and the Structure of Mythic Poetry, in: Oxford German Studies 2 (1967), S. 55 ff., bes. S. 65.

[49] Vgl. Fragment von Hyperion 200, 9 ff. (III, 173, 9 ff.); Hyperions Jugend (II, 233, 26 ff.); ›An eine Fürstin von Dessau‹ (I, 309, 21 ff.); ›Heimkunft‹ (II, 98, 79 f.); sowie – bisher noch nicht so gedeutet (vgl. S. 267 f.) – ›Patmos‹ (II, 171, 203 f.). Auf die Bedeutung der biblischen Regenbogen-Symbolik für die ›Friedensfeier‹ hat zuerst P. H. Gaskill hingewiesen: The 'Fürst des Fests' in Hölderlin's ›Friedensfeier‹, in: The Modern Language Review 65 (1970), S. 94 ff., hier S. 103.

in der ›Friedensfeier‹ die direkte Evokation des symbolischen „Bogens“, dafür erscheint aber in zitathafter Deutlichkeit der Begriff des „Zeichens“ und der des „Bundes“ („Bündniß“) aus der Genesis. Offensichtlich, weil nur ein derart erkennbares Zitieren der Bibel die synkretistische Konzeption angemessen verdeutlicht. Denn darin müssen die einzelnen Elemente identifizierbar bleiben, weil sonst die Einheit nicht mehr als eine aus ganz bestimmten, unterscheidbaren Elementen hergestellte wahrzunehmen ist, und auch aus dem übergeordneten Grund, daß diese Einheit nicht als Einerlei erscheinen soll, in dem sich alles Einzelne, historisch Gewesene auflöst, vielmehr als eine Einheit, in der es mit seiner Eigenart gegenwärtig bleibt. Auf dieser Notwendigkeit einer ihre Elemente nicht vermengenden, sondern aufbewahrenden Harmonie, auf einer ἀσύνχυτος ἁρμονία, bestehen schon spätantike Friedenshymnen, und Hölderlin selbst besteht darauf, indem er am Ende der Strophe das „Liebeszeichen“ des hergestellten Bündnisses zugleich als „Zeugniß, daß ihrs noch seiet“ bezeichnet: als Zeugnis nicht nur dafür, daß ein Bündnis geschlossen wurde, sondern auch dafür, daß sich alles, was sich nun in diesem endzeitlichen Bündnis zusammengefunden hat, doch in seiner Identität behauptet.

Ja, Hölderlin potenziert hier sein synkretistisches Verfahren, denn in dem so definierten „Festtag“ verbinden sich erneut griechische und christliche Vorstellungen. Als gemeinsames Mahl, als das der Festtag und d. h. die Friedensfeier selbst von Anfang an in der Hymne charakterisiert ist, entspricht der Festtag der griechischen „Theoxenia“.[50] Wörtlich übersetzt besagt „Theoxenia“, daß Götter zu Gaste da sind – darin ist also exakt der schon in der ersten Friedensfeier-Strophe exponierte Begriff der (göttlichen) „Gäste“ enthalten. „Theoxenia“ ist bei den Griechen die kultische Realisierung der Vorstellung, daß Götter und Menschen gemeinsam ein feierliches Mahl halten. Diese griechische Vorstellung nun von einem Götter und Menschen verbindenden Festtag bringt Hölderlin mit derjenigen vom biblischen Festtag: vom Sabbat zusammen. Denn darauf deutet, wie in der Forschung überzeugend nachgewiesen wurde,[51] die zitatartige Formulierung, welche

[50] Darauf verweist erstmals Albrecht Seifert, Untersuchungen zu Hölderlins Pindar-Rezeption, S. 448. Umfassend zu diesem Thema: Deneken, De theoxeniis, Diss. Berlin 1881; vgl. auch Mischkowski, Die heiligen Tische im Götterkultus der Griechen und Römer, Diss. Königsberg 1917; weitere Literaturangaben: RE, Artikel ›Theoxenia‹.

[51] Vgl. Albrecht Seifert, Untersuchungen zu Hölderlins Pindar-Rezeption, S. 628.

die Aussage über das „Zeichen“ des Bündnisses aufnimmt und steigert, indem sie vom „Liebes*zeichen*“ des „Festtags“ spricht. Als derartiges „Zeichen“ erscheint der Sabbat im Alten Testament – er ist das Zeichen der Verbindung von Gott und Menschen. „Haltet meinen Sabbat“, heißt es in der Genesis (1 Mose 31, 13), „denn derselbe ist ein *Zeichen* zwischen mir und euch ... (V. 17:) Er ist ein ewiges *Zeichen* zwischen mir und den Kindern Israel ...“; ähnlich Hes. 20, 12: „Ich gab ihnen auch meine Sabbate zum *Zeichen* zwischen mir und ihnen.“ Nur verleiht Hölderlin, wie in der ›Friedensfeier‹ insgesamt und speziell auch schon in den Versen über das „Bündniß“, dem Zeichen eine größere, weil schlechthin universale Tragweite. Aus einem Zeichen der Verbindung von Gott und Menschheit macht er den Festtag zu einem Zeichen der Verbindung auch und besonders zwischen den „himmlischen Mächten“; und er verwandelt ihn in ein eschatologisches Zeichen.

Das synkretistische Verfahren, in dem die griechische Theoxenia mit dem biblischen Sabbat verschmilzt, verwandelt wiederum die zentrale Idee in poetischen Vollzug: die Versöhnung zwischen allen Manifestationen des Göttlichen, insbesondere zwischen der griechischen und der christlichen.

Zusammenfassend läßt sich sagen, daß die dritte Strophentrias bis zum Beginn der neunten Strophe, der Gipfelstrophe der ganzen Hymne, in einem konsequenten gedanklichen Duktus führt. Die siebte Strophe ist ganz auf das Wirken des Gottes in der Zeit ausgerichtet. Er erscheint schließlich als ein „Gott der Zeit“, um dann in der achten Strophe gemeinsam mit den Elementarmächten in eine umfassende, immanente Ganzheit einzugehen, so daß das Prinzip der Einheit nicht mehr personhaft, sondern nur noch als Energie im Ergebnis des „Zeitbildes“ fühlbar bleibt. Die erreichte Einheit wird polytheistisch vorgestellt, weil sich die Idee der Einheit nur so mit der Idee der Allheit plastisch verbindet. Auf diese Idee der Allheit in der Einheit kommt es nun entscheidend an, wie die neunte Strophe in der Anrufung des „allversammelnden“ Festtags zeigt, wie auch schon die achte Strophe deutlich betont: „Nicht er allein, die Unerzeugten, Ew'gen / Sind kennbar *alle* daran ...“

Da Gott, insofern er in der Zeit wirkt – und nur insofern –, als „Gott der Zeit“ erscheint, ist die Annahme eines eigenen Zeitgotts[52] verfehlt. Schon die enge Verbindung vom Schluß der sechsten zum Anfang der siebten Strophe läßt den „Herrn der Zeit“ und den „Gott“,

[52] So Wolfgang Binder, Friedensfeier, bes. S. 319.

der Tagewerk erwählt, als spezifische Ausprägung der nun zum „Geist" gewordenen obersten Gottheit – als deren zeitlichen Aspekt erscheinen. Daher auch der Gleichklang in den Benennungen: „Der hohe, der *Geist* / Der Welt" (6. Str. V. 77 ff.), „... Wo aber wirkt der *Geist* ..." (7. Str. V. 85), „... das Zeitbild, das der große *Geist* entfaltet ..." (8. Str. V. 94).

Die Schlußverse der sechsten Strophe, so ist schon deutlich geworden, folgern aus der Erkenntnis des Vaters die Erkenntnis des Sohnes: Erst die vom Ende der Geschichte her mögliche Erkenntnis des Allprinzips und damit der geschichtlichen Ganzheit führt zur Erkenntnis des Einzelnen, denn diese Erkenntnis ist nichts anderes als die nun erst mögliche Bestimmung des Ortes, der dem Einzelnen in der Geschichte zukommt. In der achten Strophe nun geht es nicht mehr um die richtige Zuordnung des geschichtlichen Einzelnen an sich, sondern darum, die *Allheit* der einzelnen Mächte in der Einheit des Zeitbildes wahrzunehmen. Sie „sind *kennbar alle* daran". Damit erreicht das Thema des Kennens den Höhepunkt der All-Erkenntnis. Sie ist Voraussetzung für die Feier des allversammelnden Festtags.

Das „aber", mit dem die letzten Verse der achten zur neunten Strophe überleiten, markiert den Beginn einer neuen Gedankenbewegung. Sie steigt zum Äußersten, das „zuletzt" kommt:

> Zulezt ist aber doch, ihr heiligen Mächte, für euch
> Das Liebeszeichen, das Zeugniß
> Daß ihrs noch seiet, der Festtag ...

Der bisherigen Darstellung in der dritten Person folgt hier in höchster Emphase der direkte hymnische Anruf der „heiligen Mächte". Und in deutlicher Aufhöhung gegenüber dem „Zeichen" des Zeitbildes heißt der Festtag nun „Liebeszeichen". Während das Zeitbild Zeichen für die All-Verbindung der Mächte ist, erscheint das Liebeszeichen des Festtags als Zeugnis, „daß ihrs noch seiet". Das Wesentliche liegt in dieser Wendung „... daß ihrs noch seiet". Sie macht klar, daß die erreichte Allharmonie der heiligen Mächte *nicht als Auflösung* der in die Allheit versammelten Einzelgestalten zu denken ist. Vielmehr wird sich im ewigen Augenblick des Festtags das Einzelne im Horizont der Allheit seiner eigenen Wesenheit erst voll bewußt. Der Festtag ist der repräsentierende Augenblick, der das Bewußtsein der Identität im Einzelnen aus der Erfahrung des Ganzen erzeugt. So werden am Ende der Zeit alle einzelnen Zeiten noch einmal und in neuer, höherer Qualität, weil im Lichte der Erkenntnis lebendig, indem alle Mächte, die gewirkt haben, sich selbst erkennen. Der Festtag ist, mit Hegel zu sprechen, eine Versöhnung des Bewußtseins (des Allgemeinen, Ganzen) mit dem Selbstbewußtsein. Er ist damit ein ewiger Augenblick absoluten Wissens.

Zulezt ist aber doch, ihr heiligen Mächte, für euch
Das Liebeszeichen, das Zeugniß
Daß ihrs noch seiet, der Festtag,

Der Allversammelnde, wo Himmlische nicht
Im Wunder offenbar, noch ungesehn im Wetter,
Wo aber bei Gesang gastfreundlich untereinander
In Chören gegenwärtig, eine heilige Zahl
Die Seeligen in jeglicher Weise
Beisammen sind, und ihr Geliebtestes auch,
An dem sie hängen, nicht fehlt; denn darum rief ich
Zum Gastmahl, das bereitet ist,
Dich, Unvergeßlicher, dich, zum Abend der Zeit,
O Jüngling, dich zum Fürsten des Festes; und eher legt
Sich schlafen unser Geschlecht nicht,
Bis ihr Verheißenen all,
All ihr Unsterblichen, uns
Von eurem Himmel zu sagen,
Da seid in unserem Hauße.

„Nicht im Wunder offenbar“ sind die Himmlischen. Das Wunder als die tradierte Offenbarungsweise des Göttlichen in der positiven Religion, deren Stadium jetzt ähnlich wie bei Hegel als geschichtlich überholt erscheint, ist Chiffre für die aus dem entfremdeten Dasein entspringende Vorstellung von der fremdartig-gewaltsamen Wirkungsweise des Göttlichen. Sie entspricht nicht der erreichten Allharmonie, sondern der Zeit der „Herrschaft“ und der entschiedenen Gegensätzlichkeit: der Dissoziation in Realität und Idealität. Das „Wunder“ zeugt von einem Bedürfnis nach dem Hereinbrechen des Göttlichen in das Irdische, es wird gerade wegen seiner Fremdheit als Wunder empfunden – anders ausgedrückt: Als Wunder empfindet das entfremdete Bewußtsein die vom Menschen unbewußt entworfene, aus seinem tiefsten Anspruch auf eine erfüllte Existenz stammende Vorstellung der Erfüllung. Damit aber deutet das Wunder auf eine noch nicht zum Heil gelangte Welt. Das Wunder weist auf die Transzendenz des Göttlichen als Signum der Entfremdung, während im

Zustand der Vollendung alles Göttliche, das damit aufhört, göttlich zu sein, immanent: „in unserem Hauße“ ist. Hölderlin stellt also in dichterischen Metaphern einen geschichtlichen Bewußtseinsprozeß der Menschheit dar, indem er vom „Göttlichen“ spricht, und gibt zu erkennen, daß er, eben indem er selbst auch vom „Göttlichen“ spricht und sich noch traditioneller Vorstellungsformen bedient, einem Stadium der Vorzeitigkeit, d.h. der noch nicht vollendeten Geschichte angehört.

Auch im „Wetter“, im Geschichtsgewitter des „Donnerers“ äußert sich ein unharmonischer Spannungszustand. Erst der „Gesang“ ist Zeichen der erreichten Harmonie, und in ihm selbst verwirklicht sich diese Harmonie. Die Himmlischen sind im „Wetter“ „ungesehn“, während sie im Wunder „offenbar“ sind. Die Offenbarung des Wunders übersteigt das menschliche Fassungsvermögen; das Ungesehene im Wetter bleibt unbewußt. Der Gesang aber bedeutet lebendiges Bewußtsein von einem im Innern gegenwärtiggewordenen „Göttlichen“, das damit aufgehört hat, göttlich-jenseitig zu sein. „Gesang“ ist also das volle Bewußtsein der Vollendung in der dem Vollendungszustand der Allharmonie entsprechenden Form.

An das Wort „Gesang“ schließen sich Aussagen an, die das noch als „göttlich“ Empfundene, weil sich eben erst Ereignende in der Harmonie der Alleinheit darstellen. Die Himmlischen sind „gastfreundlich untereinander“ – in harmonischer Verbindung zwischen den einzelnen Gestalten; sie sind „in Chören gegenwärtig“, „eine heilige Zahl“, d.h., sie erscheinen als Einheit und sind nur als Einheit bedeutend, nicht als Summe von Einzelnen, wie es dem klassischen, von Euklid formulierten Zahlbegriff entspricht, demzufolge die Zahl „die aus Einheiten zusammengesetzte Vielheit“ ist. Da die Moderne nur noch diesen profanen Zahlbegriff kennt, läßt sich der Gedanke, für den Hölderlin metaphorisch den Begriff der „heiligen Zahl“ einsetzt: der Gedanke der vollkommenen, wesenhaften Einheit und zugleich Harmonie erst auf dem Hintergrund der Tradition genauer verstehen. Er hat zugleich ontologische und geschichtsphilosophische Aspekte, welche die ›Friedensfeier‹ mitbestimmen.

Die Pythagoreer, von denen die gesamte mystisch-idealistische Zahlenlehre des Altertums, insbesondere diejenige Platons, ausging, faßten die Zahl im Sinne einer harmonisch gegliederten Seinsordnung auf. Als einen der pythagoreischen Hauptsätze überliefert Aristoteles in der ›Metaphysik‹ (986a3) folgende Sentenz: „Der ganze Himmel Harmonie und Zahl“. Dementsprechend ist die von Hölderlin „heilig“ genannte „Zahl“ der „Himmlischen“ Inbegriff der harmonischen Ordnung des Alls: des Kosmos. Noch in einer Nebenbedeutung des lateinischen *Numerus* und des französischen *nombre* (*nombreux* = harmonisch) ist etwas vom Sinn dieses Zahlbegriffs erhalten geblieben. Diesen pythagoreischen Zahlbegriff hat Platon in mehreren Dialogen aufgegriffen, und besonders der für die Konzeption der ›Friedensfeier‹ wichtige ›Timaios‹ ist erfüllt von Zahlenspekulationen, in denen sich nun schon der Weg zur Ontologisierung der Zahl abzeichnet, weshalb die ewige „Idee" als „Zahl" aufgefaßt werden kann. Entscheidend ist die noch für Plotins Schrift ›Von den Zahlen‹ maßgebende Unterscheidung von monadischer (quantitativer) Zahl und Seinszahl, d. h. unwesentlicher und wesenhafter Zahl. Da die wesenhafte Zahl im Sinne der Ideenlehre mit dem ursprünglichen und allein mit der Dignität des Seins ausgestatteten „Einen" gleichgesetzt wurde, konnte die Vielheit (die profane Zahl) als Entfremdung von diesem göttlich Einen aufgefaßt werden. Daß sich in der ›Friedensfeier‹ die „Himmlischen" am Ende der Zeit zu einer „heiligen Zahl" vereinen, charakterisiert den Vollendungszustand als Aufhebung der Entfremdung im „Ausland" des geschichtlichen Vielerlei und als vergeistigte Rückgewinnung der Seinsharmonie, in der aus dem „Vielen" wieder das „Eine" wird, aber nun in der Form der geschichtlich vermittelten Allheit – ein Äquivalent zu dem Prozeß, den die siebte Strophe darstellt, indem sie die Menschheit aus dem „Vielen" („Viel hat ... erfahren der Mensch") durch das vermittelnde „Gespräch" zum Einen: zur Harmonie des „Gesangs" finden läßt. Und wie dort ein *existentieller* Aspekt zum Tragen kommt durch die Formulierung „bald *sind* wir aber Gesang", so erhält die Versammlung der „Himmlischen" in „heiliger Zahl" den *ontologischen* Aspekt, der sich mit ihr schon im Platonismus verbindet, aber nun erst im eschatologischen Horizont.

Schließlich sind die Seligen „in jeglicher Weise beisammen": Sie sind nicht nur alle und in „heiliger Zahl", sie sind auch in der Weise der Allheit beisammen. Hölderlin denkt die Vollendung als Identität von Substanz und Form, und darin liegt zuletzt auch die Bedeutung des „Gesangs".

Das „Geliebteste" ist Christus. Ihn wollte der Dichter zu Beginn der vierten Strophe als Repräsentanten der einzelnen in der Geschichte sinnkonstituierenden Gestalten „rufen", aber angesichts der – wie sich dann zeigt: nur scheinbaren – geschichtlichen Diskontinuität wurde ihm diese Möglichkeit vorübergehend zweifelhaft. Die zweite Trias behebt den Zweifel, insofern nach der endzeitlichen Erkenntnis der Gesamtgeschichte, die sich in dem zum „Weltgeist" gewordenen Vater repräsentiert, auch der Sohn in seiner geschichtlichen Bedeutung zu „erkennen" ist. Das heißt: Er kann in die Kontinuität der Geschichte eingeordnet und also gerufen werden. In der neunten Strophe nun erhält die Einladung Christi dadurch Geltung, daß sie als bereits geschehen erscheint, während sich doch nur die Initiative dazu abzeichnete – dieser Tatsache trägt in der wohlüberlegten pathetischen Fiktion eine ausführliche „Wiederholung" der Einladung Rechnung: „denn darum rief ich / Zum Gastmahl, das bereitet ist, / Dich, Unvergeßlicher, dich, zum Abend der Zeit, / O Jüngling, dich zum Fürsten des Festes". Am Ende der dritten Strophe steht die Aufforderung des Dichters an die Freunde, jetzt „ewigen Jünglingen" ähnlich den Frieden zu feiern. An dieses Wort „Jünglinge" knüpft die vierte Strophe an: „Und manchen möcht' ich laden, aber o du ..." Der Dichter möchte also „manchen" von den ewigen Jünglingen laden und denkt dabei vor allem an Christus. Auf diese frühere Aussage beziehen sich die Verse der neunten Strophe: „darum rief ich ... Dich ... O Jüngling". Folglich ist der Jüngling in der neunten Strophe Christus. Auch kann nur Christus „Unvergeßlicher" genannt werden (V. 111), und die vierte Strophe hat eine der Szenen evoziert, die Christus für den Dichter „unvergeßlich" machen.

Aus der Textanalyse hat sich bereits ergeben,[53] daß der „Vater" in seiner endzeitlichen Erscheinung als „Geist der Welt" mit dem Fürsten des Festes in der zweiten Strophe identisch ist. Identisch erscheint er notwendig auch mit dem Fürsten des Festes in der neunten Strophe, und er muß, gerade weil er in der Weise der Allheit ist, seinem Wesen nach der Fürst des „allversammelnden" Festtags sein. Folglich sind Christus und der Fürst des Festes *nicht* identisch, und das umstrittene Rufen „zum Fürsten des Festes" kann nicht als ein Ausrufen, sondern nur als ein *Herbeirufen* verstanden werden – was dem Verbum „rufen ... zu" ohnehin einzig angemessen ist, einzig angemessen auch der Bezugnahme auf die Einladung („denn darum rief ich ... dich") in der vierten Strophe, da eine Einladung nicht ein Ausrufen, sondern ein Herbeirufen ist.

Die zentralen Verse der neunten Strophe enthalten mehrere Verständnisschwierigkeiten, die für die Gesamtdeutung von Belang sind. Ist nicht, so könnte es scheinen, das Wort „darum" in dem Passus „denn darum rief ich ... Dich ..." unlogisch, da die Tatsache, daß „die Seeligen in jeglicher Weise / Beisammen sind, und ihr Geliebtestes auch, / An dem sie hängen, nicht fehlt", nicht als Begründung für das

[53] Vgl. S. 41.

Herbeirufen – die Anwesenheit nicht für das Herzitieren Anlaß sein kann? Ein solcher Einwand übersieht, daß in der poetischen Fiktion die Anwesenheit des „Geliebtesten“ als eine Folge der durch den Dichter ausgesprochenen Einladung aufgefaßt ist. Die Begründung „denn darum rief ich dich ...“ bedenkt also nicht das bloße Faktum, daß das „Geliebteste, an dem alle hängen, nicht fehlt“, was in der Tat unlogisch wäre; vielmehr, daß „das Geliebteste“ aufgrund der dichterischen Einladung nun gegenwärtig ist: „nicht fehlt“. Diese Gedankenstruktur geht aus dem sogenannten Prosa-Entwurf klar hervor.[54] Im besonderen aber bezieht sich die Begründung „denn darum rief ich dich“ auf die Aussage (ihr Geliebtestes auch) „an dem sie hängen“. Man muß dieses „hängen“ wörtlich nehmen: Die himmlischen Gestalten „hängen“ – eine sehr gehaltreiche Anspielung auf die Bibel[55] – alle an ihrem „Geliebtesten“, und deshalb kann man sie gegenwärtig machen, indem man das Geliebteste ruft; sie werden so mitrepräsentiert: „darum“ rief der Dichter gerade das Geliebteste. „Keiner, wie / du, gilt statt der übrigen alle“, heißt es im Prosa-Entwurf. Nun erhellt auch der eigentümliche Wortlaut zu Anfang der vierten Strophe: „Und manchen möcht' ich laden, aber o du ...“: Dieser Wunsch richtete sich, wie sich nun erst zeigt, hauptsächlich auf die Gestalt Christi, weil damit auch die anderen, die an Christus „hängen“, herbeigezogen werden. Damit erschließt sich auch erst ein adäquates Verständnis der „Dich“-Anapher:

denn darum rief ich
Zum Gastmahl, das bereitet ist,
Dich, Unvergeßlicher, *dich*, zum Abend der Zeit,
O Jüngling, *dich* zum Fürsten des Festes.

Es kommt nicht so sehr auf den steigernden Bezug der Jünglingsgestalt zuerst zum Gastmahl, dann zum Abend der Zeit, schließlich zum Fürsten des Festes an, als auf den Gedanken: Dich, *dich und nicht etwa einen der anderen* (insistierende Emphasis) rufe ich, denn damit

[54] Es kehrt bald
Ein Gott um den anderen ein, daß aber
ihr geliebtestes auch, an dem sie alle hängen, nicht
fehle, Und Eines all in dir sie all, sein,
und alle Sterblichen seien, die wir kennen bis hieher.

Darum sei gegenwärtig, Jüngling. Keiner, wie
du, gilt statt der übrigen alle (II, 699, 14–20).

[55] Zur biblischen Herkunft und zum Horizont dieser Vorstellung vgl. S. 98ff.

mache ich die Gesamtheit gegenwärtig; indem ich dich beschwöre, ziehe ich die anderen, die ja an dir „hängen", herbei. Der so in dem Pronomen „Dich" enthaltene Gedanke an die – eigentlich intendierte – Gesamtheit läßt auch erst die anschließenden Verse als harmonische Fortführung und Steigerung erscheinen:

und eher legt
Sich schlafen unser Geschlecht nicht,
Bis ihr Verheißenen *all*,
All ihr Unsterblichen, uns
Von eurem Himmel zu sagen,
Da seid in unserem Hauße.

Nicht zuletzt drückt sich der Sinn der neunten Strophe in ihrer kunstvollen Komposition aus. Ein dreifaches „all" umschließt das dreifache „dich". Zuerst geht es in das Kompositum „*all*versammelnd" ein, das am Anfang der Strophe das Wesen des „Festtages" bezeichnet und mit höchster Emphase ins Strophen-Enjambement gerückt ist, weil es den zentralen Gedankengang formuliert; das zweite und dritte Mal steht das Schlüsselwort in der abschließend mit hymnischer Energie aufgipfelnden Anadiplosis: „... ihr Verheißenen *all*, / *All* ihr Unsterblichen ..."

Das beherrschende Gesamtbild der ›Friedensfeier‹: der zum „Geist der Welt" gewordene „Vater" neigt sich zur Erde, um den Frieden zu feiern. Er ist der Fürst des Friedensfestes. Der Dichter sorgt bei diesem Fest für „Kränze" und „Mahl" und spricht die Einladungen aus, womit Hölderlin der antiken Tradition der „Theoxenia" folgt: der Vorstellung, daß Götter und Menschen gemeinsam ein feierliches Mahl halten. Auch daß gerade der Dichter zu solch einem Mahl einlädt, entspricht antiker Überlieferung,[56] allerdings macht Hölderlin die tradierte Vorstellung zur Metapher seiner Konzeption von der geschichtlichen Aufgabe des Dichters, dessen antizipierendes Bewußtsein den Vollendungszustand der Allversöhnung zu imaginieren und damit in spezifisch dichterischer Weise zu induzieren vermag.[57] Indem sich der Dichter so manche der Himmlischen einzuladen anschickt,

[56] So ist von Bakchylides ein Fragment überliefert, in dem er Götter zum Gastmahl herbeiruft. Vgl. Bacchyl. b. Athen. 11,0, p 500b. Weitere Beispiele für das Herbeirufen – die „Epiklese" – von Göttern zu Gastmählern bei L. Weniger, Theophanien, in: ARW 22 (1923/24), S. 16–57. Ausdruck für dieses Herbeirufen der Götter zum Gastmahl ist: ἐπὶ ξένια (δεῖπνα) καλεῖν.

[57] Vgl. S. 83ff.

die an der Feier teilnehmen sollen, denkt er vor allem an Christus, weil die anderen – wie sich erst später klar ergibt – mit ihm als ihrem Geliebtesten, an dem sie hängen, in ihrer Gesamtheit kommen. Angeführt von Christus, der selbst „ein Sohn" ist, versammeln sich alle die himmlischen Söhne, die in der Geschichte für den Vater gewirkt haben, im Chor um diesen, der sich als „Geist der Welt" herabgeneigt hat und nun als „Fürst" erscheint, um mit ihnen die Friedensfeier zu begehen.

Der Vater in seiner endzeitlich vergeistigten Epiphanie stellt also die gesamtzeitliche und überzeitliche Ganzheit dar, und sobald er am Ende der Zeiten erscheint, womit zugleich alle Zeit aufgehoben ist – so heißt es denn auch rückprojizierend: „längst war der zum Herrn der Zeit zu groß" –, integrieren sich in ihm die einzelnen zeitgebundenen geschichtlichen Erscheinungen, die nur Teiloffenbarungen seines Wesens waren: Im dichterischen Bild scharen sich die Söhne um ihn als den „Fürsten".

Der Vorstellung von den beim Festtag versammelten Himmlischen liegt der Gedanke zugrunde, erst die Gesamtheit aller geschichtlichen Manifestationen ergebe das „göttlich" Vollkommene, ja erst insofern sie am Ende der Zeit mit ihrem geschichtlichen Beitrag zu dieser „göttlichen" Vollkommenheit erkennbar werden, können sie als „Himmlische" bezeichnet werden: nur unter eschatologischem Aspekt also. Mit anderen Worten: die Versammlung der „Himmlischen" *ist* zugleich die universale Sinnfülle, die als der zum „Weltgeist" gewordene Vater in der Gestalt des Friedensfürsten gegenwärtig wird. Wenn aber die Versammlung der Himmlischen sich in und mit dieser Gestalt repräsentiert, und andererseits Christus als das Geliebteste, an dem sie hängen, statt der übrigen alle gilt, so sehr, daß man nur ihn zu laden braucht, um alle gegenwärtig zu machen, so erhellt daraus, daß Christus auch der Vater *ist*, insofern dieser am Ende der Zeit als friedestiftender Geist der All-Versöhnung gegenwärtig wird. Obwohl Christus zum Fürsten des Festes *herbeigerufen* wird, ergibt sich doch indirekt die Identität von „Vater" und „Sohn". Die in der zweiten und dritten Strophentrias entwickelten geschichtsphilosophischen Kategorien, deren Chiffren „Vater" und „Sohn" sind, gehen im ewigen Augenblick des Festtags ineinander über.

Manches in den früheren Strophen erhält von diesem Gipfelpunkt der Hymne her seine besondere Bedeutung, vor allem die Bezüge zwischen dem Fürsten des Festes und Christus. Die vollendete Hymne läßt diese Bezüge nur motivisch anklingen, während die erste Vorstufe die beiden Gestalten noch deutlich analogisiert. „Und immer größer, denn sein Feld, wie der Götter Gott / Er selbst, muß *einer der anderen auch* seyn“ heißt es in der Vorstufe von Christus (II, 132, V. 73f.); und in der Strophe, die der siebten in der vollendeten Hymne entspricht: „Wenn aber die Stunde schlägt / Wie der Meister tritt er, aus der Werkstatt, / Und ander Gewand nicht, denn / Ein festliches ziehet er an / Zum Zeichen, daß noch anderes auch / Im Werk ihm übrig gewesen. / Geringer und größer erscheint er. / *Und so auch du* ...“ (II, 132, V. 75ff.). Die vollendete Hymne vermeidet diese direkten Zusammenstellungen und entwickelt die kategoriale Verschiedenheit der Gestalten, um erst am Schluß, aus der Bedeutung des Festtags, die Einheit des Verschiedenen herzustellen. Der dichterische Weg in diese Richtung ist an der Reihenfolge der Entwürfe klar abzulesen. Statt der ausdrücklichen Gleichungen sind die motivischen Bezüge, als indirekte Verbindungen mit der Funktion des Voraus- und Zurückdeutens, nun um so sprechender. Die Evokation der Szene am Brunnen von Sichar zeigt Christus „freundlichernst“ den Menschen zugetan – analog erscheint der Fürst „vom ernsten Tagwerk lächelnd“ in „Freundesgestalt“. Auf Christi Menschlichkeit im Sinne der Anpassung an menschliche Bedingungen deutet die mehrmals betonte Umschattung seiner „göttlichen“ Natur – und so senkt der Fürst sein Auge, wie es wörtlich heißt, „leichtbeschattet“ (V. 18). Das Wirken des Demiurgen in der Gesamtgeschichte gleicht in vergrößertem Maßstab dem Wirken Christi seit der Zeitenwende. Die entscheidende Analogie endlich: der Vater, der hohe Geist der Welt, der stille Gott der Zeit, der Fürst der endzeitlichen Feier – er vereint, versammelt und versöhnt, er bewirkt, daß „nur der Liebe Gesez, / Das schönausgleichende gilt von hier an bis zum Himmel“; und Christus ist ebenfalls versammelnd und versöhnend, als das „Geliebteste“, an dem die andern hängen. Der sogenannte Prosa-Entwurf formuliert die zentrale Idee der All-Einheit ausführlich und begrifflich direkt im Hinblick auf Christus (II, 699, Z. 14ff.):

Es kehrt bald
Ein Gott um den anderen ein, daß aber
ihr geliebtestes auch, an dem sie alle hängen, nicht
fehle, Und Eines all in dir sie all, sein,
und alle Sterblichen seien, die wir kennen bis hieher.

Darum sei gegenwärtig, Jüngling. Keiner, wie
du, gilt statt der übrigen alle.

In diesen Zeilen des Prosa-Entwurfs[58] ist also der All-Einheitsgedanke noch weiter gespannt als an der entsprechenden Stelle der vollendeten Hymne. Im universalen Mittler Christus sind alle Götter eins *und* alle Menschen eins. Dagegen spricht die neunte Strophe der ›Friedensfeier‹ nur von Christi einender Gotteskraft im Verhältnis zu den „Himmlischen". Sein anderes Wesenselement, die besondere Nähe zu den Menschen, tritt nun in der gegenüber dem Prosa-Entwurf völlig umgedeuteten Szene mit Christus am Brunnen bei Sichar hervor. Diese Vorstellung von der kreatürlichen Nähe Christi zu den Menschen motivierte zunächst die Einladung zum endzeitlichen Mahl von Göttern und Menschen. In der neunten Strophe wird das Mahl zur All-Szene der Himmlischen, und es ist auch nicht mehr von Christi Verhältnis zu den Menschen, sondern von seinem Verhältnis zu den Himmlischen die Rede: Er ist das „Geliebteste", an dem sie hängen. Wenn der begründende Satz beginnt: „denn darum rief ich / . . . Dich", so heißt das, daß die Gedankenbewegung des Rufenden sich vor allem darauf richtete. Die Einladung erschien zunächst und indirekt, nicht explizit, durch die Menschennähe Christi begründet, während das eigentlich Wichtige und das schon von Anfang an intendierte Ziel des Rufens jetzt erst ausgesprochen werden kann: die Verbindung Christi zur Allheit der Himmlischen. So ist Christus in der ›Friedensfeier‹ der Einheitstiftende, der Versöhnende[59] unter den himmlischen Mächten, als der er am Schluß der ersten Vorstufe gewünscht wurde.

[58] Zur genaueren Erläuterung des sogenannten Prosa-Entwurfs und seines biblischen Musters vgl. S. 213f.

[59] Es spricht für die bewußte Übernahme des „Versöhnungs"gedankens aus dem zweiten Korintherbrief, daß der in die erste Strophe der ersten Vorstufe eingegangene Gedanke der All-Erneuung – verbunden mit dem ebenfalls aus den Korintherbriefen stammenden Hinweis auf die göttliche „Klarheit" – dem großen Versöhnungstext 2 Kor. 5, 18ff. unmittelbar vorausgeht. Dieser lautet: „Aber das alles (dies ist: die Allerneuung) von Gott, der uns mit ihm selber versöhnt hat durch Jesum Christum und das Amt gegeben, das die Versöhnung predigt. Denn Gott war in Christo und versöhnte die Welt mit ihm . . . und hat unter uns aufgerichtet das Wort von der Versöhnung . . . so bitten wir nun an Christi Statt: Lasset euch versöhnen." Die Bibel spricht von der Versöhnung der Welt mit Gott, Hölderlin aber stellt sich eine noch weitergehende Versöhnung in der Versöhnung Christi mit den anderen göttlichen Gestalten vor – damit erst wird die vollkommene Alleinheit Wirklichkeit: „Und schöner, wie sonst, o sei / Versöhnender nun versöhnt daß wir des Abends / Mit den Freunden dich nennen, und singen / Von den Hohen, und neben dir noch andere sein" (II, 131, V. 57ff.).

Er ist damit ganz als Emanation der alleinenden Gottheit gesehen, als Sohn des Vaters. Beide aber sind mythologische Figurationen des versöhnenden Geschichtsprozesses.

V. Die vierte Strophentrias

Leichtathmende Lüfte
Verkünden euch schon,
Euch kündet das rauchende Thal
Und der Boden, der vom Wetter noch dröhnet,
Doch Hoffnung röthet die Wangen,
Und vor der Thüre des Haußes
Sizt Mutter und Kind,
Und schauet den Frieden
Und wenige scheinen zu sterben
Es hält ein Ahnen die Seele,
Vom goldnen Lichte gesendet,
Hält ein Versprechen die Ältesten auf.

Wohl sind die Würze des Lebens,
Von oben bereitet und auch
Hinausgeführet, die Mühen.
Denn Alles gefällt jezt,
Einfältiges aber
Am meisten, denn die langgesuchte,
Die goldne Frucht,
Uraltem Stamm
In schütternden Stürmen entfallen,
Dann aber, als liebstes Gut, vom heiligen Schiksaal selbst,
Mit zärtlichen Waffen umschüzt,
Die Gestalt der Himmlischen ist es.

Wie die Löwin, hast du geklagt,
O Mutter, da du sie,
Natur, die Kinder verloren.
Denn es stahl sie, Allzuliebende, dir
Dein Feind, da du ihn fast
Wie die eigenen Söhne genommen,
Und Satyren die Götter gesellt hast.
So hast du manches gebaut,

Und manches begraben,
Denn es haßt dich, was
Du, vor der Zeit
Allkräftige, zum Lichte gezogen.
Nun kennest, nun lässest du diß;
Denn gerne fühllos ruht,
Bis daß es reift, furchtsamgeschäfftiges drunten.

Bereits am Ende der dritten Strophentrias sinkt der zuvor immer höher steigende hymnische Spannungsbogen ab: auf die intensiv vergegenwärtigende Beschwörung des endzeitlichen Festtags folgt in den abschließenden Versen die ganz in die Erwartung des Zukünftigen zurückgenommene Aussage, daß sich „unser Geschlecht" nicht eher „schlafen legt", als bis alle verheißenen „Unsterblichen" in unserem Hause eingekehrt sind. So leitet auch das Ende dieser Strophentrias zur folgenden über. Denn die Schlußtrias kehrt von der dichterischen Antizipation der Erfüllung zu einer Stimmung der Erwartung und Hoffnung zurück. Doch ist sie von dieser Stimmung nicht plan getragen, sondern in sich wiederum kunstvoll moduliert. Die erste Strophe ist mit der einleitenden und zugleich wieder den Beginn der Hymne aufnehmenden Vorstellung vom nun zu Ende gehenden Geschichtsgewitter, mit dem Bild von Mutter und Kind, schließlich mit der Anspielung auf die biblische Geschichte von Simeon und Hanna und andere Bibelstellen[60] ganz auf den Ton der „Hoffnung" (V. 122) und des „Verkündens" (V. 119, 120) gestimmt; die Mittelstrophe steigt noch einmal zur Vergegenwärtigung der „Gestalt der Himmlischen" auf (V. 141); die Schlußstrophe aber, mit ihrem Anruf der „Mutter Natur", geht auf den objektiven Grund alles geschichtlichen Geschehens zurück, indem sie ihn überhaupt erst nennt – womit sie auch den Grundzug voll heraustreten läßt, der schon die beiden vorausgehenden Strophen indirekt bestimmt: das Naturhafte, Rein-Kreatürliche, das in dem Bild von Mutter und Kind schon evoziert und dann in

[60] Die Geschichte von Simeon und Hanna bei Lukas 2,25ff., vgl. besonders V. 26: „Und ihm war eine Antwort geworden von dem heiligen Geist, er sollte den Tod nicht sehen, er hätte denn zuvor Christus den Herrn gesehen." Zum selben Typus gehören die Verse am Ende der neunten Friedensfeier-Strophe: „und eher legt sich schlafen unser Geschlecht nicht ..." (Vgl. Matth. 24,34: „Wahrlich, ich sage euch: Dies Geschlecht wird nicht vergehen, bis daß dies alles geschehe." Analog Mark. 13,30; Luk. 21,32; vgl. auch 1 Kor. 15,51: „Wir werden nicht alle entschlafen ...")

der organologischen Vorstellung von der „goldnen Frucht“ deutlich wird. Die schlechthin entscheidende Geschichtsmetapher kommt erst im letzten Vers der Hymne zum Vorschein: die des „Reifens“. Auf sie weist schon die „goldne Frucht“ in der Mittelstrophe voraus, aber erst in der Schlußstrophe wird das „Reifen“ als allein gültiges naturhaftes Vollenden der Geschichte abgesetzt von einem ungültigen Streben nach geschichtlicher Vollendung: vom „Furchtsamgeschäfftigen“. „Furchtsamgeschäfftig“ deshalb, weil die noch ausstehende, aber erwünschte geschichtliche Vollendung in „furchtsamer“, d. h. aus einem Mangel an Vertrauen auf die geschichtliche Entwicklung sich manifestierender Geschäftigkeit, und das heißt: eigenmächtig-willkürlich, angestrebt wird. Offenkundig kommt es Hölderlin am Ende seiner Hymne besonders darauf an, die geschichtliche Entwicklung bis zum Vollendungszustand in ihrer teleologischen und zugleich naturhaften Integrität zu bewahren und deshalb den modernen Anspruch zurückzuweisen, Geschichte selbst zu gestalten und ihr einen selbsterdachten Sinn zu verleihen. Das wäre voreilig: „vor der Zeit“, wie es in einer wichtigen Formulierung der Schlußstrophe heißt (V. 152).

In dieser Warnung, der sich insgesamt die mythologischen Vorstellungen der Schlußstrophe zuordnen, scheint Hölderlin nicht zuletzt eigene idealistische Sinn-Entwürfe zu problematisieren – damit aber auch eine Gefahr, wie sie der geistigen Antizipation des Vollendungszustands innewohnt, einer Antizipation, von der die ›Friedensfeier‹ geradezu lebt. Insofern die Hymne die als unmittelbar bevorstehend vorgestellte Vollendung antizipiert, will sie diese zwar mit der dichterischen Kraft der Evokation mitbefördern, aber sie riskiert damit doch eine nicht voll abzuschätzende Vorzeitigkeit und folglich auch das „Unreif“-Falsche. Daher nun in der Schlußtrias die entschiedene Rückbindung des Geschehens an die Natur, ja an das Schicksal: „vom heiligen Schiksaal selbst“ erscheint die Gestalt der Himmlischen umschützt. Die Schlußpartie der Hymne reflektiert also eine mögliche Problematik der dichterischen Haltung, der die Hymne selbst entsprungen ist. Bezeichnenderweise ist die hier ausgesprochene Warnung vor einem eigenmächtigen, vorzeitigen Sinn-Entwurf – denn darum kann es sich im Prinzip bei jeder Vorstellung von geschichtlicher Vollendung handeln – auch ein wichtiges Element der anderen geschichtsphilosophischen Hymnen. Die Patmos-Hymne imaginiert warnend eine im Unbestimmten bleibende Gestalt, die „traurig redend“ wegen der noch immer ausbleibenden geschichtlichen Sinn-Erfüllung den Dichter zum Entwurf eines Sinn-(Gottes-)Bildes bewegen möchte (II, 170, V. 167ff.). Dagegen stellt sich der Dichter unter das

Gebot: „nicht, daß ich seyn sollt etwas, sondern / Zu lernen“ (II, 170, V. 172f.). In der zweiten Fassung des ›Einzigen‹ sieht er die Gefahr, daß „heiliggeseztes übergeht / Der Entwurf“ (II, 159, V. 68f.), weil es schwerfällt, in der geschichtlichen Ungewißheit der Gegenwart ohne feste Orientierung auszuhalten.[61] In diesem Horizont, der allen drei geschichtsphilosophischen Hymnen gemeinsam ist, stehen die Aussagen der letzten Friedensfeier-Trias. Sie sind erfüllt von den Bildern einer naturhaften, d. h. nicht bewerkstelligten, sondern wachstümlich herangereiften Harmonie.

Zur naturhaften Harmonie gehört die Topologie der goldenen Zeit, der Idylle und des Paradieses. Idyllisch ist das Bild von Mutter und Kind in der ersten Strophe dieser Trias, das dann seine mythische Steigerung in der Vorstellung von der „Mutter Natur“ und ihren „Kindern“ in der Schlußstrophe erfährt. Paradies und goldene Zeit in einem meint die Anspielung auf die goldenen Äpfel: auf „die goldne Frucht“ (V. 136) im mythischen Göttergarten der Hesperiden, die wohl in Erinnerung an die lange Suche des Herakles „langgesucht“ heißt. Auch die „Einfalt“ („Denn Alles gefällt jezt / Einfältiges aber / Am meisten“) gehört in die Sphäre von Paradies und goldener Zeit, denn die „Einfalt“ kommt dem Zustand ursprünglich-reiner Natur zu, die nun allerdings als eine geschichtlich und insofern geistig vollendete wiedergewonnen ist. Nur aus der eschatologischen Geschichtsschau heraus kann es ja auch heißen:

> Wohl sind die Würze des Lebens,
> Von oben bereitet und auch
> Hinausgeführet, die Mühen.
> Denn Alles gefällt jezt . . .

Sogar die Mühen gefallen jetzt am Ende, weil sie jetzt erst als integrierende Bestandteile eines sinnvollen Vollendungsgeschehens zu begreifen sind und insofern „von oben“, von einer gleichsam göttlich sinnstiftenden Instanz „bereitet“ und „hinausgeführet“ erscheinen.

Größte Schwierigkeiten bereitet der Forschung seit jeher die Bildlichkeit der Schlußstrophe. Zuerst wird die Mutter Natur einer Löwin verglichen, die um die geraubten Jungen klagt – ein topologisches Gleichnisbild der antiken Literatur, das Homer zum ersten Mal verwendet (Ilias 18,318) und das dann spätere Dichter aufgreifen.[62] Aber

[61] Vgl. S. 164ff.

[62] Auf das homerische Gleichnis hat zuerst Albrecht Seifert, Unter-

welcher „Feind“ hat der Mutter Natur die Kinder gestohlen? Und welchen Sinn kann dieser in mythologischen Metaphern umschriebene Diebstahl haben? Nicht zuletzt: wie sind all diese Vorstellungen am Beginn der letzten Strophe in einen sinnvollen Zusammenhang mit den Vorstellungen der vorangehenden Strophe zu bringen? Denn zunächst wirkt der Beginn der Schlußstrophe eigentümlich disjunktiv – wie ein Sprung in eine ganz andere Vorstellungs- und auch Gedankenwelt. Dieser Eindruck täuscht. Der entscheidende Zusammenhang, dessen Erkenntnis auch die anderen Probleme weitgehend löst, ergibt sich durch das Bild der „goldnen Frucht“ (V. 136) und die darin enthaltene Anspielung auf die goldenen Äpfel der Hesperiden.[63] Die „goldne Frucht“, die jetzt am Ende der Geschichte von „uraltem Stamm“ fällt, ist „die Gestalt der Himmlischen“. Aus dieser Wendung geht hervor, daß Hölderlin den Mythos von den goldenen Äpfeln der Hesperiden geschichtsphilosophisch umbildet, und zwar so, daß gerade durch ihre Differenz zur überlieferten Form des Mythos die geschichtsphilosophische Intention faßbar wird.

Die älteste überlieferte Erwähnung der Hesperiden, einer Art von Nymphen, und der von ihnen gepflegten goldenen Äpfel steht in Hesiods ›Theogonie‹. In V. 215 f. ist von den „Hesperiden“ die Rede, „die überm Okeanosstrome / Köstliche goldene Äpfel an fruchtbaren Bäumen betreuen“; in V. 275 spricht Hesiod dann von den „singenden Hesperiden“. Bewacht und beschützt dachte man sich in späterer Zeit die goldenen Äpfel in dem mit der Insel der Seligen (daher stammt Hölderlins Vorstellung von der „Gestalt der Himmlischen“ in diesem Zusammenhang) gleichgesetzten Garten der Hesperiden im äußer-

suchungen zu Hölderlins Pindar-Rezeption, hingewiesen (S. 679). Nachbildungen des homerischen Gleichnisses bei Sophokles (Aias, V. 987), Vergil (Georg. 3,245), Horaz (carm. 3,20,2), Ovid (met. 13,547).

[63] Schon das frühere Gedicht ›An die Unerkannte‹, auf dessen genaue Analogien zu den Friedensfeier-Versen – bis hin zum Motiv des Suchens und vor allem der „goldnen Frucht“ – wiederholt hingewiesen wurde, ist ganz vom Hesperiden-Mythos und, wie noch genauer zu sehen sein wird, von dem damit verbundenen Herakles-Mythos bestimmt (I, 198, 37 ff.):

Die das Eine, das im Raum der Sterne,
Das du suchst in aller Zeiten Ferne
Unter Stürmen, auf verwegner Fahrt,
Das kein sterblicher Verstand ersonnen,
Keine, keine Tugend noch gewonnen,
Die des Friedens goldne Frucht bewahrt.

sten Westen des Mittelmeers, an den Grenzen des Ozeans, entweder von dem hundertköpfigen Drachen Ladon oder einer Meeresgottheit – beide Vorstellungen, besonders die letztere, deuten auf den Schutz der Insel der Seligen und ihres Göttergartens samt den goldenen Äpfeln durch das ringsum oft stürmische Meer. Wahrscheinlich hat Hölderlin seine Vorstellung, derzufolge die „goldne Frucht" „vom heiligen Schiksaal selbst, / Mit zärtlichen Waffen umschüzt" wird, von diesem in der Überlieferung immer wieder betonten Schutz des Göttergartens abgeleitet, wobei natürlich das „heilige Schiksaal" im Rahmen der teleologischen Konzeption seiner Geschichtsvision eine ganz andere Valenz erhält. Sehr präzise scheint der mythologische Ausgangsbereich seiner Metaphorik in dem Wort „*um*schüzt" durch, denn das Meer umgibt ja *ringsum* den Garten der Hesperiden. Und vom „Schiksaal" zu sprechen, ist auch schon im Hinblick auf diesen mythologischen Ausgangsbereich angemessen, denn das stürmische Meer mußte als naturgegebene, gleichsam schicksalhafte Barriere erscheinen, die den Zugang zum Göttergarten der Hesperiden verwehrte.

Die Brücke zur Schlußstrophe der ›Friedensfeier‹ ergibt sich aus drei Elementen der mythologischen Überlieferung: erstens aus dem mythologischen Bericht, demzufolge Ge, die Erde, als Hochzeitsgeschenk für Zeus und Hera den Baum mit den goldenen Äpfeln hatte sprießen lassen – Ge wird bei Hölderlin zur „Mutter Natur". In der schönsten dichterischen Gestaltung des Hesperiden-Mythos, im zweiten Standlied des euripideischen ›Hippolytos‹ kommt gerade dieses Element zum Tragen (V. 742ff.):

> Weiter dann gings zu den Goldäpfeln des Gartens,
> Zu dem Strand der Hesperiden,
> Wo der Herr des Weltmeers über See den Schiffen
> Nicht die weitere Fahrt erlaubt – er behütet des Himmels
> Hehre Grenzen, den Atlas trägt –,
> Wo dem bräutlichen Bett des Zeus
> Nah der Quell der Unsterblichkeit
> Springt, wo heiliger Erde Grund
> Göttern Gedeihn schenkt und seliges Leben.

Aus den letzten Versen ließ sich ableiten, daß die Götter mit ihrer Unsterblichkeit geradezu *Kinder* der Ge: der Mutter Erde sind. Hölderlin hat diesen weniger bekannten Zug des Mythos, einen Zug, der allerdings einer Grundvorstellung der ›Theogonie‹ Hesiods entspricht, schon in der Mittelstrophe der Schlußtrias umgebogen, indem er in einer – wie noch zu sehen sein wird, seiner Konzeption genau angepaßten – freien Modifikation des Mythos die „Kinder" der Mutter Natur, d.h. die „Gestalt der Himmlischen" direkt mit der „goldnen Frucht" identifizierte. Das legte das seit jeher symbolische Valeur der goldenen Äpfel der Hesperiden nahe, denn sie bedeuten vor allem ewige Jugend, und das heißt auch: Unsterblichkeit, folglich die zentrale Qualität der „Himmlischen", die ja Hölderlin in seiner Hymne selbst schon früher deshalb „ewige Jünglinge" nennt.

Zunächst ist also festzuhalten, daß die „Gestalt der Himmlischen" als goldene Frucht dem Mythos entsprechend von Ge, der „Mutter Natur", hervorgebracht wird. Insofern können die „Himmlischen" „Kinder" der „Mutter Natur" heißen. Damit ist der mythologische Zusammenhang und folglich auch die konzeptionelle Verbindung zwischen vorletzter und letzter Strophe deutlich.

Dieser Zusammenhang reicht aber in entscheidender Weise noch weiter, zu einem dritten Element aus dem Hesperiden-Mythos. Es handelt sich zugleich um den bekanntesten Zug: daß Herakles als eine seiner zwölf Arbeiten es auch auf sich nahm, die Äpfel der Hesperiden zu rauben. Hölderlin spricht vom „Stehlen": „Denn es stahl sie, Allzuliebende, dir / Dein Feind ..." Vom Stehlen der „Kinder" kann Hölderlin hier insofern sprechen als diese Kinder, nämlich die „Himmlischen", in der Mittelstrophe ausdrücklich als die „goldne Frucht" der Hesperiden bezeichnet werden. So kann der Raub der goldenen Äpfel als Raub der „Kinder": der „Gestalt der Himmlischen" erscheinen. So weit die mythologische Basis von Hölderlins Versen, deren gleichsam archäologische Erschließung erst die Voraussetzung für das Verständnis seiner Konzeption schafft, aber nicht schon dieses Verständnis bietet.

Ganz allgemein, das muß einer näheren Bemühung um Verstehen vorausgeschickt werden, dürfte Hölderlin der mythologischen Schlußpartie seiner Hymne absichtlich einen im vollen Sinne des Wortes archäologischen Charakter verliehen haben, indem er die *ältesten* Schichten der griechischen Überlieferung: Hesiod und, mit dem Löwengleichnis, Homer evoziert. Denn dies entspricht der Gedankenbewegung vom visionär antizipierten Vollendungszustand der Geschichte zurück auf deren in einer unvordenklichen Vergangenheit liegenden Anfang. Die seit jeher mit dem Hesperiden-Mythos assoziierte uralt-goldene Zeit prophezeit als archaischer Vollendungszustand die zukünftige Vollkommenheit am Ende der Zeit.

Im Horizont dieses Responsionsverhältnisses, das nicht die Wiederkehr des Gleichen, vielmehr die *geschichtlich* gewordene Vollendung nach dem Modell der vor aller Geschichte *naturhaft* vorhandenen Vollendung entwirft, werden auch Hölderlins poetische Differenzierungszeichen erst erkennbar, mit denen er den Hesperiden-Mythos auf die künftige Vollendung hin schon transformiert. Er tut dies so, daß der Ursprungs-Mythos noch mit durchscheint. Am meisten fällt die Veränderung des Mythos von den goldenen Äpfeln im Hesperiden-Garten auf. Denn der Mythos berichtet keineswegs, daß die goldenen Äpfel „uraltem Stamm / In schütternden Stürmen entfallen sind", vielmehr, daß die goldenen Äpfel unversehrt, weil gut beschützt an den Bäumen des Göttergartens hingen, bis sie dann von Herakles geraubt wurden. Hölderlin setzt also diesem Mythos, der nur von den an den Bäumen hängenden Äpfeln und dem Raub erzählt, eine eigene, auf die künftige Vollendung hin und folglich spezifisch geschichtlich konzipierte Mythologie entgegen[64]: daß nun die goldene Frucht nicht „vor der Zeit" geraubt wird, sondern in den Stürmen der Geschichte reift und reifen kann und damit zur „Gestalt der Himmlischen" wird, insofern der menschliche Geist sich die Vollendung in dieser Form idealisierend vorgestellt hat. Daher auch das andere Differenz-Zeichen: Indem die Schlußstrophe zum Anfang der Geschichte, und das heißt: zum Zustand *vor* aller Geschichte, zurückkehrt, spricht sie gerade *nicht* von den „Himmlischen", sondern von den „Kindern", womit das spezifisch Naive des – in seiner Art auch vollkommenen – Ursprungszustands in Differenz zur idealischen Endzeit-Epiphanie der „Himmlischen" angedeutet wird. Doch bleibt festzuhalten, daß das Idealisch-Geistige, das den „Himmlischen" zukommt, diese nicht in die Sphäre eines Transzendent-Göttlichen entrückt, da die „langgesuchte / Die goldne Frucht" von „uraltem Stamm", wie schon die organologische Metaphorik signalisiert, wesentlich Natur ist, aber eben eine Naturvollkommenheit, die inzwischen Gegenstand höchster Erfüllungssehnsüchte geworden ist.

[64] Es ist bemerkenswert, daß sich der Ansatz zu dieser Entgegensetzung schon in dem Gedicht ›An die Unerkannte‹ findet (vgl. den Text in der voranstehenden Anmerkung). Denn im Gegensatz zum Mythos, der ja berichtet, daß Herakles die „goldne Frucht" der Hesperiden tatsächlich gewonnen hat, betont dieses Gedicht mit deutlicher Anspielung auf den klassischen *Tugend*helden Herakles (vgl. hierzu Das Schiksaal, I, 184, V. 11, V. 14), „Keine Tugend" noch habe „des Friedens goldne Frucht" gewonnen, wobei die Emphasis („*Keine, keine* Tugend") gerade vom Widerspruch gegen den Mythos motiviert ist.

Hölderlins Mythopoiie, die nicht etwa dem alten Mythos gilt und ihn in einer direkten Übertragung neu anwendet, sondern ihn nur als Matrix nimmt und als geschichtlichen Bezugshorizont sich abzeichnen läßt, muß dann folgerichtig auch die Gestalt einbeziehen, die im antiken Mythos die goldenen Äpfel der Hesperiden raubte („stahl"). Da aber eigentlich nicht mehr Herakles gemeint ist, sondern nur noch ein geschichtliches Geschehen, für das der Raub der goldenen Äpfel durch Herakles eine mythologische Metapher ist, bleibt in den entsprechenden Versen die Gestalt des Herakles selbst ganz ungreifbar – sie kann nur über den mythologischen Zug des Äpfelraubs als ferner Ausgangspunkt erschlossen werden. Und nichts wäre verfehlter als nun eine möglichst genaue Identifikation und Verifikation der Herakles-Gestalt in Hölderlins Versen zu suchen. Weil es darauf gerade *nicht* ankommt, ist die dichterische Sprache so indirekt, ja es wird sogar eine Metapher eingeführt, die auf einen anderen mythologischen Bereich weist: in dem Vers, der davon spricht, daß die „allzuliebende" Natur „Satyren die Götter gesellt" hat. Das ist kein Zug aus dem Herakles-Mythos, sondern aus anderen Mythen, vor allem aus dem Dionysos-Mythos, denn vorzugsweise war Dionysos von Satyrn begleitet. Aber sowenig wie Herakles ist damit Dionysos gemeint, vielmehr dient dieser mythologische Zug nur als generalisierbare Metapher zur Charakterisierung des *eigentlich* gemeinten geschichtlichen Geschehens. Im ganzen läßt sich Hölderlins mythopoietische Operation demnach folgendermaßen definieren: Indem er erstens überlieferte Mythen umkonstruiert, so den Hesperiden-Mythos, und zweitens seine Mythopoiie bewußt synkretistisch aus heterogenen mythischen Elementen gewinnt, womit er dem überlieferten Mythos seine Konsistenz nimmt, macht er alles Mythische zur reinen Metapher, und noch mehr: Er pointiert die Metaphorizität seines Verfahrens.

Das *eigentlich* gemeinte geschichtliche Geschehen ergibt sich aus der dargestellten Differenz zwischen dem ursprünglichen goldenen Zeitalter und dem nun endzeitlich herangereiften. Der Schlüsselbegriff ist derjenige der Vorzeitigkeit. „Vor der Zeit" (V. 152) war das Geschehen, das im Raub der Hesperidenäpfel durch Herakles seine mythologische Metapher hat: also der Versuch des menschlichen Geistes, selbst, aus eigener Kraft und insofern gewalttätig die Vollendung sich zuzueignen, die nur das im Naturzusammenhang mögliche geschichtliche Reifen – das letztlich sein eigenes ist – ihm zuteil werden lassen konnte. Da der menschliche Geist zwar aus dem Naturzusammenhang hervorgeht, sich diesem aber so sehr entfremdet, daß er sich der Natur gegenüber geradezu gewalttätig und feindlich verhält – ein von Hölderlin in vielen Dichtungen behandeltes Grundthema –, heißt es in der Schlußstrophe, daß die Natur den „Feind" „fast wie die eigenen Söhne genommen".[65] Und da nach dem theogonischen Schema die Mutter Natur als Kinder die „Götter" hervorgebracht hat, kann der gleichsam aus der Art geschlagene Geist metaphorisch wie ein „Satyr" neben den wahrhaften Kindern der Natur, den „Göttern" erscheinen. Eine naturgemäße Geistigkeit also wäre die zugleich einem geschichtlich ersehnten Vollendungszustand allein adäquate. Hölderlin stellt diese Utopie am Ende seiner Hymne als Ergebnis einer Selbstregulation der Natur dar, die aus ihrem durch den „Feind" bewirkten Mißgeschick gelernt hat: „Nun kennest, nun läßest du diß." Darin aufgehoben ist die Hoffnung auf die Selbstregulation des menschlichen Geistes, der selbst doch auch im Wirkungsgefüge der Natur steht. Er muß erkennen, so scheint Hölderlin am Ende die mentale menschliche Voraussetzung für das in der Hymne antizipierte geschichtliche Vollendungsgeschehen andeuten zu wollen, daß sein eigenes Vollendungsstreben nur im Einklang mit einer von der Natur bestimmten und ihr gemäßen Geschichte sinnvoll ist.

[65] Auch diese gesamte Konstellation, samt dem feindlichen Verhalten des Geistes gegenüber den „Göttern" als den Kindern der Natur ist schon in dem Gedicht ›An die Unerkannte‹ vorgebildet. Darin heißt es von der Natur (I, 198,32f.), daß sie „den Halbgott, unsern Geist, vereinigt / Mit den Göttern, die er kühn verstößt".

FRIEDENSIDEE UND CHILIASTISCHES GESCHICHTSDENKEN IN DER ›FRIEDENSFEIER‹*

I. Systematische und historische Einordnung von Hölderlins Friedensidee.[1]

Indem Hölderlin in seiner ›Friedensfeier‹ den Frieden als Vollendung der Zeit auffaßt, rückt er ihn in eine eschatologische Perspektive. Vollendung der Zeit bedeutet ihm Ende der Zeit und endzeitliche Vollkommenheit, ja Aufhebung der Zeit in einem Zustand der Zeitlosigkeit und folglich: Aufhebung aller geschichtlichen Realität in einem höheren, idealen Zustand. In dieser eschatologischen Perspektive ist der Frieden weniger ein politisch-pragmatisches als ein religiöses und geschichtsphilosophisches Thema.

Friede braucht kein höchster Wert zu sein, schon gar nicht ein mit religiösen Vollendungsvorstellungen aufgeladener Wert. Das griechi-

* Zuerst erschienen in: Deutsche Vierteljahrsschrift für Literaturwissenschaft und Geistesgeschichte 62 (1988), S. 99–130. Zitate nach der Großen Stuttgarter Ausgabe.

[1] Zur Orientierung im antiken und jüdisch-christlichen Bereich vgl. E. Dinkler, Friede, in: RAC 8 (1972), S. 434–505, sowie Foerster, εἰρήνη, in: Kittels ThWNT 2 (1935), S. 398–418; für die Zeit vom Mittelalter bis zur Moderne: W. Janssen, Friede, in: Geschichtliche Grundbegriffe. Historisches Lexikon zur politisch-sozialen Sprache in Deutschland, hrsg. v. O. Brunner, W. Conze und R. Koselleck, Bd. 2, Stuttgart 1975, S. 543–591 (mit jeweils ausführlichen Literaturangaben). Zur Kurzinformation die Artikel ›Friede‹ in RGG sowie im Historischen Wörterbuch der Philosophie, hrsg. v. Joachim Ritter. – Besonders weise ich auf folgende Einzelpublikationen hin: W. Nestle, Der Friedensgedanke in der antiken Welt, Leipzig 1938; H. Fuchs, Augustin und der antike Friedensgedanke, Berlin 1926, 2. Aufl. 1965; E. Dinkler, Eirene: Der urchristliche Friedensgedanke, in: Sitzungsber. Heidelb. Akad. Wiss. Phil.-hist. Kl., Heft 1 (1973); E. v. Souleyman, The Vision of World Peace in Seventeenth and Eighteenth-Century France, New York 1941; W. Bahner, Der Friedensgedanke in der Literatur der französischen Aufklärung, in: Grundpositionen der französischen Aufklärung, hrsg. v. W. Krauss und H. Mayer, Berlin 1955, S. 139–207.

sche Wort für Frieden, „eirene", deutet in älterer Zeit auf kaum mehr als den Zustand des Nicht-Kriegs. Meistens meint Frieden nur das normale, ungestörte Wohlergehen. Das römische Wort, „pax", enthält vor allem den Begriff des Vertrags: des Pakts, und ist daher weitgehend juristisch und sozial definiert. Eine grundsätzlich andere, weil die gute Ordnung der realen Lebensverhältnisse übersteigende Friedensvorstellung, die Vorstellung von einem gottgeschenkten ewigen Frieden am Ende der Zeit ist in unsere geistige Tradition hauptsächlich durch die Propheten des Alten Testaments und die von ihnen ausgehende christlich-religiöse Friedensidee gekommen. Hölderlins Anknüpfung an diese Tradition wird schon daraus erkennbar, daß die eigentümliche Vision eines Friedensfürsten in seiner ›Friedensfeier‹ auf die bedeutendste dieser Prophetien im Alten Testament zurückgeht. Sie beschwört die Gestalt eines endzeitlichen, messianischen „Friedefürsten". Die Verse bei Jesaja sind bekannt, weil sie später auf Jesus Christus als den ersehnten Messias bezogen wurden. Sie lauten (Jesaja 9,5f.): „... denn uns ist ein Kind geboren, ein Sohn ist uns gegeben ... er heißt Wunderbar, Rat, Kraft, Held, Ewig-Vater, *Friedefürst*; auf daß seine Herrschaft groß werde und des Friedens kein Ende ..." Das Neue Testament versteht das Kommen Christi als Erfüllung der alttestamentlichen Friedensprophetie. Deshalb verbindet sich schon seine Ankunft mit der Idee des Friedens. „Friede auf Erden" singen die Engel bei Jesu Geburt. Auch sein weiteres Wirken verbindet sich mit der Vorstellung des Friedens, besonders bei dem Apostel, den Hölderlin, wahrscheinlich wegen seiner pneumatischen Tendenz, den „Mann seiner Seele" nannte, bei Paulus. Man hat geradezu von einer paulinischen Friedenslehre gesprochen. Es dürfte daher kein Zufall sein, daß Hölderlin in derjenigen seiner Hymnen, die dem Frieden gewidmet ist, immer wieder auf Leitvorstellungen aus den Paulusbriefen zurückgreift und sogar mehrmals aus den Korintherbriefen zitiert.[2]

Zeiten langer Kriege und großer Drangsale erfüllen die Friedensidee mit messianischen Erwartungen. Frieden erscheint dann als Erlösung vom erfahrenen Unheil. Diese Erlösung ist um so mehr vom Glanz des Jenseitig-Unwirklichen umstrahlt, je länger das Unheil des Krieges dauert und der Frieden als kaum noch geglaubte Möglichkeit ersehnt wird. Kein Dichter hat dies so vollkommen zum Ausdruck gebracht wie Hölderlin in den Vorstufen zu seiner ›Friedensfeier‹. Sie beginnen mit den Versen (II, 130, V. 1–8):

[2] Einzelnachweise S. 18f., S. 64 (Anm. 59).

Versöhnender der du nimmergeglaubt
Nun da bist, Freundesgestalt mir
Annimmst Unsterblicher, aber wohl
Erkenn ich das Hohe
Das mir die Knie beugt,
Und fast wie ein Blinder muß ich
Dich, himmlischer fragen wozu du mir,
Woher du seiest, seeliger Friede!

Wie Hölderlins ›Friedensfeier‹ auf die Jahre der Revolutionskriege folgt, so in Rom Vergils vierte Ekloge auf eine lange Zeit blutiger Bürgerkriege. Und beide Dichter versehen ihre Vision des Friedens mit allen Zeichen endzeitlicher Vollkommenheit: Sie verklären den Frieden zu einem Zustand, in dem der Krieg und überhaupt alles der geschichtlichen Realität innewohnende Unselige endgültig aufgehoben ist. Friede ist nicht bloß Ausgleich unter den Völkern, die bisher miteinander im Kriege lagen. Er ist auch eine innere harmonische Ordnung – eine Ordnung, die nur Gedeihen, Ende aller Furcht, alles Herrschaftsdrucks und Entfremdungsleidens, kurz: ein versöhntes Dasein kennt. Die religiös-utopisch überhöhten Hoffnungen, die sich mit dieser Friedensidee verbinden, finden nicht allein poetischen Ausdruck. Das Sakrale im eigentlichen Sinn gehört dazu. Dem Frieden weiht man Altäre. Am berühmtesten ist die Ara Pacis des Augustus. Im Buch Richter (6,24) des Alten Testaments steht der Vers: „Gideon hieß den Altar: Jahwe ist der Friede."

Die Eigenart von Hölderlins Konzeption läßt sich daran erkennen, daß die Neuzeit außerhalb der religiösen Tradition diese Friedensauffassung kaum noch kennt. Frieden erscheint nun fast nur noch als Werk vernünftiger Politik. Und zugleich verbindet sich die Friedensidee mit dem Toleranz- und Humanitätsgedanken. Dadurch gewinnt sie eine neue, weltliche Würde. Nachdem schon Erasmus von Rotterdam in seiner ›Querela Pacis‹ (1517) die Friedensidee auf die Regelung des Verhältnisses von Menschen und Staaten untereinander gegründet hatte, ist das ganze Aufklärungszeitalter von Versuchen bestimmt, eine auf Vernunft beruhende Friedensordnung zu konzipieren. Ich nenne nur die berühmtesten Friedensschriften des achtzehnten Jahrhunderts, die sich mit der rational-politischen Konstruktion eines ewigen und allgemeinen Friedens beschäftigen. Die vieldiskutierte erste Schrift ist die des Abbé Castel de Saint-Pierre. Er veröffentlichte sie in den Jahren 1713 bis 1717 unter dem Titel: ›Projet pour rendre la paix perpétuelle en Europe‹. Diesem Weltfriedensplan durch Bildung einer europäischen Staatenkonföderation stimmte im Jahre 1761 Rousseau unter Vorbehalten in seiner eigenen Friedensschrift zu: ›Jugement sur la paix perpétuelle‹. Unter dem Eindruck des im Jahre 1795 geschlossenen Baseler Friedens erschien dann im selben Jahre Kants Abhandlung ›Zum ewigen Frieden‹, in der er als Voraussetzung eines dauerhaften Friedens, der mehr als bloßer Waffenstillstand sein soll, bestimmte politische Maßnahmen und Regelungen forderte, vor allem eine republikanische Verfassung für alle Staaten, die Abschaffung stehender Heere und einen „Völkerbund". Im Jahre 1796 verfaßte Fichte eine Friedensschrift, indem er in Niethammers ›Philosophischem Journal‹ Kants Schrift ausführlich rezensierte, und im selben Jahr schrieb der junge Friedrich Schlegel einen Aufsatz mit dem Titel ›Versuch über den Begriff des Republikanismus. Veranlaßt durch die Kantische Schrift zum ewigen Frieden‹. 1798, „im VI. Jahre der Fränkischen Republik", ließ Görres ein Büchlein mit dem Titel ›Der allgemeine Frieden. Ein Ideal‹ folgen. Herder veröffentlichte 1797, im 119. seiner ›Briefe zur Beförderung der Humanität‹, die sieben ›Gesinnungen der großen Friedensfrau‹, worin es, wie schon der Titel sagt, auf allgemein humane Gesinnung als Grundbedingung für den Frieden ankommt. All diese Schriften entsprangen republikanisch-demokratischem und allgemein humanitärem Engagement.[3]

Weit jenseits von diesen politischen, pragmatischen und humanitären Konzepten liegt die ohne sie und die in ihnen vollzogene literarische Aktualisierung der Friedensthematik dennoch nicht denkbare Vision, die Hölderlin in seiner Hymne gestaltet. Und doch steht er auch mit seiner anderen Perspektive nicht allein. Denn gerade die frühromantische Generation, der er angehört, ist von einer mächtigen Erwartung erfüllt, daß die Vollendung der Geschichte und damit auch

[3] Eine nützliche Sammlung von Texten bieten Z. Batscha und R. Saage (Hrsg.): Friedensutopien: Kant/Fichte/Schlegel/Görres, Frankfurt 1979; zur Darstellung: G. Schulz, Die deutsche Literatur zwischen Französischer Revolution und Restauration, Teil 1: Das Zeitalter der Französischen Revolution 1789–1806, München 1983, S. 159–180: Zum ewigen Frieden; sowie, detailliert für den französischen Bereich, die in Anm. 1 genannte Abhandlung von W. Bahner, ferner Janssen. Die erste Fassung der Friedensschrift des Abbé de Saint-Pierre ist am besten greifbar in folgender Ausgabe: Abbé de Saint-Pierre, Der Traktat vom ewigen Frieden, 1713, hrsg. und mit einer Einleitung versehen von Wolfgang Michael, deutsche Bearbeitung v. F. v. Oppeln-Bronikowski, Berlin 1922; Rousseaus Abhandlung ›Jugement sur la paix perpétuelle‹ in: Œuvres complètes, Bd. 5, Paris 1819/1820, S. 45 ff.

das endzeitliche Friedensreich bevorsteht. Novalis läßt seine 1799, also schon drei Jahre vor Hölderlins ›Friedensfeier‹ verfaßte und im Jenaer Freundeskreis vorgelesene, aber erst 1826 erschienene Schrift ›Die Christenheit oder Europa‹ in dem Ausruf gipfeln: „... sie muß kommen die heilige Zeit des ewigen Friedens.“[4] Und wenn Novalis in der gleichen Schrift davon spricht, daß sich nun, nach den Wirren der Revolutionskriege, die versöhnten Nationen Europas zu einem „großen Liebesmahl“ und zu einem „Friedensfest“[5] zusammenfinden werden, so ist das schon die genaue Vorstellung Hölderlins. Novalis spricht vom „Friedensfest“, Hölderlin von einer „Friedensfeier“.

Bei beiden Dichtern ist das allerdings nicht bloß ein poetischer Einfall. Sie greifen auf einen Brauch zurück, der seit dem neunzehnten Jahrhundert fremd geworden ist – seit man allenfalls noch Siegesfeiern, aber keine Friedensfeiern mehr kennt. Eine berühmte, auch dichterisch gepriesene Friedensfeier gab es nach dem Ende des Dreißigjährigen Krieges.[6] Goethe berichtet des öfteren von „Friedensfeiern“ und „Friedensfesten“ sowie von dichterischen Beiträgen zu ihrer Verherrlichung.[7] Auch Hölderlins Titelformulierung ›Friedensfeier‹ spielt – was der Forschung bisher entgangen ist – auf ein solches historisches Ereignis an: auf das große Friedensfest, das am 14. Juli

[4] Novalis, Schriften, HKA III (1968), S. 524, Z. 29.

[5] Novalis, Schriften, HKA III, S. 523, Z. 10.

[6] Vgl. Johann Klaj, Friedensdichtungen und kleinere poetische Schriften, hrsg. v. C. Wiedemann, Tübingen 1968, bes. das Nachwort S. 20ff.

[7] Folgende Stellen verdanke ich der freundlichen Auskunft der Tübinger Arbeitsstelle des Goethe-Wörterbuchs: „Werner theilte außerdem noch einen projectirten Prolog zur Friedensfeier in Berlin mit“ (WA, XXXVI, 392, 26); „Hören bei'm Friedensfest / Auch sich Trommete läßt, / Schon ist es nah“ (WA, XVI, 212); „... jenes Theater Stück (Epimenides) würdig auf die Bühne zu bringen und zwar, entweder zur Ankunft Ihr. Maj. des Rußischen Kaisers ... oder zur Feyer des Friedensfestes, oder zur Rückkehr des Königs von Wien“ (WA, XVI, 521, 15); „... lehnte ich (Goethe) den Antrag (Verfassung eines Festspiels) ab, versprach aber, um meine Bereitwilligkeit zu zeigen, eine ähnliche Arbeit für das zu erwartende Friedensfest“ (WA, XVI, 518, 21); „als ... der Congreß zu Hubertsburg ... festgesetzt war, that er (der Juwelier Lautensak) aus Liebe zu mir ein Übriges, und die Taube zusammt den Blumen gelangte am Friedensfest wirklich in die Hände meiner Mutter“ (WA, XXVI, 242, 6); „... aber ich darf keine Erfindung wagen ohne genugsame Zeit ... Damit aber dieses nicht eine bloße Ausflucht scheine, so erbiete ich mich eine ähnliche Arbeit durchzudenken, die, bey einem bevorstehenden Friedensfeste auf einem so würdigen Schauplatz, wenn sie glückt, mit Ehren erscheinen dürfte“ (An Kirms, 18. 5. 1814; B, XXIV, 278, 17).

1801 in Paris gefeiert wurde. Das läßt sich exakt nachweisen. Denn dieses Friedensfest folgte auf den im Jahre 1801 geschlossenen Frieden von Lunéville, auf den sich Hölderlins weitergehende Friedenshoffnungen in mehreren Briefen wie in der ›Friedensfeier‹ beziehen. Das Pariser Friedensfest erregte in ganz Europa Aufmerksamkeit. Über die wochenlangen Vorbereitungen erschienen zahlreiche Presseberichte, und vier Tage vorher, am 10. Juli 1801, unterzeichnete Napoleon eine Friedensproklamation. In ihr heißt es: «La discorde se tait, les factions sont comprimées. L'intérêt de la patrie règne sur tous les intérêts ... La paix continentale a été conclue par la modération. Notre puissance et l'intérêt de l'Europe en garantissent la durée.» Ohne Zweifel kannte Hölderlin diese Proklamation, die zuerst im ›Moniteur‹ vom 13. 7. 1801 erschien. Gerade sie mußte die Hoffnung auf einen allgemeinen und dauerhaften Frieden nähren. Übrigens gab es einen besonderen deutschen Teilnehmer am Friedensfest in Paris: Heinrich von Kleist. Am 18. 7. 1801 berichtete er: „Ich habe dem 14. Juli, dem Jahrestage der Zerstörung der Bastille, beigewohnt, an welchem zugleich das Fest der wiedererrungenen Freiheit und das *Friedensfest* gefeiert ward.“[8]

Diesem realen Friedensfest also stellt Hölderlin seine dichterische „Friedensfeier“ an die Seite. Um so deutlicher zeigt sich die über alles Politische, ja alles Reale hinausreichende Dimension seines Gedichts. Die reale Friedensfeier ist für Hölderlin Anlaß einer großen geschichtsphilosophischen Deutung des Weltgeschehens, dessen versöhnendes Ende ein universaler Friede ist. Das Fest ist die feierliche Repräsentanz dieses versöhnenden Endes – eine Repräsentanz, die das strahlende Selbstbewußtsein des in einer langen Geschichte zu sich selbst gekommenen Geistes ausdrückt. Die bisherige Differenz zwischen Göttlichem und Menschlichem – entmythologisiert: die Differenz von Idealvorstellung und Realität – ist nun aufgehoben. Mythisches Zeichen für die Aufhebung dieser Differenz ist die nach dem antiken Muster der Theoxenia entworfene Einkehr der Götter bei den Menschen zum gemeinsamen Mahl.

[8] An Karoline von Schlieben, in: Heinrich von Kleist, Sämtliche Werke und Briefe, hrsg. v. H. Sembdner, Bd. 2, München 1964 u. ö., S. 664.

II. Die konstitutive Bedeutung des idealistischen Geschichtsverständnisses und der ihm zugrundeliegenden Bewußtseinsfunktion

Die Geschichte erscheint in der ›Friedensfeier‹ wie in der Patmos-Hymne als ein „Werk" (V. 29), aber nicht die Menschen vollbringen es von sich aus. Sie sind nur in die Wirkungsenergien und Wirkungsintentionen einer geschichtsmächtigen Gottheit mit hineingenommen. Zugleich aber ist der Geschichtsprozeß von einer autonomen Dynamik erfüllt. Gott lenkt nicht mehr gleichsam von außen die Geschichte wie in der Bibel, er ist keine Vorsehung mehr, sondern ein Gott, dessen Wesen mit dem der Geschichte identisch geworden ist. Die *explicatio dei* als göttliche Selbstausfaltung im Prozeß der Geschichte ist eine Entfaltung des in der Geschichte selbst liegenden *Sinns*. Und dieser Sinn der Geschichte läßt sich erst am Ende der Geschichte voll wahrnehmen, weil erst dann der Gesamtprozeß in der Überschau als ein sinnvoller erkennbar wird – das ist es, was in der mythischen Vorstellungsweise der ›Friedensfeier‹ als ein Hervortreten der Gottheit ans Licht einer endzeitlichen Offenbarung erscheint.

Die Analogie zur Geschichtsphilosophie des frühen Schelling und zum Grundansatz in Hegels ›Phänomenologie des Geistes‹ kann kaum deutlicher sein. Schelling schreibt in seinem ›System des transzendentalen Idealismus‹: „Die Geschichte als Ganzes ist eine fortgehende, allmählich sich enthüllende Offenbarung des Absoluten ... Der Mensch führt durch seine Geschichte einen fortgehenden Beweis von dem Dasein Gottes, einen Beweis, der aber nur durch die ganze Geschichte vollendet sein kann."[9] Und die Zentralsätze in Hegels Vorrede zur ›Phänomenologie des Geistes‹ lauten: „Das Wahre ist das Ganze. Das Ganze ist aber nur das durch seine Entwicklung sich vollendende Wesen. Es ist von dem Absoluten zu sagen, daß es wesentlich Resultat, daß es erst am Ende das ist, was es in Wahrheit ist."[10]

Gerade auf die Ganzheit hebt die ›Friedensfeier‹ besonders ab. Das beherrschende Bild der Hymne ist die endzeitliche Versammlung *aller* großen Einzelgestalten, die in der Geschichte gewirkt haben und inso-

[9] F. W. J. Schelling, Schriften von 1799–1801, Darmstadt 1967, S. 603, F. W. J. v. Schellings sämmtl. Werke, Stuttgart und Augsburg, Erste Abtheilung, dritter Band (1858), vierter Band (1859).

[10] G. W. F. Hegel, Werke in zwanzig Bänden, Bd. III: Phänomenologie des Geistes, Frankfurt a. M. 1970, S. 24.

fern die Epochen der *ganzen* Geschichte repräsentieren, um den „Fürsten des Festes", der den „*all*versammelnden" Festtag mit ihnen feiert. Dieser endzeitliche Festtag, die Friedensfeier, ist Symbol der sich erst aus der endzeitlichen Überschau ergebenden Möglichkeit zur geistigen Integration alles geschichtlichen Einzelgeschehens in ein Gesamtbild. Am Ende der Zeit entfaltet deshalb der oberste Gott ein „Zeitbild" (V. 94). Es ist zugleich „sein Bild" (V. 87): Bild der obersten Gottheit selbst. So präzise läßt sich bis in den Wortlaut hinein die Identität von Geschichte und Gott fassen.

Im unabgeschlossenen Geschichtsprozeß ist noch kein „Bild" möglich, weil die Konturen noch nicht feststehen. Solange der Geschichtsprozeß andauert, ergibt sich weder ein gültiges Bewußtsein vom Ganzen noch ein gültiges Bewußtsein des Einzelnen, der im Geschichtsprozeß steht, von sich selbst. Denn erst aus dem abgeschlossenen Ganzen heraus kann sich der Einzelne seinen Ort in der Geschichte bestimmen und damit zu einem vollendeten Selbstbewußtsein gelangen. Vorher bleibt er notwendig über die noch nicht überschaubare Geschichte im ganzen wie über sich selbst im Ungewissen. Insofern ist der Geschichtsprozeß auch ein Bewußtseinsprozeß. Das Ende der Geschichte ist zugleich der Augenblick eines vollendeten Bewußtseins. Nicht erst die Verse über das von der Gottheit am Ende entfaltete Zeitbild weisen darauf hin. Schon vorher wird in dichterischer Metaphorik deutlich, daß erst der Augenblick, in dem die Geschichte an ihr Ende kommt, ein Bewußtsein vom Wesen der Geschichte ermöglicht. Die Menschen, so heißt es in der dritten Strophe (V. 29–33),

> hören das Werk
> Längst vorbereitend, von Morgen nach Abend, *jezt erst*,
> Denn unermeßlich braußt, in der Tiefe verhallend,
> Des Donnerers Echo, das tausendjährige Wetter,
> Zu schlafen, übertönt von Friedenslauten, hinunter.

Das Hören des „Werks" meint das erst am Ende der Geschichte sich einstellende Bewußtsein von der sinnvollen Ganzheit der Geschichte. Hier wird diese sinnvolle, weil sinnvoll geordnete Ganzheit „Werk" genannt, später heißt sie „Bild". Die vorher nicht als eine sinnvolle Ordnung wahrnehmbare Zeit strukturiert sich erst von ihrem Ende her, in dem dann sich herstellenden Bewußtsein, zur Geschichte. Vollendung der Zeit ist demnach der Moment, in dem vollkommenes Bewußtsein entsteht, und erst im Bewußtsein verwandelt sich Zeit in Geschichte.

Daß diese Vollendung der Zeit zugleich der Moment ist, in dem die Gottheit glanzvoll hervortritt, deutet darauf, daß die Enthüllung des Geschichtssinns wie eine göttliche Offenbarung erfahren wird. Frieden ist also auch die durch das Bewußtsein vermittelte geschichtliche Sinnhaftigkeit, da das Innewerden einer solchen Sinnhaftigkeit in vollkommener Weise befriedend wirkt. Dem Bewußtsein vom harmonischen Ganzen kommt selbst eine versöhnende Kraft zu. Wenn am Ende der Zeit alles sich zum Ganzen rundet, dann gibt es keine Trennung, kein Abseits mehr, kein Verlorensein im amorphen Abgrund der Zeit. Dann werden alle die Gestalten und Kräfte, die in der Zeit gewirkt haben, plötzlich als geschichtebildende und folglich am Ende in der Ganzheit der Geschichte mitrepräsentierte Gestalten und Kräfte erkennbar – erkennbar dem am Ende sich konstituierenden Bewußtsein. Deshalb weist dieses Bewußtscin, das nun geschichtlich erinnerungsmächtig wird, allem bisher scheinbar rettungslos Vereinzelten seinen Platz im großen Zusammenhang des Ganzen an. Das ist seine versöhnende und versammelnde Leistung.

III. Der Dichter als bevorzugter Träger der geschichtebildenden Bewußtseinsfunktion

Das Bewußtsein stellt sich in der ›Friedensfeier‹ auf zwei Ebenen her: in vollständiger und universaler Simultaneität auf der Ebene des Geschichtsprozesses selbst, der von sich aus zu einem Vollendungsstadium der Vergeistigung und des Bewußtseins drängt; und mit einer gewissen Vorzeitigkeit auf der Ebene eines besonderen individuellen Bewußtseins. Dies ist das Bewußtsein des Dichters.

Weil sich der Dichter durch ein geradezu antizipatorisches Gespür auszeichnet, kann er als erster das nahende Vollendungsstadium wahrnehmen. Er kennt, wie es am Ende der Ode ›Rousseau‹ heißt, „... im ersten Zeichen Vollendetes schon, / Und fliegt, der kühne Geist, wie Adler den / Gewittern, weissagend seinen / Kommenden Göttern voraus“. Weil er das Vollendungsstadium vorwegzunehmen vermag, ist er als erster und in besonderem Maße zum geschichtebildenden Bewußtsein fähig. Kraft dieses Bewußtseins nun, das eine versöhnende und versammelnde Kraft hat, insofern es das in der früher amorphen Zeit Getrennte und Vereinzelte in einen sinnvollen geschichtlichen Zusammenhang zu bringen vermag, ruft er alle großen Gestalten und Kräfte, die sich im Dunkel der Zeit verloren haben, zusammen. In der dichterischen Sprache der Hymne: der Dichter spricht die Einladung an alle göttlichen Einzelgestalten aus, die in der Zeit gewirkt haben. Er ruft sie zusammen zur endzeitlichen Friedensfeier.

Damit hoffe ich einen wesentlichen, in seiner Bedeutung noch nicht erkannten Zug der ›Friedensfeier‹ faßbar gemacht zu haben. Bisher hat die Forschung diese eigenartige Einladung der göttlichen Gestalten durch den Dichter in der vierten Strophe, eine Einladung, auf der er in der neunten, der Gipfelstrophe noch einmal insistiert, als eine nicht weiter befragbare sonderbare Tatsache hingenommen. In Wahrheit handelt es sich um die Metapher einer aus dem geschichtebildenden Bewußtsein des Dichters entspringenden Möglichkeit und um die Wahrnehmung einer wichtigen dichterischen Aufgabe.

Weil der Dichter vor allen anderen das geschichtebildende Endzeit-Bewußtsein gewinnt, kann er auch als erster des Fürsten des Fests, d. h. der Epiphanie endzeitlicher Sinnvollkommenheit ansichtig werden. Deshalb sagt er am Beginn der zweiten Strophe:

> Und dämmernden Auges denk' ich schon,
> Vom ernsten Tagwerk lächelnd,
> Ihn selbst zu sehn, den Fürsten des Fests.

Nur „dämmernden" Auges, noch nicht klar vermag er ihn zu sehen, weil er noch nicht ganz gegenwärtig, sondern erst im Kommen ist. Es ist ein noch ungewisses Sehen: Er „denkt" ihn erst zu sehen, was im Hinblick auf die volle Gegenwart einer bereits deutlich sichtbaren Gestalt ebenfalls nicht gesagt werden könnte. Dieses erst ungefähre Sehen eines noch nicht ganz Gegenwärtigen kennzeichnet die Situation des Dichters, der schon die Vollendung der Zeit ahnt und dessen Bewußtsein sich diese Vollendung antizipierend vergegenwärtigt. Er wird des Sinnes der Geschichte schon inne, bevor die geschichtliche Zeit ganz zu Ende ist. Daraus ergibt sich seine Initiative sowohl als auch seine Prophetie.

Denn diesen im Wortsinn prophetischen Charakter hat die ganze ›Friedensfeier‹. Sie stellt nicht die schon erreichte Vollendung der Zeit dar, sondern ist eine visionäre Vorwegnahme. Am deutlichsten wird das in der abschließenden Strophentrias. In ihr ist von der Ankündigung all dessen die Rede, was bisher antizipatorisch bereits als gegenwärtiges Ereignis dargestellt wurde. Von der bevorstehenden Wahrnehmung einer universalen Sinnfülle, welche die Hymne in mythologischer Metaphorik als Einkehr aller göttlichen Gestalten beschwört, heißt es da (V. 118–122):

Leichtathmende Lüfte
Verkünden euch schon,
Euch *kündet* das rauchende Thal
Und der Boden, der vom Wetter noch dröhnet,
Doch *Hoffnung* röthet die Wangen
...

In poetischen Bildern weisen die Verse auf die historische Ausgangssituation, von der aus der Dichter sich zur Antizipation des Vollendungszustands in der Hymne hat begeistern lassen: auf die zu Ende gehenden Revolutionskriege und die Hoffnungsstimmung, die Europa nach dem Friedensschluß von Lunéville überkam. Ebenso wie die anfängliche Charakterisierung des Dichters, der das kommende Heil erst „dämmernden Auges" zu sehen „denkt", kennzeichnet die Zurücknahme auf die historische Ausgangssituation das dichterische Vermögen als ein divinatorisches, prophetisches. Doch gerade damit erfüllt der Dichter selbst eine historische Mission.

Um die gleiche Zeit beschließt Friedrich Schlegel seine Rede über die Mythologie mit einem Appell an die „divinatorische Kraft" im Menschen, die den Anbruch der kommenden goldenen Zeit „eben jetzt" befördere. „... so laßt uns denn", ruft Schlegel aus, „nicht länger zögern, sondern jeder nach seinem Sinn die große Entwickelung beschleunigen, zu der wir berufen sind."[11] Die dichterische Antizipation trägt selbst dazu bei. Novalis spricht von der „rhetorischen Gewalt des Behauptens",[12] die zur Erweckung des Glaubens an das hohe Ziel und damit auch zu dessen Erreichung beitrage. „Der Redner thut, als ob alles vorbey und beschlossen wäre", schreibt er.[13] Schlegel gar fordert eine „enthusiastische Rhetorik". Sie helfe, die „Philosophie", d. h. das geschichtsphilosophisch entwickelte Ideal, „praktisch zu realisieren".[14] Hölderlins hymnisch begeistertes Sprechen in der ›Friedensfeier‹ wie in so mancher anderen Dichtung, die das Ideal antizipiert, versucht dies zu leisten. Dem noch nicht Präsenten will es durch feierlich antizipierende Repräsentanz zur Verwirklichung helfen.

[11] Fr. Schlegel, KA, II, 322. Hierzu und zum Folgenden (ohne Berücksichtigung Hölderlins): H.-J. Mähl, Philosophischer Chiliasmus: Zur Utopiereflexion bei den Frühromantikern, in: Silvio Vietta, Die literarische Frühromantik, Göttingen 1983, S. 149–179, bes. S. 155ff.

[12] Novalis, HKA III, S. 269.

[13] Novalis, HKA III, S. 648.

[14] Fr. Schlegel, KA II, S. 187 (Nr. 137).

Denn die Präsenz des Heiles bedarf auch der menschlichen Bereitschaft. Diese Bereitschaft soll die Dichtung fördern. Indem sie den Vollendungszustand in vollendeter Weise dichterisch antizipiert, bereitet sie ihn real vor – eine in sublimer Weise rhetorische Strategie, die erkennen läßt, daß Hölderlins Dichtungsverständnis, obschon seine Dichtung esoterisch ist, doch keineswegs in den Horizont hermetischer Autonomie gehört.

Die Vision der unmittelbar bevorstehenden endzeitlichen Vollendung bewirkt selbst etwas, wenn sie ernst genommen wird. Insofern ist sie ein Akt der Vorbereitung. Wie die anderen Frühromantiker säkularisiert Hölderlin mit dieser dichterischen Haltung den Habitus der chiliastischen Theologen des achtzehnten Jahrhunderts, die mit ihren Endzeitankündigungen auch eine vorbereitende Funktion auszuüben gedachten. ›Daß man sich dazu vorbereiten soll‹, lautet eine Kapitelüberschrift in Oetingers Schrift ›Von der güldenen Zeit‹. Und Hölderlin spricht in seinen Gedichten immer wieder von der „Bereitung".

IV. Chiliasmus als zentrales Strukturmoment[15]

Die zentrale Vorstellung der ›Friedensfeier‹, daß das Ende der Zeit und damit die geschichtliche Vollendung unmittelbar bevorstehe, ist im Chiliasmus des achtzehnten Jahrhunderts verankert. Aus schon frühchristlicher Tradition stammend, war dieser Chiliasmus besonders

[15] Zum Chiliasmus in der Frühromantik und seinen geschichtlichen Voraussetzungen: H.-J. Mähl, Die Idee des goldenen Zeitalters im Werk des Novalis: Studien zur Wesensbestimmung der frühromantischen Utopie und zu ihren ideengeschichtlichen Voraussetzungen, Heidelberg 1965; dort die Spezialbibliographie ›Zur chiliastischen Idee des tausendjährigen Reiches‹. – Es ist ein Defizit der Frühromantik-Forschung allgemein, daß sie, von einigen Hyperion-Zitaten abgesehen, Hölderlins Dichtung in diesem auch für sie entscheidenden Horizont kaum wahrnimmt: Die bedeutendsten Texte, darunter die ›Friedensfeier‹, finden überhaupt keine Erwähnung. Analoges gilt für die Erforschung der Utopie, der frühromantischen Esoterik, des Problems Aufklärung und Romantik usw. Ein gültiges Bild der Frühromantik kann aber durch diese traditionelle Ausklammerung Hölderlins und die einseitige Fixierung auf Novalis und die Brüder Schlegel als Hauptgestalten nicht erreicht werden. Nicht zuletzt stellt sich die Rangfrage. Die Frühromantik ohne Hölderlin darstellen heißt ungefähr soviel wie die Goethezeit ohne Goethe verstehen zu wollen. – Ein typisches Beispiel für dieses Defizit ist der von Silvio Vietta herausgegebene Sammelband ›Die literarische Frühromantik‹ (Göttingen 1983).

im württembergischen Pietismus lebendig, aus dessen Sphäre Hölderlin kommt. In säkularisierter Form läßt er sich aber auch etwa bei Lessing und Kant feststellen.

Das chiliastische Denken ist nicht utopisch, sondern entschieden eschatologisch. *Utopisches* Denken im klassischen – nicht in Blochs – Sinn richtet sich auf einen vorgestellten Idealzustand und ist sich dessen bewußt, daß das Ideal sich niemals wird realisieren lassen. Aber die Vorstellung eines Idealzustands soll kritische Energien freisetzen, welche die bestehende unzulängliche Wirklichkeit wenigstens zum Besseren hin ändern. Dagegen läßt sich das *eschatologische* Denken des Chiliasmus von der Idee leiten, das Vollkommene werde sich tatsächlich am Ende der Zeit ereignen: in einem neuen goldenen Zeitalter, in dem alles Übel der Geschichte überwunden sein wird.

Dieses eschatologische Denken des Chiliasmus steht in einem bemerkenswerten Gegensatz zur orthodoxen Eschatologie. Denn die Orthodoxie behält das Stadium der Vollkommenheit dem Jenseits vor. Seit jeher bekämpfte daher die Kirche den Chiliasmus als eine Form der Verweltlichung. Und in der Tat: Gerade die chiliastische Hereinnahme des Vollendungsstadiums in den Raum der diesseitigen Geschichte gibt einen der entscheidenden Anstöße für die geschichtsphilosophisch säkularisierende Spekulation des deutschen Idealismus. Er stellt die Geschichte ganz in die Perspektive einer endzeitlichen Vollkommenheit, die der *innerweltlichen Offenbarung des Absoluten* gleichkommt. Sowohl für Hölderlin wie für Hegel und Schelling gilt dies. Wichtigstes, aber überhaupt noch nicht gewürdigtes Zeugnis dafür ist Hölderlins ›Friedensfeier‹. Ich versuche dies im folgenden in fünf Grunddimensionen chiliastischen Denkens zu demonstrieren.

1. Die chiliastische Friedensvorstellung

Im Hinblick auf das zentrale Thema der ›Friedensfeier‹ ist es von Bedeutung, daß der Chiliasmus seit jeher die endzeitliche Vollkommenheit als ein „Reich des Friedens" begriff. Schon der mittelalterliche Chiliasmus, dessen Hauptgestalt Joachim von Fiore ist, richtete seine chiliastischen Zukunftshoffnungen auf ein kommendes Reich des Friedens.[16] Auch die pietistischen Schriften, soweit sie chiliastisch

[16] Hierzu zusammenfassend: Mähl, S. 202ff. Grundlegend: H. Grundmann, Studien über Joachim von Floris, hrsg. v. W. Goetz, Beiträge zur Kulturgesch. d. Mittelalters u. d. Renaissance, Bd. 32, Leipzig 1927; H. Grundmann,

geprägt sind, handeln vorzugsweise von dem am Ende erreichten Zustand des Friedens und der Versöhnung. Ich nenne hier stellvertretend nur die 1759 erschienene Schrift des schwäbischen Pietisten Oetinger über ›Die güldene Zeit‹. Kant, der das chiliastische Denken entschieden säkularisiert, spricht von einem „philosophischen Chiliasm, der auf den Zustand eines ewigen ... Friedens hofft“[17]. Die schon zitierten enthusiastischen Äußerungen des aus der Sphäre des Herrnhuter Pietismus kommenden Novalis über den Vollendungszustand eines allumfassenden Friedens aktualisieren das chiliastische Erbe.[18] Und Hölderlin, der aus dem schwäbischen Pietismus und seiner fundamental chiliastischen Prägung durch Johann Albrecht Bengel kam, zugleich aber die modernen geschichtsphilosophischen Säkularisationsformen bei Kant und in Lessings Schrift über ›Die Erziehung des Menschengeschlechts‹ aufgriff, um sie wie Hegel geschichtsphilosophisch weiterzuentwickeln – Hölderlin stellt sich schon mit dem Titel ›Friedensfeier‹ entschlossen in diese auf das Thema des Friedens ausgerichtete chiliastische Tradition. Die ›Friedensfeier‹ ist der größte dichterische Ausdruck dieses Denkens und, neben Hegels Versöhnungsphilosophie, auch das anspruchsvollste philosophische Zeugnis.

2. Die eschatologische Perspektivierung des Geschichtsdenkens

Da sich das Denken des chiliastisch geprägten Pietismus ganz auf die Endzeit richtete, war für ihn das biblische Buch von der Endzeit, die Apokalypse des Johannes, von besonderer Bedeutung. Der Vater des schwäbischen Pietismus, Johann Albrecht Bengel, Präzeptor der von Hölderlin besuchten Klosterschule Denkendorf und eine Gestalt, die auf Generationen hinaus starken Einfluß ausübte, veröffentlichte zwei Bücher über die Apokalypse. Auch sein ›Gnomon‹, ein großer

Kleine Beiträge über Joachim von Fiore, in: ZfKG 48 (1929), S. 137ff.; H. Grundmann, Neue Forschungen über Joachim von Fiore, Münstersche Forschungen, Heft 1 (1950). Ferner: E. Benz: Joachim-Studien, I–III, in: ZfKG 50 (1931), S. 24ff.; 51 (1932), S. 415ff.; 53 (1934), S. 52ff.; E. Benz, Ecclesia Spiritualis: Kirchenidee und Geschichtstheologie der Franziskaner-Reformation (1934); Bernhard Töpfer, Das kommende Reich des Friedens: Zur Entwicklung chiliastischer Zukunftshoffnungen im Hochmittelalter, Berlin 1964 (Rez. v. H. Grundmann in: HZ 203 [1966], S. 388–394).

[17] Akad.-Aus., VI, S. 34.

[18] Vgl. hierzu vor allem die Forschungen von H.-J. Mähl.

Bibelkommentar, den Hölderlin selbst besaß,[19] enthält eine Abhandlung über die Apokalypse. Sie weist dieser Schrift des Neuen Testaments einen ersten Platz zu. Der Legende zufolge schrieb Johannes seine Apokalypse auf der Insel Patmos. Bekanntlich gab Hölderlin einer seiner bedeutendsten Hymnen den Titel ›Patmos‹. Da sie von pietistischem Gedankengut geprägt und dem pietistisch frommen Landgrafen von Homburg gewidmet ist, dürfte klar sein, warum Hölderlin den Titel ›Patmos‹ wählte. Er traf damit ins Zentrum pietistisch-chiliastischen Selbstverständnisses.

Aus dem Blickwinkel der in der Apokalypse angekündigten Endzeit ordnet sich für Bengel die Geschichte als ein von Gott eingerichteter Heilsplan auf das Vollendungsstadium zu. „In der Offenbarung", schreibt er, „läuft es auf einen seligen Chiliasmus hinaus."[20] Die gesamte Geschichte formiert sich zu einem heilsgeschichtlichen Gotteswerk. Diese eschatologische Perspektivierung führt zu einem Geschichtsdenken von rigoroser Konsequenz. Und da Gott die Geschichte so konzipiert hat, daß sie noch *im* geschichtlichen Raum zur Verwirklichung des Heiles, also auch Gottes selbst auf Erden führt, ist der Gang der Geschichte nichts anderes als die planvolle Selbstverwirklichung Gottes. Jede Station der Geschichte wird so eine Station auf dem Wege zur Offenbarung des Absoluten. Diese systematische Konsequenz des chiliastischen Denkens tritt bei Schelling im ›System des transzendentalen Idealismus‹ hervor, Hölderlin folgt ihr durch eine genaue Durchstrukturierung des Geschichtsprozesses in der ›Friedensfeier‹, Hegel schließt fünf Jahre nach der ›Friedensfeier‹, im Jahre 1807, seine ›Phänomenologie des Geistes‹ ab, in der diese systematische Konsequenz besonders auffällt. Ausdrücklich weist auch schon Bengel auf diesen sich aus seinem Ansatz ergebenden Systemgedanken, der dann die Geschichtsphilosophie des deutschen Idealismus so stark bestimmt. Bengel sieht „vom Anfang bis zum Ende aller Dinge durch alle Weltzeiten hindurch ... ein schönes und herrlich zusammenhängendes *System* ..."[21].

[19] Das zeigt das Verzeichnis von Hölderlins Büchern: StA VII, 3, S. 390, Z. 58.

[20] D. Joh. Alberti Bengelii Gnomon ... Editio octava, aucta opera P. Steidel, Stuttgart 1887, S. 1110.

[21] J. Chr. Burk, D. Johann Albrecht Bengel's Leben und Wirken, meist nach handschriftlichen Materialien bearbeitet, Stuttgart 1831, S. 23.

3. Die chiliastische Geschichtsinterpretation als Theodizee

Aus der systematischen Konsequenz des chiliastisch geprägten Geschichtsdenkens ergibt sich das Problem, wie sich dunkle Zeiten in das letztlich doch heilsgeschichtliche Geschehen einordnen, ja wie sich überhaupt das Negative in der Geschichte begreifen läßt. In wichtigen Partien seiner späten Hymnen wirft Hölderlin die weitergehende Frage auf, ob die unbestreitbare Tatsache dunkler Zeiten nicht jede Annahme einer sinnvollen Geschichte widerlegt. Mit bestimmten Grundvorstellungen chiliastischen Denkens versucht er diese Schwierigkeiten aufzulösen – und wohl nirgends sonst zeigt sich die Aporie des idealistischen Geschichtsdenkens so deutlich, eine Aporie, der Hegel ebenso vergeblich mit der hybriden Konstruktion einer übergeordneten Vernunft beizukommen versucht. Bei Hölderlin wird sie, obgleich sie wesentlich die gleiche Aporie ist, viel offenkundiger, weil er, statt wie Hegel entschlossen zu säkularisieren, unmittelbar auf die obsoleten Positionen der traditionellen Apologetik zurückgreift. Es handelt sich um die geschichtsphilosophische Dimension des Theodizee-Problems.

Die Haupterklärungsversuche, die wieder im Pietismus eine bedeutende Rolle spielen, sind schon in der patristischen Literatur da, vor allem bei Klemens von Alexandrien und bei Origenes. Klemens von Alexandrien schrieb eine wirkungsreiche Abhandlung mit dem Titel ›Paidagogos‹, in der er Gott als Pädagogen zu verstehen versucht, der die Menschen in der Geschichte gleichsam wie Kinder leitet und erzieht, indem er sich ihrem Fassungsvermögen und ihrer Vorstellungskraft anpaßt, und das heißt auch: indem er ihnen nicht alles auf einmal und in direkter Weise zukommen läßt. Zeitweise enthält er ihnen manches vor, ja er nimmt manches wieder zurück („straft"). Noch Lessing, der die Schrift des Klemens von Alexandrien kannte, übernimmt, wenn auch in säkularisierter Form, dieses „pädagogische" Grundmuster in seiner Schrift über ›Die Erziehung des Menschengeschlechts‹. „Und so wie es der Erziehung nicht gleichgültig ist", schreibt Lessing, „in welcher Ordnung sie die Kräfte des Menschen entwickelt; wie sie dem Menschen nicht alles auf einmal beibringen kann: ebenso hat auch Gott bei seiner Offenbarung eine gewisse Ordnung, ein gewisses Maß halten müssen."[22] In dieser Tradition steht Hölderlin, wenn er in wörtlicher Entsprechung dem heilsgeschichtlich zunächst unverständ-

[22] § 5. Lessing, Werke, hrsg. v. H. G. Göpfert, Bd. VIII, hrsg. v. H. Göbel, München 1979, S. 490.

lichen Geschehen in der ›Friedensfeier‹ dennoch einen Sinn zuschreibt: „... schonend rührt des Maases allzeit kundig / Nur einen Augenblik die Wohnungen der Menschen / Ein Gott an ...“ (V. 52–54).

Bei Origenes spielt ebenfalls die – mit dem Vorschungsgedanken verbundene – Vorstellung der göttlichen Erziehung (παίδευσις) entscheidend herein.[23] In diesem Horizont gebraucht er immer wieder den Begriff der „Ökonomie“ (οἰκονομία), der später bei den Pietisten fast allgemein, nicht zuletzt bei Bengel und Oetinger und dann auch bei Hölderlin zu einem besonderen Kennzeichen der Theodizee wurde. Die Geschichte, so lautet das zentrale Argument, zeugt nicht von einer menschlich-kurzsichtigen Planung, sondern von einer göttlich weitsichtigen „Ökonomie“ oder, wie Bengel gelegentlich sagt, „Haushaltung“. Prinzipiell geht es wieder um die kluge Leitung der Geschichte durch die Vorsehung. Sie tut sich auch darin kund, daß sich die Gottheit den menschlichen Möglichkeiten anpaßt und sich deshalb zu den Menschen herabläßt. Die συγκατάβασις, die Herablassung Gottes in der Menschengestalt Jesu Christi, ist selbst schon der grundlegende Akt solcher Anpassung Gottes an die menschlichen Bedürfnisse und insofern ein Akt der Ökonomie. Denn nur als Mensch kann Gott zu den Menschen sprechen.

Diesen Gedanken nimmt Hölderlin in der ›Friedensfeier‹ auf. Der Dichter denkt unter all den Himmlischen, die zum endzeitlichen Göttermahl kommen sollen, mit Vorrang an Christus, weil er, wie es heißt, „freundlichernst den Menschen zugethan“ (V. 41) war – eine Anspielung auf die συγκατάβασις. Hölderlin malt die Vorstellung aus, indem er eine berühmte biblische Szene evoziert: die im Johannesevangelium dargestellte Szene, wie Jesus sich mit der Samariterin am Brunnen vor der Stadt Sichar ins Gespräch vertieft.[24] Auch die folgenden Verse

[23] Hierzu und zum Folgenden: Hal Koch, Pronoia und Paideusis: Studien über Origenes und sein Verhältnis zum Platonismus, Leipzig 1932, bes. S. 68–70, sowie Henri de Lubac, Geist aus der Geschichte: Das Schriftverständnis des Origenes, Einsiedeln 1968, bes. S. 294–299.

[24] Joh. 4,7ff. Die Anspielung auf dieses Gespräch hat noch eine zweite, für die ganze Hymne konstitutive Bedeutung. Jesus setzt sich darin über die „konfessionellen“ Gegensätze zwischen Samaritern und Juden hinweg, ja er spricht sich gegen jede „positive“ Fixierung der Religion aus, um schließlich die bekannten Worte zu formulieren: „Gott ist Geist, und die ihn anbeten, die müssen ihn im Geist und in der Wahrheit anbeten“ (Joh. 4,24). Die Anspielung gerade auf diese Szene signalisiert also zwei für die Gesamt-Konzeption der ›Friedensfeier‹ wesentliche Themata: eine alle geschichtlichen Trennun-

weisen in diese Richtung, indem sie von der notwendigen menschlichen „Verhüllung" des Göttlichen in der Gestalt Christi sprechen. Es handelt sich um eine ebenfalls schon in der patristischen Literatur, vor allem wieder bei Origenes beliebte Argumentation. Immer wieder heißt es, Christus habe sich jeweils nur so gezeigt, daß die Menschen in ihrer Schwäche nicht durch den Glanz des Göttlichen geblendet wurden; deshalb sei er gesandt, nicht nur um verkündet, sondern auch um verborgen zu sein. Hölderlin deutet sogar Christi Tod aus diesem Horizont, indem er ihn in den schon erörterten Versen als Maß und Schonung erklärt, das die Gottheit gegenüber den nicht immer zur Aufnahme des Göttlichen fähigen Menschen walten lasse: „Denn schonend rührt des Maases allzeit kundig / Nur einen Augenblik die Wohnungen der Menschen / Ein Gott an ..." (V. 52–54). Die mit diesen Versen beginnende fünfte Strophe gilt im Ganzen dem Gedanken der göttlichen „Ökonomie". Hölderlin macht ihn noch deutlicher, indem er dem am Anfang verwendeten Begriff des „Schonens" am Ende den des „Sparens" respondieren läßt: „Auch wär' uns, *sparte* der Gebende nicht / Schon längst vom Seegen des Heerds / Uns Gipfel und Boden entzündet" (V. 61–63).

4. Apokatastasis panton

Zu den fremdartigsten Vorstellungen in Hölderlins ›Friedensfeier‹ gehört es, daß am Ende der Zeit alles geschichtlich Gewesene wiederkommt. Dies ist der Sinn der mythisierenden Hauptvorstellung in der Hymne, daß die oberste Gottheit am Ende der Geschichte alle großen Gestalten und Mächte, die in der Geschichte gewirkt haben, um sich versammelt. Deshalb wird der Augenblick, in dem der endzeitliche Frieden gefeiert wird, als „allversammelnder" Festtag (V. 103) bezeichnet. Und diese Allheit hebt Hölderlin immer von neuem hervor. Was im Geschichtsverlauf Sukzession war, bloße Aufeinanderfolge, ist nun am Ende Simultaneität. Und während sonst in jeder einzelnen geschichtlichen Epoche das Spezifische eben dieser Epoche überwog, offenbart sich im Vollendungszustand das Universelle. Dadurch erst werden Frieden und Harmonie in vollkommener Weise möglich; oder, in Hegels Terminologie, die auch diejenige Hölderlins in den Vorstufen

gen übergreifende Versöhnung („Frieden") und die Geschichte als Vergeistigungsprozeß. Im Prosa-Entwurf wird dies noch unmittelbarer deutlich. Vgl. hierzu genauer S. 213f.

der ›Friedensfeier‹ ist: „Versöhnung" wird möglich. Diese Konzeption Hölderlins ist zugleich geschichts- und bewußtseinsphilosophisch begründet. Denn daß sich am Ende der Geschichte alles Gewesene nicht etwa in einem Zustand der Allharmonie *auflöst*, sondern sich wieder einfindet und geradezu seine feierliche Repräsentation erfährt, besagt, daß erst am Ende der Geschichte alles einzelne, das in ihr gewirkt hat, wahrhaft zu sich selbst kommt, weil es erst im Ganzheitshorizont seines eigenen Stellenwerts im Ganzen der Geschichte, und das heißt: seiner wahren Identität, inne zu werden vermag.

In dieser geschichts- und bewußtseinsphilosophisch reflektierten Vorstellung von der Wiederkehr alles geschichtlich Gewesenen hat Hölderlin eine alte, halb häretische Tradition „aufgehoben", die im chiliastischen Pietismus außerordentliche Bedeutung gewonnen hatte: die Lehre von der *apokatastasis panton*, von der versöhnenden „Wiederbringung aller Dinge" am Weltende.[25] Indem Hölderlin die endzeitlich versöhnende Friedensfeier als einen allversammelnden Festakt konzipiert, zu dem alle in der Geschichte wirksam gewesenen großen Gestalten und Mächte wiederkommen, um die All-Versöhnung zu feiern, greift er sehr genau auf die Lehre von der *apokatastasis panton* zurück. Sie ergibt das Grundmuster für das zentrale endzeitliche Geschehen in der ›Friedensfeier‹.

Die Apokatastasis-Lehre geht von einer Stelle in der Apostelgeschichte aus (Kap. 3,20f.),[26] die von der *apokatastasis panton* spricht, aber damit noch keineswegs eine endzeitlich universale Versöhnung meint. Seit Origenes versteht man den Ausdruck als „Wiederbringung aller". In ontologischem Idealismus interpretiert Origenes sie als endzeitliche Versöhnung aller, wozu sogar auch das früher Negative und Böse gehört. Am Ende läßt er alles in göttlicher Allharmonie aufgehoben sein. Exegetisch knüpft er dabei vor allem an 1 Korinther 15,28 an, wo es heißt, „daß Gott sei alles in allem" (ὁ θεὸς πάντα ἐν

[25] Vgl. die Spezialbibliographie: G. Müller, ΑΠΟΚΑΤΑΣΤΑΣΙΣ ΠΑΝΤΩΝ: A Bibliography, Basel 1969. Zum Überblick: Oepke, Artikel ἀποκαθίστημι, ἀποκατάστασις, in: Kittels ThWNT 2 (1933), S. 386–392; Chr. Lenz, Apokatastasis, in: RAC 1 (1950), Sp. 510–516 (behandelt alle wichtigen Stellen in der altchristlichen Literatur; Literaturangaben); Kurzinformation: C. Andresen, Wiederbringung Aller, in: RGG 6 (1962), Sp. 1693f.; konzentrierter Gesamtüberblick: E. Staehelin, Die Wiederbringung aller Dinge, Basler Universitätsreden 45 (1960). Vgl. auch W. Michaelis, Versöhnung des Alls, Gümlingen bei Bern 1950 (vgl. J. Schneider, ThLZ 77 [1952], S. 158–161). Zum Pietismus vgl. vor allem Anm. 29–31.

[26] „... auf daß da komme die Zeit" usw.

πᾶσιν).[27] Das entspricht der speziellen biblischen Orientierung der ›Friedensfeier‹ gerade an den Korintherbriefen, die vor allem durch den großen Versöhnungstext 2 Kor. 5,18ff. begründet ist.[28] Die Kirche verdammte die Lehre des Origenes als Häresie, weil der mit ihr verbundene Heilsuniversalismus der orthodoxen Lehre vom endzeitlichen Gericht und von der notwendigen Verdammnis des unaufhebbar Bösen widersprach. Doch lebte sie in neuplatonischen Unterströmungen fort, und im Medium des aufklärerischen Optimismus sowie im Pietismus erfuhr sie eine weitgefächerte Renaissance. Schon im frühen Pietismus gab es Bücher, die ganz auf die *apokatastasis panton* ausgerichtet waren und diesen Begriff sogar im Titel trugen.[29]

Der Heilsuniversalismus dieser Lehre war dazu angetan, über den Kirchendogmatismus und die Verketzerungen Andersdenkender hinweg eine Gesinnung universaler Toleranz und Harmonie zu fördern. Das ist das Anliegen des bekanntlich noch für Goethe wichtigen Hauptwerks der pietistischen Kirchengeschichtsschreibung: der ›Kirchen- und Ketzerhistorie‹ von Gottfried Arnold. Ich gebe nur ein charakteristisches Zitat, das diese historische Bedeutung der Apokatastasis-Lehre erkennen läßt. Wie schon Origenes beruft sich Gottfried Arnold zugleich auf das Wort des ersten Korintherbriefs, „daß Gott sei alles in allem". „Und nun nahet die Zeit herbei", sagt er mit chiliastischem Hoffnungspathos, „daß sich auch wirklich alle Scheidung und Trennung nacheinander verlieren, alle Menschennamen und -partei-

[27] Vgl. Origenes, De Principiis III,6,1.2.6.8.

[28] Vgl. Anm. 2.

[29] Vor allem das für den ganzen Pietismus wichtige Werk des Ehepaars Petersen (Johanna Eleonora und Johann Wilhelm Petersen): ΜΥΣΤΗΡΙΟΝ ΑΠΟΚΑΤΑΣΤΑΣΕΩΣ ΠΑΝΤΩΝ, Das ist: Das Geheimniß Der Wiederbringung aller Dinge / Darinnen ... gelehret wird / Wie das Böse und die Sünde / Die keine ewige Wurtzel hat / sondern in der Zeit geuhrständet ist / Wiederum gäntzlich solle auffgehoben / und vernichtet; Hergegen die Creaturen Gottes / Die nach seinem Willen das Wesen haben / doch eine jegliche in ihrer Ordnung / von der Sünde / und Straffe der Sünden / nach Verfliessung derer in der Göttlichen Oeconomie darzu bestimmten Perioden, und nach Außübung der Gerechtigkeit / krafft des ewigen Rath-Schlusses Gottes / durch JESUM CHRISTUM, Den Wiederbringer aller Dinge / Zum Lobe und Preiß seines herrlichen Namens / sollen befreyet und errettet werden / auff daß da bleibe Das Gute / Und Gott sey Alles in Allen / Offenbahret durch einen Zeugen Gottes und seiner Wahrheit, Bd. I–III, Pamphylia (= Offenbach) 1701–1710 (nur Bd. I anonym erschienen). – Vgl. K. Lüthi, Die Erörterung der Allversöhnungslehre durch das pietistische Ehepaar W. u. J. E. Petersen, in: ThZ 12 (1956), S. 362–377.

ungen verschwinden und alle Kreaturen in ihr ursprüngliches, allerseligstes Eins, durch *die Herwiederbringung aller Dinge* als in ein unergründliches Meer der ewigen Liebe, die Gott selber wesentlich ist, hineingezogen werden sollen, auf daß Gott sei alles in allem."[30] Auch die Hauptvertreter des schwäbischen Pietismus, Bengel und Oetinger, hingen der Apokatastasis-Lehre an,[31] so daß diese Vorstellung für Hölderlin zu den Elementaria gehören mußte. In Hölderlins Generation selbst, vor allem bei Schleiermacher, nimmt sie Züge eines pantheistisch inspirierten romantischen Liebesuniversalismus an. Gerade die traditionell herangezogene Stelle bei Paulus, „daß Gott sei alles in allem", zu der sich noch weitere Analogien fanden[32], ließ sich leicht in pantheistischem Sinn verstehen.

In dieser Tradition steht Hölderlins Anverwandlung der Apokatastasis-Lehre, und da das gedankliche Zentrum der ›Friedensfeier‹ der auf Allversöhnung beruhende endzeitliche Friede ist, lag es für ihn nahe, auf die als Allversöhnung definierte *apokatastasis panton* zurückzugreifen. Bezeichnend aber für seine geschichtliche Stunde ist es, daß er den innerchristlichen Horizont sprengt und die Versöhnung zu einer schlechthin universalen werden läßt. Was Lessing in seinem ›Nathan dem Weisen‹ aufklärerisch-kritisch eingeklagt hatte, wird hier zur Vollendung der Geschichte. Zwar spielt Christus bei Hölderlin noch eine besondere Rolle, insofern er selbst schon binnengeschichtlich die am Ende der Geschichte universal zur Geltung gelangende Idee der Liebe und Versöhnung repräsentiert; doch ist er nur *eine* von den vielen in der Geschichte wirkenden Gestalten, die sich am Ende in feierlicher Allversöhnung versammeln. Hier schlägt das aufklärerisch-pantheistische Erbe des Idealismus durch. Er hebt die Grenzen einer christlichen Heilsgeschichte, deren Grundvorstellungen er doch übernimmt, zugunsten einer universalgeschichtlichen Betrachtung auf.

Gerade daß Hölderlin nicht allein steht mit dieser Überschreitung des christlichen Horizonts – mit dieser Idee einer universalen Versöhnung, die auch alle anderen Religionen und überhaupt Dimensionen der Sinnvermittlung einbezieht, kann ein historisches Verständnis

[30] Kirchen- und Ketzerhistorie II, Beschl. 9. Hierzu: H. Dörries, Geist und Geschichte bei Gottfried Arnold, Abh. Gött. Akad. Wiss. Phil.-hist. Kl. 3. Folge, Nr. 51 (1963), bes. S. 32.

[31] Vgl. Friedhelm Groth, Die „Wiederbringung aller Dinge" im württembergischen Pietismus, Göttingen 1984.

[32] Vor allem Eph. 1, 23: „... die Fülle des, der alles in allen erfüllt."

seines Spätwerks erschließen, das man bisher mehr noch als die Werke seiner früheren Jahre zu einer einsam-zeitenthobenen Vision stilisierte. Schon einige Jahre vor der ›Friedensfeier‹ hatte Schleiermacher in seinen 1799 erschienenen Reden ›Über die Religion‹, die Hölderlin selbst besaß,[33] den Grundgedanken ausgesprochen, der die ›Friedensfeier‹ ebenso wie den ›Einzigen‹ und ›Patmos‹ bestimmt. Entschieden lehnt Schleiermacher in seiner abschließenden ›Rede über die Religi*onen*‹ den christlichen Ausschließlichkeitsanspruch und damit auch die dogmatische Haltung der Kirche ab. Einer seiner letzten, rhetorisch zu besonderer Bedeutung gebrachten Sätze lautet: „... so tretet gleich ein in die Eine und unteilbare Gemeinschaft der Heiligen, *die alle Religionen aufnimmt* ...“[34] Und vorher ruft er aus: „Auf alle Weise werde das Universum angeschaut und angebetet. Unzählige Gestalten der Religion sind möglich ...“[35] Dieses „Universum“ gestaltet Hölderlin poetisch mit dem „allversammelnden“ Festtag seiner endzeitlich versöhnenden Friedensfeier.

Die Übereinstimmung reicht noch weiter. Hölderlin läßt ja am allversammelnden Festtag, wie ihn die neunte Strophe entwirft, nicht einfach alle „Himmlischen“ sich vereinen, vielmehr mißt er Christus insofern besondere Bedeutung zu, als er der „Geliebteste“ ist (V. 108), an dem alle anderen, wie es wiederum in einer sehr eigenartig klingenden Wendung heißt, „hängen“. Deshalb kann man, indem man ihn herbeiruft, was der einladende Dichter tut, die anderen gleichsam mitherbeiziehen.[36] Das ist die Grundkonstruktion der Hymne von der vierten bis zur neunten, zur Gipfelstrophe. Hölderlin macht also Christus genau zum Gegenteil dessen, was er in der kirchlichen Dogmatik ist: nicht zu einer Ausschließlichkeit beanspruchenden göttlichen Gestalt, vielmehr zu einer vermittelnden und allvereinenden Instanz. Und deshalb spricht er ihm eine entscheidende Funktion zu. Er wird ihm zum Medium, durch das er, indem er ihn einlädt, die Allversammlung der „Himmlischen“ bewirkt. Sosehr dies im Widerspruch zur Orthodoxie steht, so deutlich sind doch die Anknüpfungspunkte in der Bibel. Sie stellt Christus immer wieder als Versöhner, Friedebringer und seine Heilsbotschaft als ein Evangelium der Liebe dar. Das ist das allgemeine Fundament für die Lehre von der

[33] Vgl. das Bücherverzeichnis in: VII, 3, S. 390, Z. 79f.

[34] Friedrich Schleiermacher, Über die Religion: Reden an die Gebildeten unter ihren Verächtern, Philosoph. Bibl., Bd. 255, 1958, S. 173.

[35] Schleiermacher, S. 172.

[36] Zur genauen Analyse dieser entscheidenden Partie vgl. S. 59ff.

apokatastasis panton wie von Hölderlins Vision der endzeitlichen Allversöhnung und der zentralen Rolle, die Christus in dieser Allversöhnung spielt.

Auch Schleiermacher hat diese Konzeption in seinen ›Reden über die Religion‹ entwickelt. Auch ihm geht es nicht bloß um die universale Versöhnung und Vereinigung, sondern ebensosehr darum, daß sie gerade durch Christus initiiert wird. Deshalb erklärt er das Christentum zu einer sich selbst überschreitenden Religion, die unendlich offen ist und alle anderen Religionen anzuerkennen und sogar zu vereinigen vermag. Wenn das Christentum einen Vorzug vor den anderen Religionen hat, dann nur diesen. Das ist exakt Hölderlins Anschauung, wie er sie in der ›Friedensfeier‹ entfaltet. „Wenn es nun aber", fragt Schleiermacher, „immer Christen geben wird, soll deswegen das Christentum auch in seiner allgemeinen Verbreitung unendlich und als die einzige Gestalt der Religion in der Menschheit allein herrschend sein?" Und er antwortet: „Es verschmäht diesen Despotismus ... es will nicht nur in sich Mannigfaltigkeit bis ins Unendliche erzeugen, sondern sie auch außer sich anschauen ... Die Religion der Religionen kann nicht Stoff genug sammeln für die eigenste Seite ihrer innersten Anschauung, und so wie nichts irreligiöser ist als Einförmigkeit zu fordern in der Menschheit überhaupt, so ist nichts unchristlicher als Einförmigkeit zu suchen in der Religion."[37]

Die letztlich pantheistische Fundierung der Vorstellung einer All-Versöhnung und All-Vereinigung durch das Medium der „Religion der Religionen" macht Schleiermacher durch die Berufung auf Spinoza,[38] aber auch auf jene Stellen der Bibel deutlich, die den Allheitsbegriff exponieren – das πᾶν, das die Verbindung zum Pantheismus herzustellen erlaubt. Bezeichnenderweise greift er, der ursprünglich im Herrnhuter Pietismus beheimatete Theologe, auf die traditionell für die Apokatastasis-Lehre wichtigen Bibelverse zurück. Wie so viele Anhänger dieser Lehre vor ihm, von Origenes bis zu Gottfried Arnold, beruft er sich auf 1 Korinther 15,28, wo es heißt, daß am Ende Gott „alles in allem" (πάντα ἐν πᾶσιν) sein wird.[39] Seine Konzeption ist ebenso wie diejenige Hölderlins eine pantheistisch-romantische Radikalisierung der Apokatastasis-Lehre, von der aber immer noch der Grundgedanke der Allversöhnung stammt.

[37] Schleiermacher, S. 172.

[38] Schleiermacher, S. 31.

[39] Schleiermacher, S. 171.

5. Pleroma

Eine Schlüsselstelle sowohl für Schleiermacher wie für Hölderlin mußte in diesem Horizont der Allheits- und zugleich Versöhnungs- und Friedenshymnus im Kolosserbrief sein (Kol. 1,15–20). Der modernen Theologie gilt er als ein ursprünglich vorchristlicher, später dann mit christlichen Interpretamenten versehener, überdies noch durch Luthers Übersetzung und durch die ihm folgenden Bibelausgaben entstellter Text,[40] den aber die großen Griechisch-Könner Schleiermacher und Hölderlin mit Sicherheit im Urtext und damit auch in seinem Sinn genau kannten. In diesem Hymnus, dessen zentrale Bedeutung der ›Friedensfeier‹-Forschung ebenso entgangen ist wie die Apokatastasis-Lehre, wird die kosmische Stellung und Funktion des Erlösers besungen: „... in[41] ihm ist alles geschaffen, was im Himmel und auf Erden ist" (ἐν αὐτῷ ἐκτίσθη τὰ πάντα ἐν τοῖς οὐρανοῖς καὶ ἐπὶ τῆς γῆς), „es ist alles durch ihn und zu ihm geschaffen" (τὰ πάντα δι' αὐτοῦ καὶ εἰς αὐτὸν ἔκτισται), „und er ist vor allem und das All hat in ihm seinen Zusammenhang"[42] (αὐτός ἐστιν πρὸ πάντων καὶ τὰ πάντα ἐν αὐτῷ συνέστηκεν), dann folgt der berühmte Vers

[40] Dem Hymnus ist seit je eine besondere Bedeutung zuerkannt worden. Hierzu mit aufschlußreicher Wirkungsgeschichte, auch im Hinblick auf den württembergischen Pietismus: E. Schweizer, Der Brief an die Kolosser, 2. Aufl., Einsiedeln/Köln 1980, bes. S. 50ff. und S. 193ff. Vgl. E. Norden, Agnostos Theos, 4. Aufl., Darmstadt 1956; E. Käsemann, Eine urchristliche Taufliturgie, in: Festschr. R. Bultmann, Stuttgart 1949, dass. in: Käsemann, Exegetische Versuche und Besinnungen I, Göttingen 1964, S. 34–51; H. Hegermann, Die Vorstellung vom Schöpfungsmittler im hellenistischen Judentum und Urchristentum, Berlin 1961; H. M. Schenke, Die neutestamentliche Christologie und der gnostische Erlöser, in: Gnosis und NT, hrsg. v. K.-W. Tröger, Gütersloh 1973, S. 205–229; K. Wengst, Christologische Formeln und Lieder des Urchristentums, 2. Aufl., Gütersloh 1972; N. Kehl, Der Christushymnus im Kolosserbrief: Eine motivgeschichtliche Untersuchung zu Kol 1,12–20, Stuttgart 1967; R. Deichgräber, Gotteshymnus und Christushymnus in der frühen Christenheit, Göttingen 1967; J. Lähnemann, Der Kolosserbrief: Komposition, Situation und Argumentation, Gütersloh 1971; sowie folgende Kommentare: E. Lohmeyer, Die Briefe an die Kolosser und an Philemon, 12. Aufl., Göttingen 1961; E. Lohse, Die Briefe an die Kolosser und an Philemon, 15. Aufl., Göttingen 1977, bes. S. 77ff.

[41] Luther und die ihm folgenden Ausgaben schreiben fälschlich „*durch* ihn".

[42] Luther und die ihm folgenden Ausgaben verfehlen die Nuance, indem sie übersetzen: „... und es besteht alles in ihm."

über das „Pleroma", die All-Fülle, die der Erlöser in sich trägt: „denn es gefiel sich die ganze Fülle, in ihm zu wohnen"[43] (ὅτι ἐν αὐτῷ εὐδόκησεν πᾶν τὸ πλήρωμα κατοικῆσαι), „und durch ihn alles zu ihm hin zu versöhnen, indem er Frieden schafft ..." (καὶ δι'αὐτοῦ ἀποκαταλλάξαι τὰ πάντα εἰς αὐτόν, εἰρηνοποιήσας). Wesentlich ist der Gedanke, daß der Erlöser, weil er selber die All-Fülle hat, das All, dessen Zerstreuung und demnach Abfall von der ursprünglichen Einheit als Voraussetzung gedacht wird, wiedervereinigt und versöhnt und es so auch mit sich selbst, d. h. mit dem eigenen allhaltigen Wesen versöhnt.

Schon im Prosa-Entwurf zur ›Friedensfeier‹ greift Hölderlin auf diesen Hymnus im Kolosserbrief zurück, um damit die Grundvorstellung der erst später ausgeführten Hymne zu skizzieren. In der entscheidenden Partie des Prosa-Entwurfs ruft der Dichter Christus mit folgenden Worten an (II, 2, S. 699, Z. 5–11): „... Es kehrt bald / Ein Gott um den anderen ein, daß aber / ihr geliebtestes auch, an dem sie *alle* hängen, nicht / fehle, Und Eines *all* in dir sie *all*, sein, / und *alle* Sterblichen seien, die wir kennen bis hieher. // Darum sei gegenwärtig, Jüngling. Keiner, wie / du, gilt statt der übrigen *alle*." In dieser noch die vollendete Hymne bestimmenden Konzeption folgt Hölderlin vollständig dem Allheitshymnus im Kolosserbrief. Wie dort ist auch bei ihm in der Gestalt Christi das Pleroma, die ganze Fülle des Alls enthalten, und zwar ebenfalls so, daß in der Christusgestalt sowohl Götter wie Menschen („Sterbliche") alle eins sind („alles ... im Himmel und auf Erden", heißt es im Kolosserbrief); und die am meisten befremdende Vorstellung, daß Götter und Menschen alle *in* Christus eins sind („... Eines all *in* dir sie all"), entspricht der wiederholten Aussage des Briefes, daß „in ihm" (ἐν αὐτῷ) alles sei und alles seinen Zusammenhang habe. Die mindestens ebenso sonderbar anmutende Vorstellung, die noch im Zentrum der ausgeführten Hymne steht, daß an Christus alle „hängen" („an dem sie alle hängen"), geht auf den

[43] Die Syntax ist umstritten. Luther reproduziert die Schwierigkeit durch die Übersetzung: „Es *ist das Wohlgefallen gewesen*, daß in ihm die Fülle wohnen sollte." Manche Exegeten ergänzen als Dativ-Objekt zu εὐδόκησεν: θεῷ. Da εὐδόκησεν intransitiv konstruierbar ist (vgl. Ps. 67, 17 in der Septuaginta: εὐδόκησεν ὁ θεὸς κατοικεῖν ἐν αὐτῷ. Vgl. auch Markus 13, 14), lese ich wie E. Käsemann, E. Schweizer u. a. πᾶν τὸ πλήρωμα als Subjekt zu εὐδόκησεν. Der im hier wichtigen Zusammenhang relevante Sinn wird von der Kontroverse nicht berührt. – Zum Pleroma vgl. G. Delling, πλήρωμα, in: Kittels ThWNT 6 (1959), S. 297–304 (mit Literaturangaben; zahlreiche Literatur-Nachträge in Bd. 10, 2 [1979], S. 1236/1237), sowie die in Anm. 40 genannten Analysen und Kommentare.

Bibelvers zurück, in dem es heißt, daß in ihm alles seinen Zusammenhang hat (τὰ πάντα ἐν αὐτῷ συνέστηκεν). Kaum der Erläuterung bedarf es endlich, daß die auffällige Dominanz des Allheitsbegriffs in dem zitierten Ausschnitt des Prosa-Entwurfs wie auch in seinen anderen Partien der leitmotivischen Exponierung der Allheitsbestimmung im Kolosserbrief entspricht; und ferner, daß im Kolosserbrief die Perspektivierung der Allheitsvorstellung auf die abschließende Idee der Versöhnung und des Friedens genau den schon im Titel der ›Friedensfeier‹ ausgedrückten Grundgedanken Hölderlins enthält. Wie die Erlösergestalt des Kolosserbriefs aufgrund ihres Pleroma den Allzusammenhang zu stiften, d.h. zu versöhnen und „Frieden" zu schaffen vermag, so auch Christus in Hölderlins Hymne. Und wie dort der Akt der Erlösung in nichts anderem als im Versöhnen und Friedenstiften besteht, so auch bei Hölderlin. Da überdies der biblische Hymnus von der All-Versöhnung eschatologisch zu verstehen ist, stimmt er vollkommen in den Horizont der *apokatastasis panton*.

Obwohl Schleiermacher in seinen Reden über die Religion nicht im entferntesten so intensiv wie Hölderlin die Worte der Schrift aufgreift, läßt er sie doch anklingen, und er baut, indem er ihre Grundvorstellungen aufnimmt, auf ihnen ebenso seine Gedankenführung auf wie Hölderlin – der sich also bei der Lektüre der Reden ›Über die Religion‹ der Wurzeln von Schleiermachers Universalismus sehr wohl bewußt gewesen sein dürfte. Nicht nur das „alles in allem" aus dem 1. Korintherbrief zitiert Schleiermacher.[44] Er spielt auch auf den Allheits- und Versöhnungshymnus des Kolosserbriefs an, in freier Umschreibung, aber doch so, daß die zentrale Idee des Pleroma deutlich erkennbar wird. „Laßt uns", so ruft Schleiermacher aus, „die lebendige Anschauung des *Universums*, die seine (Christi) ganze Seele *erfüllte*, nur so betrachten, wie wir sie in ihm finden zur Vollkommenheit ausgebildet."[45] Damit dürfte klar sein, in welchem Traditionszusammenhang, aber zugleich auch, in welchem zeitgenössischen Horizont Hölderlin seine universale Friedensidee konzipierte und welches Kontext-Bewußtsein sein eigenes Sprechen vom Frieden bestimmte. Erst daraus gewinnt der Text seine Tiefenstruktur und seine dialogische Beziehungsfülle.

[44] Schleiermacher, S. 171: „Es wird eine Zeit kommen, spricht es (das Christentum), wo von keinem Mittler mehr die Rede sein wird, sondern der Vater Alles in Allem."

[45] Schleiermacher, S. 167f. Auch später war der All-Hymnus im Kolosserbrief von großer Bedeutung für Schleiermacher. Vgl. F. Schleiermacher, Über Koloss. 1,15–20, in: ThStKr V, 1 (1832), S. 497–537.

V. Säkularisierende Verwandlung von Heilsgeschichte in Naturgeschichte

Schon in der Tradition ist der endzeitliche Frieden durch naturhafte Harmonie gekennzeichnet. Die reine Natur mit ihren Segnungen gehört zum Paradies der uranfänglichen Goldenen Zeit, und sie gehört auch zu der am Ende der Geschichte wiederkehrenden Goldenen Zeit. Deshalb stehn am Ende der Friedensfeierhymne naturhaft-friedvolle Bilder. Vor allem: Hölderlin beschwört nun mit einem Höchstmaß an Emphase die Natur selbst. „O Mutter ... Natur", ruft er sie in der letzten Strophe an. Und doch, trotz der topologischen Tradition der Goldenen Zeit, überrascht das am Ende einer Hymne, die auf die Erscheinung der „Himmlischen" ausgerichtet ist.

Auch dieser scheinbare Widerspruch läßt sich aus dem Vorstellungshorizont des pietistischen Chiliasmus auflösen. Bengels bedeutendster Schüler, Friedrich Christoph Oetinger, greift in seiner Schrift über ›Die güldene Zeit‹ zunächst die alte Tradition von der Goldenen Zeit auf und geht auch auf deren berühmtestes dichterisches Zeugnis ein, auf Vergils vierte Ekloge. Folgende Hauptmotive exponiert er: erstens daß die Goldene Zeit Frieden bringen wird. Immer wieder hebt Oetinger in seiner Schrift auch mit Bibelstellen hervor, daß die Zeit der Vollendung ein Reich des Friedens bringen wird. Das ist ja auch Hölderlins Hauptthema in der ›Friedensfeier‹. Zweitens beruft sich Oetinger auf Vergils Vorstellung von der Gemeinschaft der Menschen und der Götter in der Goldenen Zeit. Darauf ist auch Hölderlins ›Friedensfeier‹ angelegt. Hölderlin sieht den Zustand geschichtlicher Unseligkeit und Unvollkommenheit im Zeichen der Trennung von Menschen und Göttern – und umgekehrt die Vollendungszeit im Zeichen einer neuen Gemeinschaft von Göttern und Menschen. Deshalb sprechen die ersten beiden Strophen der ›Friedensfeier‹ erwartungsvoll vom *Kommen* der Götter. Und die neunte Strophe, die Gipfelstrophe der ganzen Hymne, endet mit den Versen (V. 112–117):

... und eher legt
Sich schlafen unser Geschlecht nicht,
Bis ihr Verheißenen all,
All ihr Unsterblichen, uns
Von eurem Himmel zu sagen,
Da seid in unserem Hauße.

Drittens assoziiert Oetinger mit der in Vergils vierter Ekloge exponierten Idee der Goldenen Zeit das Motiv der „Einfalt". In der ganz von der Topologie der Goldenen Zeit erfüllten Schlußpartie der ›Friedensfeier‹ heißt es (V. 133–135): „Denn Alles gefällt jezt, / Einfältiges aber / Am meisten ..." Oetinger faßt die drei Motive mit den schönen Worten zusammen, bei Vergil bewirke Gott am Ende, „daß gute Leute sich der Gemeinschaft der Götter werden zu erfreuen haben, und daß Friede auf der Erde ... bei den Tugenden der alten Einfalt blühen werde ..."[46].

Oetinger, der Zeitgenosse Rousseaus, greift nun aber noch weiter aus. In seiner Schrift über die Goldene Zeit verschmilzt das *göttliche* Heil des Endreichs mit dem Heil der *Natur* – ein in der Geschichte des Chiliasmus entscheidender Schritt. Denn der frühere Chiliasmus sprengt den Rahmen von Natur und Geschichte, indem er den Messias vom Jenseits her auf wunderbare, alle natürlichen und geschichtlichen Zusammenhänge außerkraftsetzende Weise in die Welt eingreifen und die Vollendung herbeiführen läßt. Im Chiliasmus Oetingers dagegen bewirkt Gott das Heil wesentlich durch die Natur. In der Natur selbst ist für ihn der Prozeß angelegt, der zur Vollendung der Zeit führt. Wenn sich die Natur nur entfalten kann, bringt sie von sich aus das Reifestadium hervor. Und diese Entfaltung der Natur, dieses Reifen bis zum Vollendungszustand ist göttlicher Wille. Man kann hier den Säkularisationsvorgang in eigentümlicher Intensität fassen: Heilsgeschichte verwandelt sich in Naturgeschichte. Immerhin bleibt bei Oetinger die Instanz Gottes noch übergeordnet, aber doch nur so, daß das natürliche Heilsgeschehen als ein von Gott gewolltes erscheint.

Diese ambivalente Konzeption bildet die Brücke zum vollends immanent geschichtlichen Entwicklungsdenken, das den philosophischen Chiliasmus Lessings in seiner Abhandlung über ›Die Erziehung des Menschengeschlechts‹ ebenso wie denjenigen Kants in seiner ›Idee zu einer allgemeinen Geschichte in weltbürgerlicher Absicht‹ bestimmt. Bei Lessing und Kant geht die chiliastische Heilserwartung in ein evolutionäres und zugleich rein säkulares Geschichtsdenken über. „Man kann", schreibt Kant, „die Geschichte der Menschengattung im Großen als die Vollziehung eines verborgenen *Plans der Natur* ansehen, um eine innerlich und zu diesem Zwecke auch äußerlich vollkommene Staatsverfassung zustandezubringen, als den einzigen Zustand, in welchem sie alle ihre Anlagen in der Menschheit *entwickeln* kann", und aufschlußreich fügt Kant hinzu: „Man sieht: die Philoso-

[46] F. C. Oetinger, Die güldene Zeit, in: F. C. Oetinger, Sämmtliche Schriften, hrsg. v. K. C. E. Ehmann, Zweite Abtheilung, Stuttgart 1864, S. 4.

phie könne auch ihren Chiliasmus haben."[47] Lessing nimmt, wie schon angedeutet, sogar die Vorstellung von der göttlichen „Ökonomie" wieder auf. Und auch er macht den Vollendungsprozeß zu einem Naturprozeß. An dessen Ende steht für ihn eine moralische Weltordnung. Ausdrücklich sympathisiert er mit der Grundtendenz des Chiliasmus, und er verteidigt ihn gegen die Orthodoxie. Nur die unmittelbare Endzeiterwartung lehnt er als schwärmerische Übertreibung und Übereilung ab. Vor der Voreiligkeit warnt auch Hölderlin in den Schlußversen der ›Friedensfeier‹, wo es nach dem Anruf der Natur heißt, was „vor der Zeit" (V. 152) ans Licht gezogen werde, sei schädlich; man müsse alles reifen lassen: „Denn gerne fühllos ruht, / Bis daß es reift, furchtsamgeschäfftiges drunten." Die furchtsame Geschäftigkeit ist diejenige, die ohne Vertrauen auf den Gang der Geschichte die Vollendung durch eigene Entwürfe vorwegnehmen zu können glaubt, statt das ruhige Reifen der Vollendung abzuwarten. Die Natur, sagt schon Lessing, muß die Vollendung der Geschichte *langsam* zur Reife bringen. Der Fehler der auf eine alsbaldige Endzeit eingestellten Chiliasten sei der gewesen, „daß sie ihre Zeitgenossen, die noch kaum der Kindheit entwachsen waren, ohne Aufklärung, ohne Vorbereitung, mit Eins zu Männern machen zu können glaubten, die ihres dritten (goldenen) Zeitalters würdig wären. Und eben dies machte sie zu Schwärmern. Der Schwärmer tut oft sehr richtige Blicke in die Zukunft aber er kann diese Zukunft nur nicht erwarten. Er wünscht diese Zukunft beschleunigt; und wünscht, daß sie durch ihn beschleunigt werde ..."[48] Indem Lessing sich gegen eine solche Tendenz zur Voreiligkeit wendet, weist er darauf hin, daß „sich die Natur Jahrtausende Zeit nimmt". Wiederum handelt es sich um einen naturhaften Geschichtsprozeß. Aber nun ist er schon ganz in die Immanenz verlagert.

Erst aus dieser Gesamtperspektive läßt sich die Konzeption von Hölderlins ›Friedensfeier‹ historisch nachvollziehen, läßt sich vor allem die Schlußpartie der Hymne in ihrem Verhältnis zu der in den vorangehenden Partien entwickelten Geschichtskonzeption verstehen. Dem chiliastischen Doppelschema Oetingers zufolge ist das Heilsgeschehen einerseits ein Wirken Gottes in der Geschichte, andererseits ein göttlich gewolltes Naturgeschehen und ein zu reiner Natür-

[47] Kant, Werke in sechs Bänden, hrsg. v. W. Weischedel, Bd. VI, Darmstadt 1964, S. 45.

[48] § 89 und § 90 in Lessing, Werke, hrsg. v. H. Göpfert, Bd. VIII: Theologiekritische Schriften III, Philosophische Schriften, hrsg. v. H. Göbel, München 1979, S. 509.

lichkeit hinführendes Geschehen. Diesem Doppelschema entspricht es, daß Hölderlin in der Hauptpartie der Hymne Geschichte als ein von einer geschichtsmächtigen Gottheit zu einem Vollendungsziel hin durchwaltetes Geschehen versteht (wobei er dessen chiliastischen Charakter wörtlich genau pointiert, indem er vom „tausendjährigen" Geschichtswetter spricht, V. 32); daß er dann aber in der Schlußpartie doch nur die „Mutter Natur" apostrophiert, die alles reifen läßt. Dennoch ist dieses ambivalent erscheinende Geschichtsdenken nicht heterogen, denn im Medium der in ihrer Bedeutung für die ›Friedensfeier‹ schon erörterten[49] stoischen Anschauung von einem *in* der Natur waltenden „göttlichen" Logos ließ sich konzeptionell integrieren, was sich historisch als säkularisierender Übergang von einer göttlich-jenseitig gelenkten zu einer immanent-naturhaften Geschichte darstellt.

Wie Hegel und Schelling begreift Hölderlin den Vollendungsprozeß nicht bloß als einen Prozeß der Entfaltung reiner Natur, der zu einem letztlich auch naturhaften Vollendungszustand hinführt; er sieht ihn als einen Vergeistigungsprozeß, dessen Vollendungszustand der absolute Geist ist. Diesen Prozeß der Vergeistigung[50] faßt er in seiner Hymne als ein immer deutlicheres Hervortreten Gottes aus der Geschichte, und das Vollendungsstadium, in dem der absolute Geist sich verwirklicht, als die Epiphanie der Gottheit. Es handelt sich um mythisierende Metaphorik für geschichts- und bewußtseinsphilosophische Vorstellungen. Doch zeigt sich auch, wie im Zuge des Säkularisationsprozesses die Geschichte nun die Qualitäten annimmt, die einst ihrem Lenker zukamen. Die Geschichte selbst wird mythisiert.

In der vorletzten Strophe der ›Friedensfeier‹ stehen folgende außerordentlichen Verse (V. 133–141):

> ... Alles gefällt jezt,
> Einfältiges aber
> Am meisten, denn die langgesuchte,
> Die goldne Frucht,
> Uraltem Stamm
> In schütternden Stürmen entfallen,
> Dann aber, als liebstes Gut, vom heiligen Schiksaal selbst,
> Mit zärtlichen Waffen umschüzt,
> Die Gestalt der Himmlischen ist es.

[49] Vgl. S. 51 f.

[50] Er wird schon durch die Evokation der Szene am Brunnen vor der Stadt Sichar in der 4. Strophe signalisiert. Vgl. Anm. 24.

Die organologische Metaphorik von Frucht und Stamm präludiert der Beschwörung der „Mutter Natur" in der Schlußstrophe. Was ist aber hier „Frucht"? „Die Gestalt der Himmlischen". Nicht mehr die Gottheit lenkt den naturhaften Prozeß bis zur Vollendung, sondern der Naturprozeß bringt seinerseits das Göttliche erst hervor. Das kann nichts anderes heißen, als daß das vom naturhaften Geschichtsprozeß hervorgebrachte Vollendungsstadium *wie* eine „göttliche" Vollendung erfahren wird. Es handelt sich um absolute Vergeistigung dessen, was einstmals Natur war, und dieses nun Ideal-Geistige hat seine Epiphanie in der „Gestalt der Himmlischen". Zugleich aber bleibt doch das Ursprüngliche, die Natur, im Ideal-Geistigen aufgehoben. Denn, wie schon die Metaphorik zu erkennen gibt, die „langgesuchte, / Die goldne Frucht" von „uraltem Stamm" ist wesentlich Natur. Doch erscheint diese Natur nun in der Form des Ideals: „Die Gestalt der Himmlischen ist es."

Eigentümlicherweise enthält diese Formulierung einen Plural im Singular. Es heißt nicht: die Gestal*ten* der Himmlischen, sondern paradox: „Die Gestal*t* der Himmlischen". Dieses Paradox ist bewußt geformt. Es kommt auf die Einheit in der Allheit an. Das zeigt schon vorher die zentrale Partie der Hymne. In ihr schließen sich alle Himmlischen zu einer Einheit zusammen, indem sie sich um den Fürsten des Fests scharen. Es zeigt sich aber auch in dem Satz, der unmittelbar vorausgeht: „Denn *Alles* gefällt jezt, / *Einfältiges* aber / Am meisten." Eine Evokation des pantheistischen ἓν καὶ πᾶν. Nicht umsonst hat Hölderlin das Wort „Alles" groß geschrieben. Die Einfalt meint aber nicht nur das Eine, sondern den ursprünglichen, unschuldigen, naturhaften, unbewußten Zustand. Diese Einfalt umfaßt schon alles, weil sie das unbewußte Ganze enthält. Sie wird am Ende im Zustand des reinen Geistes wiedergewonnen – in dem Ein und Alles, das Hölderlin „die Gestalt der Himmlischen" nennt. Und sie ist auch die Formel des vollendeten Friedens, in dem die „Stürme" der Zeit ihr Ende gefunden haben.

ZUR FUNKTION SYNKRETISTISCHER MYTHOLOGIE IN HÖLDERLINS DICHTUNG ›DER EINZIGE‹ (ERSTE FASSUNG)*

I. Der Pluralismus der „Götter" gegen den christlichen Ausschließlichkeitsanspruch

›Der Einzige‹ steht in einem eigentümlich ähnlichen Horizont wie die ›Friedensfeier‹ und ›Patmos‹. Jede dieser drei Hymnen spricht der Gestalt Christi epochale Bedeutung zu. Zugleich aber treten andere göttliche Gestalten an seine Seite und in allen drei Hymnen gibt es eine höchste Vater-Gottheit. Ihr ist nicht nur Christus als Sohn zugeordnet. Auch andere göttliche und halbgöttliche Gestalten erscheinen als Söhne dieses Vaters.

In der ›Friedensfeier‹ versammelt der „Vater" als Fürst des endzeitlichen Friedensfestes alle Söhne um sich. Die All-Versammlung ist Zeichen des vollendeten Friedens: Alles findet sich harmonisch zusammen in einer universalen Harmonie. Insofern ist Christus lediglich eine unter vielen Erscheinungen des Göttlichen in der Geschichte. Außerordentlicher Rang kommt ihm nur zu, weil er eine besondere versöhnende und vermittelnde Kraft besitzt: eine Friedenskraft, wie dies der biblischen Überlieferung entspricht. In dieser Eigenschaft wirkt er als idealer Vermittler – nicht nur als Mittler zwischen Gott und den Menschen, sondern auch als Mittler zwischen den anderen, ihm prinzipiell gleichgeordneten göttlichen Gestalten. Nicht auf die Einzigartigkeit Christi kommt es also an, sondern auf die Pluralität, ja auf die All-Versammlung göttlicher Gestalten. Sie ist die mythische Figuration ganzheitlicher Harmonie. Deren geschichtliche und zugleich alles Geschichtliche in einem endzeitlichen Vollendungszustand aufhebende Manifestation feiert Hölderlin als „Frieden".

Ein ähnliches Konzept der All-Verbindung und All-Versöhnung bestimmt die Patmos-Hymne. Wie in der ›Friedensfeier‹ erst die All-Versammlung der in der Menschheitsgeschichte wirkenden göttlichen Mächte den Zustand der Vollkommenheit ermöglicht, so liegt dem

* Erweiterte Fassung des Aufsatzes im Hölderlin-Jahrbuch 1986/1987, Tübingen 1988, S. 176–212. Zitate nach der Großen Stuttgarter Ausgabe.

Dichter auch in der Patmos-Hymne an der Fähigkeit zur Wahrnehmung und geistigen Verbindung *aller* Formen und Bereiche göttlichen Wirkens. Die erste Strophe fordert die Fähigkeit, die „Gipfel der Zeit“, die für Hölderlin immer durch eine besondere „göttliche“ Sinnerfüllung charakterisiert sind, miteinander zu verbinden. Die Hymne folgt diesem Programm der All-Verbindung. Der Mittelteil handelt von der Aussendung des Geistes nach Christi Tod und von der pneumatisch universalisierenden Geschichtsmächtigkeit dieses Ereignisses, das wie in Hegels Frühschrift ›Der Geist des Christentums und sein Schicksal‹ alles Beschränkt-Positive aufhebt. Auf dieser geschichtlichen Begründung aufbauend gilt die Schlußpartie wieder der – nun in ihrer Notwendigkeit reflektierten – Allheit der „Himmlischen“. Den Landgrafen von Homburg, dem die Hymne gewidmet ist, spricht der Dichter in der zweitletzten Strophe mit folgenden Worten an:

> ... wenn *die* Himmlischen jezt
> So, wie ich glaube, mich lieben
> Wie viel mehr Dich [...]

In derselben zweitletzten Strophe heißt es, daß Christus nur *einer* von den Söhnen des göttlichen Vaters ist und daß es darauf ankommt, die Allheit dieser Söhne, d. h. *alle* Manifestationen des Göttlichen wahrzunehmen:

> Es sind aber die Helden, seine Söhne
> Gekommen *all* [...]

Das „aber“ markiert die entschiedene Opposition gegen den christlichen Ausschließlichkeitsanspruch. So fährt denn auch die Schlußstrophe mit dem Plural fort:

> Zu lang, zu lang schon ist
> Die Ehre der Himmlischen unsichtbar

und mit Nachdruck endlich:

> [...] Opfer will der Himmlischen *jedes*,
> Wenn aber eines versäumt ward,
> Nie hat es Gutes gebracht.

Dagegen scheint bereits der Titel der Hymne ›Der Einzige‹ auf eine entschiedene Sonderstellung Christi gegenüber den anderen göttlichen und halbgöttlichen Gestalten zu deuten. Der Titel ›Der Einzige‹ scheint sogar zu sagen, daß Christus nun doch ein Monopol erhält – wie in der christlichen Tradition seit dem nicäischen Glaubensbekenntnis, demzufolge Christus der einzige, der „unigenitus“ ist. Diesem Glaubensbekenntnis jedoch widerspricht Hölderlin in seiner Hymne, und er ist sich seiner den christlichen Horizont sprengenden Kühnheit bewußt, wenn er von Christus sagt: „Und *kühn* bekenn' ich, du / Bist Bruder auch des Eviers“, nachdem er Christus vorher schon als Bruder des Herakles bezeichnet hat. Nicht zuletzt von dieser angesichts der christlichen Glaubenstradition reflektierten Kühnheit her fällt Licht auf den Titel ›Der Einzige‹. Er enthält zunächst die Anspielung auf das christliche Dogma, das in Abwehr des antiken Polytheismus entstanden war. Nicht umsonst betonen die überlieferten liturgischen Texte immer wieder die Einzigkeit Christi. „Tu *solus* sanctus, tu *solus* dominus, tu *solus* altissimus, Jesu Christe“, heißt es im Gloria, und im Glaubensbekenntnis: „Credo in *unum* dominum, Jesum Christum, filium *unigenitum*.“ Mit diesem von der Kirche nachdrücklich erhobenen Ausschließlichkeitsanspruch setzt sich Hölderlin auseinander, zunächst so, daß er dagegen die Pluralität der göttlichen Erscheinungen betont. Die gesamte Anfangspartie ist geradezu von einem Pathos des Plurals getragen. Es richtet sich gegen die im Titel formulierte These vom „Einzigen“. Schon die erste Strophe endet in einem Plural: „Söhn' in heiliger Art / Und Töchter zeugte / Der Hohe unter den Menschen.“ Die anschließenden Verse der zweiten Strophe machen klar, daß es dabei auf das Moment der Pluralität entscheidend ankommt:

Der hohen Gedanken
Sind *nemlich viel*
Entsprungen des Vaters Haupt.

Dieses „nemlich viel“ ist der deutlichste Widerspruch gegen die Titel-These, es gebe nur einen einzigen. Auch rhythmisch liegt die Betonung auf dem „viel“. Hölderlin pointiert diesen Gedanken der Pluralität, indem er das „viel“ sofort am Anfang der dritten Strophe wieder aufnimmt:

Viel hab' ich Schönes gesehen
[...]

Von dieser Betonung der Vielheit geht er zum Allheitsanruf über:

Ihr alten Götter und *all*
Ihr tapfern Söhne der Götter
[...]

Nach dieser polemischen Wendung gegen die These vom „Einzigen“ schlägt der Duktus in der folgenden Strophengruppe um: Nun empfindet der Dichter so sehr die Faszination Christi, daß er trotz seines eigenen bisherigen Widerspruchs gegen das überlieferte christliche Denken ihn als „Einzigen“ anzuerkennen in Versuchung gerät. Wie dieser doppelte Widerspruch dialektisch aufzuheben ist, zeigt erst die Schlußpartie der Hymne.

II. Polytheismus als ausdifferenzierter Pantheismus in stoischer Tradition

Wie läßt sich Hölderlins Interesse an einer pluralistischen, ja universalen Konzeption erklären? Sie tritt schon vor den drei großen späten Hymnen hervor. In der mehrere Jahre früher entstandenen Elegie ›Brod und Wein‹ erscheint Christus als einer der antiken Götter, als der letzte zwar, aber doch den anderen noch zugehörig. Und die letzte Strophe dieser Elegie setzt Dionysos und Christus durch ambivalente Metaphorik so in eins, daß mit dem einen immer auch der andere evoziert wird. Dies ist nicht neu. Schon in der Antike sah man die Gemeinsamkeit besonders zwischen Christus und Dionysos sowie zwischen Christus und Herakles. In der Neuzeit bietet vor allem die italienische Renaissance Beispiele für die Betonung dieser Gemeinsamkeit. In der Zeit um 1800, ja überhaupt in der Literatur und Kunst der letzten Jahrhunderte macht sich aber einzig Hölderlin diesen Mythensynkretismus zu eigen. Und da er dies mit dichterischem Ernst tut, ist darin nicht bloß eine unreflektierte Aufnahme alter Traditionen oder mythologische Ornamentik zu sehen, wie sie bereits für manche antike Poeten charakteristisch ist.

Welche Funktionen also hat die Zusammenführung der verschiedenen göttlichen Gestalten in Hölderlins Dichtung? Welchen historischen Aussagewert erhält sie? Und nach welchen Traditionen strukturiert Hölderlin seine Konzeption?

Wie die Hymnen ›Friedensfeier‹ und ›Patmos‹ mit ihrem Ideal der Allverbindung und Allversöhnung entwirft auch ›Der Einzige‹ eine durch Geschichte und Bewußtsein, nicht zuletzt durch schmerzliche Geschichts*erfahrung* und die Dilemmata der Bewußtseins*bildung* vermittelte Ganzheit – und damit auch erst „Sinn". Nur das Verfahren ist anders. Nicht eschatologische Allversammlung der verschiedenen Manifestationen des Göttlichen in der Geschichte ist das konstitutive Moment des ›Einzigen‹, sondern die zu entdeckende Harmonie, ja Identität des geschichtlich nur scheinbar Unvergleichbaren und daher auch Unvereinbaren. Indem Christus, Herakles und Dionysos, wie noch zu sehen sein wird, letztlich doch nur als geschichtliche Variationen einer Grundgestalt erkennbar werden, wird auch die Ganzheit und sinnvolle Einheit der Geschichte gerettet. Doch nicht nur darum geht es. Schleiermacher wollte in seinen 1799 erschienenen Reden ›Über die Religion‹, die Hölderlin selbst besaß, aus frühromantisch-idealistischem Geist und einem deutlich pantheistischen Fundus *alle* Religionen miteinander verbunden wissen. In diesem Heilsuniversalismus sollte das Christentum keine ausschließliche Wahrheit beanspruchen dürfen. Ja, wahres Christentum sollte – im Gegensatz zur kirchlichen Praxis – beseelt vom Geist der Liebe und der Versöhnung, der das Wesentliche an der Botschaft seines Stifters ist, sich selbst überschreiten und von sich aus die Harmonie mit den anderen Religionen herstellen. Dieser Universalismus liegt auch Hölderlins großen Hymnen zugrunde, am deutlichsten der ›Friedensfeier‹ und der Patmos-Hymne, aber auch dem ›Einzigen‹. Wo Schleiermacher abstrakt von den verschiedenen Religionen spricht, die es in einem allumgreifenden Horizont zu vereinen gelte, evoziert Hölderlin als Exponenten dieser Religionen große mythische Gestalten, um sie zusammenzuführen. Sein Mythensynkretismus ist die poetisch-mythologisch gestaltete Analogie zu Schleiermachers Entwurf. Zugleich aber verleiht Hölderlin seiner Konzeption eine weit über Schleiermacher hinausreichende Tiefenstruktur. Sie entsteht durch systematisierende Reflexion, die sich ganz mit den Elementen einer reichen Tradition auflädt, ja sich an deren Widerstand erst voll entwickelt.

Der Blick auf die Überlieferung seit der Antike zeigt ein ganzes Spektrum von Möglichkeiten. Die frühen Christen betonten selbst die Analogie zwischen Christus und den antiken Göttern, weil sie der ablehnenden heidnischen Umwelt den neuen Gott vertraut erscheinen lassen wollten. Als aber die Einbürgerung gelungen war und das Christentum die heidnische Religion weitgehend besiegt hatte, beanspruchten die frühchristlichen Schriftsteller die ausschließliche Wahrheit ihres Gottes. Entweder erklärten sie nun die heidnischen Mythen, sofern sie der christlichen Vorstellungswelt eng verwandt waren, für Erfindungen, die nur zu Verwirrung der Geister beitragen sollten,[1] oder sie setzten die noch konkurrierenden heidnischen Götter zu niedern Dämonen herab.[2] Es handelt sich um eine Doppelstrategie: Einerseits degradierte man die heidnischen Mythen zu Märchen, um ihnen damit die religiöse Verbindlichkeit zu rauben, andererseits verteufelte man die antiken Gottheiten, um die Menschen von ihnen abzubringen. Das Mittelalter verlieh den göttlichen Gestalten der antiken Mythologie, die nun keine Konkurrenz mehr darstellten, einen neuen Sinn. Es sah in ihnen Präfigurationen Christi. Das führte zur Intensivierung und zugleich zur heilsgeschichtlichen Modifikation der auf der Feststellung von Analogien beruhenden typologischen Betrachtungsweise: In vielen Gestalten der antiken Mythologie glaubte man einen Typus zu erkennen, der schon demjenigen Christi entspricht, wenn auch noch nicht in vollkommener Weise. Insofern verhält sich die Antike mit ihren mythischen Gestalten zum christlichen Weltalter wie die Verheißung zur Erfüllung. Diese typologische Betrachtungsweise breitete sich vom dreizehnten Jahrhundert bis in die Renaissance immer mehr aus. Hölderlins Vergleich Christi mit Herakles und Dionysos ist bis ins einzelne ebenfalls typologisch fundiert, obgleich er nicht dem Schema der Präfiguration folgt. Für ihn hat die von Analogien ausgehende typologische Betrachtungsweise die Funktion, die Einheit des Verschiedenen, die Versöhnung des Getrennten und die Ganzheit des geschichtlich Zerstreuten zu stiften.

Bei dieser Umdeutung der typologischen Konstellation geht er von einem durch die stoische Tradition geprägten philosophischen Denkansatz aus. Er findet sich bei Autoren, die er gut kannte, so bei Seneca. In diesem philosophischen Horizont löst sich der seit Homer für die antike Kultur charakteristische Polytheismus auf. Die einzelnen Götter verlieren ihre individuelle Eigenart, insofern sie strikt aus einem gemeinsamen göttlichen Ursprung hergeleitet werden. In umgekehrter Perspektive: die göttliche Ursprungsinstanz differenziert sich in den verschiedenen Bereichen der Welt aus – in verschiedenen Funktionen und unter jeweils verschiedenen Namen von Einzelgottheiten, in denen sie aber doch als Wesensgrund immer präsent bleibt. Vorzugsweise wird sie im Bild des Vaters vorgestellt, von dem die ver-

[1] Die prägnantesten Stellen hierzu bei Justinus Martyr, Apol. 47,11 und Apol. 54,1–2,8–10 sowie Apol. 64,4–5.

[2] Vgl. etwa Augustinus, Enarratio in Psalm. XCV, Patr. Lat. XXXVI, col. 1231–32: „Omnes dii gentium daemonia". Ähnlich Tertullian in seiner Schrift De spectaculis, Patr. Lat. I, 1, col. 641 und 643: Venus, Bacchus, Castor, Pollux usw. seien „daemonia".

schiedenen Söhne abstammen. Da diese Söhne alle denselben Ursprung haben, sind sie vergleichbar, ja austauschbar. Gleich sind sie auch unter dem Aspekt ihrer spezifischen Vermittlungsfunktion. Sie vermitteln das Göttlich-Ureine in die verschiedenen Einzelbereiche der Welt, des Lebens, des Geistes und der Geschichte. Das bedeutet zugleich, daß das Göttliche alles durchdringt.

Doch denkt die stoische Philosophie das Göttliche nicht etwa transzendent, sondern immanent. Sie setzt es mit der All-Natur, der φύσις τῶν ὅλων, gleich. Gott *ist* die Welt. Weil es sich um eine wesentlich pantheistische Konzeption handelt, greift Hölderlin diese Überlieferung auf. Mit seinem ganzen Werk, besonders mit seinem Spinozismus, steht er in der pantheistischen Grundströmung, die das deutsche Geistesleben in der Goethe-Zeit beherrscht, und weil die All-Natur für ihn identisch mit dem Göttlichen ist, wie es Spinozas berühmtem, auch schon aus stoischer Tradition stammenden Satz „deus sive natura“ entspricht, verherrlicht er sie mit den überlieferten Vorstellungen des stoisch-pantheistischen Denkens, etwa in der Vorstellung des göttlichen „Äthers“, der alles durchdringt und beseelt.[3]

In den Jahren nach 1800 und insbesondere in den Hymnen, von denen hier die Rede ist, tritt diese pantheistische Grundkonzeption nicht mehr so deutlich hervor. Das „Ätherische“ schwindet, die göttlichen Gestalten werden plastischer, mythologisch schärfer konturiert, und immer mehr fließen historische Elemente mit ein. Dennoch handelt es sich um keinen Bruch, sondern lediglich um eine Modifikation der pantheistischen Weltanschauung. Sie bleibt auch nun bestimmend. Die All-Versammlung der göttlichen Gestalten in der Friedensfeier-Hymne ist letztlich pantheistisch fundiert, pantheistisch auch die Forderung der Patmos-Hymne nach Verbindung und Verehrung *aller* göttlichen Erscheinungen.

Etwas schwieriger verhält es sich in der Hymne ›Der Einzige‹. Denn hier wird die Möglichkeit der Verbindung und Vereinigung unter dem Gesichtspunkt einer nicht ohne weiteres möglichen *Vergleichbarkeit* der einzelnen Manifestationen des Göttlichen erörtert.

[3] Die stoisch-pantheistische Lehre vom Äther, der oft mit dem Feuer gleichgesetzt wurde, ist am ausführlichsten in Ciceros Schrift De natura deorum, II, 23ff. und II, 39ff., überliefert. Hölderlin war gerade mit diesem Werk gut vertraut: er hatte eine Vorlesung darüber gehört. Vgl. VII, 1, 414, Z. 14. Einen vollständigen Index zum Äther in der gesamten stoischen Überlieferung bietet: Ioannes ab Arnim, Stoicorum Veterum Fragmenta, Bd. IV, Stuttgart 1978 (Reprint), s. v. αἰθήρ.

Zwar heißt Christus „Bruder“ des Herakles und auch „Bruder [...] des Eviers“, d. h. des Dionysos. Unter diesem Gesichtspunkt der brüderlichen Zusammengehörigkeit glaubt der Dichter sie vereinen zu dürfen. Doch ergeben sich so gravierende Verschiedenheiten zwischen Christus und den anderen göttlichen Gestalten, daß ihm der Vergleich beinahe illegitim und sein aus der pantheistischen Grundüberzeugung stammendes Anliegen einer Vereinigung *aller* göttlichen Manifestationen fragwürdig erscheint. Daß dies aber sein Anliegen bleibt, ja daß ihm die Zusammengehörigkeit aller göttlichen Gestalten als innere Notwendigkeit erscheint, geht aus mehreren Stellen der Hymne hervor. Am Ende der vierten Strophe heißt es:

> [...] Und jezt ist voll
> Von Trauern meine Seele
> Als eifertet, ihr Himmlischen, selbst
> Daß, dien' ich einem, mir
> Das andere fehlet.

Die pointierte Berufung auf das eigene Gefühl macht den inneren Ganzheits- und Allheitsanspruch deutlich. Es gibt aber auch eine objektivierende Aussage. Sie läßt den pantheistischen Horizont noch deutlicher werden. Und in dieser Aussage wird auch der Anschluß an die stoische Tradition greifbar. Die stoische Philosophie identifiziert, indem sie die oberste Gottheit mit der All-Natur gleichsetzt, zugleich die All-Natur mit der universellen Vernunft: mit dem Logos. Er ist der ἐν ὅλοις λόγος. Und dieser universelle, „göttliche“ Logos verteilt sich in verschiedenen, ebenfalls göttlich erscheinenden Einzelgestalten auf alle Bereiche. „Denn was anders ist die Natur als Gott und die göttliche Vernunft, die der ganzen Welt und ihren Bereichen eingegeben ist?“ fragt Seneca in der Schrift ›De beneficiis‹.[4] Alle Bereiche der Welt also haben Teil am göttlichen Logos, auf jeweils verschiedene Weise, was sich in den verschieden ausgeprägten göttlichen Einzelgestalten zeigt. Bei dieser stoisch-pantheistischen Logos-Lehre setzt Hölderlin an. Die zweite Strophe der Hymne ›Der Einzige‹ beginnt mit den Versen:

> Der *hohen Gedanken*
> Sind nemlich viel
> Entsprungen des Vaters Haupt

[4] „Quid enim aliud est natura quam deus et *divina ratio* toti mundo partibusque eius inserta?“ (De beneficiis 4,7,1).

Und große Seelen
Von ihm *zu Menschen* gekommen.

Natürlich spielen diese Verse zunächst auf konkret Mythologisches an: darauf, daß Athene aus dem Haupt des Zeus entsprungen ist. Aber dieser Zug des Mythos wird nun verallgemeinert. Die „hohen Gedanken" sind die Individuationen des göttlichen Logos, der sich der Welt mitteilt. Das „nemlich" – es heißt: „Der hohen Gedanken / Sind *nemlich* viel / Entsprungen" – knüpft an die Verse am Schluß der ersten Strophe an. Dort ist von den einzelnen gestalthaft ausgeprägten Göttern und den vom höchsten göttlichen Prinzip, von Zeus, ausgehenden Inkarnationen die Rede:

[...] wo
[...] zu unschuldigen Jünglingen sich
Herablies Zevs und Söhn' in heiliger Art
Und Töchter zeugte
Der Hohe unter den Menschen?

Diese göttlichen Gestalten sind die einzelnen „hohen Gedanken", die vom alles durchwaltenden göttlichen Logos ausgehen. Auch bei Seneca sind die letztlich austauschbaren göttlichen Einzelgestalten nichts anderes als verschiedene Aspekte ein und derselben Wesenheit: des göttlichen Logos in der Natur. Es gibt, so sagt er, so viele Namen und Gestalten wie es Daseinsbereiche mit ihren je unterschiedlichen Qualitäten gibt, und mit jedem dieser Namen kann der göttliche Logos benannt werden: „tot appellationes eius possunt esse quam munera." Man nennt ihn, sei es Jupiter, sei es Liber pater, sei es Herkules, sei es Hermes, je nach der hervorzuhebenden Eigenschaft.[5] In einem der wichtigsten Kompendien antik-griechischer Theologie, in dem ganz vom stoisch-pantheistischen Geist erfüllten ›Theologiae Graecae Compendium‹ des Cornutus (Kapitel 2) erscheint Zeus als „Weltseele", die alles Leben durchwirkt, und die anderen Götter sind entweder Aspekte, Attribute oder Emanationen dieser höchsten Gottheit. Wie bei Seneca werden die verschiedenen Gottheiten als besondere Dimensionen oder, wie Hölderlin sagt, als einzelne „Gedanken" des *einen*, alldurchwaltenden Logos definiert.

[5] „Hunc et Liberum patrem et Herculem et Mercurium nostri putant [...] Herculem, quia vis eius invicta sit [...] Mercurium, quia ratio penes illum est numerusque et ordo et scientia" (De beneficiis 4,8,1).

Noch deutlicher tritt dieser Zug stoischen Denkens im Werk des Diogenes Laertius über ›Leben und Meinungen berühmter Philosophen‹ hervor, das auch für Hölderlins Empedokles-Kenntnis von Bedeutung war. In einem eigenen Kapitel über den Begründer der Stoa, den Philosophen Zenon, behandelt Diogenes Laertius die stoische Lehre insgesamt. Für die Stoiker sei Gott, so faßt dieser Kompilator des dritten Jahrhunderts nach Christus zusammen, „der Schöpfer der Welt und gleichsam der Vater von allem, was, wie überhaupt, so im besonderen von dem Teil von ihm gilt, welcher alles durchdringt und der je nach seinen Wirkungsweisen mit vielen Namen genannt wird".[6] Im einzelnen stellt er dar, wie dieser All-Vater je nach seinen Wirkungsbereichen und Wirkungsweisen verschiedene göttliche Namen erhält. Als Werkmeister des künstlerischen Feuers etwa heißt er Hephaistos, Poseidon als Herrscher über alle Gewässer, Demeter in seiner Beziehung zur Erde usw.[7] Auch alle anderen göttlichen Namen seien nur als Beinamen der *einen* Gottheit in Beziehung auf irgendeinen besonderen an ihr hervorzuhebenden Aspekt zu verstehen.

Dieser Hintergrund mythologischer und zugleich immer schon entmythologisierender Vorstellungen erlaubt es, die scheinbar traditionelle polytheistische Mythologie Hölderlins als Ausdruck einer ausdifferenzierten pantheistischen Weltanschauung zu verstehen. Immerhin aber hat es einen Aussagewert, daß Hölderlin im Spätwerk seine pantheistischen Anschauungen auffallend mythologisch-gestalthaft vermittelt. So entsteht eine schärfere Kontur und eine entschiedenere Individualität im Vergleich zu den Dichtungen der früheren Zeit. Während etwa noch die Elegie ›Brod und Wein‹ auf Christus und Dionysos nur indirekt anspielt und sie ganz in ihren Bezügen und Funktionen aufgehen läßt, nennt nun die Hymne vom ›Einzigen‹ eine Fülle von Namen: Apollo, Zeus, Christus, Herakles, endlich Dionysos mit seinem Zunamen „Evier".

[6] Diogenes Laertius, Leben und Meinungen berühmter Philosophen. Aus dem Griechischen übersetzt von Otto Apelt, 2. Aufl., Hamburg 1967 (Meiners Philosophische Bibliothek Band 53/54), S. 75.

[7] Diogenes Laertius, S. 76.

III. Die typologische Einheit der drei Soter-Gestalten Dionysos – Herakles – Christus im Horizont der Überlieferung

Besondere Bedeutung erhält in der Hymne vom ›Einzigen‹ der Gedanke der Vermittlung. Als Vorstellung einer Vermittlung des Göttlichen zum Menschlichen prägt er sich in geradezu leitmotivischer Formelhaftigkeit aus. Am Ende der ersten Strophe heißt es, daß Zeus zu unschuldigen Jünglingen sich herabließ und Söhne in heiliger Art und Töchter zeugte „unter den Menschen". Der an diese Aussage anknüpfende Beginn der zweiten Strophe insistiert: „zu Menschen" sind diese Wirkungen des Göttlichen vermittelt worden. Und in der dritten Strophe sagt der Dichter, seine Dichtung sei bisher von diesem Vermittlungsgeschehen ausgegangen: gesungen habe er Gottes Bild, das lebet „unter / Den Menschen". Endlich heißt es in der Schlußstrophe, daß der Vater durch den Sohn Christus sein Bestes wirkte „unter / Den Menschen".

Die nicht ausgeführte siebte Strophe sollte dieses Vermittlungsgeschehen in einer mehr grundsätzlichen Weise darstellen. Das zeigt schon der allein notierte erste Vers. Ausgehend von dem Vergleich zwischen Christus, Herakles und Dionysos, die allesamt als spezifische Mittlergestalten aufgefaßt werden, lautet er:

Denn nimmer herrscht er allein,

womit offensichtlich der „Vater" gemeint ist. Er „herrscht" nicht allein, d. h. auch: nicht unmittelbar, sondern mit anderen und durch andere, mittelbar, indem er „Söhne" wie Herakles, Dionysos und Christus für sich wirken läßt. Eine spätere, nicht zu Ende gediehene Ausarbeitung der siebten Strophe verdeutlicht diesen Aspekt. Direkt anschließend an den Vers „Denn nimmer herrscht er allein", lautet der erste Ansatz dieser Ausarbeitung:

Und weiß nicht alles. Immer stehet irgend
Eins zwischen Menschen und ihm.
Und treppenweise steiget
Der Himmlische nieder. (II, 745, Z. 3–6)

Der Gedanke der Vermittlung, die gerade durch große „halbgöttliche" Mittlergestalten wie Herakles, Dionysos und Christus geleistet wird, erhält hier in Anlehnung an die neuplatonische Tradition eine gradualistische Fassung. Es handelt sich nicht um eine Vermittlung in einem einzigen Vermittlungsakt, gleichsam in einem Schritt, vielmehr in mehreren Stufen: „treppenweise steiget / Der Himmlische nieder". Während die platonische Philosophie nur einen in Stufen geordneten Aufstieg vom Menschlichen zum Göttlichen, vom Reich der irdischen Erscheinungen zum Reich der Ideen kennt – Platon entwickelt diese Vorstellung vor allem im ›Symposion‹ –, fügt die neuplatonische Philosophie seit Plotin den Gedanken hinzu, daß umgekehrt auch das Göttliche sich zum Menschlichen hin vermittle, also herabsteige. Dem platonischen Aufstieg entspricht im Neuplatonismus die komplementäre Bewegung des Abstiegs. Diese Vorstellung Plotins erhielt eine scholastisch-systematische Organisation durch Proklos. Er entwarf eine genaue, zu einer hierarchischen Gliederung der Seinssphären je nach ihrer Nähe zum Göttlichen führende Stufung – ein Schema, das durch den Hauptinspirator der europäischen Mystik, durch Pseudo-Dionysius Areopagita, über ein Jahrtausend hinweg wirkte und durch Marsilio Ficino als wichtigste Vermittlungsinstanz der Neuzeit auch noch das Denken von der Renaissance bis ins achtzehnte Jahrhundert beeinflußte. Da es Hölderlin in der Hymne vom ›Einzigen‹ gerade um den Vermittlungsprozeß vom Göttlichen, vom „Vater", zum irdisch-menschlichen Bereich hin geht, war dies die ideale Gelegenheit, die neuplatonische Vorstellung eines gradualistischen, „treppenweise" geordneten Niedersteigens des Göttlichen zum Menschlichen aufzugreifen. Auch in die zweite Fassung des ›Einzigen‹ spielt dieses gradualistische Denken hinein. Dort findet sich die Vorstellung, daß sich das Göttliche stufenweise: „als an einer Leiter"[8] zur Welt hin vermittle.

Noch in dem sehr späten hymnischen Entwurf ›Wenn aber die Himmlischen ...‹ hat Hölderlin dieses Vermittlungsgeschehen in der neuplatonisch inspirierten gradualistischen Fassung zum mythologischen Bild werden lassen. Wiederum wird zunächst Herakles genannt, der im Dienst der obersten Gottheit unter den Menschen wirkte; dann aber werden die – in der Antike oft gemeinsam mit Herakles als Erlösergestalten verehrten – Dioskuren als Vermittler zwischen Himmel und Erde beschworen:

> [...] und othembringend steigen
> Die Dioskuren ab und auf,
> An unzugänglichen *Treppen*, wenn von himmlischer Burg
> Die Berge fernhinziehen

[8] II, 159, V. 64.

Bei Nacht, und hin
Die Zeiten[9]

Erst auf dem Hintergrund dieser Vermittlungskonzeption läßt sich der in der fünften Strophe des ›Einzigen‹ beginnende und in der Schlußstrophe zum Ende geführte Vergleich zwischen den Mittler-Gestalten: zwischen Christus, Herakles und Dionysos genauer bestimmen. Die Basis des Vergleichs ist das Mittlertum. Weil der Dichter in Herakles und Dionysos wie in Christus das Mittlertum als das Wesentliche sieht, kann er Christus ihren „Bruder" nennen und die Mittlergestalten, die selbst zwischen Göttlichem und Menschlichem vermitteln, seinerseits *untereinander* vermitteln. Das sieht er als seine dichterische Aufgabe. Denn so hofft er geschichtliche Einheit und Ganzheit zu stiften, wo sich sonst nur Disparatheit und Trennung dem nach einem geschichtlichen Gesamtsinn suchenden Blick bietet. Um mit dem Beginn der Patmos-Hymne zu sprechen: Er verbindet die Gipfel der Zeit, auf denen die „Liebsten" bisher noch „getrennt" wohnen – und solche Trennung ist mythische Metapher des Sinnlosen. Der geschichtlich vergleichende und verbindende Dichter gehört, indem er die Mittlergestalten miteinander verbindet, selbst zu diesen Mittlergestalten – so wie er ja auch als Vermittler höheren, „göttlichen" Sinns in die Welt der Menschen zu ihnen gehört. Immer spricht Hölderlin, indem er von der Aufgabe Christi, des Herakles und des Dionysos handelt, von seiner eigenen dichterischen Mission.

Doch entwickelt er in dem Vergleich zwischen Christus und den antiken Halbgöttern unter dem Gesichtspunkt des Mittlertums nicht etwa eine Privatmythologie. Er stellt sich damit in einen apokryphen Traditionszusammenhang, dessen Kenntnis erst die genaueren Konturen seines Verfahrens abzuschätzen erlaubt. Grundlage ist erstens

[9] II 224, V. 78–83. Nicht nur das Bild der „Treppen", auf denen die Dioskuren „ab und auf" steigen, ist neuplatonisch inspiriert. Die daran anschließenden Verse sind es ebenfalls: Die Vorstellung, daß die Zeit und das Zeitliche stufenweise abbildlich vom Ewigen her kommt, stammt aus dem neuplatonischen Verständnis von Platons ›Timaios‹, der auch für andere Dichtungen Hölderlins, vor allem für die ›Friedensfeier‹, von Bedeutung war (vgl. S. 45ff.). Die neuplatonische Umdeutung des ›Timaios‹ geht auf Proklos zurück und findet, gerade auch mit dem von Hölderlin aufgegriffenen Gedanken, daß die „Zeiten" von oben her vermittelt werden, an berühmter Stelle ihren Ausdruck: in Boethius' ›Trost der Philosophie‹ (Drittes Buch, 9. Gedicht. Vgl. Boethius, Trost der Philosophie, Deutsch v. Karl Büchner, mit einer Einführung von Friedrich Klingner, Bremen o. J., S. 74).

eine in der Antike ausgebildete Typologie des „Soter", d. h. der gottmenschlichen („halbgöttlichen") Mittler- und Erlösergestalt; zweitens ein in der Spätantike beliebter und seit der Renaissance wieder aktualisierter Mythen-Synkretismus.

Die soteriologische Typologie, die dem Vergleich Christi mit Herakles[10] und Dionysos zugrunde liegt, hat folgende Hauptcharakteristika der Soter-Gestalten fixiert:

1. Der Soter ist Sohn einer menschlichen Mutter und eines göttlichen Vaters. Wie Herakles von Zeus und Alkmene und wie Dionysos von Zeus und Semele, so stammt Christus von Gottvater und Maria.

2. Als Kind ist der Soter besonderen Gefahren ausgesetzt, die er aber zum Zeichen seiner göttlichen Legitimation wunderbar übersteht: Herakles besiegt die ihm von der eifersüchtigen Hera geschickten Schlangen, Dionysos wird noch aus dem Mutterleib der vom tödlichen Blitz getroffenen Semele gerettet, Jesus kann vor dem von Herodes veranlaßten bethlehemitischen Kindermord gerettet werden.

3. Im Mannesalter bewährt der Soter sein höheres Wesen durch große Taten und Wunder. Die größte dieser wunderbar großen Taten ist der Abstieg in die Unterwelt, bei dem er den Tod besiegt: So steigt Herakles in die Unterwelt hinab und fesselt, zum Zeichen des Siegs über den Tod, den Höllenhund Zerberus; Dionysos steigt in die Unterwelt hinab, schläfert den Zerberus ein und holt seine Mutter Semele aus dem Hades herauf; außerkanonische Berichte, vor allem das apokryphe sogenannte Nikodemus-Evangelium sprechen ausführlich von Christi Höllenfahrt und davon, daß er den Tod besiegt habe.

4. Durch ihre übrigen Taten erweisen sich die Soteres als Wohltäter und Freunde der Menschen, insbesondere als Friedensbringer, Stifter von Kultur usw.; eine Vielzahl marginaler Züge, wie die Fähigkeit, Wasser in Wein zu verwandeln, auf dem Wasser zu gehen usw., sind ebenfalls weitgehend gemeinsam.

[10] Zum Folgenden A. Ackermann, De Senecae Hercule Oetaeo, in: Philol. Suppl. 10 (1907), S. 323–428; ders.: Der leidende Herkules des Seneca, in: Rheinisches Museum 67 (1912), S. 424–471; T. Birt, Aus dem Leben der Antike, 3. Aufl., 1922, S. 175; ferner die aufschlußreiche, wenn auch nicht in allen Folgerungen akzeptable Abhandlung von Friedrich Pfister, Herakles und Christus, in: Archiv für Religionswissenschaft 34 (1937), S. 42–60; sowie A. J. Toynbee, A Study of History, Bd. 6, London 1939, S. 465–476, bes. S. 475. – Zusammenfassend Abraham J. Malherbe, Artikel ›Herakles‹ in: Reallexikon für Antike und Christentum.

5. Sie sterben einen grausamen Tod, der Züge des Opfers trägt: Herakles wird auf dem Ötagebirge verbrannt, Dionysos-Zagreus zerrissen, Christus gekreuzigt. In Senecas ›Hercules Oetaeus‹ spricht Herkules sterbend sogar die gleichen Worte wie der sterbende Christus: „Es ist vollbracht" („peractum est", Sen. Her. Oet. V. 1476; τετέλεσται, Joh. 19,30), und wie Herakles am Ende ausruft (V. 1707ff.): „Nimm meinen Geist, ich bitte dich, zu den Sternen auf [...] siehe mein Vater ruft mich und öffnet den Himmel. Ich komme, Vater, ich komme", so sagt Christus: „Vater, in deine Hände befehle ich meinen Geist" (Luk. 23,46). Beim Tode sowohl des Herakles wie Christi geschehen wunderbare Zeichen: Finsternis bricht herein und die Erde bebt. Auf den Tod folgt die Himmelfahrt. Herakles fährt wie Christus zum Himmel auf und wird verewigt.[11] In Senecas ›Hercules Oetaeus‹, wo ebenso wie beim Tode Christi die Mutter und ein Lieblings-„Jünger" zugegen sind, läßt sich die Stimme des Helden zum Abschied mit den Worten vernehmen: „[...] klage nicht Mutter! [...] ich gehe nunmehr in den Himmel ein". Der auferstandene Jesus sagt zu Maria Magdalena (Joh. 20,15ff.): „Frau, was weinst du? ... gehe zu meinen Brüdern und sage ihnen: ich fahre auf zu meinem Vater und zu eurem Vater, zu meinem Gott und zu eurem Gott." Auch dem Dionysos wird gelegentlich eine Himmelfahrt angedichtet, weil sie zum Typus des Soter gehört.[12]

Für das Bewußtsein, aus dem Hölderlin Christus den Bruder des Herakles und des Dionysos nennt, ist es nicht nur wichtig, daß er eine solche Soter-Typologie vorfand; es hat auch einen Aussagewert, wie sich diese Typologie geschichtlich herausgebildet hat und wie sie tradiert wurde. Am besten läßt sich dies an der Gestalt des Herakles verfolgen.[13] Ursprünglich kennt der Mythos Herakles nur als derben und tatkräftigen Helden, wie ihn Aristophanes in den ›Vögeln‹ darstellt. In den ›Trachinierinnen‹ des Sophokles trägt er sogar brutale Züge. Zum Nobel-Heroischen veredelt ihn erstmals Euripides in der ›Alke-

[11] Christus: „Er ward aufgehoben und eine Wolke nahm ihn auf vor ihren Augen" (Apg. 1,9); Herakles: „Eine Wolke nahm ihn auf unter Donner und führte ihn zum Himmel empor" (Apollodor II, 7,7: λέγεται νέφος ὑποστὰν μετὰ βροντῆς αὐτὸν εἰς οὐρανὸν ἀναπέμψαι).

[12] Vgl. Seneca, Hercules Oetaeus, V. 94f., indirekt durch analogische Reihung Horaz, carm. III, 3.

[13] Hierzu: Marcel Simon, Hercule et le Christianisme, Paris 1955 (Publications de la Faculté des Lettres de l'Université de Strasbourg); G. Karl Galinsky, The Hercules Theme. The Adaptations of the Hero in Literature from Homer to the Twentieth Century, Oxford 1972.

stis‹ und in seinem Herakles-Drama. Dann aber erfährt Herakles eine entschiedene Verinnerlichung durch die berühmte Fabel des Prodikos von Herakles am Scheidewege. In idealisierender Metamorphose wird er zum Tugendhelden, und dazu haben ihn vollends die Kyniker und Stoiker bis hin zu Seneca ausgestaltet. Herakles avanciert zum ethischen Vorbild des Weisen im Sinne des stoischen Lebensideals: „invictus laboribus, contemptor voluptatis, victor omnium terrarum".[14] Ethisch umgedeutet werden nun auch seine zwölf Arbeiten. Und die Apotheose verdient er sich durch seine in die Sphäre des hohen Ethos gerückte *vita activa*. Dies ist das Herakles-Bild Schillers und auch noch Hölderlins in den frühen Hymnen ›Das Schiksaal‹ und ›An Herkules‹.[15]

Das Herakles-Bild des späten Hölderlin aber, wie es sich in der Hymne ›Der Einzige‹ und ihren Überarbeitungen abzeichnet, inspiriert sich von einer auch historisch späteren, auf einer dritten Stufe entwickelten Vorstellung vom Wesen des Heros. Diese Vorstellung entstand durch Transponierung seiner Qualitäten in die religiöse und theologische Dimension. Herakles wurde, wie Christus, zum in der Welt wirkenden Repräsentanten des göttlichen Logos, zum göttlich beauftragten Reiniger, Kulturstifter und Heiland, der die Menschen von allem Übel erlöst. Schon vor der Ausbreitung des Christentums nimmt Herakles diese Züge an, die auch das Christusbild mitbestimmt haben, so wie umgekehrt später im Zuge heidnischer Restaurationsbemühungen unter Kaiser Julian in die Herakles-Religion manches aus der Christologie übernommen wurde. Von derartigen Synkretismen, wechselseitigen Adaptionen und Analogiebildungen ist die Spätantike erfüllt, und unabhängig von direkten Einflüssen dürfte vieles auch durch das seit dem zweiten Jahrhundert vor Christus verstärkte Eindringen von Mysterien-Religionen und die entsprechende Prägung religiöser Vorstellungen bewirkt worden sein.[16] Das Chri-

[14] Seneca, De constantia 2,1.

[15] Hierzu besonders: Ulrich Hötzer, Die Gestalt des Herakles in Hölderlins Dichtung. Freiheit und Bindung, Stuttgart 1962.

[16] Vgl. Marcel Simon, Hercule et le Christianisme, S. 149ff. Abraham J. Malherbe führt in seinem RAC-Artikel zahlreiche Vergleiche zwischen Herakles und Christus an, die bereits in frühchristlicher Zeit angestellt wurden. Sie spielten in der Auseinandersetzung zwischen den Kirchenvätern und heidnischen Autoren eine bedeutende Rolle, wobei sich die Vertreter des Christentums bemühten, den analogen Zügen bei Christus eine andere Qualität zuzuschreiben (am markantesten Origenes, Contra Celsum 2,55 und 2,70).

stentum ist ja nur eine dieser orientalischen Mysterien- und Erlösungsreligionen, zu denen nicht zuletzt die schon lange vorher in Rom heimisch gewordenen Dionysos-Mysterien gehörten.

Vom Mittelalter bis zu dem berühmten florentinischen Humanisten Coluccio Salutati in seiner gegen Ende des Trecento geschriebenen, ebenso umfangreichen wie langweiligen Abhandlung ›De laboribus Herculis‹ legte man die Herakles-Gestalt vorwiegend moralisch und allegorisch aus. Aber seit dem späten Mittelalter und dann vollends in der Renaissance kommt auch wieder die soteriologisch-typologische Betrachtungsweise zu Ehren. Nach der altchristlichen Polemik gegen die Vergleiche zwischen Christus und Herakles, sofern diese Vergleiche keine wesentliche Verschiedenheit der beiden Soter-Gestalten konstatieren, ist nun aber das Neue, daß Christus und Herakles unter dem soteriologischen – und das heißt auch: typologischen – Aspekt positiv aufeinander bezogen werden, wie dies im Prinzip noch Hölderlin tut. Die ›Divina Commedia‹ stellt einen deutlich präfigurativen Bezug zwischen dem Abstieg des Herakles in den Hades und seiner Überwindung des Cerberus und andererseits Christi Höllenfahrt her. Noch weiter geht eine ›Kanzone an Herkules‹, die Dante zugeschrieben wird.[17] In ihr wird Herakles in einer Weise um Befreiung und Reinigung angerufen, die seine Gestalt auf Christus und sein Erlösungswerk hin transparent werden läßt. Systematisch führt Ronsard diesen Vergleich zwischen Herakles und Christus in seiner ›Hymne de l'Hercule Chrestien‹ durch.[18] Von der Geburt bis zur Himmelfahrt setzt dieses lange Poem das Leben und die Taten des Herakles zu Christi Erden-Dasein in Analogie – insgesamt kommt Ronsard auf nicht weniger als achtzehn Parallelen. Sein Resümee lautet: «Que la plupart des choses qu'on escrit / D'Hercule est deüe à Jesus Christ.» In der Kunst entspricht diesem Verfahren die herakleische Interpretation Christi in Michelangelos ›Jüngstem Gericht‹ und umgekehrt die Christianisierung des Herakles.[19] Später hat noch Milton Herakles und Christus in eins gesehen. In dem 1630 geschriebenen Gedicht ›The Passion‹ macht er den leidenden Christus auf die Herakles-Gestalt hin durchsichtig, indem er ihn als vollkommenen Helden die schwersten Mühen und

[17] Vgl. Marcel Simon, S. 176ff.; Galinsky, S. 203. Die Kanzone ist abgedruckt in: Deutsches Dante-Jahrbuch 12 n. s. 3, Weimar 1933, S. 133ff.

[18] Pierre Ronsard, Œuvres complètes. Ed. Paul Laumonier, Paris 1914–1919, Bd. 4, S. 268–276.

[19] Marcel Simon weist S. 184 auf ein Fresko von J. B. Zelotti (1526–1578) hin.

Leiden auf sich nehmen läßt: "most perfect hero, tried in heaviest plight / Of labours huge and hard, too hard for human wight." Und auf dem Höhepunkt seines ›Paradise Regained‹ vergleicht Milton den Sturz Satans mit der Besiegung des Antaeus durch Herakles.[20]

Ein ähnlich analogisierendes und zur Typologie des Soter hin perspektivierendes Verfahren läßt sich für das Verhältnis von Dionysos und Christus feststellen. Beide erscheinen schon in der Tradition, um Hölderlins Wort zu gebrauchen, als „Brüder". Die Romantiker, vor allem Schelling in seiner ›Philosophie der Mythologie‹ und Friedrich Creuzer in seiner ›Symbolik und Mythologie‹ sowie in seinem bereits 1808/09 erschienenen Buch ›Dionysus‹ (Commentatio IV), greifen auf diese Tradition zurück und bauen sie spekulativ aus.[21] Das gilt auch für Hölderlin selbst. Schon vor dem ›Einzigen‹: In der Schlußstrophe der Elegie ›Brod und Wein‹ verschmilzt er Christus und Dionysos, indem er ihnen gemeinsame soteriologische Funktionen zuweist.[22]

Auf dem Hintergrund eines so weiten Gesamtspektrums, in dem sich Christus, Herakles und Dionysos als „Soteres" gleichen, ist es nun aufschlußreich, welche Einzelelemente Hölderlin aufgreift und welche Züge des Dionysos-Mythos er auf Herakles und Christus in der fünften Strophe transparent macht, ferner welche Züge Christi am Ende der Hymne auf Herakles und Dionysos hin durchsichtig sind.

Schon die Anordnung im ganzen läßt eine systematische Konzeption erkennen. Am Anfang – im Übergang von der ersten zur zweiten Strophe – ist von der „Zeugung" die Rede; am Ende, nach einem Hinweis auf das Leiden, von der Himmelfahrt; in der Mitte vom irdischen Wirken. Letzteres wird am Beispiel des Dionysos, des „Eviers", vorgeführt. Ich versuche zunächst dieses Mittelstück der Hymne mythologisch zu kommentieren, dann, in einem zweiten Schritt, soteriologisch zu charakterisieren und drittens typologisch in seiner mythischen Transparenz auf die Bruder-Gestalten des Dionysos hin zu interpretieren.

Ich weiß es aber, eigene Schuld
Ists! Denn zu sehr,
O Christus! häng' ich an dir,

[20] John Milton, Paradise Regained 4, V. 562–571; vgl. Galinsky, S. 205.

[21] Vgl. Manfred Frank, Der kommende Gott. Vorlesungen über die Neue Mythologie, Frankfurt 1982, bes. die 10. Vorlesung.

[22] Vgl. Jochen Schmidt, Hölderlins Elegie ›Brod und Wein‹, Berlin 1968, S. 160–167.

Wiewohl Herakles Bruder
Und kühn bekenn' ich, du
Bist Bruder auch des Eviers, der
An den Wagen spannte
Die Tyger und hinab
Bis an den Indus
Gebietend freudigen Dienst
Den Weinberg stiftet und
Den Grimm bezähmte der Völker.

Daß Dionysos „an den Wagen spannte / Die Tyger", ist ein bekannter Zug aus dem Mythos. Eigentlich ist in griechischer Kunst und Poesie der Panther das Tier des Dionysos, das oft auch seinen Wagen zieht. Dafür setzen augusteische Dichter, zuerst Vergil, dann Horaz, den Tiger als die größere und wildere Bestie ein.[23] In soteriologischer Perspektive deutet das Anspannen der Tiger auf die Bändigung wilder Kräfte, wie sie zu jeder ursprünglich reinigenden, befreienden und erlösenden Kultivierungsleistung gehört. Die zwölf Arbeiten des Herakles, insbesondere die Bändigung oder Überwindung wilder Tiere, sind ebenfalls solche Kultivierungsleistungen.[24] Der Bezug zu Christus ergibt sich nur in übertragener Weise – wenn man das Bild mit der christlichen Ethik und ihrer sittigenden Kraft gegenüber elementaren Trieben in Verbindung bringt.

Der von Dionysos hinab bis an den Indus gebotene „freudige Dienst" meint zunächst die dionysische Mysterienreligion, deren Eingeweihte sich zum Gottes-„Dienst" vereinten, und zwar zur spezifisch rauschhaft-„freudigen" Kultgemeinschaft des Thiasos. Im weiteren Sinn gilt Dionysos als Begründer des Gottes-„Dienstes" überhaupt.[25]

[23] Vergil, bucol. 5,29 – vgl. Aeneis VI, 805; Horaz, carm. III, 3, V. 13ff.

[24] „Lustrator orbis, purgator ferarum, gentium domitor" – so preist Apuleius den Herakles als Soter (Apologie 22). – Mit den triumphierenden Worten: „Victum est chaos" tritt Herakles in Senecas ›Hercules Oetaeus‹ (V. 1947) seine Himmelfahrt an. Dion Chrysostomus nennt Herakles „der Erde und der Menschen Erlöser" (τῆς γῆς καὶ τῶν ἀνθρώπων σωτήρ, Dion Chrys., Or. 1,84). Vgl. auch Dion Chrys. Or. 5,22f.

[25] Zum spezifisch dionysisch-„freudigen Dienst" vgl. Diodor III, 64,7: „[...] er habe die Kenntnis seiner Weihen (Riten) und die Teilnahme an den Mysterien vermittelt (καταδεῖξαι δὲ καὶ τὰς περὶ τὰς τελετὰς καὶ μεταδοῦναι τῶν μυστηρίων) und dazu habe er überall feierliche Versammlungen abgehalten und Musikfeste veranstaltet (πρὸς δὲ τούτοις πανταχοῦ πανηγύρεις ἄγειν καὶ μουσικοὺς ἀγῶνας συντελεῖν). Zur Erfindung des Gottesdienstes

Nonnos stellt in seinen ›Dionysiaka‹, in deren Mittelpunkt der Indienzug des Dionysos steht, diesen Feldzug als einen Kampf gegen die Gottesverächter dar; in den gleichen Horizont gehört die Bestrafung des Lykurgos und des Pentheus durch Dionysos.[26] Das für die Goethe-Zeit wichtigste mythologische Repertorium, Hederichs ›Gründliches mythologisches Lexicon‹, weiß denn auch zu berichten, Dionysos sei der Begründer des Gottes-Dienstes.[27] Daß der Gottesdienst als „freudig“ bezeichnet wird, erinnert nicht zuletzt an Dionysos als den „Freudengott“, wie ihn Hölderlin im Anschluß an die mythologische Überlieferung immer wieder nennt,[28] und an die großen Feste, die sich gerade mit dem Kult des Frühlings- und Weingotts verbanden. Die soteriologische Perspektive bedarf kaum der Erläuterung. Gottesdienste sollen die Menschen dauerhaft mit der Vorstellung des Göttlichen verbinden, und zugleich sind gemeinschaftstiftende Kulthandlungen in der vormodernen Geschichte ein Grundelement der Kulturen. Transparent ist der dionysische Gottesdienst sowohl auf den christlichen Kult – dies trifft sogar auf den Aspekt der „Freude“ zu[29] – als auch auf die Begründung mehrerer

allgemein vgl. Diodor II, 38, 5: „... er habe das Göttliche zu verehren gelehrt“ (... τιμᾶν καταδεῖξαι τὸ ϑεῖον).

[26] Die Bestrafung des Pentheus und des Lykurgos bei Diodor III, 65, 4–6, Apollodor III, V, 1. Die Geschichte des Pentheus kannte Hölderlin ausführlich auch aus den ›Bakchen‹ des Euripides.

[27] Mit Berufung auf Ovid, Fasten III, V. 727, schreibt Hederich (Sp. 508), Bacchus werde „für den ersten gehalten, der den Göttern geopfert, und also *deren Dienst* gewiesen“.

[28] Diesen Zug hat Hölderlin immer wieder aufgenommen. „Des Ganges Ufer hörten des *Freudengotts* / Triumph, als allerobernd vom Indus her / Der junge Bacchus kam [...]“, heißt es in der Ode ›Dichterberuf‹ (II, 46, V. 1ff.); in V. 145 der Elegie ›Brod und Wein‹ nennt er Dionysos „Allzeit *froh*“. Die Verse 1169ff. der Sophokleischen ›Antigonae‹ übersetzt Hölderlin: „Hier aber, *Freudengott* (für ὦ Βακχεῦ], / In der Mutterstadt, der bacchantischen, / In Thebe wohnest du [...]“ (V, 253). Bei Hesiod, den Hölderlin schon im Tübinger Stift studiert hatte, heißt Dionysos „freudenreich“: πολυγηϑὴς (Theogonie 941, Erga 614).

[29] „Freude“ ist ein – meistens eschatologisch und pneumatisch besetztes – Grundmotiv in den für Hölderlin wichtigsten biblischen Schriften: im Johannesevangelium und in den Paulusbriefen. In Anspielung auf Jesu Abschiedsreden im Johannesevangelium (Joh. 15, 11: „... daß meine Freude in euch bleibe und eure Freude vollkommen sei“; ähnlich Joh. 16, 24; 17, 13) nennt Hölderlin Jesus in der Patmos-Hymne den „Freudigsten“. Die pneumatische

Kulte durch Herakles. Nach der mythologischen Überlieferung hat Herakles vor allem die Kultstätte und die mit ihr verbundenen, ursprünglich kultischen Spiele in Olympia eingerichtet. Davon wußte Hölderlin durch Pindar[30] und davon berichten auch die bedeutendsten Mythographen der Antike, Apollodor und Diodor,[31] endlich noch Hederich im Anschluß an Diodor.[32]

Die Stiftung des Weinbergs spielt natürlich auf die Einführung des Weinbaus durch Dionysos an: durch den „Weingott", wie der ursprüngliche Titel der Elegie ›Brod und Wein‹ lautete. Alt ist die soteriologische Bedeutung des Weins. Er ist eine befreiende, ja erlösende, zugleich eine inspirierende Gabe, die sakramentale Weihe erlangt hat.[33] Doch kommt es Hölderlin noch auf anderes an. Die Formulierung, Dionysos habe den Weinberg „gestiftet", deutet auf etwas spezifisch Institutionelles. Seit jeher gilt der Weinbau als eine Grundform der Kultur. Ursprünglich ist ja Kultur nichts anderes als Bebauung: fruchtbringende Pflege der Erde. Das „Stiften" des Weinbergs meint den kulturellen Gründungsakt. Wie in der Elegie ›Brod und Wein‹ deutet die Gabe des Weingotts Dionysos in mythischer Transparenz zugleich auf das von Christus gestiftete Sakrament. Zu Herakles gibt es keine solche Beziehung, aber wenn man dem Gedanken der Kulturbegründung, der uranfänglichen „Stiftung" folgt, dann stellt sich diese Beziehung in einem allgemeinen Sinn durchaus her. Wie der „bis an den Indus" wirkende Dionysos ist Herakles nicht nur der große Wan-

Freude, die Hölderlin gerade in der Strophe der Elegie ›Brod und Wein‹, die von Christus spricht, als „Freude, mit Geist" bezeichnet (V. 134), ist in den Paulusbriefen wichtig: „Friede und Freude in dem heiligen Geist" (Röm. 14,17); „Die Frucht des Geistes ist Friede, Freude" (Gal. 5,22). Im übrigen meinen zahlreiche Partien die Freude der inneren Erfüllung vom Glauben und die Freude der endzeitlichen Heilsgewißheit. In diesem Sinne sagt Paulus 2 Kor. 7,4: „Ich bin überschwenglich in Freude", und er wünscht 2 Kor. 2,3, „daß meine Freude euer aller Freude sei".

[30] Pindar, Olymp. III, 3ff.; Olymp. VI, 67ff.; Olymp. X, 43ff.

[31] Apollodor II, 7,2, berichtet in diesem Zusammenhang von der Gründung mehrerer Kultstätten in Olympia selbst: „Er begründete auch die olympischen Spiele, errichtete dem Pelops einen Altar und baute für die zwölf Götter sechs Altäre" (ἔϑηκε τε καὶ τὸν Ὀλυμπιακὸν ἀγῶνα, Πέλοπος τε βωμὸν ἱδρύσατο, καὶ ϑεῶν δώδεκα βωμοὺς ἓξ ἐδείματο). – Diodor IV, 14,1ff.; V. 64,6.

[32] Hederich, Sp. 1245.

[33] Hierzu: Karl Kircher, Die sakramentale Bedeutung des Weines im Altertum, Berlin 1910.

derer, der die ganze damals bekannte Welt bis zu den äußersten Enden – bis zu den sprichwörtlichen „Säulen des Herakles" – durchzog; auf seinen Zügen hat er auch, wie Dionysos, eine große kulturbegründende Aktivität entfaltet. Sie beschränkt sich nicht auf die kanonischen zwölf Taten, die noch hauptsächlich der Befreiung von Ungeheuern, d.h. der Besiegung der urtümlichen, den Menschen gefährlichen Naturgewalten, gelten. Der für den Traditionsprozeß besonders wichtige Diodor berichtet ausführlich von den spezifisch zivilisatorischen Gründungstaten des Herakles, etwa davon, daß er Wege baute und Städte gründete.[34] Hederich übernimmt die Darstellung Diodors, indem er schreibt: „[...] nach einigen gieng er gleich aus Spanien nach Celtica, oder dem jetzigen Frankreich, schaffte daselbst die Menschenopfer ab, bauete die Stadt Alesia, bähnete einen sichern Weg durch die Alpen, kam durch Ligurien und Tuscien nach Latium [...] Als er darauf nach Cuma kam [...] bauete [er] [...] den Weg zwischen dem Avernus und dem Meere"[35]; und über kulturelle Gründungsaktivitäten in Sizilien: „[...] er widmete auch daselbst dem Geryon einen Hain, und dem Jolaos, seinem Gefährten, einen besonderen Tempel [...]".[36]

Seine Verse über den „Evier" Dionysos abschließend, sagt Hölderlin, daß er „den Grimm bezähmte der Völker". Bei Hederich, der hier wiederum Diodor folgt, liest man, Dionysos habe „einen großen Theil der Welt durchzogen, die Streitigkeiten ganzer Städte und

[34] Zu diesem Aspekt zusammenfassend: L. Lacroix, Héraclès héros, voyageur et civilisateur, in: Bull. Acad. Belge 60 (1974), S. 34–60. – Diodor IV, 17,4, nach dem Bericht von der Besiegung des Antäus in Libyen: „Daraufhin bezwang er Libyen, das voll wilder Tiere war, und große Teile der Wüste, kultivierte alles, so daß das Land reichlich bebaute Felder und Pflanzungen erhielt, die Früchte bringen, darunter viel Wein- und Olivengärten. Im Ganzen kultivierte er Libyen, das früher wegen der Menge der wilden Tiere unbewohnbar war, und bewirkte damit, daß es keinem anderen Land an Gedeihen nachstand"; Diodor IV, 19,1 (erg.: von der Iberischen Halbinsel) „ging er nach Celtica hinüber, durchquerte es im ganzen und machte der gewohnten Gesetzlosigkeit und den Morden an Fremden ein Ende ... Er gründete eine große Stadt, welche ... Alesia genannt wurde ..."; Diodor IV, 19,3: „Als Herakles von Celtica nach Italien wanderte und die Gebirgswildnis der Alpen durchquerte, baute er eine Straße durch die Unwirtlichkeit und das Ungangbare ..." usw. (Eigene Übersetzung nach dem Text in Loeb Classical Library, Diodorus Siculus, Bd. II, ed. C.H. Oldfather, Cambridge, Mass. u. London 1979.)

[35] Hederich, Sp. 1248.

[36] Hederich, Sp. 1249.

Völker beygeleget".[37] Dieses friedenstiftende Wirken schreibt auch Hölderlin dem Dionysos zu. Mit dem „Grimm" meint er die Streitsucht der Völker, deren tödliche Bedrohlichkeit er in der zweiten Fassung der Hymne zur „Todeslust" steigert. Offenkundig ist die soteriologische Qualität der Friedensstiftung. Der θεῖος ἀνήρ ist fast immer ein Friedensstifter, gern erhält er den Zunamen „pacifer", und so ist denn auch die mythische Transparenz auf Christus, dessen Ankunft schon sich mit der Botschaft „Friede auf Erden" verbindet[38] und den Hölderlin als Friedensstifter und Versöhner ins Zentrum seiner ›Friedensfeier‹ rückt, ebenso klar wie die Beziehung zu Herakles, dessen große, die Erde von allem Bedrohlichen reinigende Züge immer wieder als Befriedungsakte dargestellt werden.[39] Sogar unter dem in Hölderlins Text sich so eigenartig ausnehmenden Aspekt des „Bezähmens" enthält die antike Tradition genaue Übereinstimmungen zwischen Dionysos und Herakles – man sieht, wie genau Hölderlin diese Tradition aufgreift, indem auch er vom „Bezähmen" spricht und sogar, wie die antiken Autoren, vom Bezähmen der „Völker". Dem Dionysos schreibt Ovid dieses Bezähmen der Völker zu: „Nec referam [...] Sithonas et Scyticos longum narrare triumphos / et *domitas gentes*

[37] Hederich, Sp. 505. Die wichtigste Stelle der Überlieferung: Diodor III, 64,7: „[...] kurz, indem er die Streitigkeiten zwischen den Völkern und Städten beilegte, habe er dort, wo Bürgerkriege und Kampf waren, Eintracht und tiefen Frieden zustande gebracht" (καὶ τὸ σύνολον συλλύοντα τὰ νείκη, τῶν ἐθνῶν καὶ πόλεων ἀντὶ τῶν στάσεων καὶ τῶν πολέμων ὁμόνοιαν καὶ πολλὴν εἰρήνην κατασκευάζειν). Vgl. Horaz epist. II, 1,5; Lucan, Phars. IV, 196ff.; Nonnos, Dionysiaka VII, 30ff.

[38] Die Botschaft der Engel ist eine der wenigen Stellen im Neuen Testament, an denen von Jesus als dem „Soter" die Rede ist – man sieht daran, wie sehr sich dieser Begriff mit dem des Friedens verband: „[...] geboren wurde euch heute ein Retter (σωτήρ)". Aber auch sonst verbindet sich mit der Gestalt Jesu oft die Idee des Friedens. Vgl. Joh. 14,27: „den Frieden lasse ich euch, meinen Frieden gebe ich euch"; Joh. 16,33: „[...] daß ihr in mir Frieden habet". Besonders zahlreich sind die Stellen bei Paulus, aus dessen Briefen Hölderlin bezeichnenderweise in der ›Friedensfeier‹ immer wieder zitiert.

[39] Einige Beispiele aus dem für die Tradition wichtigen ›Hercules Oetaeus‹ des Seneca: „... mag die ganze Welt dir den Frieden verdanken", sagt Deianira V. 283 („Totusque pacem debeat mundus tibi ..."); sterbend ruft Herkules selbst voller Genugtuung, V. 794: „Befriedet sind Erde, Himmel und Meere" („pacata tellus, inquit, et caelum et freta ..."); abschließend feiert ihn der Chor, V. 1989f., als „großen Bezwinger von Ungeheuern und des Erdkreises Friedebringer" („domitor magne ferarum orbisque simul pacator").

[die bezähmten Völker], turifer Inde, tuas."[40] An Herakles rühmt es Apuleius: „Ipse inquam Hercules, lustrator orbis, purgator ferarum, *gentium domitor* [der Bezähmer der Völker], is tamen deus, cum terras peragraret ..."[41]

Im ganzen hat demnach Hölderlin die mythische Erzählung von Dionysos in der fünften Strophe soteriologisch strukturiert und damit auf Herakles und Christus transparent gemacht. Mit anderen Worten: wenn er unmittelbar nach der Feststellung, Christus sei der „Bruder" des Herakles und des Dionysos, vom Wirken des Dionysos spricht, so tut er es so, daß gerade dadurch Christus und Herakles als seine „Brüder" erscheinen. Das Wirken des Dionysos hat, unter dem soteriologischen Aspekt, exemplarischen Charakter. Und nur durch den Nachweis der Tradition, in der Hölderlin damit steht, läßt sich evident machen, daß es sich so verhält. Der Synkretismus, der hier in der Brüderschaft der drei Soter-Gestalten seine Formel erhält, läßt Hölderlin in einer späteren Überarbeitung sogar von einem „Kleeblatt" sprechen.[42] Wahrscheinlich war ihm bewußt, daß bereits die Antike auch Herakles und Dionysos untereinander verglich, ja, daß sie ihre Mythen analog gestaltete. Diodors mythographische Kompilation, die auf direkte oder indirekte Weise auch für Hölderlin die wichtigste Quelle sein dürfte, gleicht die Dionysos- und die Herakles-Darstellung gerade unter dem soteriologischen Aspekt deutlich einander an. Diodor wie Origenes und Nonnos nennen die beiden populärsten Zeussöhne zusammen oder stellen sie einander gegenüber, Lukian will gar am Ende der Welt beider Fußspur gesehen und gläubig verehrt haben.[43]

Aus der Beobachtung, daß die in der fünften Strophe herausgehobenen Eigenschaften den Typus des Soter erkennen lassen, ergibt sich die Frage, ob sich daraus eine bestimmte, in Hölderlins eigenem Denkhorizont historisch verstehbare Soteriologie erschließen läßt. Zunächst fällt auf, daß alle aufgeführten Eigenschaften des Soter sich nur auf das irdische Wirken beziehen. Von urtümlicher Kultivierung, von Kultstiftung und Friedensstiftung ist die Rede. Die in der christlichen Überlieferung entscheidende Dimension Christi, die transzendente, und überhaupt die Überwindung des Diesseits um des Jenseits

[40] Fasten III, 720ff.

[41] Apologie 22.

[42] II 163, V. 76.

[43] Vgl. Ludwig Bieler, ΘΕΙΟΣ 'ΑΝΗΡ, Wien 1935 und 1936, Fotomechanischer Nachdruck, Darmstadt 1967, II, S. 118.

willen fehlt in dieser fünften Strophe. Lediglich um innerweltliche Erlösungstaten handelt es sich, nicht um eine über die Welt hinausweisende Erlösung. Deshalb setzt die nächste Strophe mit den Versen ein: „Es hindert aber eine Schaam / Mich dir zu vergleichen / Die weltlichen Männer." Den Unterschied entwickelt die Anfangspartie der Hymne aus einem weiteren geschichtlichen Horizont, die Schlußpartie aber hebt ihn wieder auf, in überraschender Weise, und läßt zugleich erkennen, warum dieses Problem für den Dichter, der auf seine dichterische Existenz selbst reflektiert, solche Faszination gewinnen konnte.

IV. Der Gegensatz zwischen dem plastisch-realen Prinzip der antiken Religion und dem pneumatisch-idealen Prinzip Christi

Was ist es, das
An die alten seeligen Küsten
Mich fesselt, daß ich mehr noch
Sie liebe, als mein Vaterland?
Denn wie in himmlische
Gefangenschaft verkaufft
Dort bin ich, wo Apollo gieng
In Königsgestalt,
Und zu unschuldigen Jünglingen sich
Herablies Zevs und Söhn' in heiliger Art
Und Töchter zeugte
Der Hohe unter den Menschen?

Der hohen Gedanken
Sind nemlich viel
Entsprungen des Vaters Haupt
Und große Seelen
Von ihm zu Menschen gekommen.
Gehöret hab' ich
Von Elis und Olympia, bin
Gestanden oben auf dem Parnaß,
Und über Bergen des Isthmus,
Und drüben auch
Bei Smyrna und hinab
Bei Ephesos bin ich gegangen;

Viel hab' ich schönes gesehn,
Und gesungen Gottes Bild,
Hab' ich, das lebet unter
Den Menschen, aber dennoch
Ihr alten Götter und all
Ihr tapfern Söhne der Götter
Noch Einen such ich, den
Ich liebe unter euch,
Wo ihr den lezten eures Geschlechts
Des Haußes Kleinod mir
Dem fremden Gaste verberget.

Ganz beherrscht sind diese drei Anfangsstrophen von dem Gegensatz zwischen der griechisch-sichtbaren, sinnfälligen und gestalthaften Welt und andererseits der Vorstellung des unsichtbaren, ja verborgenen Christus, den der Dichter „suchen" muß. Ein paradoxes Verhältnis: Die griechische Welt mit der Fülle ihrer göttlichen Erscheinungen und mit ihren herrlichen Landschaften und heiligen Stätten fasziniert den Dichter so sehr, daß er sich an die „alten seeligen Küsten" Griechenlands wie gefesselt und „wie in himmlische / Gefangenschaft verkaufft"[44] vorkommt – „aber dennoch" liegt ihm besonders an dem verborgenen Christus.

[44] Die Wendung „wie in himmlische Gefangenschaft verkaufft" spielt auf den Usus der antiken Sklaverei an, Kriegsgefangene auf Sklavenmärkten als Sklaven zu verkaufen. Der berühmteste dieser Sklavenmärkte befand sich auf der Insel Delos, die zugleich die Geburtsstätte Apollons und daher ihm geheiligt war – auch damit assoziiert sich die alsbald folgende Nennung Apollons. Doch dürfte Hölderlin mit der Wendung „wie in himmlische Gefangenschaft verkaufft" vor allem eine Überlieferung verbunden haben, die dem eigentlichen Sinn seiner Aussage entspricht. In den antiken Mysterienreligionen verband man mit der religiösen Einweihung und mit der Hingabe im Dienst des Gottes die Vorstellung einer „Gefangenschaft". Man erklärte sich als „Gottesgefangener": δέσμιος, δοῦλος oder κάτοχος θεοῦ. Neben zahlreichen griechischen Belegen gibt es auch ein bedeutendes Zeugnis aus der lateinischen Literatur: den ›Goldenen Esel‹ des Apuleius. Der Myste gelobt dort (Apuleius XI, 15), in den lebenslänglichen Gehorsam und Dienst einer Göttin („servitium deae") zu treten. Paulus spielt am Beginn des Philemon-Briefs, den er aus dem Gefängnis schrieb, auf derartige Vorstellungen an, indem er von den δεσμοὶ τοῦ εὐαγγελίου – von den „Fesseln des Evangeliums" – spricht und sich selbst als „Gefangenen Jesu Christi", δέσμιος Ἰησοῦ Χριστοῦ, bezeichnet. Vgl. auch Eph. 4,1. Hierzu insgesamt: Richard Reitzenstein, Die hellenistischen Myste-

Warum ist Christus hier der Verborgene? Und warum bildet er in dieser Hinsicht einen Gegensatz zu den anderen Göttern der Antike? Denn an der Zugehörigkeit Christi zur Antike und zur antiken Götterwelt besteht für Hölderlin kein Zweifel. Für ihn beginnt mit Christus nicht wie in der geläufigen Geschichtsauffassung eine neue Ära, die sich von der Zeit der antiken Götterwelt prinzipiell unterscheidet. Er ist noch einer der antiken Götter, der letzte. Das geht klar aus der Elegie ›Brod und Wein‹ hervor, und das zeigt auch die Hymne ›Der Einzige‹ am Ende der dritten Strophe, wo Christus der Welt der antiken Götter zugeordnet erscheint und zugleich ihre Reihe abschließt:

Noch Einen such ich, den
Ich liebe *unter euch,*
Wo ihr *den lezten eures Geschlechts*
Des Haußes Kleinod mir
Dem fremden Gaste verberget.

Warum also unterscheidet sich Christus, wenn er doch der antiken Götterwelt zugehört und sogar „des Haußes Kleinod“[45] ist, von ihr? Warum hat er nicht das glanzvoll Gestalthafte und betörend Bildhafte der anderen antiken Gottheiten? Warum ist er im Gegenteil ein verborgener Gott? Daß es auf diesen Gegensatz ankommt, zeigt der gesamte Duktus der ersten Strophentrias. Zuerst wird die lichtvollste Gestalt der griechischen Götterwelt beschworen: Apollo. Er ist der Gott des plastischen Prinzips und der individuellen Gestalthaftigkeit. Deshalb ist nicht einfach von Apollo die Rede, sondern von Apollo „in Königsgestalt“. Und der Anfang der dritten Strophe lautet:

rienreligionen, Fotomechanischer Nachdruck der 3. Aufl. von 1927, Darmstadt 1956, S. 192–215: ›Mysten, Gotteskrieger und Gottesgefangene‹. – Später hat diese Vorstellung noch eine lange Geschichte. Von der Mystik bis in den Pietismus steht sie für ein intensives Gotteserlebnis, besonders für die *unio mystica*. Entsprechend häufig kommt die Wendung „captivus dei“ oder eine analoge deutsche Formulierung vor. Vgl. Grete Lüers, Die Sprache der deutschen Mystik des Mittelalters im Werk der Mechthild von Magdeburg, München 1926, Neudruck Darmstadt 1966, S. 156, s. v. „captivus dei“.

45 Wie Momme Mommsen nachgewiesen hat (Dionysos in der Dichtung Hölderlins, in: GRM XLIV [1963], S. 378), zitiert hier Hölderlin wörtlich genau aus dem ›Agamemnon‹ des Aischylos. Vor dem Opfertod Iphigenies in Aulis bezeichnet dort der Chor Agamemnons Tochter als δόμων ἄγαλμα (V. 208) – Wilhelm von Humboldt verdeutscht in seiner 1816 erschienenen Übersetzung korrekt: „des Hauses Kleinod“.

Viel hab' ich schönes gesehn,
Und gesungen Gottes *Bild* [...]

Gottes *Bild* ist sichtbar und sinnfällig, ebenso das „Schöne“, von dem der Dichter mit Betonung sagt, er habe es „gesehn“. Diese Sichtbarkeit der anderen Göttergestalten steht im Gegensatz zur Verborgenheit Christi. Mit einer Reihe griechischer Landschaften und heiliger Stätten evoziert auch die zweite Strophe das Sichtbare und in seiner Schönheit sinnlich Erfahrbare. Nicht zuletzt hebt der Dichter in diesem Zusammenhang und am Anfang der dritten Strophe die Intensität der eigenen sinnlichen Erfahrung hervor: „Gehört“ hat er von Elis und Olympia, „gestanden“ ist er oben auf dem Parnaß, „gegangen“ ist er über Bergen des Isthmus und bei Smyrna und Ephesos, „gesehen“ hat er viel Schönes, und schließlich gibt er zu erkennen, daß gerade diese Sphäre sinnenhaft wahrnehmbarer Schönheit dem Dichtertum einzigartig adäquat ist: „Gesungen“ hat er Gottes Bild.

Alle drei Strophen verbindet die Vorstellung, daß die griechischen Göttergestalten sich nicht ins Jenseitige entziehen, vielmehr dem Diesseits verbunden sind. So erscheinen sie dem menschlichen Dasein in besonderer Weise angemessen. Dreimal wird die menschliche Nähe der griechischen Götter betont, in auffallend gleichlautenden Wendungen. Am Ende der ersten Strophe heißt es, daß „sich / Herablies Zevs und Söhn' in heiliger Art / Und Töchter zeugte / Der Hohe *unter den Menschen*“; in der zweiten Strophe, daß „große Seelen / Von ihm *zu Menschen* gekommen“ sind; in der dritten Strophe endlich ist die Rede von Gottes Bild, „das lebet *unter / Den Menschen*“. Auf das schon erörterte Moment der *Vermittlung* also kommt es an: auf die Vermittlung des Göttlichen ins Irdische und Menschliche. Dadurch erst wird es gestalthaft und bildhaft wahrnehmbar. Und eben dieses Gestalt- und Bildhafte einer blendenden Welt von diesseitigen Erscheinungen findet der Dichter so faszinierend, daß er sich „wie in himmlische / Gefangenschaft“ verkauft sieht.[46] Damit wird auch klar,

[46] Dies gegen die Deutungsperspektive Hans-Georg Gadamers in seinem Aufsatz ›Hölderlin und die Antike‹ (zuerst veröffentlicht in der Gedenkschrift zu Hölderlins 100. Todestag 1943, Tübingen 1943; jetzt in: Gadamer, Kleine Schriften II, Tübingen 1979, S. 27–44). Gadamer versucht einen von Hölderlin in verschiedenen anderen Texten ausgesprochenen Gedanken mit der ersten Strophe des ›Einzigen‹ zu verbinden. Es handelt sich um das Problem des Klassizismus – um das Problem, daß der Dichter die eigene, „vaterländische“ Art und damit das Authentische versäumt, wenn er der Faszination des Grie-

was Hölderlin meint, wenn er im weiteren Verlauf die griechischen Götter im Vergleich zu Christus „weltlich“ nennt. „Es hindert aber eine Schaam / Mich dir zu vergleichen / Die weltlichen Männer“, heißt es ja am Anfang der sechsten Strophe. Dieses „Weltliche“ ist das menschlich Vermittelte und gestalthaft Sichtbare, das die ersten drei Strophen den griechischen Göttern zuschreiben. Noch einmal und mit höchster Bedeutung kommt der Begriff „weltlich“ in den beiden Schlußversen vor: „Die Dichter müssen auch / Die geistigen *weltlich* seyn.“ Auf diesen Gegensatz von „geistig“ und „weltlich“ steuert die Hymne zu. Und wenn den Dichter eine Scham hindert, Christus mit den weltlichen Männern zu vergleichen, dann kann das nur heißen, daß er in einer spezifischen Weise „geistig“ erscheint. Das geistig-pneumatische Wesen Christi bildet den Gegensatz zur bildhaften und gestalthaften Erscheinung der anderen antiken Götter.

Den gleichen Gegensatz enthält eine späte Überarbeitung der Elegie ›Brod und Wein‹ – und sie wirft mehr Licht auf die Hymne vom ›Einzigen‹. Die sechste Strophe der Elegie spielt im letzten Distichon auf Christus an. In der ursprünglichen Fassung lautet dieses Distichon:

> Oder er kam auch selbst und nahm des Menschen Gestalt an
> Und vollendet’ und schloß tröstend das himmlische Fest. (II, 93)

Das Wort „tröstend“ weist auf die Herabkunft des Heiligen Geistes beim Abschied Christi – auf die Herabsendung des „Trösters“, wie ihn die Bibel wiederholt nennt. Christus ist hier die Erscheinung eines Epochenumbruchs. Einerseits verkörpert er das gestalthafte, menschlich vermittelnde Prinzip der antiken Götterwelt, weshalb es heißt, daß er „des Menschen Gestalt“ annahm. Andererseits vertritt er ein

chisch-Fremden erliegt. Dies ist das Thema des Aufsatzes ›Der Gesichtspunct aus dem wir das Altertum anzusehen haben‹, ferner des Briefs an Boehlendorff vom 4. Dezember 1801 und der Anfangsverse der Hymne ›Germanien‹ („Nicht sie, die Seeligen, die erschienen sind, / Die Götterbilder in dem alten Lande, / Sie darf ich ja nicht rufen mehr [...]“). Dagegen zeigt ein Blick auf den weiteren Verlauf der Hymne ›Der Einzige‹, daß es in ihr keineswegs um diese Opposition von Griechenland und Hesperien, von Fremdem und Eigenem geht und damit auch nicht um den Klassizismus als Problem des Selbstverlusts; vielmehr um den Gegensatz griechischer, glanzvoll diesseitiger Kultur zum pneumatischen Wesen Christi und der von ihm geprägten Geschichtsära.

pneumatisches Prinzip, worauf die Tröstung durch den Heiligen Geist bei seinem Abschied hinweist. Sein Tod markiert das Ende des gestalthaften antiken Aions, dem er mit seiner eigenen menschlichen Gestalt eben selbst noch angehörte. Hölderlin faßt also Christi Tod als entscheidende Zäsur auf: als Zeichen für die Auflösung des Plastischen und für den Übergang zum Pneumatischen. Die späte Umarbeitung des Distichons formuliert diesen epochalen Umbruch wesentlich entschiedener. Zwar bleibt der Hexameter:

> Oder er kam auch selbst und nahm des Menschen Gestalt an,

der Pentameter aber lautet nun (II, 604, Z. 32ff.):

> In Ephesus ein Aergerniß aber ist Tempel und Bild.

Diese Neuformulierung spielt auf das neunzehnte Kapitel der Apostelgeschichte an. Es handelt von der Ausbreitung des Geistes in Ephesus, einer der ältesten urchristlichen Gemeinden, und dem daraus folgenden Gegensatz zur antiken Tempel- und Bildreligion.[47] Dieser Gegensatz, den Hölderlins Verse zum „Aergerniß" der Christen an der alten Tempel- und Bildreligion steigern, war besonders scharf, da Ephesus nicht nur durch einen prachtvollen Tempelbezirk, sondern vor allem auch durch das Götter-*Bild* der Diana berühmt war. Diesem Bild als dem eigentlichen kultischen Zentrum kam um so größere religiöse Bedeutung zu, als der griechische Diana-Kult den alten und mächtigen kleinasiatischen Kult der Fruchtbarkeitsgöttin, der magna mater, überformte und von ihm her seine innere Füllung hatte. Der Sage nach war dieses Kultbild ebenso wie andere berühmte Götterbilder Griechenlands vom Himmel gefallen, als Zeichen denkbar entschiedener Verkörperung des Göttlichen. Darauf spielt Hölderlin in der Hymne ›Germanien‹ an.[48] Wenn in der späten Überarbeitung

[47] Apg. 19,26f.: „Ihr sehet und höret, daß nicht allein zu Ephesus, sondern auch fast in ganz Asien dieser Paulus viel Volks abfällig macht, überredet und spricht: Es sind nicht Götter, welche von Händen gemacht sind [...] auch der Tempel der Göttin Diana wird für nichts geachtet werden." Apg. 19,35: „Da aber der Kanzler das Volk gestillt hatte, sprach er: Ihr Männer von Ephesus, welcher Mensch ist, der nicht wisse, daß die Stadt Ephesus sei eine Pflegerin der großen Göttin Diana und des himmlischen Bildes?"

[48] „Vom Aether aber fällt / Das treue Bild", heißt es in V. 39f. der Hymne ›Germanien‹. In Athen glaubte man, das Kultbild der Pallas Athene sei vom

der Elegie ›Brod und Wein‹ pointiert vom „Bild“ in Ephesus die Rede ist, dann entspricht dies also einer sehr konkreten und kulturgeschichtlich bedeutsamen Realität.

Die Patmos-Hymne, die im Homburger Folioheft unmittelbar auf die Hymne ›Der Einzige‹ folgt, ist von der gleichen Grundvorstellung geprägt: von dem Gegensatz zwischen dem Glanz, der Bildhaftigkeit und Gestaltenfülle der antiken Ära und andererseits dem Christlich-Pneumatischen. Ähnlich wie in der Anfangspartie des ›Einzigen‹ beschwören die ersten Strophen von ›Patmos‹ eine „in frischem Glanze“ (V. 25) leuchtende Welt, in der sich der Dichter wie „geblendet“ (V. 31) fühlt. Und wie im ›Einzigen‹, wo er sich dem „verborgenen“ Christus zuwendet, sucht er alsbald nach der „dunkeln Grotte“ (V. 56) auf Patmos, der christlichen Insel, die nicht „herrlich“ ist wie die der Göttin der Liebe und Schönheit zugehörende und somit die antike, sinnlich erfahrbare Ära repräsentierende Insel „Cypros“. Und wieder ist Christus die Gestalt des epochalen Umbruchs, insofern er zunächst selbst noch gestalthaft und sichtbar, ja in leuchtender Schönheit erschien, dann aber entschwand und an seiner Statt den „Geist“ wirken ließ, dessen vornehmste Äußerungsformen Wort und Schrift sind: das sind die zentralen Elemente der unplastischen christlichen Zeit. Die gesamte Motivik der Hymne ist auf diesen Grundgedanken abgestimmt. Immer wieder ist mit auffallender Betonung vom „Angesicht“ Christi die Rede, sowie davon, daß ihn die Jünger „sahen“ (“[...] es *sahe* der achtsame Mann / Das *Angesicht* des Gottes genau“, V. 79; „Und es *sahn* ihn, wie er siegend blikte / Den Freudigsten die Freunde noch zulezt [...]“, V. 89f.; „lassen wollten sie nicht / Vom *Angesichte* des Herrn [...]“, V. 95f.; die Zeitwende ist dadurch charakterisiert, daß „sein *Angesicht* / Der Höchste wendet [...]“, V. 147f.). Christus wird gepriesen als derjenige, „An dem am meisten / Die *Schönheit* hieng, daß an der *Gestalt* / Ein Wunder war [...]“, V. 137ff. Nach seinem Abschied aber sendet er den „Geist“ (V. 101), womit die nachantike, christliche Ära ganz anderen Charakter erhält. Zwar fällt es immer noch schwer, „daß nirgend ein / Unsterbliches mehr am

Himmel gefallen (daher: Palladium). In der ›Iphigenie bei den Taurern‹ des Euripides spricht Orest (V. 977) vom Befehl Apollons, „das Bild hinwegzuführen, das vom Himmel fiel“. Vgl. auch Ovid, Fasten VI, 419–423: „Als von Ilus aus Dardanus' Haus neu die Stadt war gegründet [...] / Kam, wie man glaubt, das himmlische Bild der bewehrten Minerva / Zu der Stadt Ilion Burg nieder vom Himmel geschwebt.“ Die Stelle in der Apostelgeschichte s. Anm. 47.

Himmel zu *sehn* ist oder / Auf grüner Erde" (V. 149ff.), ja der Dichter muß selbst die Versuchung abwehren, in unangemessener Weise das plastische Prinzip wieder zu verwirklichen: „Ein Bild zu bilden, und ähnlich / zu *schaun*, wie er gewesen, den Christ" (V. 165f.). Schließlich mündet die Hymne in eine Beschwörung des Innerlich-Geistigen als des spezifisch Christlichen: Dazu gehören die „Schrift", der „veste Buchstab" und der dichterische „Gesang" selbst, der sich „deutend" in diese Sphäre hineinbegibt.

Den gleichen Gegensatz von plastischem und pneumatischem Prinzip also, den die späte Schicht der Elegie ›Brod und Wein‹ und die Patmos-Hymne exponieren, enthält auch die Hymne ›Der Einzige‹. Ja, der Name „Ephesus", der in der späten Überarbeitung von ›Brod und Wein‹ diesen Gegensatz signalisiert, läßt sich in dem skizzierten Horizont nun auch als ein Angelpunkt der Gedankenführung im ›Einzigen‹ definieren. Denn Ephesus wird am Ende der zweiten Strophe genannt: nicht zufällig *nach* der Nennung der anderen antiken Landschaften und insbesondere Kultorte. „Ephesus" – das ist auch hier ein hermetisches Signal, ein Hinweis auf den Ort des Umbruchs, wo das Plastische, das Bild- und Gestalthafte der antik-heidnischen Gottheiten auf das pneumatische Prinzip Christi stößt, der, indem er Menschengestalt annahm, ursprünglich doch auch noch der plastischen Sphäre angehörte.

V. Vermittlung des Gegensatzes durch die drei Soter-Gestalten. Deren existentielle Spannung zwischen Realität und Idealität als mythologische Figuration der Dichter-Problematik

Thema der auf die erste Trias folgenden Strophen ist das Hinundhergerissensein zwischen zwei Tendenzen: zwischen der Tendenz zur Bevorzugung Christi, wie sie schon der Titel des Gedichts ankündigt, und andererseits der Tendenz, doch auch die anderen antiken Göttergestalten gelten zu lassen und sie Christus gleichzustellen. Alle Strophen haben nun die gleiche Struktur. Jeweils am Anfang findet die besondere gefühlshafte Zuneigung zu Christus Ausdruck. Dann aber wendet sich der Dichter den anderen Gottheiten zu, aus der Einsicht, daß sie doch auch berücksichtigt werden müssen, ja daß ihnen eine ähnlich wichtige Funktion wie Christus zukommt. Von der vierten bis zur Mitte der vorletzten Strophe – in der es nach der anfänglichen Bevorzugung Christi heißt: „Gut machen will ich den Fehl / Wenn ich noch andere singe" – wiederholt sich immer von neuem die dialektische Bewegung zwischen der Vorliebe für Christus und der dann doch erkannten Notwendigkeit, auch die anderen göttlichen Gestalten miteinzubeziehen. Diese Dialektik fordert Synthese.

Indem das Ende des Gedichts einen existentiellen Grund für die dialektische Spannung aufdeckt, leistet es die Synthese. Ja, erst von dieser nun offengelegten *dichterischen* Problematik her erhält die Hymne einen nachvollziehbaren Sinn. Erst das Ende des Gedichts läßt erkennen, daß der spannungsreiche Gegensatz die *mythologische Figuration* einer Daseinsspannung im Dichter selbst ist. Und auch das Streben nach der als schwierig, aber notwendig empfundenen Synthese zwischen Christus und den anderen antiken Halbgöttern ist letztlich die mythologische Figuration des Strebens nach einem als lebensnotwendig empfundenen Ausgleich: nach einem Ausgleich im Wesen des Dichters selbst. Die Schlußpartie lautet:

Denn wie der Meister
Gewandelt auf Erden

Ein gefangener Aar,
Und viele, die
Ihn sahen, fürchteten sich,
Dieweil sein Äußerstes that
Der Vater und sein Bestes unter
Den Menschen wirkete wirklich,
Und sehr betrübt war auch
Der Sohn so lange, bis er
Gen Himmel fuhr in den Lüften,
Dem gleich ist gefangen die Seele der Helden.
Die Dichter müssen auch
Die geistigen weltlich seyn.

Das syntaktische Gebilde ist schwierig und stellt ein extremes Beispiel für die sogenannte harte Fügung dar, für die ἁρμονία αὐστηρά, die Hölderlin von Pindar, dem Vorbild seiner späten Hymnendichtung, übernommen hat. Den primären syntaktischen Zusammenhang bilden, wie schon Beißner – allerdings mit falscher Strophenabgrenzung – festgestellt hat,[49] die Schlußverse der vorletzten Strophe und

[49] II, 756, Z. 23ff. In der Stuttgarter Ausgabe bildet der Vers „Ein gefangener Aar" (II, 156, V. 94) den Schluß der vorletzten Strophe, während aus der Handschrift – dem Homburger Folioheft – hervorgeht, daß er an den Beginn

der drittletzte Vers der letzten Strophe. Es handelt sich um einen Vergleich. „Denn *wie* der Meister / Gewandelt auf Erden / Ein gefangener Aar" – jetzt schiebt sich eine lange Parenthese ein – *so* ist („dem gleich ist") „gefangen die Seele der Helden". Die „Helden" sind die Halbgötter, insbesondere Herakles und Dionysos. Während für Homer der „Heros" analog zum heutigen Verständnis einfach der „Held" ist, bezeichnen die Griechen seit Hesiod die übermenschliche Größe als „heroisch". Heroen sind „Halbgötter", denen eine Mittelstellung zwischen den olympischen Göttern und den Menschen zukommt. „[...] der heroischen Männer göttliches Geschlecht, die werden genannt: Halbgötter" (ἀνδρῶν ἡρώων θεῖον γένος, οἳ καλέονται ἡμίθεοι) lautet die klassische Formulierung in Hesiods ›Erga‹ (V. 158). Hölderlin gebraucht den Ausdruck „Helden" in diesem nachhomerischen Sinn des griechischen Wortes „Heros", in dem mehr beschlossen liegt als in dem gängigen, auf die Tatsphäre eingeschränkten Sinn des Wortes „Held". Herakles, mit eher menschlichen Zügen ausgestattet, war der griechische Prototyp des in die Sphäre des Göttlichen hinaufreichenden Heros, des ἥρως θεός (Pindar, Nem. 3,22), und umgekehrt reicht Dionysos, der Gott, am meisten in die menschliche Sphäre herab. Er war der „Heros unter den Göttern" (Herodot, 2,44,3–5).

Wie Christus sind Herakles und Dionysos Söhne einer menschlichen Mutter und eines göttlichen Vaters. Deshalb stehn sie zwischen Himmel und Erde. Weil sie auch ein himmlisches Erbteil haben, fühlen sie sich auf der Erde gleichsam gefangen. Ihre tiefste Tendenz ist die Tendenz aus dem Irdischen zum Himmlischen. Als einen „dem Himmel endlich Wiedergegebenen" („caeloque tandem redditum") sieht sich Herakles am Ende von Senecas ›Hercules Oetaeus‹ (V. 1941). Nicht zuletzt, weil traditionell den Heroen ein alle Grenzen des Irdischen sprengendes Seelenübermaß, der *furor heroicus*, zugeschrieben wird,[50] nennt Hölderlin an dieser Stelle die antiken Halb-

der letzten Strophe gehört. Hölderlin hat diese Strophe, mit dem Anfangsvers „Ein gefangener Aar", auf S. 19 des Foliohefts ganz oben niedergeschrieben, so daß keinerlei Zweifel an der Zuordnung möglich ist, zumal auf S. 18 sehr viel Platz für den Fall zur Verfügung gestanden hätte, daß Hölderlin den Vers noch zur vorletzten Strophe schlagen wollte. Vgl. das Faksimile des Homburger Foliohefts: Friedrich Hölderlin, Sämtliche Werke, Frankfurter Ausgabe, hrsg. v. D. E. Sattler, Supplement III, Homburger Folioheft. Hrsg. v. D. E. Sattler und Emery E. George, Basel und Frankfurt a. M. 1986, S. 18 und 19 des Faksimiles.

[50] Wie genau der Anschluß Hölderlins an die Tradition des furor heroicus

götter „Helden". Unter dem Aspekt also einer Spannung zwischen Irdischem und Himmlischem, oder schon genauer – denn darauf kommt es am Ende für den Dichter selbst an –: unter dem Aspekt einer Spannung zwischen Realem und Idealem sind Christus und die anderen antiken Halbgötter sich gleich. Sie sind sich gleich vor allem unter dem aus platonisch-idealistischer Tradition stammenden Gesichtspunkt der Gefangenschaft im Irdischen.[51] Auf dieses Tertium comparationis sind die Verse angelegt: Christus und die antiken Halbgötter, die „Helden", erscheinen gleichermaßen als Gefangene. In Anspielung auf die Überlieferung, in welcher der Adler ein Symbol des zum Himmel auffahrenden Herrn ist,[52] heißt es von Christus, daß er auf

ist und wie sehr er diesen furor heroicus mit dem Begriff des Helden um diese Zeit verbindet, zeigt am besten die aus der gleichen Schaffensphase stammende Ode ›Thränen‹. Ausgehend von einem Anruf des ebenfalls in die platonische und neuplatonische Sphäre gehörenden Amor divinus („Himmlische Liebe! [...]"), der in zerstörerischer Radikalität über alles bloß Irdische hinausdrängt, wendet sich die Ode dem Übermaß der Helden zu, die den Göttern gegenüber gleichsam „allzudankbar" waren. Sie werden als die „zorn'gen Helden" bezeichnet. „Zorn" meint hier den entgrenzenden, zum Göttlich-Absoluten treibenden Furor. Mit den „zorn'gen Helden" spielt Hölderlin wörtlich genau auf den „furor heroicus" an. In diesem idealistischen Sinn, der – auf dem Hintergrund von Marsilio Ficinos neuplatonisch-mystischem Kommentar zu Platons ›Symposion‹ – seine größte neuzeitliche Entfaltung in Giordano Brunos Schrift ›De gl'heroici furori‹ erfahren hat, versteht Hölderlin auch in der Schlußstrophe der Hymne ›Mnemosyne‹ den tragischen Untergang der griechischen Helden Achill und Aias. Ihnen wurde ihr zerstörerischer „Zorn" zum Verhängnis. Indem Hölderlin in der Hymne ›Mnemosyne‹ den von Erinnerung ergriffenen Dichter einen ‚zornigen Wandersmann' nennt (II, 198, V. 32), stellt er den *furor poeticus* in die gleiche Dimension wie den *furor heroicus*: Auch in ihm bricht sich der zerstörerische Drang zum Absoluten Bahn. In dieses Werk- und Vorstellungsspektrum gehört die Analogie zwischen Dichter und „Helden" am Ende des ›Einzigen‹.

[51] Platon bezeichnet das irdisch-leibliche Dasein als Gefängnis (δεσμωτήριον) der Seele. Vgl. Phaidon 62b, Kratylos 400c. Vgl. dazu und zur großen Wirkungsgeschichte: Pierre Courcelle, Tradition platonicienne et traditions chrétiennes du corps-prison (Phédon 62b, Cratyle 400c), in: Revue des études latines 43 (1965), S. 406–443.

[52] Die urchristlichen Quellen dieser Überlieferung: Ambrosius, Serm. 46,2; Maxim. Taur. hom. 60: Migne, Patrologia Latina 57,369; Gregor M. mor. 31,47; i. Ez. 1,4,1; Augustinus, Enarratio in Psalm. 66,10; 102,9. Vielleicht dachte Hölderlin im Horizont seiner synkretistischen Konzeption zugleich daran, daß der Adler, der sich vom Irdisch-Sterblichen zum Himmel empor-

Erden gewandelt wie ein „gefangener Aar" – und wie er ist „gefangen" die Seele der Helden. Wie Christus adlergleich aus der irdischen Gefangenschaft zum Himmel zurückstrebte, so strebte auch die Seele der anderen antiken Halbgötter von der Erde zum Himmel. Bekannt ist die Himmelfahrt und Apotheose des Herakles; im Dionysos-Mythos ist dieser Zug nur marginal.

Damit gelingt es dem Dichter am Ende also doch, Christus und die anderen halbgöttlichen Gestalten, die im bisherigen Verlauf des Gedichts unvereinbar schienen, grundsätzlich als wesensgleich zu verstehen. Am Anfang der sechsten Strophe hatte er von Christus gesagt: „Es hindert aber eine Schaam / Mich dir zu *vergleichen* / Die weltlichen Männer." Nun aber, in der Schlußstrophe, gelingt dieser Vergleich, ja eine wesensmäßige Gleichsetzung. Deshalb erhält der Vergleich zwischen Christus und den anderen antiken Halbgöttern nicht die sprachlich normale Form eines „wie ... so"-Vergleichs, vielmehr tritt an die Stelle des zu erwartenden „so" ganz gezielt jenes seltsame „Dem *gleich*". Der wörtliche Anklang an die frühere Stelle, die von der

schwingt, auch Symbol der Apotheose im Heroen- (und damit auch im Kaiser-)Kult war (vgl. Artemid. 2,20; Herodian. 4,2). – Es kann hier nur angedeutet werden, daß später die christliche Tradition der Weltflucht, in der die platonisch-idealistische und dann stoische Vorstellung von der Gefangenschaft der Seele im Körper und von ihrem Drang zur Freiheit aufgegangen ist, sich gern des Adler-Bildes bedient. Ambrosius schreibt in seiner Schrift ›De bono mortis‹, in der er den Tod als Befreiung der Seele zum Höheren auffaßt (De bono mortis V, 16, Patrologia Latina 14,575): „Contendamus ad illud aeternum ... Surgamus hinc, hoc est, de saecularibus atque mundanis. Dixit enim Dominus: 'Surgite, eamus hinc' (Joan. 14,21), praecipiens ut unusquisque surgat de terrenis, erigat animam humi jacentem, ad superna attollat, excitet *aquilam suam*, et illam aquilam de qua dictum est: 'Renovabitur sicut aquila juventus tua' (Ps. 102,5, nach Luthers Zählung: Psalm 103,5). Ad *animam* hoc dictum est. *Anima ergo nostra sicut aquila alta petat* ...". Ähnlich Ambr., Expositio in Lucam VIII, 55, PL 15,1872; De sacramentis IV, 2,7, PL 16,456f. Die Bedeutung dieser Bildvorstellung bis in die Barockzeit hat eindrucksvoll dargestellt: Hans-Jürgen Schings, Die patristische und stoische Tradition bei Andreas Gryphius, Köln–Graz 1966, S. 22ff. – Wie genau Hölderlin diese Tradition der Adler-Metapher kannte, zeigt schon die frühe Tübinger Hymne ›An das Schiksaal‹ (letzte Strophe, die wie die Hymne insgesamt noch ganz im stoischen Horizont steht), und später die Hymne ›Germanien‹, in der er die in dem angeführten Ambrosius-Zitat enthaltene, auf Psalm 103,5 zurückgehende Vorstellung vom sich verjüngenden Adler aufnimmt, um sie ganz neu zu deuten.

Schwierigkeit des Vergleichens sprach, pointiert die nun gelingende Gleichsetzung.

Erst die beiden Schlußverse zeigen, warum so viel am Gelingen der Gleichsetzung Christi mit den andern antiken Halbgöttern liegt. Zuvor aber bleibt die sich verselbständigende Parenthese zwischen den beiden Teilen des Vergleichs zu erläutern.

Und viele, die
Ihn sahen, fürchteten sich,
Dieweil sein Äußerstes that
Der Vater und sein Bestes unter
Den Menschen wirkete wirklich,
Und sehr betrübt war auch
Der Sohn so lange, bis er
Gen Himmel fuhr in den Lüften.

Der logische Zusammenhang dieser Verse ergibt sich nur, wenn das „auch" („Und sehr betrübt war *auch* / Der Sohn") als ein zwischen den beiden bedeutungstragenden Aussagen sinnvoll analogiebildendes Wort verstanden werden kann. Die Furcht („Und viele, die / Ihn sahen, *fürchteten* sich [...]"), mit der Hölderlin auf die in den Evangelien oft berichtete Furcht sogar der Jünger vor der göttlichen Wirkungskraft Jesu anspielt (weshalb Jesus immer wieder sagt: „Fürchtet euch nicht!"), ist mit der Betrübnis Jesu nur dann einsehbar zu koordinieren, wenn man die gegenläufige Perspektive bei dennoch gleichem Beziehungsbereich wahrnimmt. Die Furcht der Menschen gilt dem alle gewohnten Realitätsmaßstäbe überschreitenden Wirken des Göttlich-Wunderbaren in der Realität – sie deutet auf das Erlebnis des Übermaßes, das für die irdisch-menschliche Normalverfassung zu viel ist. Ein Zuwenig dagegen signalisiert die Betrübnis Christi: Er fühlt sich in der irdisch-menschlichen Normalverfassung „gefangen". Von beiden Seiten her ist demnach die Situation der Vermittlung problematisch. Auf diese Problematik kommt es an – und darauf, daß sie von beiden Seiten zwar unter entgegengesetzten Vorzeichen, aber doch im gleichen Maße besteht. Das sagt das analogiebildende „auch". Es pointiert das doppelseitige Moment des Ungemäßen, der Spannung zwischen Idealität und Realität.

Zugleich erklärt der Schlußteil der Parenthese („Und sehr *betrübt* war auch / Der Sohn so lange, bis er / Gen Himmel fuhr in den Lüften") die vorangehende Aussage, Christus habe wie ein gefangener Adler auf Erden gelebt: wie ein Adler, der wieder zum Himmel auffliegen möchte. Das ist der negative Aspekt der Tatsache, daß Christus ebenso wie die anderen Halbgötter in Menschengestalt auf Erden wirken mußte. Sie empfinden ihr Erdendasein als Gefangenschaft. Eigenwillig generalisierend deutet diese Begründung für Christi Betrübnis den biblischen Bericht von der Betrübnis Christi im Garten Gethsemane um.[53] Doch gibt es auch einen positiven Aspekt: Durch das Erdendasein Christi wurde das Göttliche ins Irdische hineinvermittelt. Was für Christus selbst Gefangenschaft und Leiden bedeutete, war für die Welt Vermittlung eines höheren Sinnes. Auf diese Vermittlung des Göttlichen ins Irdische spielen die Verse an, die sagen, daß der Vater „sein Äußerstes" tat und „sein Bestes" wirkte „unter / Den Menschen". „Unter / Den Menschen" – damit nimmt Hölderlin ebenso bedeutungsvoll wie wörtlich genau die zentrale Formulierung der ersten Strophentrias auf, in der es heißt, daß durch die irdisch sichtbaren Gestalten der antiken Götter das Göttliche „unter / Den Menschen" wirkte. Im Kontext der letzten Strophe gibt diese Formel erst ihren vollen Sinn frei, so wie überhaupt die Schlußstrophe alles früher Vorbereitete in einen erhellenden Sinnhorizont stellt.

Nicht zuletzt ist die Vermittlung des Göttlichen ins Irdische und Menschliche eine Vermittlung des Idealen ins Reale. Diesen Aspekt der „Realisierung" hebt Hölderlin mit einer pointierenden *figura etymologica* hervor. Der Vater, so heißt es, „wirkete wirklich" sein Bestes unter den Menschen. Auf die Vermittlung der göttlichen Idealität in die Realität also kommt es entscheidend an. Das ist der höhere Sinn der irdischen Gefangenschaft Christi und auch der höhere Sinn der Gefangenschaft, welche die „Seele der Helden" erdulden mußte.

Damit wird im Rückblick auch klar, daß Hölderlin in der zweiten Hälfte der fünften Strophe das Wirken des Dionysos nicht nur um der typologischen Beziehungsfülle willen verhältnismäßig ausführlich darstellt. Er sieht, das geht auch aus seinen anderen Dichtungen hervor, in allen großen Kulturphänomenen nicht profane Leistungen, sondern die Wirkung gleichsam höherer, „göttlicher" Energien in der Realität. Insgesamt ist das kultivierende Wirken des Dionysos ein Paradigma für das Wirken aller halbgöttlich-heroischen Gestalten – und auf dieses Wirken der anderen Soter-Gestalten ist es deshalb transparent.[54] Als Kulturbringer vermitteln sie das Göttliche ins Irdische.

[53] Matth. 26,38: Da sprach Jesus zu ihnen: Meine Seele ist betrübt bis an den Tod; bleibet hier und wachet mit mir!

[54] Vgl. S. 123ff.

Indem sie so in der *Welt* wirken, sind sie „weltlich" in einem sehr hohen Sinn.

Jetzt erst erhalten auch die beiden rätselhaften Schlußverse ihre Bedeutung:

Die Dichter müssen auch
Die geistigen weltlich seyn.

Das Erstaunlichste an diesen Versen, die bei normalisierter Interpunktion ein Komma nicht etwa *vor*, sondern *nach* dem „auch" haben müßten, ist das Wörtchen „auch". Denn es stellt die Dichter Christus und den anderen halbgöttlichen Erscheinungen gleich. Ja, man erkennt nun, warum sich der Dichter so intensiv der Gestalt Christi und den anderen antiken Halbgöttern zugewandt hat. Sie erscheinen ihm als mythische Metaphern seines eigenen Wesens und Schicksals. Indem er von Christus und den griechischen Halbgöttern und „Helden" sprach, handelte er metaphorisch schon von sich selbst: von der im Wesen des wahren Dichtertums angelegten Problemspannung. „Geistig" sind die Dichter wie Christus, der sich als geistiges, göttliches Wesen in der Zeit seines irdischen Wirkens gefangen fühlte, und wie die anderen, die „Helden", die sich gleichermaßen „gefangen" fühlten. Die Dichter sind also insofern „geistig", als sie eine Tendenz zum Idealen, zum Mehr-als-Weltlich-Realen haben – eine Tendenz, die sie über die Grenzen des Irdischen hinaustreibt. Dem *furor heroicus* stellt sich der *furor poeticus* an die Seite. Aber wie Christus und die anderen Halbgötter müssen auch die Dichter, trotz dieser innersten Wesenstendenz, „weltlich" sein. „Weltlich" sein müssen, das heißt hier: in der Realität ausharren, in sie das Geistige hineinvermitteln, als Medium des Göttlichen wirken, so wie Dionysos mit seinem kulturstiftenden Wirken und wie Christus, durch den der Vater auf Erden „wirkete wirklich".

Die Schlußverse sind demnach eine Selbstermahnung des Dichters, sich nicht einseitig von der Vorstellung des Idealen faszinieren zu lassen und darüber die Vermittlung dieses Idealen in die Sphäre des Realen zu versäumen. Zugleich sprechen sie dem Dichter eine wichtige Aufgabe zu. Immer wieder hat Hölderlin die außerordentliche Würde des Dichtertums betont, vor allem in der Ode ›Dichterberuf‹ und in der Hymne ›Wie wenn am Feiertage ...‹. Nirgends aber steigert er sie so ins beinahe Göttliche, wie hier, in der pindarisch entschieden abschließenden Gnome des ›Einzigen‹. In absichtlicher Hermetik – denn was hier ausgesagt wird, ist noch kühner als jene früheren Verse, in denen es heißt: „Und kühn bekenn' ich [...]" – stellen diese Schlußverse den Dichter an die Seite Christi und der anderen antiken Halbgötter. Nicht zuletzt deuten sie das Los des Dichters als ein tragisches. Es ist ein „Müssen“ – ein Ausharren gleichsam in irdischer Gefangenschaft. Das läßt sich genauer verstehen, wenn man sich jener radikal-idealistischen Tendenz Hölderlins erinnert, die ihn immer wieder von der Sehnsucht nach der Auflösung alles individuellen und realen Lebens und von der Sehnsucht nach dem Übergang ins Unendliche sprechen läßt. Das größte Beispiel dafür ist die Empedokles-Tragödie. „Und immer / Ins Ungebundene gehet eine Sehnsucht“, heißt es in der letzten Hymne ›Mnemosyne‹.

DIE HERMETISCH-GESCHICHTSPHILOSOPHISCHE HYMNE ›DER EINZIGE‹

Erstmalige Erschließung der zweiten Fassung*

Der Einzige

Was ist es, das
An die alten seeligen Küsten
Mich fesselt, daß ich mehr noch
Sie liebe, als mein Vaterland?
Denn wie in himmlischer
Gefangenschaft gebükt, in flammender Luft
Dort bin ich, wo, wie Steine sagen Apollo gieng
In Königsgestalt,
Und zu unschuldigen Jünglingen sich
Herablies Zevs und Söhn in heiliger Art
Und Töchter zeugte
Der Hohe unter den Menschen?

Der hohen Gedanken
Sind nemlich viel
Entsprungen des Vaters Haupt
Und große Seelen
Von ihm zu Menschen gekommen.
Gehöret hab' ich
Von Elis und Olympia, bin
Gestanden oben auf dem Parnaß,
Und über Bergen des Isthmus,
Und drüben auch
Bei Smyrna und hinab
Bei Ephesos bin ich gegangen;

Viel hab' ich schönes gesehn,

* Zuerst erschienen in: Jahrbuch der Deutschen Schillergesellschaft 31 (1987), S. 163–198. Zitate nach der Großen Stuttgarter Ausgabe.

Und gesungen Gottes Bild
Hab' ich, das lebet unter
Den Menschen, denn sehr dem Raum gleich ist
Das Himmlische reichlich in
Der Jugend zählbar, aber dennoch
O du der Sterne Leben und all
Ihr tapfern Söhne des Lebens
Noch Einen such ich, den
Ich liebe unter euch,
Wo ihr den lezten eures Geschlechts
Des Haußes Kleinod mir
Dem fremden Gaste verberget.

Mein Meister und Herr!
O du, mein Lehrer!
Was bist du ferne
Geblieben? und da
Ich fragte unter den Alten,
Die Helden und
Die Götter, warum bliebest
Du aus? Und jezt ist voll
Von Trauern meine Seele
Als eifertet, ihr Himmlischen, selbst
Daß, dien' ich einem, mir
Das andere fehlet.

Ich weiß es aber, eigene Schuld
Ists! Denn zu sehr
O Christus! häng' ich an dir,
Wiewohl Herakles Bruder
Und kühn bekenn' ich, du
Bist Bruder auch des Eviers, der
Die Todeslust der Völker aufhält und zerreißet den Fallstrik,
Fein sehen die Menschen, daß sie
Nicht gehn den Weg des Todes und hüten das Maas, daß einer
Etwas für sich ist, den Augenblik
Das Geschik der großen Zeit auch
Ihr Feuer fürchtend, treffen sie, und wo
Des Wegs ein anderes geht, da sehen sie
Auch, wo ein Geschik sei, machen aber
Das sicher, Menschen gleichend oder Gesezen.

Es entbrennet aber sein Zorn; daß nemlich
Das Zeichen die Erde berührt, allmälich
Aus Augen gekommen, als an einer Leiter.
Dißmal. Eigenwillig sonst, unmäßig
Gränzlos, daß der Menschen Hand
Anficht das Lebende, mehr auch, als sich schiket
Für einen Halbgott, heiliggeseztes übergeht
Der Entwurf. Seit nemlich böser Geist sich
Bemächtiget des glüklichen Altertums, unendlich,
Langher währt Eines, gesangsfeind, klanglos, das
In Maasen vergeht, des Sinnes gewaltsames. Ungebundenes aber
Hasset Gott. Fürbittend aber

Hält ihn der Tag von dieser Zeit, stillschaffend,
Des Weges gehend, die Blüthe der Jahre.
Und Kriegsgetön, und Geschichte der Helden unterhält, hartnäkig Geschik,
Die Sonne Christi, Gärten der Büßenden, und
Der Pilgrime Wandern und der Völker ihn, und des Wächters
Gesang und die Schrift
Des Barden oder Afrikaners. Ruhmloser auch
Geschik hält ihn, die an den Tag
Jezt erst recht kommen, das sind väterliche Fürsten. Denn viel ist der Stand
Gottgleicher, denn sonst. Denn Männern mehr
Gehöret das Licht. Nicht Jünglingen.
Das Vaterland auch. Nemlich frisch

Noch unerschöpfet und voll mit Loken.
Der Vater der Erde freuet nemlich sich deß
Auch, daß Kinder sind, so bleibet eine Gewißheit
Des Guten. So auch freuet
Das ihn, daß eines bleibet.
Auch einige sind, gerettet, als
Auf schönen Inseln. Gelehrt sind die.
Versuchungen sind nemlich
Gränzlos an die gegangen.
Zahllose gefallen. Also gieng es, als
Der Erde Vater bereitet ständiges
In Stürmen der Zeit. Ist aber geendet.

I. Der handschriftliche Befund und das Problem der Textkonstitution

Jedem Versuch, die zweite Fassung der Hymne zu deuten, muß eine Analyse des handschriftlichen Befundes vorausgehn, aus dem der Status dieser Fassung erkennbar wird. Da die zweite Hälfte des Textes gegenüber der ersten Fassung völlig neu gestaltet ist, die erste Hälfte aber nur an wenigen Stellen überarbeitet wurde, wirft ein Vergleich mit der ersten Fassung sogleich die Frage auf, ob es sich um eine von Hölderlin in dieser Form intendierte „Fassung" oder nur um eine philologische Konstruktion handelt, die nicht berücksichtigt, daß vielleicht unterschiedlich weit gediehene, partiell noch nicht zu Ende gebrachte oder sogar nur vorläufig formulierte Überarbeitungen vorliegen. Auch die beträchtlichen Schwierigkeiten, welche die nun ganz anders konzipierte zweite Gedichthälfte dem Verständnis bereitet – nicht zufällig gibt es noch keine sinnvoll zusammenhängende Deutung dieser Verse –, könnte an die Möglichkeit einer nur bruchstückhaften Überarbeitung der ersten Fassung denken lassen.[1]

Ausgangsstadium des hier abgedruckten Textes ist die im Homburger Folioheft stehende erste Fassung und die sich dazwischen und daneben schiebende Überarbeitungsschicht. Die Handschrift zeigt, daß Hölderlin die erste Fassung in der ersten Hälfte des Gedichts nur wenig revidierte: Nur vereinzelte Neuformulierungen stehen über den ursprünglichen; daß er dann aber die zweite Hälfte (von Vers 56 an) extrem überarbeitete – was die entsprechende Partie der Handschrift zu einer der unübersichtlichsten in der gesamten handschriftlichen Überlieferung macht. Einen guten Eindruck vermittelt das Faksimile des Homburger Foliohefts.[2] Doch wird die Aufgabe einer durchge-

[1] Aus der wissenschaftlichen Literatur seien genannt: Friedrich Beißner, Ein Hymnenbruchstück aus Hölderlins Spätzeit, in: Corona 10 (1941), S. 270–289 (zur zweiten Gedichthälfte, d. h. zu dem als „Warthäuser Fragment" überlieferten Text). – Horst Rumpf, Die Deutung der Christusgestalt bei dem späten Hölderlin, phil. Diss., Frankfurt a. M. 1958, S. 20–56. – Beda Allemann, Hölderlin und Heidegger, Zürich/Freiburg i. Br. 1954, bes. S. 57 ff. – Detlev Lüders, Gehört Hölderlins sogenanntes Warthäuser Fragment zur Hymne ›Der Einzige‹?, in: Studien zur deutschen Literatur. Festschr. für Adolf Beck, Heidelberg 1979, S. 113–124. – Michael Franz, Das System und seine Entropie. „Welt" als philosophisches und theologisches Problem in den Schriften Friedrich Hölderlins, phil. Diss., Saarbrücken 1982, S. 251–331.

[2] Friedrich Hölderlin, Sämtliche Werke. Frankfurter Ausg., Homburger

henden Entzifferung und vor allem einer angesichts des wirren Durcheinanders einigermaßen sicheren Anordnung der Überarbeitungsstufe dem Editor durch eine gut lesbare Abschrift leichtgemacht, die Hölderlin gerade von dieser Partie anfertigte, indem er sie zugleich weiter ausformulierte. Diese Abschrift ist das sogenannte Warthäuser Fragment. Es steht auf einem separaten Überlieferungsträger.[3] Offenbar empfand Hölderlin selbst die Notwendigkeit, den neu entworfenen Text aus dem durch die Überarbeitung der ursprünglichen Fassung entstandenen Chaos abzulösen und ihn sich im klaren Kontinuum auf einem neuen Blatt vor Augen zu stellen.

Unter diesen Voraussetzungen kann die Textanordnung nur an einer einzigen, allerdings entscheidenden Stelle problematisch sein: dort, wo das Warthäuser Fragment beginnt, ohne selbst die genaue Anschlußstelle an die vorausgehende Textpartie im Homburger Folioheft zu verraten. Gegen die von Beißner in der Großen Stuttgarter Ausgabe getroffene Anordnung des Textes haben sich Bedenken erhoben. Michael Franz, ein Mitherausgeber der Frankfurter Ausgabe, bezweifelt,[4] daß der Beginn der intensiven Überarbeitung, und das heißt auch: der Text des Warthäuser Fragments, dort anzuschließen sei, wo Beißner ihn plaziert – nach den Versen 54f.[5]: „Und kühn bekenn' ich, du / Bist Bruder auch des Eviers, der …" Das Warthäuser Fragment beginnt abrupt, ohne Integration einer vorausgehenden Satzkonstruktion, mit dem Vers: „Die Todeslust der Völker aufhält und zerreißet den Fallstrik." Wie schon gesagt, enthält das Warthäuser Fragment selbst kein Indiz, daß dieser Vers gerade an der von Beißner gewählten Stelle anzufügen sei. Das Indiz muß deshalb aus der chaotisch-wirren Überarbeitung im Folioheft oder aber aus syntaktischen und inhaltlichen Argumenten gewonnen werden. Der günstigste Fall wäre derjenige, in dem alle drei Argumentationsmöglichkeiten – die graphologische, die syntaktische und die inhaltliche – für die gleiche Anordnung sprächen.

Zwar ist es schwierig, aber, wie ich zu zeigen hoffe, doch möglich, einen sicheren Anhaltspunkt für den Anschluß des neu entwor-

Folioheft, Faksimile-Edition, hrsg. v. D.E. Sattler u. Emery E. George, Frankfurt a.M. 1986, S. 15–19. Die problematische Partie steht auf S. 17.

[3] Vgl. hierzu die Angaben in der Großen Stuttgarter Ausgabe, II, 2, 743, Z. 14–17, unter der Sigle H^3.

[4] Vgl. die bibliographische Angabe in Anm. 1.

[5] Nach meiner Verszählung im vorstehenden Text. Zur Abweichung von Beißners Verszählung vgl. S. 155.

fenen Textes an den bleibenden alten Bestand der ersten Hymnenhälfte zu finden. Franz setzt mit dem Hinweis auf den nach seiner Ansicht dann besseren Gesamtaufbau der Hymne den neu entworfenen Text, wie ihn zuerst in verworrener Form die Überarbeitung im Folioheft und dann in abgelöster, klarer und weiter ausgebauter Form das Warthäuser Fragment bietet, an einer späteren Stelle als Beißner ein, jenseits der Strophe sogar, in die ihn Beißner integriert hat. Dagegen sprechen drei Argumente. Erstens: der Vers „... Die Todeslust der Völker aufhält und zerreißet den Fallstrik" beginnt auf Seite 17 des Foliohefts am linken Rande neben dem Vers, der in der ersten Fassung auf die Wendung „Du bist Bruder auch des Eviers" folgte: neben dem Vers „An den Wagen spannte die Tyger" – an dessen Stelle er also doch mit einer gewissen Wahrscheinlichkeit treten sollte. Deshalb kommt Beißners Entscheidung schon vom handschriftlichen Substrat her mehr Evidenz zu. Zweitens: Die syntaktische Integration gelingt nur in der von Beißner gewählten Lösung, während Franz zu einem Eingriff in den Textbestand gezwungen ist.[6] Drittens: Ein inhaltliches Argument, das Beißner selbst wohl nicht im Sinne hatte, jedenfalls nicht anführt, und das auch Franz nicht bedenkt – ein schlagendes Argument für Beißners Lösung. In der ersten Fassung des ›Einzigen‹ heißt es, daß der „Evier" Dionysos „den Grimm bezähmte der Völker". Das ist offensichtlich das Substrat, von dem Hölderlin in der zweiten Fassung ausgeht: er steigert nun das kriegerische Unwesen, den „Grimm der Völker", zur „Todeslust der Völker" – eine Aussage, die sich wie diejenige über den „Grimm der Völker" in der ersten Fassung sinnvoll

[6] M. Franz schreibt S. 311: „Bei einer geringfügigen Änderung des Enjambements paßt der Anschluß [wie er ihn konstruiert] formal." Diese Änderung führt er auf S. 312, V. 4 (des von ihm konstituierten Textes) vor. Sie besteht in der Umstellung eines Wortes, das in der Handschrift am Versanfang steht (des Wortes „derselbe"), an das Ende des vorausgehenden Verses und in der Hinzufügung des Wortes „der", das ebenfalls in diesem Vers nicht zu finden ist und im folgenden Vers zwar nach dem Wort „derselbe" steht, aber von diesem nicht wie bei Franz durch ein Komma, sondern durch einen Strichpunkt getrennt ist (also selbst in dieser ganz anderen Position nicht den relativischen Satzanschluß bildet, den Franz konstruiert) und obendrein von Hölderlin gestrichen wurde. Aus diesem in der Handschrift (S. 17, deutlich erkennbar im Faksimile) unbezweifelbar gegebenen Befund ist zu sehen, daß Franz eine geeignete Anschlußstelle überhaupt erst formiert. Sie dient ihm als Ausgangspunkt zu einer neuen Anordnung größerer Textpartien, wodurch sich der Gesamtduktus des Gedichts verändert.

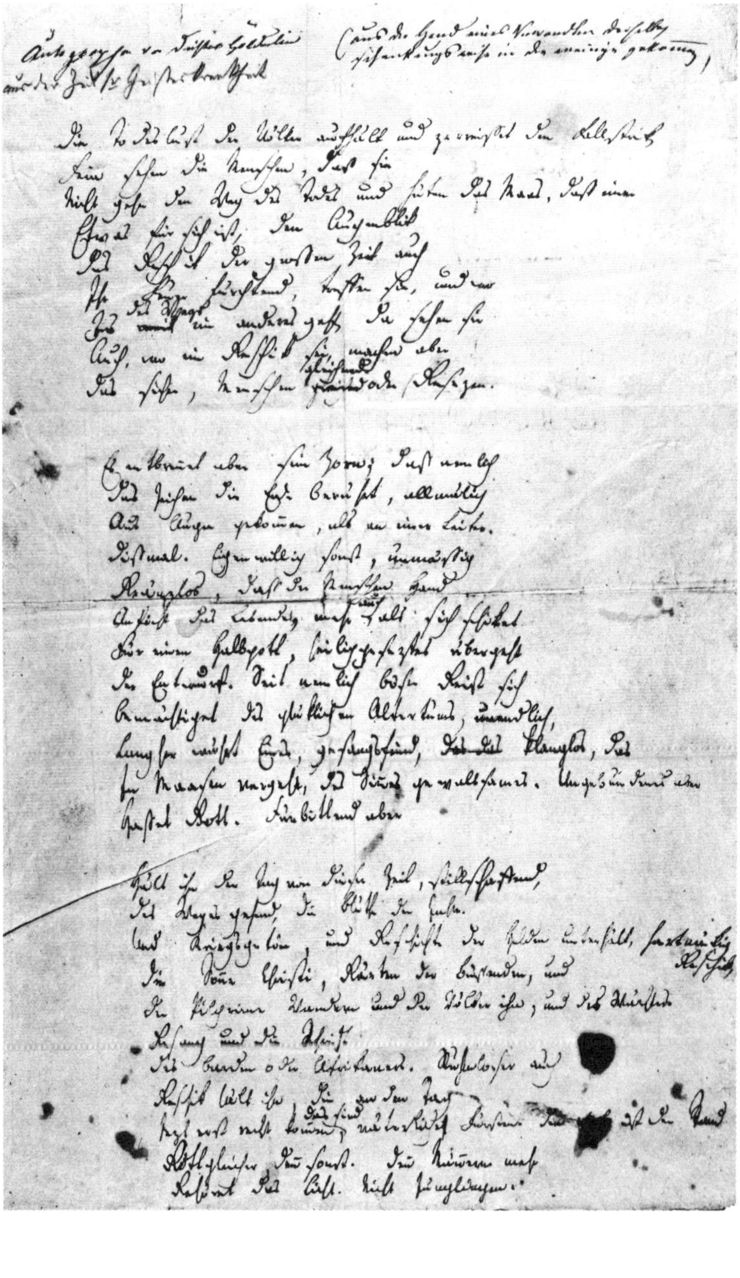

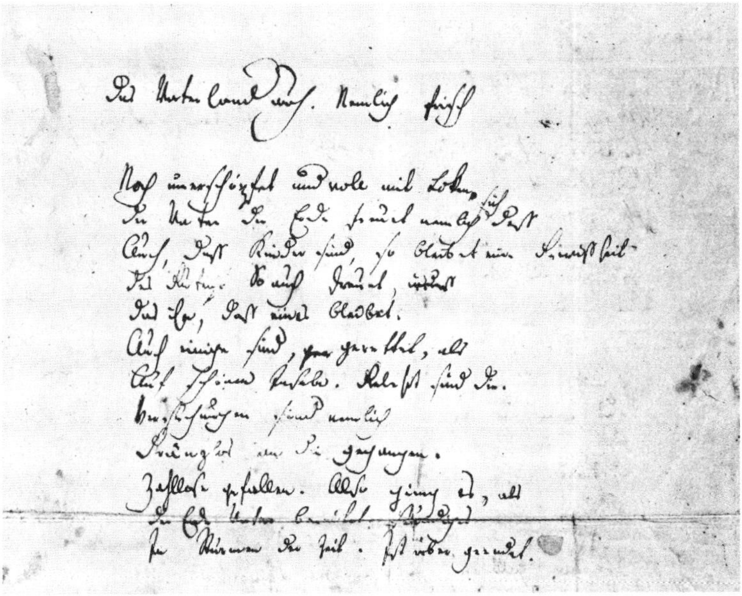

auf den „Evier" bezieht.[7] Folglich ist der neue Anschluß vollkommen stimmig:

> Und kühn bekenn' ich, du
> Bist Bruder auch des Eviers, der
> Die Todeslust der Völker aufhält und zerreißet den Fallstrik.

Ich fasse zusammen: Aus der handschriftlichen Plazierung, aus der Notwendigkeit syntaktischer Integration und aus dem inhaltlichen Verhältnis der Überarbeitungsschicht zur Grundschicht resultiert die von der Stuttgarter Ausgabe gebotene Lösung.

Nicht nur, daß der Text des Warthäuser Fragments, der mit dem Vers über die Todeslust einsetzt und bis zum Ende der zweiten Fassung reicht, in einem Zug und fast ohne Korrekturen, übrigens auch mit klarer Strophenabgrenzung geschrieben ist, weist diese Partie der

[7] Zur genaueren Erläuterung, vor allem auf dem Hintergrund der mythologischen Überlieferung, vgl. S. 127ff.

zweiten Fassung als ein von Hölderlin vollendetes Gebilde aus. Es existierte auch eine Reinschrift dieser Fassung. Von ihr sind nur die letzten sechs Verse in dem Homburger Heft G erhalten (H^4). Da sie aber genau mit den letzten sechs Versen des Warthäuser Fragments übereinstimmen, dürfte auch die vorausgehende Partie des Warthäuser Fragments einfach in die Reinschrift übertragen worden sein.

Im ganzen sah demnach der Arbeitsprozeß, der zur zweiten Fassung führte, aller Wahrscheinlichkeit nach so aus: Zuerst überarbeitete Hölderlin das Manuskript der ersten Fassung im Homburger Folioheft. Da die Überarbeitung in der zweiten Hälfte der Hymne einer vollkommenen Neufassung gleichkam und sehr unübersichtlich wurde, brachte er diese zweite Hälfte auf einem separaten Blatt in klare handschriftliche Form und baute sie dabei zugleich weiter aus. So entstand das Warthäuser Fragment, das also nicht etwa einen eigenen fragmentarischen Dichtungsansatz, sondern eine vorläufige Reinschrift *des* Teils der Überarbeitung darstellt, der dem Dichter selbst kaum noch entwirrbar scheinen mußte. Darauf folgte dann die dritte Phase: die Anfertigung einer vollständigen und abschließenden Reinschrift der zweiten Fassung insgesamt, der Hölderlin die gut leserliche und nur leicht überarbeitete erste Hälfte der Handschrift der ersten Fassung (dies läßt sich nicht vollständig sicher sagen) und dann das Warthäuser Fragment für die zweite Hälfte zugrunde legte.

Aus diesen Beobachtungen und Überlegungen ergibt sich, daß der zweiten Fassung der Status einer von Hölderlin zu einem bestimmten Zeitpunkt als abgeschlossen betrachteten „Fassung" zukommt. Natürlich ist es nicht auszuschließen, daß er Reinschriften auch von Gedichten anfertigte, die er noch nicht als genügend ausgearbeitet betrachtete, die er sich aber in einem noch vorläufigen Stadium doch im ganzen und in klarer, reinschriftlicher Form vorführen wollte, um über ein klares Substrat für weitere Umformungen verfügen zu können. Hier liegen die Grenzen philologischer Erkenntnis, soweit es sich um die Deutung handschriftlicher Befunde an sich handelt. Doch vermag die Interpretation des Textes zusätzliche Evidenz zu bringen, wenn sie eine in reinschriftlicher Form vorliegende „Fassung" als ein sinnvolles sprachliches und gedankliches Kontinuum erweist – so wie umgekehrt der von der Form der handschriftlichen Überlieferung her wahrscheinlich gemachte Charakter der „Fassung", d. h. eines vom Dichter selbst zu einem bestimmten Zeitpunkt als in sich geschlossen und abgeschlossen betrachteten Gebildes, für den Editor wie den Interpreten eine wichtige Statusbestimmung enthält.

Von Beißners Text in der Großen Stuttgarter Ausgabe weicht der am Anfang dieser Abhandlung gedruckte in den Versen 50–55 ab. Dementsprechend ändert sich von dieser Stelle ab die gesamte Verszählung gegenüber der Großen Stuttgarter Ausgabe und den ihr folgenden Lese-Ausgaben. Beißner hat die Verseinteilung der Handschrift geändert, indem er jeweils zwei Verse zu einem einzigen zusammenfügte – wahrscheinlich, um für die viertletzte Strophe die gleiche Verszahl zu erzielen, wie sie die folgenden drei Strophen haben, und vielleicht auch, um ähnlich lange Verse zu erhalten, wie sie für die folgende Partie des Warthäuser Fragments überliefert sind. Wenn man Hölderlins Formabsichten kennt, spricht manches dafür, daß Beißner ganz im Sinne Hölderlins verfahren ist. Indessen läßt es sich nicht vertreten, in dieser eigenmächtigen Weise über den Stand der Überlieferung hinauszugehen. Es bleibt die in der Tat auffällige Beobachtung, daß die Verszahl der viertletzten Strophe (noch?) von derjenigen der drei Schlußstrophen abweicht, die jeweils zwölf Verse haben, und ferner, daß diese Fassung des Gedichts überhaupt sehr ungleiche Verse aufweist. Alles, was vor der vom Warthäuser Fragment abgedeckten Partie steht, ist in relativ kurzen Versen gehalten, die in Gestalt des Warthäuser Fragments überlieferte zweite Hälfte des Gedichts dagegen hat überwiegend lange Verse – die letzte Strophe kehrt dann allerdings wieder zu kurzen Versen zurück. Hölderlin scheint die von ihm sonst so entschieden gewahrte formale Einheitlichkeit beim Ringen um eine neue Konzeption hintangestellt oder aber die formende Arbeit in diesem Stadium doch noch nicht ganz abgeschlossen zu haben.

Endlich bleibt auf einige Unsicherheiten in der ersten Hälfte des Gedichtes hinzuweisen. Wie schon gesagt, hat Hölderlin hier nur an wenigen Stellen die ursprüngliche Fassung überarbeitet, einige Stellen sogar mehrmals. Der Status dieser Überarbeitungen – im Prinzip kann es sich in einigen Fällen auch nur um versuchende Ansätze handeln, die vielleicht besser als bloße Varianten betrachtet würden – ist schwer zu bestimmen. Nicht weniger schwierig ist die Entscheidung für die Zuordnung oder Nichtzuordnung bestimmter Überarbeitungen gerade zu dem Stadium, das in der zweiten Gedichthälfte durch den Text des Warthäuser Fragments repräsentiert wird. Weder vom Duktus der Handschrift noch von der Tintenfarbe her ergeben sich sichere Kriterien. Ich folge hier unter Vorbehalt Beißners Text, da jede andere Entscheidung ähnliche Unsicherheitsfaktoren enthielte wie die seine. Immerhin sei bemerkt, daß die möglichen Abweichungen geringfügig sind und daß der Duktus des Gedichts im ganzen davon nicht tangiert wird.

II. Deutung des Textes

Da die Anfangspartie der zweiten Fassung weitgehend der ursprünglichen Fassung entspricht, beschränkt sich die nun folgende erstmalige Erschließung des hermetischen Textes auf die durchgehend neu formulierten Strophen des zweiten Teils, also auf den Text, den das Warthäuser Fragment bietet und der keinerlei Unsicherheiten enthält. Für die Anfangspartie weise ich auf meine Analyse der gesamten ersten Fassung hin.[8] Allerdings wird nach der Deutung des jetzt im Vergleich zur ersten Fassung so grundlegend anders erscheinenden zweiten Teils der Hymne auch die Frage nach dem Verhältnis zur Anfangspartie: nach der Integration und damit nach einem etwa doch auch neuen Gesamthorizont der Hymne zu stellen sein. Denn wenn sich ein so wesentlicher Teil eines Gedichts entschieden ändert, ist das Gedicht nicht nur in diesem Teil, sondern in der Gesamtheit seiner Bezüge ein anderes. Nicht zuletzt interessiert das Verhältnis der zweiten Fassung zur ersten – die Frage, inwiefern hier eine Neukonzeption vorliegt.

Ich beginne mit der Stelle, an der die völlige Neufassung einsetzt: mit der fünften Strophe der ersten Fassung. In ihr heißt es, daß der „Evier“ Dionysos „an den Wagen spannte die Tyger“, daß er, „gebietend freudigen Dienst“, „den Weinberg stiftet“ und „den Grimm bezähmte der Völker“. Das läßt sich nicht nur als der mythologischen Überlieferung entsprechende Illustration für das kulturstiftende Wirken des Dionysos verstehen, in der sich zugleich die mythische Transparenz auf das Wirken der „Brüder“ Herakles und Christus herstellt.[9] Zugleich wird eine besondere Tendenz spürbar, die sich in den späteren Überarbeitungen verstärkt. Das Anspannen der Tiger wie das „Bezähmen“ der Völker deutet auf die Bändigung elementar-zerstörerischer Kräfte, und das „Stiften“ des Weinbergs, das *pars pro toto* für alle kulturellen Gründungsaktivitäten steht, hat ein eigentümlich institutionelles Valeur. Gewiß entspricht auch dies der allen drei „Brüdern“ gemeinsamen soteriologischen Dimension, denn die antike Überlieferung stilisierte gerade den Soter in einem festen, Hölderlin geläufigen Schema sowohl zum Wohltäter (εὐεργέτης)[10] als auch zum „Stifter“ und Begründer (κτίστης) von kultischen wie im weitesten

[8] S. 106ff.

[9] Vgl. S. 123ff.

[10] Hierzu speziell: B. Kötting, Artikel ›Euergetes‹, in: Reallexikon für Antike und Christentum 6, Sp. 848–860 (mit Literaturangaben).

Sinn zivilisatorischen Einrichtungen.[11] Doch fällt diese Tendenz zum Institutionellen um so mehr auf, als gerade der „Evier“ Dionysos, den der Dichter noch in der Elegie ›Brod und Wein‹ dem „frohlockenden Wahnsinn“ zuordnet, nun im Gegenteil als Kulturbegründer und Zivilisationsgott erscheint.

Die zweite Fassung betont diese Wendung noch mehr. Es geht nun darum, den Drang zum Maßlosen, zum „Ungebundenen“ und Grenzenlosen, kurz: zum Empedokleischen und im konventionellen Sinn Dionysischen zu mäßigen und so das menschlich-irdische Dasein zu sichern. Nicht zuletzt dieses neue Anliegen führte zur Ersetzung der ursprünglichen zweiten Hälfte der Hymne durch die neuen Strophen, und erst auf dieser Basis entfaltet sich nun eine spezifisch geschichtliche Reflexion.

Bereits der Einsatz ist charakteristisch. Während die erste Fassung von Dionysos sagt, er habe den Grimm der Völker bezähmt, heißt es nun, daß er „die Todeslust der Völker aufhält“. Die „Todeslust“ meint nicht mehr wie der „Grimm“ der Völker ihre Streitlust, d. h. ein barbarisch-kriegerisches Verhalten, dem der mythologischen Überlieferung entsprechend Dionysos entgegenwirkt, vielmehr einen selbstzerstörerischen Drang ins „Ungebundene“, von dem der in dieser letzten Schaffensphase von den Schüben der Nervenkrankheit zunehmend bedrohte Dichter in beschwörenden Formeln spricht. Er entwickelt nun ein neues Sensorium für alles, was Halt, Festigkeit, Maß und Grenze gewährt und damit das konkrete Dasein sichert. Daß dies allerdings nur ein Binnenaspekt im Horizont einer übergeordneten Konzeption von der Gesetzmäßigkeit *geschichtlicher* Abläufe ist, wird noch zu zeigen sein.

Der Evier Dionysos „zerreißet den Fallstrik“ – eine im Horizont des Dionysos-Mythos zunächst unverständliche Aussage, da es sich um eine klare Anspielung auf Biblisches handelt. Wie so oft in seiner späten Dichtung deutet Hölderlin auch diese biblische Vorstellung in ganz eigenem Sinn um. Der Vers 21,35 im Lukas-Evangelium („denn wie ein Fallstrick wird er kommen über alle, die auf Erden wohnen“) bezieht sich auf das Welt-Ende und meint mit dem Bild des Fallstricks das Plötzliche und Unvorhersehbare dieses Welt-Endes, das auch sonst immer wieder warnend beschworen wird, etwa in den bekannteren Worten, daß der Jüngste Tag „wie ein Dieb in der Nacht“

[11] Zur Verbindung beider Begriffe mit dem Typus des „Soter“ vgl. Paul Wendland, ΣΩΤΗΡ. Eine religionsgeschichtliche Untersuchung, in: Zeitschr. f. d. neutest. Wissensch. u. d. Kunde des Urchristentums 5 (1904), S. 335–353.

kommt. Das Treten in einen Fallstrick ist Metapher für das Überraschend-Verhängnisvolle des Welt-Endes – die Bibel leitet daraus immer wieder die Forderung ab, wachsam zu sein und sich innerlich vorzubereiten. Hölderlin übernimmt die Metapher, um sie sehr frei seinem Gedankengang anzuverwandeln. Wenn Dionysos, der die Todeslust der Völker aufhält, den Fallstrick zerreißt, dann kann damit nur gemeint sein, daß er den todbringenden Untergang, der in der Bibel unabwendbar hereinbricht, abwendet, und ferner, daß dieses tödliche Ereignis nicht göttlich verhängt, sondern gerade umgekehrt ein Verhängnis ist, in das die Menschen durch ihre eigene „Todeslust" zu geraten drohen und vor dem er, der Gott, sie bewahrt.

„Fein sehen die Menschen, daß sie / Nicht gehn den Weg des Todes und hüten das Maas, daß einer / Etwas für sich ist." Auch diese Verse sind ganz von der dem Dionysos zugeschriebenen Eindämmung der „Todeslust" bestimmt. Die unter seinem Zeichen stehenden Menschen suchen das Dasein in sicheren Grenzen zu bewahren. Der Gedanke der Individualität und der *Bewahrung* der Individualität angesichts des entgrenzenden Drangs ins „Ungebundene" erhält im ganzen Spätwerk Hölderlins große Bedeutung, und in diesem Horizont gewinnen eigentümlich formelhaft eingesetzte Elemente, wie das auch hier erscheinende „Etwas", ihre esoterische Wertigkeit.[12] Doch ist die Esoterik dieses Sprechens keine individuell-beliebige. Im Gegenteil, ihr kommt eine terminologische Bestimmtheit zu, die sich aus einer großen philosophischen Tradition herleitet. An einer Stelle läßt Hölderlin sie direkt hervortreten: in dem späten Entwurf, in dem er von der „apriorität des Individuellen über das Ganze" spricht,[13] in Anspielung auf den von Aristoteles erklärten ontologischen Vorrang, auf die πρώτη οὐσία der einzelnen, konkreten, individuellen Lebenserscheinung vor dem Allgemeinen als dem Sekundären. Der von Aristoteles zur Bezeichnung dieser Einzel-Individualität festgesetzte Terminus τόδε τι,[14] das „Etwas", dem auch Hegel besondere Bedeutung verleiht, wird in Hölderlins später Dichtung und in den Anmerkungen zu seiner Sophokles-Übersetzung zur zentralen Chiffre der Individualität. In der Ode ›Blödigkeit‹ heißt es, mit Betonung der auf etwas Konkret-Bestimmtes gerichteten Aufgabe der Dichter, sie seien zu

[12] Vgl. Jochen Schmidt, Hölderlins später Widerruf in den Oden ›Chiron‹, ›Blödigkeit‹ und ›Ganymed‹, Tübingen 1978, S. 128ff.

[13] II, 339, Bruchstück 81.

[14] Metaphysik 1029a 28, 1030a 19, 1037b 27; vor allem Kategorien 3b 10ff., auch Kat. 3b 12.

„etwas“ gut (V. 21); in den ›Anmerkungen zum Oedipus‹ (V, S. 195, Z. 13f.), man habe „unter Menschen [!], bei jedem Dinge, vor allem darauf zu sehen, daß es Etwas ist ...“. Hegel bestimmt das „Etwas“ in der ›Wissenschaft der Logik‹ als „ein bestimmtes Seiendes“.[15] „Das Etwas“, folgert er, sei „die erste Negation der Negation“,[16] ja er sieht es nur „seiend als Negation der Negation“.[17] Es ist nur „durch die Grenze das, was es ist“: in ihr hat es seine Qualität.[18] „Das Dasein“, konstatiert er in der ›Enzyklopädie der philosophischen Wissenschaften‹, „als in dieser seiner Bestimmtheit *in sich* reflektiert ist *Daseiendes, Etwas*“[19] (Hegels Hervorhebungen). In solchem philosophischen Kontext wird deutlich, daß es darauf ankommt, Hölderlins späte Texte in ihrer reflektierten und bis ins Entschieden-Terminologische gehenden Bestimmtheit zu verstehen, statt sie irrationalistisch als dunkle Orakelsprüche zu goutieren, wie dies in einer nicht neuen, aber doch wieder neu in Mode kommenden Hölderlin-Rezeption üblich ist. Das gilt auch für die folgenden Verse.

Im zweiten Brief an Boehlendorff sieht der „von Apollo geschlagene“ Dichter das Wesentliche aller Kunst in der „Sicherheit“ und Abgegrenztheit der individuellen Gestalt – darin, daß sie alles „für sich selbst erhält“ (VI, Nr. 240, Z. 32). Dieses „Für sich selbst“ ist eine wichtige aristotelische Individualitätsbestimmung: das καθ' ἕκαστον.[20] Hegel nimmt sie in seinem Werk immer wieder auf. In der ›Phänomenologie des Geistes‹ spricht er von „den Individuen ... die sich ... vom Ganzen losreißen und dem unverletzbaren *Fürsichsein* [Hegels Hervorhebung] und (der) Sicherheit der Person zustreben“.[21] Es komme darauf an, daß „die Seele sich ihr Fürsichsein“ bewahrt: dann „ist sie nicht bloß für sich, sondern *setzt* sich auch als für sich seiend ... So erst hat die Seele ihre wahrhafte Individualität erreicht“, heißt es in der ›Enzyklopädie der philosophischen Wissenschaften‹.[22] In den ›Vorlesungen über die Geschichte der Philosophie‹ endlich

[15] G. W. F. Hegel, Werke in 20 Bdn., Frankfurt a. M. 1970 u. ö. (Theorie Werkausg.; künftig zitiert: Hegel, Werke), Bd. 5, S. 84.

[16] Hegel, Werke, Bd. 5, S. 122ff.

[17] Ebd., S. 124.

[18] Ebd., S. 136.

[19] Hegel, Werke, Bd. 8, S. 195.

[20] Aristoteles, Metaphysik VII, 1028a 27.

[21] Phänomenologie des Geistes, hrsg. v. Johannes Hoffmeister, 6. Aufl., Hamburg 1952 (Philos. Bibl. Bd. 114), S. 324.

[22] Hegel, Werke, Bd. 10, S. 96.

definiert Hegel das „Individuum" als das „Fürsichseiende, sich selbst Bestimmende".[23] Zusammen mit dem „Etwas", dem τόδε τι, erscheint die gleiche Individualitätsbestimmung des „Für-sich-Seins" in der zweiten Fassung des ›Einzigen‹ dort, wo davon die Rede ist, daß die Menschen hüten das Maß, „daß einer / *Etwas für sich* ist". So erst wird verständlich, warum das „Etwas" emphatisch ins Vers-Enjambement gerückt ist; verständlich auch, warum Hölderlin, obwohl er doch im Plural von „den Menschen" spricht, nicht sagt, daß sie etwas für sich sein wollen, sondern im Singular, sie sähen darauf, daß „einer" etwas für sich ist. Denn auch der Singular ist eine Grundkategorie des Individuellen – Aristoteles bezeichnet sie mit dem Ausdruck ἓν ἀριθμῷ. Wie bewußt diese Formulierungsstrategie ist, zeigt die Analogie in der letzten Strophe der Ode ›Blödigkeit‹. „Gut auch sind und geschikt *einem* zu *etwas* wir", heißt es darin von den Dichtern, „wenn wir kommen, mit Kunst, und von den Himmlischen / *Einen* bringen" (V. 21–23).[24] Wie schon Aristoteles beharrt auch Hegel immer wieder auf dem numerisch Einen, auf dem Singularischen, als einer Fundamentalbestimmung der Individualität. „Das Fürsichseiende ist das numerische Eins."[25] Als „Bestimmung des Fürsichseins", also der Individualität, hebt er in den ›Vorlesungen über die Geschichte der Philosophie‹ die Kategorie des numerisch Einen immer wieder hervor.[26] In der ›Logik‹ bezeichnet er die „Einzelheit" als „Prinzip der Individualität und Persönlichkeit".[27]

Angesichts des chaotischen Drangs zur Auflösung individuellen Daseins kommt es auf die Bewahrung der Individualität an. Hölderlin bezeichnet diesen Drang als „Todeslust". Sie droht auf den „Weg des Todes" zu führen. Nicht als „dionysisch"-rauschhafter, ekstatisch das Leben der Menschen über die Grenzen des individuellen Daseins hinaustreibender Gott wird Dionysos in dieser späten Hymne begriffen, sondern umgekehrt: als der Gott, der dieser Tendenz zur tödlichen Entgrenzung entgegenwirkt. Doch verkehrt Hölderlin das Wesen des Dionysos, wie es die mythologische Überlieferung darstellt, keineswegs willkürlich ins Gegenteil. Die mythologischen Traditionen selbst – und gerade die bedeutendsten Mythographen der Antike, Diodor

[23] Hegel, Werke, Bd. 20, S. 170.

[24] Vgl. hierzu das in Anm. 12 genannte Buch S. 131.

[25] Hegel, Werke, Bd. 4, S. 15.

[26] Bei Leukipp (Hegel, Werke, Bd. 18, S. 356), bei Plotin (Bd. 19, S. 453f.) und bei Proklos (Bd. 19, S. 499f.).

[27] Hegel, Werke, Bd. 6, S. 297.

und Apollodor, deren Darstellung ihn auch indirekt über Hederichs ›Gründliches mythologisches Lexicon‹ und andere Werke dieser Art erreichen mußte – boten ihm diese Sicht.[28] Schon die erörterten Eigenschaften des Wohltäters (εὐεργέτης) und Gründers (κτίστης), die Dionysos vor allem mit seinen kulturellen Stiftungen und zivilisatorischen Gründungsaktivitäten bewährt, rücken ihn in die Dimension des Irdisch-Bleibenden, der festen Bindung und der sicheren Form. An diese Schicht der mythologischen Überlieferung knüpft Hölderlin an. Im Zeichen des Dionysos sehen deshalb die Menschen darauf, daß sie „nicht gehn den Weg des Todes und hüten das Maas, daß einer / Etwas für sich ist".

Die Fortsetzung dieses Satzes: „... den Augenblik / Das Geschik der großen Zeit auch / Ihr Feuer fürchtend, treffen sie ..." ist im Gefolge der Kleinen Stuttgarter Ausgabe mit ihrer normalisierten Interpunktion in sämtlichen Hölderlin-Ausgaben falsch interpungiert und damit dem adäquaten Verständnis entzogen worden. Nach dem „auch" in dem Vers „Das Geschik der großen Zeit auch" darf kein Komma stehen. Wenn überhaupt normalisiert werden soll, dann müßte das Komma vor dem „auch" stehen. Denn aus dem schon erläuterten Gesamthorizont und den vorausgehenden Versen entsprechend, die davon handeln, daß die Menschen das „Maas" hüten und das individuelle Dasein bewahren wollen, kann keineswegs gemeint sein, daß die Menschen das „Geschik der großen Zeit" suchen – und dann kann auch der „Augenblik", den sie „treffen", nicht mit diesem „Geschik" gleichzusetzen sein. Im Gegenteil: Wenn die Menschen, die das „Maas" hüten und ihr individuelles Leben bewahren, den „Augenblik" „treffen", dann ist dieser Augenblick das ganz abgegrenzte, individualisierte Zeit-„Maß": die *kleine*, ins Ungefährliche reduzierte und in sich geschlossene Zeiteinheit, gegenüber der „*großen* Zeit", ihrem Sog und ihrem über alles beschränkte Daseinsmaß hinausreißenden „Feuer", das die Menschen „fürchten".

Nun wird die übergeordnete Konstruktion noch einmal aufgenommen („*Fein sehen die Menschen, daß sie* / Nicht gehn den Weg des Todes ..."): „und wo / Des Wegs ein anderes geht, *da sehen sie* / Auch, wo ein Geschik sei, machen aber / Das sicher, Menschen gleichend oder Gesezen ...". Wieder ist dies im Sinne des vorsichtigen Achthabens auf alles Entgrenzend-Chaotische zu verstehen. Die Menschen „sehen": achten darauf, „wo / Des Wegs ein anderes geht". Jedes „andere" ist ein Nicht-Eigenes und insofern eine mögliche Be-

[28] Vgl. S. 124ff.

drohung der eigenen Individualität durch ein „Geschik". In dieser Hinsicht wird es vorsichtig geprüft. Sofern tatsächlich ein drohendes „Geschik" mit dem „anderen" verbunden scheint, wird dieses „Geschik" seiner Andersheit beraubt und ins Eigene umgeformt: anthropomorph und „positiv" dingfest gemacht. Die Menschen machen es „sicher, Menschen gleichend oder Gesezen". Es kann hier nicht genauer erörtert werden, in welcher Weise Hölderlin mit dem Begriff des „anderen" in die von Platons ›Sophistes‹ und der aristotelischen ›Metaphysik‹ ausgehende, über Plotin, Nikolaus von Kues bis zu Hegel und noch weiterreichende Begriffsentwicklung der „Andersheit" (ἑτερότης, alteritas) gehört. Es mag der Hinweis genügen, daß sich der Begriff des „anderen" bei Hegel ebenfalls mit dem Individualitätsproblem verbindet. In der ›Wissenschaft der Logik‹ bezeichnet er das „Andere" als „Negation des Etwas",[29] um dann ausführlich die Opposition des „Etwas" zum „Anderen" zu behandeln[30] – die gleiche Opposition, die Hölderlin in der zweiten Fassung des ›Einzigen‹ pointiert. Die Analogien in Hölderlins Werk zeigen, daß das „andere" auch für ihn ein terminologisch fixiertes Sprachzeichen ist, das sich immer auf das den menschlichen Bereich Transzendierende: auf das „Göttliche" und die „dämonische" Ergriffenheit des Menschen bezieht. Am Schluß der Ode ›An die Hofnung‹ steht folgender Anruf an die Hoffnung (V. 17ff.):

O du des Aethers Tochter! erscheine dann
Aus deines Vaters Gärten, und darfst du nicht
Ein Geist der Erde, kommen, schrök', o
Schröke mit *anderem* nur das Herz mir.

Hier wird also das „andere" als ergreifendes „Geschik" herbeigesehnt – die Hymne ›Der Einzige‹ spricht im Gegenteil von domestizierender Einbindung, weil nur so das Eigene bewahrt werden kann. Daß die Menschen das „andere" seiner Andersheit berauben, indem sie es domestizieren, „sicher, Menschen gleichend oder Gesezen" machen, ist immer noch eine Wirkung des „Eviers" Dionysos und des von ihm ausgehenden, gegen die entgrenzende Todeslust gerichteten Daseinsprinzips. Denn gerade unter dem Aspekt der „Gesetze" entspricht das wiederum direkt der mythologischen Überlieferung. Diodorus Siculus, der für Hölderlin direkt oder indirekt wohl wichtigste antike Mythograph, schreibt,

[29] Hegel, Werke, Bd. 5, S. 124.
[30] Ebd., S. 125–131.

Dionysos habe „die Verehrung des Göttlichen gelehrt, *Gesetze eingeführt* und auch Gerichte“ (Diod. II, 38: τιμᾶν καταδεῖξαι τὸ θεῖον καὶ νόμους εἰσηγήσασθαι καὶ δικαστήρια). Daß Hölderlin diese Überlieferung kannte, geht schon aus der Ode ›Dichterberuf‹ hervor. „Gieb die Geseze“, fordert dort das lyrische Ich den Dichter zu seinem Dichterberuf auf, „du nur / Hast der Eroberung Recht, wie Bacchus“ (V. 6–8). Wie die anderen, gegen alles Chaotische und Entgrenzende gerichteten Bestimmungen in der fünften Strophe des ›Einzigen‹ gehören also auch die „Geseze“ zur Sphäre des Dionysos.

Sosehr Hölderlin das Bedrohliche des „Geschiks“ und das ans Irdische bindende Ethos der Individualitätsbewahrung in dieser Spätzeit betont, so sehr denkt er doch auch im Horizont einer geschichtlichen Dialektik. In diesem Horizont bewirkt der vollständige Rückzug ins Individuell-Eigene, auf den umgrenzten „Augenblik“, auf das kluge „Maas“ und das positive „Gesez“ auch eine Verkümmerung der menschlichen Existenz. Sie droht der Vermittlung zum Ganzen verlustig zu gehn, ohne die keine legitime Individualität bestehen kann. Was hier in mythologischer Rede als ein Verhältnis von Gottheit und Menschheit dargestellt wird, ist die Mythologisierung dieser sowohl philosophischen wie geschichtlichen Problematik. Hölderlin entwikkelt sie in den folgenden Strophen, indem er, ähnlich wie in der Rhein-Hymne, zwei Möglichkeiten neuer Ganzheitserfahrung annimmt. Tragisch verläuft der geschichtliche Prozeß, wenn es zur vollständigen Erstarrung im „Positiven“ und dann notwendigerweise auch zum Umschlag in die reine Negativität, vom „Gesez“ ins Chaotisch-Gesetzlose, vom „Maas“ ins „Unmäßige“ kommt. Die andere, harmonische Möglichkeit ist die der Vermittlung. Während der radikale Umschlag vom – wie Hölderlin in den ›Anmerkungen zur Antigonä‹ sagt – δυσμορον, vom schlechthin Schicksallosen in die maßlose Erfahrung eines großen „Geschiks“ zerstörerisch ist, führt solche Vermittlung zum Ausgleich. Das „Geschik“ ist dann in „Geschichte“ aufgehoben: in einem Lebens- und Geschehenszusammenhang, in dem sich das Irdische als individuelles Dasein bewahren und sich durch Integration in einen größeren Zusammenhang doch als sinnvoll erfahren läßt. Diese Reflexion entfalten die folgenden Strophen.

Es entbrennet aber sein Zorn; daß nemlich
Das Zeichen die Erde berührt, allmälich
Aus Augen gekommen, als an einer Leiter.
Dißmal. Eigenwillig sonst, unmäßig
Gränzlos, daß der Menschen Hand

Anficht das Lebende, mehr auch, als sich schiket
Für einen Halbgott, heiliggeseztes übergeht
Der Entwurf. Seit nemlich böser Geist sich
Bemächtiget des glüklichen Altertums, unendlich,
Langher währt Eines, gesangsfeind, klanglos, das
In Maasen vergeht, des Sinnes gewaltsames. Ungebundenes aber
Hasset Gott ...

Das Entbrennen des Zorns ist mythisierende Metapher für das Einsetzen der Reaktion auf die Reduktion des menschlichen Daseins ins „Positive“, wo Individualität in Erstarrung und Isolation überzugehen droht. Wie auch sonst in Hölderlins Spätwerk ist „Zorn“ nicht etwa als moralische Empörung, sondern als Entladung einer irrationalen Ganzheitsenergie gegen die Sphäre des sich isolierenden Allzu-Rationalen zu verstehen.[31] Die Gottheit repräsentiert die Sphäre des Ganzen, das nun im „Zorn“ zu neuer geschichtlicher Geltung kommt. Das „daß“ in dem folgenden Satz: „daß nemlich das Zeichen die Erde berührt“, ist final zu verstehen. Der „Zorn“ entbrennt, *damit* das „Zeichen“ einer höheren, „göttlichen“ Sinnhaftigkeit, das aufgrund einer zunehmenden Erstarrung des menschlichen Daseins im Positiven „allmälich / Aus Augen gekommen“ ist (dieser Passus ist parenthetisch), wieder „die Erde berührt“. Und zwar nicht unmittelbar – solche Unmittelbarkeit wäre ein chaotisch zerstörendes „Geschik“, dessen Übermaß das irdische Dasein zerstören müßte –, sondern durch Vermittlungen: „als an einer Leiter“. In einer Variante der ersten Fassung findet sich die analoge, ebenfalls aus neuplatonischer Tradition zu verstehende Vorstellung,[32] daß das Himmlische „treppenweise“, d. h. durch stufenweise Vermittlung, sich mit der Welt verbindet.

Der Darstellung dieser harmonischen Möglichkeit folgt das tragische Gegenmodell. In einer beschwörend anmutenden Diktion heißt es, daß es sich „dißmal“, in dem jetzt – wie noch zu sehen sein wird: seit dem Erscheinen Christi – gültigen Geschichtszusammenhang, um die soeben genannte Vermittlung handelt. Dem „dißmal“ steht ein „sonst“ entgegen: „eigenwillig *sonst*, unmäßig / gränzlos“. Der Gedankengang ist folgender: wenn es „dißmal“ nicht so wäre, wie soeben dargestellt, nämlich ein Vermittlungsvorgang, *dann* („sonst“) geschähe das „Unmäßige“, „gränzlos“. Diese hier abwehrend beschwo-

[31] Vgl. Jochen Schmidt, Der Begriff des Zorns in Hölderlins Spätwerk, in: Hölderlin-Jahrb. 15 (1967/68), S. 128–157.

[32] Hierzu S. 116ff.

rene Gefahr wäre im Gegensatz zu dem harmonischen Vermittlungsgeschehen, das von der übergeordneten Ganzheitssphäre: von der Gottheit ausgeht, „eigenwillig“ von „der Menschen Hand“ in zerstörerischer Weise initiiert. Hier kommt besonders die Gefahr des „Halbgotts“ zur Sprache, daß er sich nicht als vom Ganzen, vom großen, „göttlichen“ Lebenszusammenhang her inspirierten und insofern von diesem Lebenszusammenhang getragenen und legitimierten Mittler begreift; daß er vielmehr autonom, „eigenwillig“ der Welt wieder sinnhaftes Dasein verleihen zu können glaubt. Aus solcher Hybris entstünde nur Zerstörung, nicht zuletzt Selbstzerstörung. Das zeigt sich am Schicksal des Empedokles, in der siebten und achten Strophe der Rhein-Hymne ist es der Fluch des Prometheus und des Herakles, und diese Gefahr bedroht auch den Dichter, der ebenfalls die Problematik einer „halbgöttlichen“ Mittlerfunktion zu bestehen hat. Am eindrucksvollsten zeigt dies die Hymne ›Wie wenn am Feiertage . . .‹.

Indem Hölderlin hier in dieser Strophe des ›Einzigen‹ vom „Halbgott“ spricht, meint er gerade den Dichter. Darauf weist nicht nur der „Entwurf“, der das „Heiliggesezte“ zu „übergehen“ und so den realen geschichtlichen Zustand durch eine eben deshalb ungültige Fiktion zu übereilen droht. Auf die Problematik des Dichtertums deutet auch die sonst ganz verloren wirkende Klage des folgenden Satzes über das „gesangsfeindliche“ und „klanglose“ Schicksal seit dem Ende des Altertums. Gesangsfeindlich und klanglos ist es, weil nur eine erfüllte Zeit, wie sie dem „glücklichen Altertum“ beschert war, das ideale Umfeld für den Dichter und seinen „Gesang“ ist. So aber kommt ihn die verzweifelte Frage an, die er in der Elegie ›Brod und Wein‹ formuliert: „Wozu Dichter in dürftiger Zeit?“ Diese dürftige Zeit ist „gesangsfeind“ und deshalb „klanglos“. In sinnzerstörender Weise droht sie, sich des Dichters zu bemächtigen: als ein „des Sinnes gewaltsames“ Los.

Und nun die entscheidende gedankliche Konstruktion: Weil dies so ist und der Dichter die negative geschichtliche Situation kaum zu ertragen vermag, gerät er in Versuchung, sie im „Entwurf“ utopisch zu übereilen. Deshalb läßt Hölderlin den neuen Satz mit einem nachträglich erklärenden „nemlich“ beginnen: „Seit nemlich böser Geist sich / Bemächtiget des glüklichen Altertums, unendlich, / Langher währt Eines, gesangsfeind, klanglos . . .“ Das Leiden unter diesem Zustand verführt zum „Entwurf“, der illegitim ist, weil er „eigenwillig“ den sich allein in der Geschichte gültig verwirklichenden Sinn „übergeht“. Mit dieser Warnung vor voreiliger Eigenmächtigkeit, die den Gang der Geschichte zu einem guten Ende nicht abwarten kann, stimmt die zweite Fassung des ›Einzigen‹ ganz mit den zeitlich und thematisch benachbarten Hymnen ›Friedensfeier‹ und ›Patmos‹ überein. Die Schlußstrophe der ›Friedensfeier‹ warnt vor dem, was „vor der Zeit“ ans Licht gezogen ist. Sie weist auf das geschichtliche „Reifen“ hin, das nicht durch „Furchtsamgeschäfftiges“ übergangen werden darf: durch eine Aktivität, die insofern furchtsam heißen kann, als sie kein Vertrauen auf das „Reifen“ der Geschichte hat und deshalb in eine eigenwillige, das langsame geschichtliche Geschehen ungeduldig übereilende Geschäftigkeit verfällt.

Das Ende der ›Friedensfeier‹ spricht vom immanent geschichtlichen Reifen zu einer letzten Sinnerfüllung hin, die vorangehenden Partien der Hymne handeln vom Wirken Gottes in der Geschichte. Das ist die für Hölderlins Spätwerk zentrale Geschichtsvorstellung. Gott wirkt in der Geschichte, und deshalb führt die Geschichte zu einem sinnvollen Ende hin. Im Horizont eines idealistisch säkularisierenden Denkens wird Gott aber zugleich auch schon mit der Geschichte identisch. Am dezidiertesten verbindet die Patmos-Hymne diese Geschichtsanschauung mit der Warnung vor einem eigenmächtigen Entwurf, der das „göttlich“ sinnhafte und um seiner Sinnhaftigkeit willen wie in der ›Friedensfeier‹ als „Werk“ bezeichnete geschichtliche Geschehen übergeht. Der eigenmächtige Sinn-„Entwurf“ wird in der Patmos-Hymne als illegitimer Entwurf eines Gottes-Bildes vorgestellt. Die Versuchung, ein solches „Bild“ zu schaffen, ergibt sich wieder aus dem Leiden daran, daß es in der negativen geschichtlichen Situation nicht möglich ist, einen Sinn wahrzunehmen. Doch rettet vor dieser Versuchung eine tiefere Erfahrung, die den Dichter innewerden läßt, daß ein der Subjektivität entspringender autonomer Bild-Entwurf, d.h. eine Sinn entwerfende Utopie, falsch wäre. Er sieht sich gleichsam im letzten Moment auf den in der Geschichte objektiv sich herstellenden Sinn angewiesen: „Im Zorne sichtbar sah ich einmal / Des Himmels Herrn, nicht, daß ich seyn sollt etwas, sondern / Zu lernen“ (V. 171–173). Und dann folgen Verse, in denen das geschichtliche Geschehen als ein den Menschen nicht in gültiger Weise verfügbares: als ein letztlich den „Himmlischen“ vorbehaltenes, eschatologisch gerichtetes Geschehen definiert wird (V. 173–178):

> ... Gütig sind sie, ihr Verhaßtestes aber ist,
> So lange sie herrschen, das Falsche, und es gilt
> Dann Menschliches unter Menschen nicht mehr.
> Denn sie nicht walten, es waltet aber
> Unsterblicher Schiksaal und es wandelt ihr Werk
> Von selbst, und eilend geht es zu Ende.

Nicht mehr bloß vom eigenmächtigen Sinn-Entwurf des Dichters ist hier die Rede, sondern auch von der allgemein menschlichen Tendenz, Geschichte als Feld eigenen menschlichen „Waltens" zu betrachten, während sie doch der Bereich göttlich-sinnhaften Waltens ist. Menschliches „Walten" wird leicht zum „Falschen" und damit zerstören die Menschen auch ihr eigenes „Menschliches".

Auffallend ist die Analogie in der ungefähr gleichzeitigen späten Fassung des ›Einzigen‹. Auch sie handelt nicht allein davon, daß der dichterische „Halbgott" in Versuchung gerät, mit seinem „eigenwilligen" theoretisch-utopischen „Entwurf" das „Heiliggesezte" des von göttlichem Walten bestimmten Geschichtsverlaufs zu „übergehen". In den gleichen Zusammenhang einbezogen ist die Gefahr *praktischen* Handelns, das sich vom autonomen „Entwurf" leiten läßt: von einer Vorstellung, wie Geschichte von Menschenhand selbst zu gestalten sei. Die Folge ist, „daß der Menschen Hand anficht das Lebende" – in ›Patmos‹ heißt es, daß „dann Menschliches unter Menschen nicht mehr gilt". Sehr wahrscheinlich reflektiert Hölderlin hier den für ihn entscheidenden und nach seiner Ansicht furchtbar gescheiterten Versuch, Geschichte gewaltsam selbst zu gestalten: die Französische Revolution. Die zunächst so mythisch klingenden Wendungen, „daß der Menschen Hand anficht das Lebende" und daß „dann Menschliches unter Menschen nicht mehr gilt", sind nicht zuletzt auf den Revolutionsterror zu beziehen. Hölderlin hatte ihn schon früher in mehreren Briefen abgelehnt, die an Deutlichkeit nichts zu wünschen übriglassen, und seine eigene ursprüngliche Begeisterung für die Französische Revolution hatte er ausführlich und kritisch im ›Hyperion‹ dargestellt, wo das tragisch scheiternde Engagement Hyperions im griechischen Freiheitskampf eine Metapher von Hölderlins eigenem revolutionärem Engagement ist. Er zog die Folgerung aus der Enttäuschung durch die Revolution, indem er sich von seinem *revolutionären* Glauben an die Notwendigkeit einer gewaltsamen Veränderung der Zustände abwandte und seine Hoffnung auf *evolutionäre* Entwicklungen setzte.[33]

Die späten Hymnen ›Der Einzige‹ und ›Patmos‹ setzen diese Geschichtsreflexion fort. Aber während die einige Jahre früher entstandenen Gedichte, die das evolutionäre Geschichtsmodell entwickeln, vor allem die Deutschland-Gedichte – also die Oden ›Gesang des Deutschen‹ und ›An die Deutschen‹, aber auch noch die Hymne ›Ger-

[33] Vgl. Jochen Schmidt, Hölderlins Entwurf der Zukunft, in: Hölderlin-Jahrb. 16 (1969/70), S. 110–122, bes. S. 117–120.

manien‹ – den evolutionären Geschichtsprozeß vorwiegend als naturhaft-organischen Prozeß deuten, fällt in den späten Hymnen ›Friedensfeier‹, ›Der Einzige‹ und ›Patmos‹ ein zunehmend theologisierendes Denken auf. Zwar ist in ihnen „Gott" kaum mehr als der immanente Sinn der Geschichte selbst. Insofern weicht Hölderlin nicht prinzipiell vom naturhaft-evolutionären Geschichtskonzept ab. Am deutlichsten wird dies am Ende der ›Friedensfeier‹, wo, nach der Darstellung göttlich-sinnhaften Wirkens in der Geschichte, wieder von der „Natur" die Rede ist und davon, daß sie die geschichtliche Vollendung „reifen" läßt. Auffallend aber bleibt die theologisierende Redeweise immerhin, auch wenn sie nur als mythische Metapher gedacht sein sollte. Wahrscheinlich hat Hölderlin erkannt, daß sich Geschichtsmodelle, die auf eine Konstruktion von Sinn durch Annahme einer endzeitlichen Vollendung hinauslaufen, historisch aus dem heilsgeschichtlich-religiösen Denken herleiten: daß sie säkularisierte Theodizee darstellen. Demnach vollzieht er in seinen späten Hymnen nicht eine theologische Umkehr und Rückkehr, vielmehr scheint er bewußt die theologischen Voraussetzungen eines Geschichtsdenkens, von dem er sich sowenig wie Hegel zu lösen vermag, nun wieder einzuholen, indem er sie im Gewand mythischer Metaphern in eine bereits säkularisierte Geschichtsdeutung einbringt. „Gott" ist nicht mehr die heilsgeschichtliche, transzendente Instanz der Orthodoxie, in diesem Sinn auch nicht mehr „theologischer" Begriff, sondern mythische Metapher für die Sinnhaftigkeit der geschichtlichen Immanenz – für eine Sinnhaftigkeit, die als eine von der Theodizee abgeleitete Annahme erkannt wird.

Betroffen macht es, wie radikal Hölderlin in ›Patmos‹ und in der zweiten Fassung des ›Einzigen‹ nun die menschliche Eigeninitiative als in schlechter Weise „eigenmächtig" und sogar unmenschlich-selbstzerstörerisch charakterisiert und daß er, ähnlich wie in der ›Friedensfeier‹, den Geschichtsprozeß als einen *in sich* schicksalhaft-teleologisch verlaufenden Prozeß zu begreifen versucht, dem sich der Mensch vertrauend einzuordnen hat oder dessen Symptom gar alles menschliche Geschehen nur ist. Das scheint eine spezifische Form jenes Fatalismus zu sein, der sich nach dem Scheitern der Französischen Revolution und der Hoffnungen auf praktisch-politische Veränderungen in Deutschland allgemein ausbreitete; ein Fatalismus, durch dessen positive Strukturierung im Sinne der traditionellen Theodizee Hölderlin den negativen Fatalismus bloßer Resignation abzuwenden sucht. Gerade dieser geschichtliche Erfahrungsgehalt dürfte ihn zur Geschichtsdeutung der späten Hymnen bewogen haben.

Das Moment persönlicher Betroffenheit wird um so deutlicher, als sich sowohl in der zweiten Fassung des ›Einzigen‹ wie auch in der erörterten Partie der Patmos-Hymne mit dem Problem eines sich autonom dünkenden menschlichen Handelns und seiner zerstörerischen Wirkungen der Versuch eines autonomen dichterischen Sinn-„Entwurfs" verbindet, der das Göttliche in einer von den eigenen Vollendungsvorstellungen bestimmten utopischen Vision zu repräsentieren sucht. Das Junktim zwischen der allgemein-geschichtlichen, lebenspraktischen und andererseits der dichterisch theoretischen Dimension läßt sich bis in die zeugmatische Konstruktion der Verse im ›Einzigen‹ und bis in die subsumierende Konstruktion der Patmos-Verse verfolgen. Dieses Junktim ist nicht zufällig, denn die den utopischen Vollendungszustand repräsentierende Vorstellungskraft des Dichters – sein „Idealismus" – ist eine Forderung an die Realität und die geschichtliche Gestaltungskraft des praktisch Handelnden. Geschichtliches Handeln, wie es die Französische Revolution in paradigmatischer Problematik vorführte, ist aber, wenn es sich nicht um bloßen Pragmatismus handelt, selbst schon gelenkt von utopischen Vollendungsvorstellungen. Insofern ist der dichterische „Halbgott" mit seinem „Entwurf" ein Protagonist des zu praktisch-politischen Konsequenzen drängenden Zeitgeists: zu Konsequenzen, die ohne solche „Entwürfe" gar nicht anvisiert werden könnten. Aus diesem Grunde suspendiert Hölderlin nun den „eigenwilligen" dichterischen „Entwurf" in engster Verbindung mit einem sich als autonom verstehenden politischen Handeln als letztlich ungeschichtlich. Damit entfernt er sich auch vom utopisch-idealistischen Denken, das seine eigene Dichtung bisher so entscheidend bestimmte. Er wendet sich dem „Historischen" als einem an sich sinnhaften Substrat zu, das insofern ein „Heiliggeseztes" ist. Das bedeutet eine Hinwendung auch zu den Sedimenten der Historie: zur „Schrift" insbesondere, ja zum „vesten Buchstaben". „Dem folgt deutscher Gesang" nun, wie es am Ende der Patmos-Hymne heißt. Nicht mehr auf einen idealistisch-utopischen Entwurf kommt es an, sondern, um mit den unmittelbar vorangehenden Worten der Patmos-Hymne fortzufahren, darauf, daß „Bestehendes gut gedeutet" wird. Das scheint auf eine Umorientierung des Dichterberufs hinzuweisen und darauf, daß sich in der Verhüllung eines noch theologisch-mythologisch fixierten Sprechens hier, im Übergang zum 19. Jahrhundert, die Historie und das Bewußtsein einer unüberholbaren geschichtlichen Gebundenheit zu emanzipieren beginnt. Daß dieser Geschichtsgebundenheit allerdings nicht nur „pflegend", sondern auch „deutend" zu entsprechen ist, bringt wieder die spekulativen Energien ins Spiel, wenn auch in anderer Weise.[34]

Aus diesem Horizont läßt sich die nächste Strophe als folgerichtiger Schritt verstehen. Sie widmet sich der Retrospektive, indem sie ein großes geschichtliches Panorama vom frühen Christentum über das Mittelalter bis zur Gegenwart entfaltet: in Abbreviaturen, die kaum mehr als hieroglyphische Andeutungen geben. Doch entspricht dieses hermetische Verfahren der gestellten Aufgabe, aus der nur schwer als sinnvoll wahrzunehmenden und insofern selbst schon beinahe hermetisch verschlossenen Geschichte einen Sinn zu lesen: Bestehendes gut zu deuten.

Das Ende der vorausgehenden Strophe faßt das in ihrer Hauptpartie Ausgesprochene in einer Gnome zusammen: „Ungebundenes aber / Hasset Gott". Dieses „Ungebundene" ist das zuvor dargestellte „Eigenwillige" eines aus Verzweiflung an der dürftigen Zeit unternommenen „Entwurfs", der sowohl als Entwurf der handelnden Menschheit wie als Entwurf des dichterischen „Halbgotts" das „Heiliggesezte" übergeht und sich darin als „unmäßig" und „gränzlos" erweist. Die nun einsetzende neue Reflexion – die eigentliche Geschichtsdeutung – springt zur nächsten Strophe über, indem sie das Überspringen der Kluft zwischen der antiken, sinnerfüllten und der nachantiken, nur scheinbar nicht gotterfüllten Zeit im *saltus dithyrambicus* des Strophenenjambements sinnfällig macht:

... Fürbittend aber

Hält ihn der Tag von dieser Zeit ...

Für den inneren Zusammenhang und den Duktus des Gedichts kommt alles auf die gedankliche Verknüpfung der nun folgenden Geschichts-Deutung mit den vorangehenden Partien an. Ich greife deshalb noch einmal zurück. Dionysos war als der Gott erschienen, der die „Todeslust der Völker" aufhält. Was von den Menschen gesagt wird, die unter seinem Gesetz handeln, bezeichnet den Weg der antiken Menschheit: den Weg von einer ursprünglichen Bedrohung durch das ihnen innewohnende Elementare und chaotisch ins Grenzenlose Drängende, das seine Formel in der „Todeslust" findet, zur plastischen Individualität, in der jeder „etwas für sich ist". Es ist der Weg zum „Maß" und zum „Gesetz". Er führt zum im Hegelschen Sinn „Positiven". Hölderlin benutzt demnach die Gestalt des Dionysos, um die geschichtliche Dialek-

[34] Hierzu S. 286ff.

tik zu entwickeln, die sich aus der ursprünglichen Tendenz der Griechen ergibt. Gerade weil sie ins Maßlose drängten, mußten sie sich auf das Maß konzentrieren – ein Gedanke, der auch sonst Ausdruck findet.[35] Weil sie zum Gesetzlosen tendierten, mußten sie sich, um sich selbst zu erhalten, auf das Gesetzliche ausrichten. Um seiner in der mythologischen Überlieferung vorgegebenen *Ambivalenz* willen also setzt Hölderlin hier den Gott Dionysos ein. Er, der ursprünglich der Gott des Rausches, des dionysischen Wahnsinns, der Orgien und sogar der Todeslust ist, der er sich selbst als Zagreus hingibt, kehrt sich in seinem Wesen um zu dem Gott, der er in der griechischen Mythologie *auch* ist: zum Gott der festen Vermittlung in „positive" Formen, die Stabilität bewirken und insofern dazu dienen, die über das Irdische hinausdrängende „Todeslust" aufzuhalten.[36]

Die Umkehr des ambivalenten Gottes Dionysos vom ursprünglich „dionysischen" Pol zum Gegenpol seines Wesens ist ein Paradigma der Dialektik, der die Griechen nach Hölderlins Ansicht geschichtlich unterworfen waren. Von einem ursprünglichen, elementaren und zerstörerisch ins Unendliche gehenden Wesensdrang, den sie bändigen mußten, fanden sie zu einem Stadium glücklich gelingenden Ausgleichs in der klassischen Epoche, gerieten dann aber in ein geschichtliches Spätstadium, in dem der ursprünglich-chaotische Trieb nicht mehr bloß harmonisch aufgefangen und vermittelt wurde, sondern in einer Positivität zum Erliegen kam, in der alles „sicher, Menschen gleichend oder Gesezen" war und leblos erstarrte. Eine Variante des ›Archipelagus‹ begründet so den Untergang der antiken Kultur (II, 2, S. 645, Z. 11f.):

> Drüben sind der Trümmer genug im Griechenland und die hohe
> Roma liegt, sie machten zu sehr zu Menschen die Götter ...

[35] Vgl. vor allem den Brief an Böhlendorff vom 4. Dezember 1801 (VI, Nr. 236, Z. 15–29) sowie die ›Anmerkungen zur Antigonä‹ (V, 269f.).

[36] Wie genau Hölderlin sich der bereits in der mythographischen Überlieferung vorhandenen Ambivalenz des Dionysos bewußt gewesen sein muß, läßt sich an der Idee des Gesetzes und des Gesetzlichen exakt studieren. In der Rhein-Hymne entfaltet er die rauschhafte Dimension des Dionysos, indem er ihm das Gesetzlose zuschreibt. Rousseau, so heißt es in der 10. Strophe, war es gegeben, „aus heiliger Fülle / Wie der Weingott, thörig göttlich / Und gesezlos sie die Sprache der Reinesten" zu reden (V. 144ff.). In den schon besprochenen Versen der Ode ›Dichterberuf‹ (vgl. S. 163) dagegen gibt er Gesetze, ähnlich im ›Einzigen‹ – allerdings dimensioniert Hölderlin den Begriff des Gesetzes in der Hymne ganz neu gegenüber der früheren Ode.

Das Wesentliche ist demnach, daß sich Hölderlin sofort mit dem Beginn der Überarbeitung in das Feld *geschichtlicher* Reflexion begibt. Sie baut auf einer dialektischen Konzeption auf. Die Griechen bändigten den ursprünglichen tödlichen Drang ins Grenzenlose und strebten zum Begrenzten und schließlich Allzubegrenzten; vom heroischen Übermaß einer archaischen Zeit fanden sie zum klassisch-harmonischen Ausgleich, um dann in den Verkümmerungen und Verflachungen einer späten Gebrauchskultur zu enden, wie sie sich in der hellenistischen Zivilisation ausprägte. Die Dialektik zeigt sich aber auch in der daraufhin sofort einsetzenden, wieder in die Gegenrichtung tendierenden Reaktion. Hölderlin faßt sie in dem mythischen Bild: „Es entbrennet aber sein Zorn." Wenn die spätzeitliche Erstarrung im Positiven ihre äußerste Grenze erreicht, kommt es zum notwendigen Umschlag – auch dies ein Gedanke, der das Spätwerk immer wieder bestimmt.[37]

Der „Zorn", als Inbegriff der „göttlich"-unendlich flutenden Lebensenergie, die von neuem in das verkümmerte, allzu vordergründig „menschlich" gewordene Dasein einbricht, kann sich in zweierlei Weise auswirken. Erstens so, daß das „Zeichen" höheren Lebens, das im zivilisatorischen Erstarrungsprozeß „allmälich aus Augen gekommen" ist, die Erde „als an einer Leiter", d.h. durch stufenweise sich vollziehende *Vermittlung,* wiederum berührt. Zweitens so, daß es zum *unvermittelten,* chaotischen Durchbruch kommt, in dem „der Menschen Hand" revolutionär alles Positiv-Erstarrte zerstört und der dichterische „Halbgott" ebenfalls revolutionär-utopisch mit seinem „Entwurf" alles Bestehende negiert. Das ist die Alternative. „Dißmal" sagt der Dichter lapidar als Hinweis darauf, daß er den Übergang von der antiken, vorchristlichen in die nachantike, christliche Ära nach dem ersten Modell sich vollziehen sieht: nach dem Modell einer stufenweise gelingenden und also evolutionären Vermittlung. „Sonst" („eigenwillig sonst, unmäßig ..."), wenn diese Vermittlung nicht gelingt, muß notwendigerweise das revolutionäre Modell eines unvermittelten Durchbruchs zum Tragen kommen, mit allen auch gewaltsamen und zerstörerischen Folgen.

Doch ist diese der revolutionären Alternative geltende Partie im Gesamtduktus nur eine Parenthese, was auch heißt, daß Hölderlin sein eigenes geschichtliches Haupterlebnis, die Französische Revolution, obwohl er die Revolution als eine grundsätzliche geschichtliche

[37] Wiederum sind vor allem die ›Anmerkungen zur Antigonä‹ zu nennen.

Möglichkeit begreift, doch im großen geschichtlichen Gesamtzusammenhang, der sich seit der Wende zur nachantiken, christlichen Ära bis zur Gegenwart entfaltet hat, nur als *Episode* versteht. Deshalb wendet er sich nun wieder dem anderen, dem auf Vermittlung beruhenden evolutionären und infolgedessen sich über große Zeiträume erstreckenden geschichtlichen Geschehen zu, in dem das höhere Leben sich stufenweise, „wie an einer Leiter" ins menschliche Dasein vermittelt.

Dieser Vermittlungsprozeß ist die Geschichte selbst, wie sie seit der Zeitwende verläuft. Da sie im Zeichen Christi steht, wird Christus hier – in ganz geschichtsphilosophischer Einschmelzung – als diejenige der großen Mittlergestalten begriffen, welche die Vermittlung am vollkommensten leistet. Dionysos war in dieser geschichtsphilosophischen Mythologie als der Gott erschienen, der nur von einem Extrem zum andern führte, indem er die antike Menschheit aus der Sphäre ursprünglicher chaotischer „Todeslust", die er rettend „aufhielt", schließlich doch in einen Zustand der Erstarrung geraten ließ. Das war das Schicksal der antiken Kultur. Ihr Repräsentant ist Dionysos. Das Schicksal der christlichen Ära folgt einem anderen geschichtlichen Gesetz. Es geht nicht von einem Extrem über harmonische Zwischenstufen zum anderen Extrem, sondern ist ein Vermittlungsgeschehen, in dem die Geschichte immer vermittlungsfähig bleibt und somit Geschichte selbst wesenhaft als Vermittlung begriffen wird – bis zu einem vollkommenen Endzustand hin, in dem Vermittlung oder, um es christlich-idealistisch zu sagen, „Versöhnung" schlechthin stattfindet. Diese eschatologische Perspektive entwirft Hölderlin mit den letzten Worten der Hymne: „Ist aber geendet."

Nach diesem Überblick über die Gesamtkonstruktion wende ich mich nun dem Panorama des im Zeichen Christi stehenden geschichtlichen Vermittlungsgeschehens zu:

> . . . Fürbittend aber
>
> Hält ihn der Tag von dieser Zeit, stillschaffend,
> Des Weges gehend, die Blüthe der Jahre.
> Und Kriegsgetön, und Geschichte der Helden unterhält,
> hartnäkig Geschik,
> Die Sonne Christi, Gärten der Büßenden, und
> Der Pilgrime Wandern und der Völker ihn, und des Wächters
> Gesang und die Schrift

Des Barden oder Afrikaners. Ruhmloser auch
Geschik hält ihn, die an den Tag
Jezt erst recht kommen, das sind väterliche Fürsten. Denn viel ist der Stand
Gottgleicher, denn sonst. Denn Männern mehr
Gehöret das Licht. Nicht Jünglingen.
Das Vaterland auch ...

Schon die ersten Verse deuten auf ein evolutionäres und auf Vermittlung angelegtes Geschehen: „die Blüthe der Jahre“ hält „stillschaffend“ das höhere Leben gegenwärtig im irdisch-begrenzten Dasein, so daß es auf der einen Seite nicht ins „gränzlos“ „Unmäßige“ und auf der anderen Seite nicht ins allzu Begrenzte und „Positive“ gerät. Leitmotivisch hat Hölderlin das Wort „halten“ eingesetzt und es außerdem noch ganz zu Beginn der neuen Strophe exponiert und emphatisch ins Strophenenjambement gerückt: „Fürbittend aber // Hält ihn ... Und Kriegsgetön, und Geschichte der Helden unterhält ... Ruhmloser auch / Geschik hält ihn ...“ Dieses Halten und Unterhalten des Göttlichen im Menschlichen, des ursprünglichen, sinnerfüllenden Lebens im irdischbegrenzten Dasein, ist Signum der durchgehend gelingenden Vermittlung. Und das „Geschik“, welches zuerst die Dionysos-Strophe als antikes Geschick beschwört, indem sie die Griechen in ihrem Bestreben, des Chaotisch-Unmittelbaren Herr zu werden, jedes höhere „Geschik“ „sicher, Menschen gleichend oder Gesezen“ machen und es seiner ursprünglichen Kraft völlig berauben läßt – dieses „Geschik“ wandelt sich nun in der mit Christus beginnenden Geschichte zu einem „hartnäkigen Geschik“, d.h., es verliert seine ursprüngliche Dimension im Vermittlungsprozeß nicht, sondern hält sie durch und behält sie. Sowenig wie also die Geschichte seit der Zeitwende – um mit Worten aus den ungefähr gleichzeitig entstandenen Sophokles-Anmerkungen zu sprechen – im Übermaß eines „Geschicks“ chaotisch wird, sowenig verliert sie sich, wie am Ende der Antike, ins δυσμορον, im schlechthin Schicksallosen

Als Repräsentanten dieser Art von Geschichte werden alle unter der „Sonne Christi“ (eine Anspielung auf die alte Vorstellung von Christos Helios) stehenden Ereignisse und Gestalten der abendländischen Geschichte aufgerufen. Und indem Hölderlin sie aufruft, kommt er wieder, nun aber mit anderem Vorzeichen als in der vorangehenden Strophe, auf die ihn seit jeher bewegende Doppelheit von dichterischem und politisch-praktischem Verhalten in der Geschichte.

„Kriegsgetön“ und „Geschichte der Helden“ und dann „väterliche Fürsten“ repräsentieren die Sphäre der Tat und des praktischen Wirkens, „des Wächters Gesang“ und die „Schrift / Des Barden oder Afrikaners“ die dichterische Sphäre, allerdings nun in einer nicht utopisch „eigenwilligen“, sondern in einer auf die Geschichte selbst und den sie bestimmenden Geist bezogenen Weise. Der „Gesang“ ist der des „Wächters“, also doch wohl der Gesang desjenigen, der das Geschehen wachsam beobachtet. Was Hölderlin damit genauer gemeint hat, ist schwer zu sagen. Die „Schrift / Des Barden oder Afrikaners“ meint in polarer Spannweite das spezifisch christliche Schrifttum, das auf seine Weise den Geist Christi und damit das Göttliche im geschichtlichen Dasein „hält“. Der „Barde“ ist zweifellos der Dichter, der für Hölderlin bis in die späteste Zeit hinein der wichtigste war: Klopstock, der sich mit seiner Adaption nordischer Mythologie selbst als „Barden“ verstand. In Klopstocks Spuren hatte Hölderlin selbst gerade in dieser Hinsicht einmal zu treten versucht: in der Fragment gebliebenen Hymne ›Der Mutter Erde. Gesang der Brüder Otmar Hom Tello‹. Dann richtet sich der Blick von der Gegenwart zu den Anfängen zurück und zugleich vom „bardischen“ Norden ganz in den Süden: auf den aus Nordafrika stammenden Augustinus, der später, nach seiner Konversion in Italien, wieder nach Afrika zurückkehrte und dort Bischof der Stadt Hippo wurde – also mit ganzem Recht „Afrikaner“ heißt. Nord und Süd, Vergangenheit und Gegenwart des im Zeichen Christi stehenden Schrifttums werden so als Zeugen geschichtlicher Vermittlung evoziert.

„Ruhmloser auch Geschik hält ihn, die an den Tag / Jezt erst recht kommen, das sind väterliche Fürsten.“ Wieder erscheint, zum dritten Mal in der Hymne, das Schlüsselwort „Geschik“. Welchem Geschick aber trauen diese Verse zu, das Göttliche durch geschichtliche Vermittlung zu „halten“? Der Satz läßt sich nur auf dem Hintergrund einer bereits traditionellen Polemik gegen den fragwürdigen Ruhm von Fürsten verstehen, die nach einem Namen durch Kriege, Machtentfaltung und prunkvolle Größe streben. Der sich seit Ludwig XIV. entfaltende europäische Absolutismus bot abschreckende Beispiele dafür, wie teuer erkauft solcher Ruhm sein konnte. Deshalb wiesen die Schriftsteller seit der Aufklärung immer wieder darauf hin, daß sich die wahre Größe eines Fürsten nicht in dem mit Blut und Gut der Untertanen erkauften „Ruhm“, sondern im Gegenteil durch eine auf den äußeren Glanz verzichtende Fürsorge für das Wohl des Landes zeige. Die für Hölderlin wichtigsten Dichter, Klopstock und Schiller, stehen in dieser polemischen Tradition, in die sich Hölderlin schon in seinem

Jugend-Gedicht ›Die Ehrsucht‹ einreihte.[38] Indem er nun die „ruhmlosen“ Fürsten als die „väterlichen“ allein gelten läßt, greift er noch einmal auf diese Tradition zurück. Die „väterlichen Fürsten“ kommen „an den Tag / Jezt erst recht“, weil sich die Wertung geändert hat. Jetzt erst werden die nach der überholten früheren Einschätzung „ruhmlosen“ Fürsten hochgeachtet. Im folgenden Satz „Denn viel ist der Stand / Gottgleicher, denn sonst“ deutet das eigentümliche Wort „gottgleicher“ darauf, daß das „Geschik“ solcher Fürsten eher „Gott“ entspricht und ihn also geschichtlich vermittelt und „hält“.

Damit ist der Weg zum Verständnis der folgenden Wendungen gebahnt: „Denn Männern mehr / Gehöret das Licht. Nicht Jünglingen. / Das Vaterland auch.“ Die wahre Einsicht und das richtige Verhalten sind Sache männlichen Verantwortungsbewußtseins, in dessen Sphäre deshalb auch die Belange des „Vaterlandes“ gehören; während die unreife, den „Jünglingen“ zugeschriebene Mentalität eher den „Ruhm“ im dargestellten fragwürdigen Sinne hochschätzt.

Die folgenden, an sich ohne weiteres verständlichen Sätze sind in den Zusammenhang nur schwer, aber doch zuverlässig einzuordnen. Wieder bedarf es zunächst einer gewissen Dechiffrierkunst. Weil die Bezeichnung Gottes als des „Vaters der Erde“ zunächst an die Vorstellung der „väterlichen Fürsten“ anknüpft, tritt noch einmal die „Gott-

[38] Klopstock spricht im ›Lehrling der Griechen‹ vom „Lorbeerkranz“ des „Eroberers“, der „vom Fluche des Volkes welkt“, und im 16. und mehr noch im 18. Gesang des ›Messias‹ (V. 750–778) überantwortet er die Könige, die für Ruhm und Ehre gegen die Menschlichkeit verstoßen haben, der Hölle. Ebenso Schiller in seinem großen Jugendgedicht ›Der Eroberer‹ (dort das zentrale Motiv des „Ruhms“ in V. 55). Hölderlin sagt in seinem Jugendgedicht ›Die Ehrsucht‹, um eines „großen Namens“ willen (V. 1) kommt Elend; „Seine schwarze, blutbeflekte Hände / Dünken dem Erobrer göttlich-schön“ (V. 5f.), und „um wie Könige zu pralen, schänden / Kleinre Wütriche ihr armes Land“ (V. 9f.) – womit Hölderlin auch auf die Herrschaft des nach dem Vorbild Ludwigs XIV. regierenden und repräsentierenden Herzogs von Württemberg anspielt. – Welche Bedeutung dieses Thema durch die absolutistische Herrschaft und die für Frankreich ruinösen Eroberungskriege Ludwigs XIV. schon längst in der französischen Literatur gewonnen hatte, zeigt Werner Bahner, Der Friedensgedanke in der Literatur der französischen Aufklärung, in: Grundpositionen der französischen Aufklärung, hrsg. v. Werner Krauss u. Hans Mayer, Berlin 1955, S. 139–207, bes. 141ff. Eine der Hauptschriften, Fénelons ›Télémaque‹, hebt ebenfalls schon auf den falschen „Ruhm“ («gloire») ab: «Un conquérant, enivré de sa gloire ruine presque autant sa nation victorieuse que les nations vaincues» (in: Œuvres complètes, Bd. 6, Paris 1850, S. 431).

gleichheit“ der Fürsten hervor – nun unter dem Aspekt des „Väterlichen“. Andererseits ergibt sich aus dem Aspekt des Väterlichen die Freude an den „Kindern“: am unverbrauchten, nachwachsenden Leben, das der bewahrenden, väterlichen Fürsorge bedarf. Daß Gott der „Vater der Erde“ heißt, läßt die Erde selbst und daher auch das „Vaterland“ als Bereich männlich-väterlicher Fürsorge und insofern „kindlich“ erscheinen. Deshalb auch ist im Anschluß an die Nennung des „Vaterlandes“ vom Kindlich-Jugendlichen die Rede.

„Nemlich frisch // Noch unerschöpfet und voll mit Loken“, heißt es in einem hart elliptischen Satz. Das sind so eigentümliche Vorstellungen, daß sie einer genaueren Verständigung über ihren Sinn-Horizont bedürfen. Hölderlins Deutschland-Gedichte schreiben dem Vaterland eine noch ursprungsnahe, naturhaft-jugendliche Verfassung zu, die zu großer Hoffnung auf künftige Entwicklung berechtige. In der Hymne ›Germanien‹ symbolisiert er diese Ursprungshaftigkeit, aufgrund deren er die personifizierte „Germania“ sogar als „Kind“ bezeichnet (V. 55), durch die unerschlossenen Wälder Germaniens. Demnach läßt sich die Wendung „voll mit Loken“ in der zweiten Fassung des ›Einzigen‹ als eine hochpoetische Anspielung auf die Wälder des naturhaft „kindlichen“ und „frischen“ Vaterlands verstehen. Daß Hölderlin solch kühne Metaphorik gerade in der Spätzeit liebt, zeigt eine exakte Analogie in dem hymnischen Entwurf ›Ihr sichergebaueten Alpen ...‹. Er beginnt mit den Versen:

Ihr sicher gebaueten Alpen!
Die

Und ihr sanftblikenden Berge,
Wo über buschigem Abhang
Der Schwarzwald saußt,
Und Wohlgerüche die Loke
Der Tannen herabgießt
...

„Voll mit Loken“, so bleibt zu folgern, kann das „Vaterland“ im ›Einzigen‹ aufgrund seines seit der ›Germania‹ des Tacitus sprichwörtlichen Reichtums an Wäldern heißen, und dieser Reichtum an Wäldern wiederum ist Symbol des naturhaften, ursprungsnahen Wesens, das Hölderlin auch mit den Worten „frisch“ und „unerschöpfet“ zum Ausdruck bringt.

Dieses Wesen des „Vaterlands“ vermittelt noch in der Gegenwart das Göttlich-Gute. Während die vorangehende Strophe vom Geschichtlich-Vergangenen handelte, von der „Geschichte der Helden“, den „Gärten der Büßenden“, „der Pilgrime Wandern und der Völker“ usw., vollzieht sich nun abschließend der Übergang zur geschichtlichen Gegenwart: zum „Vaterland“, um dessentwillen Hölderlin „Vaterländische Gesänge“ dichtet. Während in früheren Phasen die Geschichte im Licht der „Sonne Christi“ stand, geht sie nun am Ende des Vermittlungsprozesses, in dem sich alles einstmals Gewesene aufhebt, ins allgemeinste Leben des „Vaterlands“ und der „Erde“ über. Darauf deuten sowohl die näheren Bestimmungen des „Vaterlandes“ wie die eigentümliche und wiederholte Benennung Gottes als des „Vaters der Erde“.

Denn Männern mehr
Gehöret das Licht. Nicht Jünglingen.
Das Vaterland auch. Nemlich frisch

Noch unerschöpfet und voll mit Loken.
Der Vater der Erde freuet nemlich sich deß
Auch, daß Kinder sind, so bleibet eine Gewißheit
Des Guten. So auch freuet
Das ihn, daß eines bleibet.
Auch einige sind, gerettet, als
Auf schönen Inseln. Gelehrt sind die.
Versuchungen sind nemlich
Gränzlos an die gegangen.
Zahllose gefallen. Also gieng es, als
Der Erde Vater bereitet ständiges
In Stürmen der Zeit. Ist aber geendet.

Der Rückblick auf die geschichtliche Vergangenheit in der zweitletzten Strophe zeigte mehrfach, daß die Ereignisse dieser Vergangenheit das Göttliche „gehalten“ haben – und dieses „Halten“ hat selbst noch das Valeur des Rückwärtsgewandten und des noch nicht ganz Angeeigneten. Von der geschichtlichen Gegenwart nun wird gesagt, daß in ihr eine „Gewißheit des Guten“ „bleibet“: „so *bleibet* eine Gewißheit / Des Guten. So auch freuet / Das ihn, daß eines *bleibet.*“ Auf die Differenz wie auf die Interferenz der Begriffe „Halten“ und „Bleiben“ kommt es an. Das Halten des Göttlichen, das als solches immer noch ein anderes ist, und das Bleiben des schon ganz zur eigenen Substanz gehörenden „Guten“ markieren das Gelingen des Vermittlungsprozesses. Im Laufe der Geschichte wird das christliche

Grundelement, das die früheren Phasen stärker prägte, immer vermittelter, bis es zuletzt ganz in der Allgemeinheit des Vaterländischen aufgeht. „Vaterland“ und „Erde“ meinen die einfache und universale Präsenz der einst in den Stationen geschichtlicher Sukzession aufgelösten Sinnerfahrung. So darf man wohl den Duktus der letzten beiden Strophen selbst als Ausdruck eines geschichtlichen Prozesses verstehen, in dem die mit dem Ende der Antike beginnende christliche Ära nicht als eine statische Einheit im Sinne einer vom Anfang bis zum Ende gleichermaßen intensiven Christlichkeit, sondern als eine fortschreitende Diffusion und Selbstaufhebung des ursprünglich christlichen Elements aufgefaßt wird, durch die sich aber zugleich eine Totalisierung und Substantialisierung vollzieht. Darauf deutet nicht nur das Sprechen vom „Vaterland“, das für den späten Hölderlin, nicht zuletzt in den Sophokles-Anmerkungen, ein Begriff ist, der die Ganzheit aller Daseinsbereiche und zugleich vollkommene Authentizität verbürgt. Darauf weist auch das nun am Ende so auffällig wiederholte Sprechen vom „Vater der Erde“. Denn der „Vater“ ist für Hölderlin hier wie in der ›Friedensfeier‹ und in der Patmos-Hymne die alle geschichtlichen Einzelmanifestationen übergreifende Ganzheits-Instanz. Das Vater-Land ist das von dieser Instanz bestimmte Land. Von den „väterlichen *Fürsten*“ als den noch konkret greifbaren und vereinzelten Vermittlungsfiguren führt demnach der Weg zum allgemeinen „Vater*land*“ und dann zur höchsten Verallgemeinerungsform: zum „Vater der *Erde*“.

Bevor in der eschatologischen Perspektive dieser Vollendung auch die Hymne ihre Vollendung findet, kommt eine besondere Sphäre sinnhaften „Bleibens“ im geschichtlichen Geschehen zur Sprache: die Sphäre derjenigen, die „gelehrt“ und „gerettet, als / Auf schönen Inseln“ sind, nachdem „gränzlose“ Versuchungen an sie gegangen sind. Vom „Gränzlosen“, „Unmäßigen“ und „Ungebundenen“ ist schon in der drittletzten Strophe die Rede. Dort handelt es sich um die Versuchung, in eigenwilligen Entwürfen aus einer geschichtlichen Situation auszubrechen, in der sich nicht mehr ohne weiteres ein sinnerfüllendes „göttliches“ Leben wahrnehmen läßt. Hier nun, in der Schlußstrophe, scheint es dem geschichtlichen Gesamtüberblick so zu sein, daß gerade diejenigen, die „gelehrt“ sind, dieser Versuchung ausgesetzt waren. Zu erklären ist das aus der mit dem verfügbaren und autonom manipulierbaren Wissen verbundenen Fähigkeit zur Eigenwilligkeit. Daraus entstehen abstrakte, den geschichtlichen Prozeß voreilig und deshalb illegitim übergehende Sinn-Entwürfe. Wie schon in der drittletzten Strophe versteht Hölderlin hier den theoretisch-spekulativen Geist als eine Gefahr: als eine aus dem ungeduldigen Bedürfnis nach Sinn im scheinbar Sinnlosen der Geschichte entspringende Gefahr.

Immerhin wohnen „einige“ von denen, die „gelehrt“ sind, „gerettet“ als auf schönen Inseln. Dieses insulare Dasein ergibt sich im Spektrum der auf das „Halten“ und „Bleiben“ des göttlich-erfüllenden Sinns gerichteten geschichtlichen Möglichkeiten aus der gedächtnishaft-„gelehrten“ Fähigkeit zum Festhalten an sinntragenden und sinntradierenden Zeugnissen der Vergangenheit. Dazu rechnet Hölderlin in der benachbarten Patmos-Hymne die „Schrift“. Hier, im ›Einzigen‹, kommt es auf eine allgemeinere „gelehrte“ Fähigkeit zum Festhalten an großen Zeugnissen der geistigen Überlieferung an. Diese „gelehrte“ Fähigkeit „rettet“ vor den Anfechtungen der geschichtlichen Ausgesetztheit in ein insular geschichtsloses Dasein, in dem aber trotz des notwendigen Verzichts auf gesamtgeschichtliche Sinnwahrnehmungen, in denen Geschichte selbst als sinnhafter Prozeß sich darstellt, doch wenigstens wie „auf schönen Inseln“ Sinn-Erfahrung und insofern „Rettung“ vor dem Gefühl des Sinnlosen möglich ist.

Warum, so bleibt zu fragen, wird das „gelehrte“ Dasein gerade *nach* all den dem lebendigen Geschichtsgeschehen selbst zugehörenden Manifestationen der Sinnvermittlung und Sinnerfahrung evoziert und bedeutungsvoll vor dem Ende der Hymne hervorgehoben? Doch wohl, weil Hölderlin ihm einen besonderen Stellenwert zuweisen wollte. Der Text selbst gibt Aufschluß. „*Auch* einige sind, gerettet ...“, heißt es. Dieses „auch“ schließt an das Ende des vorhergehenden Satzes an: „... so bleibet eine Gewißheit / Des Guten.“ Es kommt auf diese „Gewißheit“ an, die im einen wie „auch“ im andern Falle „rettende“ Sinnwahrnehmung vermittelt. Nun ist die „Gewißheit des Guten“ nicht allein ein Stück realer Repräsentation des Guten, sondern auch eine Angelegenheit erkenntnishafter Wahrnehmung – nicht bloß faktische Gewißheit, sondern Gewißheit, die sich in der Perzeption herstellt. Natürlich gilt dieser Doppel-Aspekt für alles, was an geschichtlichen Sinn-Vermittlungen, d.h. an Vermittlungen des „Göttlichen“ ins irdische Dasein auch schon in der vorletzten Strophe vorgeführt wurde. Aber nun, in der letzten Strophe, dominiert der Aspekt des sinnkonstituierenden Erkennens gegenüber dem zuvor dominierenden Aspekt des *an sich* sinnhaften Geschehens, das letztlich nur in der deutenden Perspektive des Dichters so erscheint. Mit anderen Worten: nun, in der Schlußstrophe, kommt der Ansatz des Deutungsprozesses zum Vorschein, den der Dichter selbst in umfassender Weise vollzieht. Nach dem dichterisch deutenden Blick auf das Geschehen, das sich erst so zur sinnvollen Geschichte strukturiert, werden Möglichkeiten des *gegenwärtigen* Innewerdens von geschichtlichem Sinn im *vergangenen* Geschehen beschworen und, im Falle derjenigen, die „gelehrt" sind, existentiell definiert. Nicht allein sinnvolle Geschichte ist wichtig – strenggenommen gibt es sie *an sich* nicht –, sondern auch eine durch Wahrnehmung und Deutung sinnsichernde Instanz. Deren existentielles „Bleiben": die Fähigkeit zur Selbstbewahrung trotz aller „Versuchungen" ist der letzte Ermöglichungsgrund von Geschichte, insofern Geschichte Wahrnehmung von Sinn ist. Das Sprechen über diejenigen, die „gelehrt" sind, ist eine sehr zurückgenommene Form der Reflexion auf das eigene dichterische Unternehmen, Geschichte zu deuten oder, noch allgemeiner, Sinn wahrnehmen zu wollen. Nicht mehr wie in der vorletzten Strophe ist vom überlieferten „Gesang" die Rede und nicht mehr von der überlieferten „Schrift / Des Barden oder Afrikaners", sondern von denjenigen, die, indem sie in der jeweiligen Gegenwart sich der Überlieferung stellen, Deutung und damit das Bewußtsein eines als Geschichte zu begreifenden Sinns ermöglichen.

Als dichterisch „Gelehrte" sind sie nicht prinzipiell außerhalb des geschichtlichen Geschehens angesiedelt, um es aus gefahrloser Distanz zu betrachten. Notwendigerweise stehen sie auch selbst im Strom der Geschichte, sie drohen den „Versuchungen" zu erliegen, und nicht umsonst heißt es, daß „zahllose gefallen" sind in der geschichtlichen Betroffenheit. Wenn dennoch „einige" „gerettet" sind, so sagt das erstens, daß es sich, in Anbetracht der „zahllosen" Gefallenen, eher um eine Ausnahmemöglichkeit handelt, zweitens, daß es – darauf weist die Rettung – nicht um ein Verdienst oder um ein schlichtes Verfügenkönnen geht, vielmehr um eine Gunst und eine Begabung. Das „Bleiben", von dem die Verse der Schlußstrophe sprechen, erinnert an das dichterisch gestiftete Bleiben in den Schlußversen der etwa gleichzeitig entstandenen Hymne ›Andenken‹: „Was bleibet aber / Stiften die Dichter." Im ›Einzigen‹ aber liegt dem Dichter nicht bloß am Stiften des Bleibenden, sondern am Bleiben der Sinn-Stifter selbst, die „gerettet, als auf schönen Inseln" sein müssen.

Was folgt, ist eschatologisch inspirierte Retrospektive. Wie in der ›Friedensfeier‹, die das Ende und damit zugleich die Vollendung der Geschichte im Bild einer endzeitlichen Friedensfeier verklärt, und wie in der Patmos-Hymne, die mit ebenfalls deutlich eschatologischer Perspektive vom „Werk" der Himmlischen sagt: „eilend geht es zu *Ende*" (V. 178), heißt es nun, mit einem lapidaren letzten Wort: „Ist aber geendet." Da nur die Retrospektive von einem vorgestellten Zustand der Vollendung, und d.h. der Sinn-Erfüllung, alles frühere Geschehen zu einer sinnvollen Geschichte zu strukturieren vermag, enthält dieser Hymnenschluß zugleich die hermeneutische Voraussetzung für das in der Hymne selbst entwickelte Geschichtsbild. Gerade die Orientierung an der Zentralgestalt Christi macht die hermeneutische Voraussetzung ihrerseits historisch begreifbar: Wie schon in Lessings ›Erziehung des Menschengeschlechts‹ und später in Hegels Geschichtsphilosophie handelt es sich um eine Säkularisierung der christlich-eschatologischen Auffassung der Heilsgeschichte. Durch sie wird die traditionell auf eine jenseitige Vollendung ausgerichtete Heilsgeschichte zu einer Weltgeschichte, die diesseitige Vollendung zeitigt. Hölderlin vollzieht am Schluß der zweiten Fassung des ›Einzigen‹ diesen Schritt der Säkularisierung sehr bewußt, indem er, statt die traditionelle biblische Form vom „Vater im Himmel" zu verwenden, in provozierender Prägnanz vom „Vater der *Erde*" spricht. Das „Vaterland" und der „Vater der Erde" sind die Kennmarken der Immanenz, in deren Raum Geschichte sich nun vollendet. Aber indem Hölderlin doch noch vom „Vater" spricht und das „Eigenwillige" aus „Menschen Hand" (drittletzte Strophe) abweist, hat er, ähnlich wie Hegel, noch nicht jenes spätere Stadium einer radikalen Säkularisation des Geschichtssinns erreicht, in dem die «défatalisation» (Proudhon) und die Machbarkeit des Geschichtssinns (Marx) verkündet werden.

Nicht zuletzt hat in Hölderlins wie in Hegels und schon vorher in Lessings und Kants Geschichtsvorstellung die chiliastische Tradition entscheidend hineingewirkt. Denn das Hauptkennzeichen des schon seit je von der Orthodoxie als Ketzerei verdächtigten Chiliasmus ist die Hereinnahme des von der kirchlichen Eschatologie im Jenseits angesiedelten Heils in den binnengeschichtlichen Raum. Dieser Chiliasmus ist ein Ferment der geschichtsphilosophischen Säkularisation, zugleich aber hält er den Säkularisierungsprozeß noch auf der Stufe an, die Hölderlins Hymne repräsentiert. Denn er sieht das Heil sich zwar *in* der Welt vollenden, spricht aber noch von einem göttlichen Vollender. Hölderlins einzigartige Formel „Vater der Erde" repräsentiert diese Ambivalenz, die um 1800 die idealistische Zwischenposition zwischen streng religiösem und radikal entgöttertem Geschichtsverständnis kennzeichnet. Indem er zwar am Ende der drittletzten Strophe noch von Gott, ganz am Ende aber nur noch vom Vater der Erde spricht, vollzieht er sogar den Prozeß der Säkularisierung im prozeßhaften Duktus der Hymne selbst. So wie das „Vaterland" der säkularisierte Raum der Sinnerfüllung ist, den man einst als „Himmelreich" bezeichnete, so „der Erde Vater" die säkularisierte Vorstellung von der einst als „Gott" bezeichneten Instanz. Sie ist nun kaum mehr als der Geist der Geschichte.

Was ist aber Hölderlins Vorstellung vom endzeitlichen Heil am Ende der Hymne? Während in ihrer ersten Hälfte die auch in vielen anderen Gedichten zum Tragen kommende Vorstellung von der Vollendung als der Herstellung einer geistigen Ganzheit dominiert, setzt der Schluß einen anderen, neuen Akzent. Vollendung ist jetzt das „Ständige", das der Erde Vater „in Stürmen der Zeit" bereitet. Damit wird nicht einfach ein nicht näher definierter Vollendungszustand als ein ewig währender, „ständiger" bezeichnet. Vielmehr ist das „Ständige" selbst der Heilszustand. Der Sinn der Geschichte wird nicht nur am Ende der Geschichte *erreicht*. Er *ist* Aufhebung der Geschichte selbst. Vollendung der Zeit ist zugleich Aufhebung der Zeit. Scheinbar paradox entsteht gerade in den „Stürmen der *Zeit*" das Zeit*los*-Ständige, dessen Vorform das „Halten" eines zuerst noch an der Idee des Göttlichen und an der noch halb metaphysischen „Sonne Christi" orientierten Sinn-Anspruchs in der Geschichte und dann, der Vollendung schon viel näher, die einfache immanente „Gewißheit des Guten" ist. Analog beschwört die ›Friedensfeier‹ die „schütternden Stürme" (V. 138) der Geschichte, die zu einer übergeschichtlichen Vollendung führen, indem sie Zeit in Sein verwandeln – in ein Sein, das ganz am Ende als dasjenige einer nicht mehr der Entfremdung ausgelieferten „Natur" erscheint. Denn Geschichte ist selbst Entfremdung von einem ursprünglich vollkommenen Sein. Die ›Friedensfeier‹ faßt diese geschichtliche Entfremdung als „Ausland" (V. 16), aus dem am Ende eine vollendete Einkehr und Heimkehr möglich wird. In der zweiten Fassung des ›Einzigen‹ schimmert diese Dimension, die am Ende der ›Friedensfeier‹ als „Natur" bezeichnet wird, im Bild des „Vaterlands" durch, und ähnlich wie in der ›Friedensfeier‹ zur Erwartung des jenseits aller Entfremdung liegenden Vollendungszustands das Bild von „Mutter und Kind" (V. 124) gehört, ist in der letzten Strophe des ›Einzigen‹ von den „Kindern" die Rede.

Geschichte gewinnt demnach im ganzen einen Doppelaspekt: Sie ist zugleich die Bahn der Entfremdung und der eschatologisch gerichteten Heimkehr aus der Entfremdung. Das universale Vermittlungsgeschehen des geschichtlichen Prozesses selbst findet in dieser Heimkehr aus der Entfremdung seine Vollendung. Sein deutlichster Ausdruck ist die Aufhebung der entfremdenden Distanz zwischen Idealität und Realität, zwischen „Gott" und „Mensch", „Himmel" und „Erde“. Deshalb nimmt die Gottheit bei der endzeitlichen Einkehr in der ›Friedensfeier‹ „Freundesgestalt“ (V. 19) an, und deshalb wird sie am Ende des ›Einzigen‹ zum „Vater der Erde“.

Ein abschließender Rückblick auf den Duktus der zweiten Fassung zeigt, daß das entscheidend Neue gegenüber der ersten Fassung die geschichtsphilosophische Dimension ist, in die sich die zweite Hälfte der Hymne hineinbewegt. Erst die zweite Fassung entspricht im wesentlichen den geschichtsphilosophischen Hymnen ›Friedensfeier‹ und ›Patmos‹. In allen drei Hymnen kommt der Gestalt Christi insofern zentrale Bedeutung zu, als sie die Funktion der geschichtlichen Vermittlung erhält. Jedesmal ist die Voraussetzung dafür der Tod Christi. Denn er ermöglicht den Übergang vom historisch einmalig und gestalthaft Fixierten ins Pneumatische, das allein zum universalen und damit auch geschichtlich universal vermittelnden Prinzip werden kann. Als Pneuma geht Christus in den Geist der Geschichte selbst über. Damit gewinnt er jene Allgemeinheit, die alle drei Hymnen im Anschluß an das Johannesevangelium, aber in geschichtsphilosophischer Säkularisierung als Sphäre des „Vaters“ darstellen. Indem die zweite Fassung des ›Einzigen‹ in ihrer ersten Hälfte den Text der ersten Fassung übernimmt, in dem Christus gegenüber den anderen halbgöttlichen Gestalten der Antike als verborgen-pneumatisches Wesen begriffen wird, schafft sie die Voraussetzung für den in der zweiten Hälfte entworfenen geschichtlichen Vermittlungsprozeß.

HÖLDERLINS PATMOS-HYMNE, HEGELS FRÜHSCHRIFTEN UND DAS JOHANNESEVANGELIUM

Zur Entstehung der idealistischen Geschichtsphilosophie und Hermeneutik

Für Werner Keller
zum 60. Geburtstag
in Freundschaft

I. Voraussetzungen

1. Anlaß und Widmung der Patmos-Hymne

Im Jahre 1802 hatte der Landgraf von Homburg, dem Hölderlin die Patmos-Hymne widmete, den befreundeten Klopstock gebeten, ein gegen die aufklärerische Bibelexegese gerichtetes Gedicht zu schreiben. Dieser Wunsch entsprang der pietistisch geprägten Bibelfrömmigkeit des Landgrafen. „Wenn sich", so schrieb er, „höhere Gedanken in mir wecken, wenn ich mich von trüben Erinnerungen und noch trüberen Aussichten erholen, wenn ich mich von den Ruinen abwenden will, die mich umgeben (denn Alles ist in Trümmern, Religion, Vaterland, Freundschaft, Gefilde, Vermögensumstände), so lese ich in den Gesängen des Messias. Da fiel mir, der die orientalischen Sprachen nicht kennt, der Gedanke aufs Herz: Die heutigen Philosophen, Aufklärer, Aufräumer verwässern die Schrift und die Theologie unter dem Vorwand der Sprachkenntnis. Ist Jemand unter uns, der diese Sprachen wie die Muttersprache versteht, der sie weit tiefer ergründet hat als die neueren Exegeten, der ihre verborgensten Feinheiten kennt, so ist das Klopstock. Er legt die Schrift aber ganz anders aus wie sie, und wenn ich bei ihrem Eise erstarre, so eile ich mich an seiner Glut zu wärmen. Sie müssen unrecht haben. Dieses ist der Syllogismus, der mich oft gestärkt hat.

Ich wage nun, Sie, als den Homer und den Nestor unserer Poesie, als mehr wie Homer, als den Vater unserer heiligen Dichtkunst, zu bitten, im Schatten des Palmenhaines, den Sie entdeckt haben, noch in irgendeinem Gedichte, einer Ode, die Ihren sämmtlichen Werken die letzte Krone aufsetzte, diese neuen Ausleger, sei es auch nur bloß durch Ihr Zeugnis zu beschämen und ihre exegetischen Träume zu Boden zu werfen."[1]

Klopstock, der Achtundsiebzigjährige, antwortete am 2. April 1802, er fühle sich nicht imstande, diese Bitte zu erfüllen.[2] Wahrscheinlich wußte Hölderlin von diesem Vorgang. Dafür spricht seine enge Bindung an den landgräflichen Hof in Homburg und besonders sein Zusammentreffen mit dem Landgrafen unmittelbar vor Beginn der Arbeit an ›Patmos‹ im Herbst 1802, nicht zuletzt auch der Reichtum zitatartiger Anklänge an Klopstocks ›Messias‹ in der Hymne.[3]

All dies sind nicht Äußerlichkeiten, die an bloße Gefälligkeit oder gar an Auftragsübernahme ohne inneres Engagement denken lassen. Sowohl die persönlichen wie die geistigen Beziehungen verwehren eine solche Vermutung. Zum Landgrafen konnten Hölderlin und seine Homburger Freunde menschliche Nähe empfinden, denn er war ein aufgeschlossener, in vielem liberal gesonnener und anteilnehmender Mann – kein absolutistischer Duodezfürst oder Provinztyrann nach württembergischem Muster. Die Prinzessin Auguste, seine Tochter, hatte eine Liebesneigung zu Hölderlin gefaßt, und in einem Brief aus dem Jahre 1798 charakterisierte Hölderlin selbst die Mitglieder der Landgrafenfamilie als „ächtedle Menschen, die sich durch ihre Gesinnung und ihre Lebensart von andern ihrer Klasse ganz auf-

[1] Ausschnitt aus dem Brief, den Werner Kirchner bekannt gemacht hat, in: Werner Kirchner, Hölderlins Patmos-Hymne, in: Kirchner, Hölderlin, Aufsätze zu seiner Homburger Zeit, hrsg. v. Alfred Kelletat, Göttingen 1967, S. 57–68, hier S. 65. Außer dieser für den biographischen Hintergrund der Patmos-Hymne wertvollen Abhandlung gibt es erst einige interpretatorische Ansätze: Wolfgang Binder, Hölderlins Patmos-Hymne, in: Hölderlin-Jahrbuch 15 (1967/68), S. 92–127 (auch in: Binder, Hölderlin-Aufsätze, Frankfurt a. M. 1970, S. 362–402); Karlheinz Stierle, Dichtung und Auftrag. Hölderlins Patmos-Hymne, in: Hölderlin-Jahrbuch 22 (1980/81), S. 47–68. Ferner zu einem wichtigen Aspekt: Peter Howard Gaskill, Meaning in History: 'Chiliasm' in Hölderlin's ›Patmos‹, in: Colloquia Germanica 11 (1978), S. 19–52. Im übrigen vgl. die Internationale Hölderlin-Bibliographie 1804–1983, bearbeitet von Maria Kohler, Stuttgart 1985, Nr. 5958–Nr. 5998. Einige neuere Aufsätze führen kaum weiter. – Zitate nach der Großen Stuttgarter Ausgabe.

[2] Vgl. Kirchner, S. 66.

[3] Zum Zusammentreffen mit dem Landgrafen beim Regensburger Reichstag: Kirchner, S. 58 f. – Die Anspielungen auf Klopstocks ›Messias‹ hat Lothar Kempter, Hölderlin und die Mythologie, Horgen-Zürich/Leipzig 1929 (Reprint Nendeln/Liechtenstein 1971), S. 19–21 nachgewiesen.

fallend auszeichnen“ (VI, Nr. 165, Z. 45ff). Sogar das revolutionsfreundliche Journal ›Der Genius der Zeit‹ stellte 1797 den Landgrafen und die Seinen als ein Vorbild für die Harmonie zwischen Monarchie und Aufklärung dar, denn hier sei das Verhältnis zwischen Herrscherhaus und Volk nicht auf „Unterdrückung und Unterwerfung, sondern auf wechselseitige, aufrichtige Liebe gegründet“.[4]

Auch daß Hölderlin mit der Patmos-Hymne an die Stelle Klopstocks trat, ist kein Akt vordergründiger Anpassung. Noch vor Schiller war Klopstock für ihn eine Leitfigur, weil er das Dichtertum ebenso als eine höchste Berufung auffaßte. Tief hatte der Dichter des ›Messias‹ seine Sprache wie sein dichterisches Selbstverständnis geprägt. Etwa ein Jahr nach der Niederschrift der Patmos-Hymne, im Dezember 1803, schrieb er an seinen Verleger Friedrich Wilmans die vielzitierten Worte über den besonderen Rang „vaterländischer Gesänge“ und berief sich dabei auf Klopstock (VI, Nr. 243, Z. 19f.). „Klopstok gestorben am / Jahrtausend“, notiert er noch in einem späten Entwurf (II, 333, V. 2f.).

Nicht zuletzt die pietistische Bibelfrömmigkeit des Landgrafen mußte Hölderlin in seinem Eigenen berühren, denn er selbst war in der pietistisch geprägten Sphäre des württembergischen Protestantismus aufgewachsen. Und der Wunsch des Landgrafen nach einer Auseinandersetzung mit der aufklärerischen Bibelkritik war keineswegs ein privater Einfall. Vielmehr spiegelt er eine Frontstellung zwischen Aufklärung und religiöser Tradition. Das allgemeinste Fundament für die Kritik an der Bibel, sofern sie als Zeugnis einer Offenbarungsreligion beansprucht und mit göttlicher Autorität versehen wurde, bildete bekanntlich für das ganze 18. Jahrhundert der englische Deismus, der auch die französische Aufklärung weitgehend bestimmte. Den Schritt zur modernen Bibelkritik nach historisch-kritischer Methode hatte schon im letzten Viertel des 17. Jahrhunderts durchaus nicht mit antireligiöser Absicht, aber mit enormer Wirkung der französische Oratorianer Richard Simon getan.[5] In Deutschland

[4] Der Genius der Zeit 12 (1797), S. 282.

[5] Im Jahre 1678 erschien seine ›Histoire critique du Vieux Testament‹ (Neuausgabe Rotterdam 1685), 1689 folgte seine ›Histoire critique du texte du Nouveau Testament‹, 1690 seine ›Histoire critique des versions du Nouveau Testament‹. Vgl. Jean Steinmann, Richard Simon et les origines de l'exégèse biblique, Paris 1960; Paul Auvray, Richard Simon (1638–1712), Paris 1974; Henning Graf Reventlow, Richard Simon und seine Bedeutung für die kritische Erforschung der Bibel, in: Historische Kritik in der Theologie. Beiträge

hatte den ersten großen Streit um die Kritik der Bibel die 1735 in Wertheim erschienene Übersetzung der fünf Mosaischen Bücher entfacht. Der Übersetzer der ›Wertheimer Bibel‹, Lorenz Schmidt, hatte von den Voraussetzungen der Philosophie Christian Wolffs her die kritischen Fragen des englischen Deismus aufgegriffen und demgemäß den biblischen Text frei übersetzt und kommentiert. Der Hallenser Theologieprofessor und Pietist Joachim Lange, der schon die Front gegen Christian Wolff angeführt hatte, unter deren Druck der bedeutende Aufklärungsphilosoph schließlich aus Halle vertrieben wurde, bis ihn im Jahre 1740 Friedrich der Große wieder zurückrief, holte als erster, noch im Jahre 1735, mit seinem Pamphlet ›Der philosophische Religionsspötter‹ zum Gegenschlag aus. Es gab einen großen öffentlichen Kampf – insgesamt veranlaßte der Wertheimer Pentateuch weit über 100 Streitschriften. Schließlich ließ das Reichskammergericht auf Betreiben der – nicht zuletzt pietistischen – Gegner die Wertheimer Bibel beschlagnahmen und ächtete den Verfasser, der ins Gefängnis kam, schließlich fliehen konnte und unter einem Pseudonym sein Leben fristete.[6] Noch 40 Jahre später ging auf Betreiben der Orthodoxen der Reichshofrat gegen den aufklärerischen Theologen Karl Friedrich Bahrdt wegen dessen rationalistischer Paraphrase des Neuen Testaments vor – auch Bahrdt kam ins Gefängnis. Stark wirkten die ›Abhandlungen von den vornehmsten Wahrheiten der natürlichen Religion‹ des angesehenen Hamburger Theologieprofessors und Orientalisten Hermann Samuel Reimarus, die bis 1791 in sechs Auflagen erschienen; einen Sturm aber lösten die von Lessing posthum publizierten ›Fragmente‹ aus der ›Apologie oder Schutzschrift für die vernünftigen Verehrer Gottes‹ aus, an der Reimarus 20 Jahre arbeitete, die er jedoch nicht zu veröffentlichen gewagt hatte. Darin waren so zentrale Glaubenswahrheiten wie die Auferstehung Christi mit den Mitteln philologischer Bibelkritik ad absurdum geführt worden. Ins Allgemeine und Grundsätzliche ging Fichtes im Jahre 1792 – bezeichnenderweise anonym – erschienener ›Versuch einer Kritik aller Offenbarung‹.

zu ihrer Geschichte, hrsg. v. Georg Schwaiger, Göttingen 1980, S. 11–36. Zum übergeordneten Thema: Henning Graf Reventlow, Walter Sparn, John Woodbridge (Hrsg.), Historische Kritik und biblischer Kanon in der deutschen Aufklärung, Wiesbaden 1988.

[6] Zu Lorenz Schmidt (1702–1749) vgl. Emanuel Hirsch, Geschichte der neuern evangelischen Theologie, Bd. 2, 5. Aufl., Gütersloh 1975, S. 417–438.

Von den zahlreichen pietistischen Abwehrversuchen gegenüber der aufklärerischen Bibelkritik überhaupt sei nur ein 1773 in Tübingen erschienener vielbeachteter Traktat erwähnt, der den Titel trug: ›Christliches Glaubens-Bekenntniß und überzeugender Beweis von dem göttlichen Ursprung und Ansehen der Bibel den neuesten Einwürfen entgegengesetzt von M. Magnus Friedrich Roos‹. Nicht zuletzt entspann sich ein intensiver Konflikt speziell um die Apokalypse, die ja für die Patmos-Hymne von besonderer Bedeutung ist, da sie der Legende zufolge vom Apostel Johannes, der mit dem Verfasser des Johannesevangeliums gleichgesetzt wurde, aufgrund visionärer Eingebung auf der Insel Patmos niedergeschrieben worden sein soll. Als erster Exeget der Neuzeit hatte Johann Salomo Semler die Apokalypse dem Apostel Johannes abgesprochen. Damit traf er, wie noch genauer zu sehen sein wird, ins Herz des pietistischen Bibelglaubens gerade in Württemberg und in der Tübinger Theologie. Der einflußreiche Tübinger Theologieprofessor und Universitätskanzler Jeremias Friedrich Reuß, ein Lieblingsschüler Bengels, veröffentlichte 1772 eine ›Vertheidigung der Offenbarung Johannis gegen den berühmten Halleschen Gottesgelehrten Herrn D[oktor]. Semler‹. Im Gegenzug erschien in Halle Semlers ›Abhandlung von freier Untersuchung des Canons nebst Antwort auf die Tübingische Vertheidigung der Apokalypsis‹, und im Jahre 1776 brachte er mit der gleichen Grundtendenz seine ›Neuen Untersuchungen über Apokalypsin‹ heraus. Aber auch die pietistische Partei ruhte nicht. Hölderlins späterer Lehrer, der Tübinger Theologieprofessor Gottlob Christian Storr, ließ 1782 eine ›Neue Apologie der Offenbarung Johannis‹ erscheinen, in der es ihm, wie er im Vorwort bemerkt, um die „Authentie der Apokalypse" und ihre „Aechtheit" geht.[7]

Auf diesem Hintergrund schon seit vielen Jahrzehnten andauernder Auseinandersetzungen um die Autorität der Bibel ist der Wunsch des Landgrafen zu verstehen, ja er klingt schon fast wie der Wunsch nach einem Nachhutgefecht. Und es ist offenkundig, welch außerordentlicher Anstrengungen es für Hölderlin bedurfte, diesen Wunsch aufzugreifen, ohne doch sein eigenes modernes Bewußtsein zu suspendieren, denn schon längst, nicht zuletzt durch die Begegnung mit dem zeitgenössischen Spinozismus und mit Kant, war er über

[7] Hierzu: Reinhard Breymayer, „Anfangs glaubte ich die Bengelische Erklärung ganz ...". Philipp Matthäus Hahns Weg zu seinem wiederentdeckten ›Versuch einer neuen Erklärung der Offenbarung Johannis‹ (1785), in: Pietismus und Neuzeit 15 (1989), S. 173–220, besonders S. 193–195.

die Sphäre orthodoxer Religiosität und pietistischer Frömmigkeit hinausgelangt. Um das Ergebnis thesenhaft vorwegzunehmen: Die Patmos-Hymne ist ein großangelegter dichterischer Versuch, dem Zusammenbruch des alten, auf dem Fundament der Bibel beruhenden christlichen Weltbilds zu begegnen – nicht durch eine schlichte Zurückweisung kraft dichterischer Autorität, wie dies der Landgraf von Klopstock wünschte, und schon gar nicht durch Hervorkehren eines naiven Bibelglaubens und einer orthodoxen Christlichkeit, sondern durch den Entwurf einer neuen, idealistischen Geschichtsphilosophie, die den Aufklärungsprozeß nicht negiert, vielmehr als geschichtlich notwendig *integriert*. Zugleich hebt Hölderlin jede Form dogmatischer Fixierung und orthodoxer Abgrenzung in einer universellen Vermittlungsbewegung auf. Er *erfüllt* nicht den Wunsch des Landgrafen – er *antwortet* ihm aus einem weiteren Denkhorizont. In der geschichtsphilosophischen Reflexion eines durch die Auflösung aller „positiven" Grundlagen der *Vergeistigung* dienenden Aufklärungsprozesses orientiert er sich, wie zu sehen sein wird, an der Bibel nur insofern, als sie selbst schon die „idealistische" Tendenz zur Vergeistigung und Universalisierung enthält. Zugleich aber versucht er die idealistische Spekulation enger an die geschichtliche und speziell die biblische Tradition zu binden. Hölderlin unternimmt es, den großen Widerspruch der Epoche: den scheinbar unversöhnlichen Gegensatz zwischen Aufklärung und immer noch mächtiger christlicher Tradition aufzulösen.

2. Patmos als Kennwort pietistischer Bibelfrömmigkeit

Der nach der Legende von Johannes auf der Insel Patmos geschriebenen Apokalypse wurde aufgrund ihres visionären Charakters eine spezifische Inspiriertheit zuerkannt. Deshalb galt sie als biblischer Idealtyp. Johann Albrecht Bengel, der Begründer des württembergischen Pietismus, stellte fest: „Als Wahrheit vom wahren göttlichen Geist, wenn so zu sprechen erlaubt ist, wurde die Apokalypse hervorgebracht" („Verum enim vero a Dei ingenio, si sic loqui licet, profecta est apocalypsis"),[8] ja er sah die Apokalypse in einem solchen Grad als inspiriert an, daß er sagen zu können glaubte: „Das ganze Buch muß wie ein Wort, das in einem Moment ausgesprochen wurde, angenommen werden" („Totus liber tanquam unum verbum uno momento

[8] D. Joh. Alberti Bengelii Gnomon Novi Testamenti, secundum editionem tertiam (1773) denuo recusus, Berlin 1860, S. 672.

pronunciatum debet accipi“).[9] Ähnlich äußerte sich Oetinger.[10] Patmos selbst wurde daher den Pietisten zum Inbegriff der Schriftinspiration und zugleich eines inspirierten Umgangs mit der Schrift. Im Ton der Selbstverständlichkeit konnte der mit dem Pietismus gut vertraute Goethe am 28. September 1777 an Kestner von der Wartburg schreiben: „Ich wohne auf Luthers Pathmos ...“[11]

Wie die Titelchiffre ›Patmos‹ erinnert auch der wiederholte Hinweis auf die Schrift an die pietistische Bibelfrömmigkeit. Die Bibelleser, so heißt es in der Hymne, „bewahren / In einfältigen Augen, unverwandt / Abgründe der Weisheit“ (V. 117–119), ihnen fällt „stillleuchtende Kraft aus heiliger Schrift“ (V. 194), und das Gedicht endet mit den Versen: „... der Vater aber liebt, / Der über allen waltet, / Am meisten, daß gepfleget werde / Der veste Buchstab, und bestehendes gut / Gedeutet. Dem folgt deutscher Gesang.“ Zwar spielt Hölderlin mit diesen Schlußversen auch auf die im Judentum und von christlichen Zeugen oft erhobene Forderung an, man dürfe am Wortlaut der Schrift nichts ändern, vielmehr sei der vorhandene Text zu pflegen. Und daß er gerade am Ende einer Hymne, die den Titel ›Patmos‹ trägt und damit die Apokalypse ins Spiel bringt, diesen Gedanken aufgreift, dürfte sogar als direkte Übertragung zu verstehen sein – die Apokalypse selbst gibt abschließend eine Anweisung zur „Pflege des vesten Buchstabs“, indem sie mit einer Warnung vor eigenmächtigem

[9] Seite 672.

[10] In dem Artikel ›Schrift alten und neuen Testaments‹ seines ›Biblischen und emblematischen Wörterbuchs‹ von 1776 führt Oetinger aus, daß die Apostel und die Evangelisten die Offenbarung durch Jesus nicht in starr fixierter Weise, sondern in jeweils charakteristisch verschiedener „Eingebung“ erhalten haben. „Jeder hat seine Syngenes spermatiku logu, wie Justinus Martyr spricht, Petrus anderst als Paulus und so Johannes anderst als andere.“ „Doch“, so fährt er fort, „doch hat die Offenbarung etwas besonders vor allen“, und er bemerkt, „daß in der Wahl der Worte besondere göttliche Anordnungen und Schickungen müssen da gewesen seyn“. Johannes ist, nach Oetinger, mit besonderen göttlichen Gaben ausgestattet, „um würdig vom Königreich Gottes zu schreiben“ (Des Württembergischen Prälaten Friedrich Christoph Oetinger biblisches und Emblematisches Wörterbuch, dem Tellerischen Wörterbuch und Anderen falschen Schrifterklärungen entgegen gesezt, 1776 [unveränderter Neudruck: F. Chr. Oetinger, Biblisches und emblematisches Wörterbuch, mit einem Vorwort von D. Tschizewskij, Emblematisches Cabinett 9, Hildesheim 1969], S. 547f.).

[11] Goethes Briefe, Bd. I, hrsg. v. Karl Robert Mandelkow unter Mitarbeit von Bodo Morawe, Hamburg 1962, Nr. 178.

Manipulieren an dem in ihr Geschriebenen endet.[12] Es handelt sich um die wichtigste Stelle dieser Art in der Bibel überhaupt. Aber das Pathos des Beharrens auf dem „Buchstaben" gehört doch auch in besonderer Weise zum württembergischen Pietismus. Hier machte das Beispiel Johann Albrecht Bengels Schule. „Pflegen", „colere", ist auch Bengels Ausdruck für den sorgsamen Umgang mit der Schrift.

Bengels vorrangiges Interesse für die Bibel fand in intensiven philologischen Bemühungen Ausdruck. Vor allem bemühte er sich um die Gewinnung eines verläßlichen Textes für das Neue Testament und um die Erstellung eines kritischen Apparats: um die Pflege des festen Buchstaben. Seine kritische Ausgabe des Neuen Testaments ist in der Geschichte der Bibelphilologie ein Meilenstein. Der Textkritik und der Editionsarbeit folgte die gewissenhafte, allerdings noch nicht historisch-kritische Exegese: die Anstrengung, um es wieder mit Hölderlins Worten zu sagen, „Bestehendes gut zu deuten". Bengels Hauptwerk, der 1742 erschienene ›Gnomon‹, bildet den Höhepunkt pietistischer Bibelauslegung. Diesen Wort-für-Wort-Kommentar zur Bibel besaß Hölderlin selbst, wie das Verzeichnis seiner hinterlassenen Bücher zeigt.[13] Im Vorwort bezeichnet Bengel als Grundlage seiner Auslegung einen sorgfältig erarbeiteten Text. „Ohne Auslassen auch nur eines Buchstabens" sei er zu Werke gegangen („sine ullius literae exceptione").[14] Nicht zuletzt wendet er sich gegen den modernen Mißbrauch und die Mißachtung der Bibel, um auf dem „γέγραπται", „scriptum est",[15] zu beharren – auf jenem „Es steht geschrieben", das Hölderlin mit dem „vesten Buchstab" zunächst meint.

Endlich erweist sich die programmatische Orientierung der Patmos-Hymne auf die Bibel in einer Fülle von Bibelzitaten, die von der ohnehin nur in Ansätzen existierenden Forschung noch kaum wahrgenommen wurden. Erst aber wenn auf der Basis genauer Belege geklärt werden kann, mit welcher Tendenz Hölderlin Bibelworte aus-

[12] Apokalypse 22, 18f.: „Ich bezeuge allen, die da hören die Worte der Weissagung in diesem Buch: So jemand dazusetzt, so wird Gott zusetzen auf ihn die Plagen, die in diesem Buch geschrieben stehen. Und so jemand davontut von den Worten des Buchs dieser Weissagung, so wird Gott abtun sein Teil vom Holz des Lebens und von der heiligen Stadt, davon in diesem Buch geschrieben ist."

[13] VII, 3, S. 390, Z. 58.

[14] Vgl. Anm. 8, S. XV (§ X).

[15] Vgl. Anm. 8, S. XXII (§ XXVII).

wählt und wie er sie in seinen Text einschmilzt, erschließt sich das Wesen des Gedichts selbst. Denn der lapidare Schluß: „Dem folgt deutscher Gesang" bezieht sich auch auf das in der Hymne selbst angewandte Verfahren, durch das der Dichter Bestehendes gut gedeutet zu haben beansprucht. Die Patmos-Hymne hat eine in der Geschichte der Lyrik singuläre Qualität: Sie ist hermeneutische Dichtung. Als Dichtung ist sie selbst schon Deutung eines Textes – des biblischen Textes. Nur also, wenn die durch die Patmos-Hymne selbst vollzogene Deutung ihrerseits „gut" gedeutet wird, läßt sich das Gedicht verstehen – verstehen auch, in welchem Sinn es die „gute Deutung des Bestehenden" am Ende fordert.

Als hermeneutische Dichtung ist die Patmos-Hymne in hohem Maße hermetisch, weil sie einen Leser voraussetzt, der die in ihr verschlossene Fülle von Berufungen auf die Bibel erkennt, und dies trotz der intensiven Einschmelzung in den lyrischen Text. Die bis zur vollkommenen Identität von poetischem Wort und Zitat reichende Durchdringung des Textes mit Biblischem hat zunächst die Funktion einer *Aneignung*, die das Andere nicht mehr als das Fremde in den eigenen Text bloß aufnimmt, sondern seine Fremdheit aufhebt und es zum Eigenen macht. Damit spiegelt das dichterische Verfahren das ideelle Ziel der Hymne: die Vermittlung des einst Gewesenen mit der Gegenwart. Poetische Struktur und geschichtsphilosophische Absicht stehen im gleichen hermeneutischen Horizont. Zweitens aber erfüllt die Synthese von biblischem und poetischem Sprechen die Funktion einer *Zueignung*: Gerade bei dem Leser, dem Hölderlin die Hymne widmete, konnte er eine besondere Vertrautheit mit der Bibel voraussetzen, und daß er es durch die dichterische Eigenart der Patmos-Hymne entschieden tut, schafft die esoterische Sphäre eines persönlichen Eingehens auf den Widmungsadressaten und eines Einigseins mit ihm.

3. Patmos als Chiffre eines eschatologischen Geschichtsverständnisses

Da auf der Insel Patmos die geheime Offenbarung des Weltendes geschrieben wurde, deutet schon der Titel der Hymne auf das eschatologische Geschichtsverständnis, das den Text im ganzen bestimmt und an mehreren Stellen unmittelbar formuliert wird: „... eilend geht es *zu Ende*", heißt es vom Gang des Weltgeschehens (V. 178), und vorher schon: „Ans *Ende* kommet das Korn" (V. 156). Die Gesamtkonzeption der Hymne ist eschatologisch, ähnlich wie diejenige der

›Friedensfeier‹, die ebenfalls vom Ende und von der Vollendung der Zeit spricht, und wie die zweite Fassung des ›Einzigen‹, deren letzte Worte in schon eschatologischer Gewißheit lauten: „Ist aber geendet.“

Die eschatologische Deutung der Apokalypse war keineswegs selbstverständlich, aber gerade für den Pietismus typisch. Anschließend an die älteren Apokalypse-Kommentare von Luiz de Alcazar und Hugo Grotius hatten bekannte Theologen des 18. Jahrhunderts von Firmin Abauzit über Johann Salomo Semler bis zu Herder, Johann G. Herrenschneider und Johann G. Eichhorn die „Geheime Offenbarung“ kritisch-zeitgeschichtlich ausgelegt, indem sie die apokalyptische Weissagung als eine in den Traditionen der alttestamentlich-jüdischen Prophetie stehende Kampfansage an das Römische Reich erklärten, das die jüdische Katastrophe des Jahres 70 n. Chr. verursacht hatte – ein im wesentlichen heute noch gültiger Ansatz. Dagegen deutete als erster protestantischer Exeget Campegius Vitringa (1659–1722) das Millennium auf die Zukunft, wobei er ebenfalls an ältere Traditionen anknüpfte. So begründete der reformierte Niederländer einen neuen Chiliasmus, der besonders den deutschen Pietismus prägte. Seiner endgeschichtlich-chiliastischen Deutung folgte der Hallenser Pietist Joachim Lange in der ›Oeconomia salutis‹ (1728), dann Johann Albrecht Bengel in mehreren Werken und endlich Jung-Stilling in seiner ›Gemeinnützigen Erklärung der Offenbarung Johannes‹ (1799). Der für Hölderlin wichtige Bengel veröffentlichte im Jahre 1740 seine ›Erklärte Offenbarung Johannis und vielmehr Jesu Christi‹, wenig später, im Jahre 1747, ›60 erbauliche Reden über die Offenbarung Johannis‹. Darin macht er die Apokalypse zum Fluchtpunkt eines eschatologischen Geschichtsdenkens, denn sowohl der Zusammenhang der Bibel wie der Zusammenhang der Geschichte wird ihm erst vom Ende, d. h. von der Apokalypse, her erkennbar. Nur das Ende erhellt das Ganze – ein Gedanke, den auch Hölderlin aufnimmt, vor allem in der ›Friedensfeier‹. Und das Ganze tritt nach der Divina Oeconomia[16] von Gottes heilsgeschichtlichem Plan nur nach und nach zutage. So zeitigt die apokalyptisch-eschatologische Perspektive ein heilsgeschichtlich durchstrukturiertes Geschichtsdenken. Dieses Geschichtsdenken bestimmt die ganze Patmos-Hymne.

[16] Dieser Begriff ist schon in der altchristlichen Literatur von Bedeutung (vgl. S. 257 und besonders Anm. 77). Zahlreiche pietistische Schriftsteller gebrauchen ihn im heilsgeschichtlichen Sinn, manche schon im Titel ihrer Werke (Beispiele in Anm. 81). Bengel steht damit in einer vollausgeprägten Tradition.

4. Patmos und das Johannesevangelium

Den mit Abstand wichtigsten Traditionshorizont für die Patmos-Hymne bildet das Johannesevangelium. Nach der Legende ist Johannes, der Verfasser der Apokalypse, identisch mit dem Evangelisten Johannes und dieser wiederum mit dem Apostel Johannes. Hölderlin folgt diesem legendären Zusammenhang. Ob er damit dem Wunsch des Landgrafen entsprach, der eine gegen die aufklärerische Destruktion der Bibel und ihrer Autorität gerichtete Dichtung wollte, läßt sich schwer entscheiden, nicht zuletzt, weil die Hymne im ganzen einen weiteren Horizont entwirft, der wesentliche Momente der Aufklärung einbezieht. Die Aktualität und Bekanntheit der zeitgenössischen Debatte spricht aber doch eher für eine bewußte Entscheidung im Sinne der Tradition. Vor dem Hintergrund von Semlers aufklärerisch-kritischer *Destruktion* des zum Hauptinventar pietistischer Frömmigkeit gehörenden Zusammenhangs von Apostel Johannes, Apokalypse und Evangelium dürfte es sich bei Hölderlin um eine absichtliche, in bewußter Übereinstimmung mit den pietistischen Intentionen vollzogene poetische *Rekonstruktion* dieses Zusammenhangs handeln. Im Übergang von der fünften zur sechsten Strophe der Patmos-Hymne weist er auf den „Seher": auf den visionären Verfasser der Apokalypse, der sein Werk in der „dunkeln Grotte" (V. 56) auf der Insel Patmos niederschrieb. Noch im selben, auf die sechste Strophe übergreifenden Satz setzt er ihn mit Jesu Lieblingsjünger, dem Apostel Johannes, gleich (V. 75–77). Im weiteren Verlauf ist die Strophe, wie noch die genaue Einzelanalyse zeigen wird, vollständig bestimmt von Anspielungen auf das Johannesevangelium und sogar durchwirkt von direkten Zitaten. Auch die folgenden Strophen greifen immer wieder auf das Johannesevangelium zurück. Mit anderen Worten: Die Identifikation des Sehers von Patmos mit dem Apostel kommt direkt, diejenige des Apostels mit dem Evangelisten indirekt zustande, und daher meint der Titel ›Patmos‹ nicht nur den Verfasser der Apokalypse, sondern auch den Verfasser des Evangeliums, und als Verfasser beider Bücher den Apostel Johannes.

Wie die Pietisten überhaupt, so bevorzugte auch der Landgraf das Johannesevangelium.[17] Von größter Bedeutung war es für die ganze idealistische Generation – für Hegel, Schelling, Schleiermacher und Hölderlin selber, weil es seit jeher als ein geistiges Evangelium galt. Schon im Altertum hieß es τὸ πνευματικὸν τῶν Εὐαγγελιῶν, wie

[17] Vgl. Kirchner, S. 67.

noch Schelling in seinen Vorlesungen über die ›Philosophie der Offenbarung‹ hervorhebt.[18] Dieses Geistige, „Pneumatische", leitete man aus dem vierten Kapitel des Johannesevangeliums ab. Dort berichtet der Evangelist von der Begegnung Jesu mit der Samariterin am Brunnen vor der Stadt Sichar. Die ganze Szene läßt sich nur aus einem uralten religiösen Gegensatz – einem in gewisser Weise „konfessionellen" Gegensatz zwischen Samaritern und Juden verstehen. Er drückte sich darin aus, daß die Samariter einen eigenen Kult auf dem Berge Garizim einrichteten, während die Juden des Südreichs Judäa auf der alleinigen Verbindlichkeit des Kults im Jerusalemer Tempel beharrten.[19] Im Evangelium richtet die Samariterin die fragenden Worte

[18] Fr. W. J. Schelling, Philosophie der Offenbarung, Bd. II, Darmstadt 1959 (Fotomechanischer Nachdruck der Ausgabe von 1859), S. 326.

[19] Zum geschichtlichen Hintergrund: Das „Heilige Land" war seit ältester Zeit in zwei Reiche gespalten: in ein Nordreich, das den Namen „Israel" trug, und in ein Südreich, das „Juda" hieß. Die Hauptstadt des Nordreichs war Sichem, die des Südreichs Juda war Jerusalem. Die Rivalität zwischen beiden brach immer wieder auf, sowohl wegen des religiösen als auch wegen eines ethnischen Gegensatzes. Denn im Nordreich Israel kam es zeitweise zum Abfall vom ererbten Jahwe-Glauben, außerdem vermischte sich die israelitische Bevölkerung mit den stammesfremden Kanaanitern. Zwar setzte sich später wieder der Jahwe-Glaube durch, aber die Konkurrenz zum Tempel in Jerusalem blieb. Deshalb zerstörte Joschija, der König von Juda, gegen Ende des 7. Jahrhunderts vor Christus in einem Eroberungsfeldzug den auf dem heiligen Berg des Nordreichs, dem Garizim, gelegenen Jahwe-Tempel. Nur der Tempel von Jerusalem galt als rechtmäßiges Heiligtum der „Juden". Bald aber wurde den Juden ihrerseits der Tempel in Jerusalem durch die einfallenden Babylonier zerstört. Als sie aus dem babylonischen Exil nach 539 v. Chr. zurückkehrten, begannen sie mit dem Wiederaufbau des Tempels. Die Samariter erboten sich, den Jerusalemer Juden zu helfen, diese lehnten aber jede Verbindung mit dem nach ihrer Meinung kultisch unreinen Mischvolk ab. Darauf gründeten die Samariter einen eigenen Kult, indem sie an uralte jüdische Traditionen anknüpften. Sie kamen auf den mosaischen Glauben in seiner ursprünglichen Form zurück: Nur den Pentateuch, also die fünf Bücher Mose, und das Buch Josua ließen sie gelten. Vor allem: Ihr Zentralheiligtum, der Tempel auf dem Garizim, erstand wieder. Die alte Rivalität zwischen dem Nordreich und dem Südreich führte 445 v. Chr. auf Betreiben des Judäers Nehemia zur Trennung zwischen Samarien und Juda. Damit waren die Samariter sowohl politisch wie religiös isoliert. Zwar war ihnen seit Alexander dem Großen noch eine Blütezeit beschert, aber erneute schwere Angriffe auf Samaria führten zum fast völligen Untergang dieser Religionsgemeinschaft. Die Überlebenden ließen sich in der Stadt Sichar nieder – dort lebte die Samariterin, die Jesus am Jakobsbrunnen traf.

an Jesus (Joh 4,20): „Unsere Väter haben auf diesem Berge (dem Garizim) angebetet, und ihr (die „Juden“ des Südreichs Judäa, zu denen Jesus gehörte) sagt, zu Jerusalem sei die Stätte, da man anbeten solle.“ Darauf antwortet Jesus (4,21): „Weib glaube mir, es kommt die Zeit, daß ihr weder auf diesem Berge noch zu Jerusalem werdet den Vater anbeten“ – ein Ausspruch, den die moderne Theologie sehr pragmatisch aus der beim Verfasser des Johannesevangeliums feststellbaren Absicht christlicher Missionierung gerade Samarias herleitet, also intentional versteht, der sich aber revolutionär deuten ließ, weil er sich über alle „positiven“ religiösen Fixierungen hinwegsetzt. Im folgenden Vers des Evangeliums fällt Jesus in widersprüchlicher Weise – hier ist nicht der Ort für textkritische Analysen der Bibel und ihrer verschiedenen Redaktionen – zwar noch einmal in die alte religiöse Polemik zurück, indem er sagt: „Ihr wisset nicht, was ihr anbetet; wir wissen aber, was wir anbeten, denn das Heil kommt von den Juden“; alsbald jedoch hebt er diese Position wieder auf, in den vielzitierten Worten, die vor allem anderen dem Johannesevangelium den Rang eines „pneumatischen“ Evangeliums verliehen haben (Joh 4,23): „Aber es kommt die Zeit und ist schon jetzt, daß die wahrhaftigen Anbeter werden den Vater anbeten im Geist und in der Wahrheit (ἐν πνεύματι καὶ ἀληθείᾳ); denn der Vater will haben, die ihn also anbeten“; (Joh 4,24): „Gott ist Geist (πνεῦμα), und die ihn anbeten, die müssen ihn im Geist und in der Wahrheit (ἐν πνεύματι καὶ ἀληθείᾳ) anbeten.“

II. Die Bedeutung des pneumatischen Evangeliums für das Denken Hegels, Schellings und Hölderlins

Die Bezeichnung Gottes als Geist und die Idealvorstellung einer Anbetung Gottes im Geist und in der Wahrheit bildete auf dem Hintergrund der früher auf bestimmte Kult-Berge und Tempel fixierten „positiven“ Religion den entscheidenden Ausgangspunkt sowohl für diejenigen Strömungen im Christentum, die zur Überwindung konfessionellen Haders, dogmatischer Festlegung und ritueller Formalitäten tendierten, wie auch für das idealistische Denken der drei Stiftsfreunde, das sich auf die Aufhebung alles „Positiven“, d.h. aller erstarrten Formen, richtete und diese Aufhebung als einen Prozeß der Vergeistigung begriff.

Hölderlin, Hegel und Schelling betonen, daß es sich um einen *Prozeß* handelt: nicht bloß um die Ersetzung des „Positiven“ durch den „Geist“, vielmehr um allmähliche Auflösung ins Geistige. Diese Vergeistigung ist für sie ein wesentlicher Zug des Geschichtsprozesses. So trug die johanneische Geist-Theologie zur Entstehung der idealistischen Geschichtsphilosophie bei. Das Johannesevangelium selbst bot dafür den Ansatz. Denn in Joh 4,23 heißt es: „*Es kommt die Zeit* und ist schon jetzt, daß die wahrhaften Anbeter werden den Vater anbeten im Geist und in der Wahrheit ...“ Der Beginn „Es kommt die Zeit ...“ enthält eine Zukunftsperspektive, die den Geschichtsverlauf als einen Stufe um Stufe voranschreitenden Vergeistigungsprozeß zu verstehen erlaubte. Und dieses „Es kommt die Zeit“ stimmte gleichermaßen zu der von der Apokalypse vorgegebenen eschatologischen Sicht wie zu der adventistischen Stimmung einer Naherwartung („und ist schon jetzt“), welche das Neue Testament beherrscht und auch das Denken der Idealisten, vor allem Hölderlins und Schellings, bestimmt.[20]

Sie standen damit in einer Tradition, die von Joachim von Fiore (1131–1202) bis zu Lessings ›Erziehung des Menschengeschlechts‹ reicht. Wie später im chiliastischen Pietismus des 18. Jahrhunderts ist der Angelpunkt von Joachims jahrhundertelang nachwirkendem eschatologischem Verständnis sowohl der Bibel wie der Weltgeschichte die Apokalypse. Seine entscheidende Erleuchtung sieht er deshalb im Zeichen des Johannes und der johanneischen Geistverheißung.[21] Schon für ihn findet der eschatologisch gerichtete Geschichts-

[20] Vgl. Manfred Frank, Der kommende Gott. Vorlesungen über die neue Mythologie, Frankfurt a. M. 1982.

[21] „Als ich bei Tagesanbruch erwachte“, berichtet er von dem ihm bezeichnenderweise am Fest des Geistes, an Pfingsten, zuteil gewordenen Erlebnis, „beschäftigte ich mich mit der Offenbarung des Johannes. Da wurden die Augen meines Geistes plötzlich geblendet von der Helle der Erkenntnis, und es wurde mir die Erfüllung dieses Buches und die Übereinstimmung des Alten mit dem Neuen Testament geoffenbart“ (zitiert nach: Karl Löwith, Weltgeschichte und Heilsgeschehen, 6. Aufl., Stuttgart 1973, S. 137). Löwith übersieht allerdings, daß die „Offenbarung“, die Joachim in seiner Ekstase erhielt, einem schon längst etablierten Schema folgt. Schon Irenäus und Origenes stellen die „symphonia“ des Alten und des Neuen Testaments, d. h. den großen Zusammenhang der Heilsgeschichte, dar. Irenäus sieht darin das „Mysterium der Ökonomie des lebendigen Gottes“ (Adversus Haereses 2,28,1 [804 B], vgl. 4,20,11 [1041 C]). Vgl. J. Daniélou, Saint Irénée et les origines de la théologie de l'histoire, in: RSR 34 (1947), S. 227–231 u. S. 359–361. Zusammenfassend: Henri de Lubac, Geist aus der Geschichte. Das Schriftverständnis des Origenes, Einsiedeln 1968, S. 293 ff.

verlauf seine Vollendung in einem Stadium des reinen Geistes. Im ganzen ist er ein Prozeß der Vergeistigung. Und noch vor dem transzendenten Eschaton bestimmt der „Geist" die letzte geschichtliche Epoche. Alles „Positive": sowohl der „Buchstabe" des Alten und Neuen Testaments als auch die Kirche in ihrer konkreten Verfaßtheit, mit ihren religiösen Formen und ihren Sakramenten, ist in der Epoche innerweltlicher Vollendung überholt. Dieses chiliastische Geist-Denken eignete sich für eine innerweltliche Reduktion der Heilsoffenbarung und führte vom ursprünglich religiös inspirierenden „heiligen" Geist über den religiös ergriffenen menschlichen Geist zur autonomen menschlichen Vernunft. Den entscheidenden Schritt tat die Aufklärung. Kant interpretierte in seiner Schrift ›Die Religion innerhalb der Grenzen der bloßen Vernunft‹ die ganze Geschichte des Christentums als einen stufenweise sich vollziehenden Fortschritt von der Offenbarungsreligion zu einer Vernunftreligion. In deren Horizont wird das „Reich Gottes" nicht bloß zu einem innerweltlichen Reich, sondern auch zu einem aus menschlich-vernünftigen Grundsätzen gestalteten ethischen Gemeinwesen. Ähnlich säkularisierend verfährt Lessing in seiner außerordentlich wirkungsreichen Schrift über ›Die Erziehung des Menschengeschlechts‹, deren Programm sowohl mit Grundperspektiven der ›Friedensfeier‹ wie der Patmos-Hymne übereinstimmt, wenn auch Hölderlin letztlich ein anderes Ziel verfolgt. Lessing historisiert ebenfalls die Offenbarung, und so, daß aus dem „Geist" Vernunft wird. Doch läßt er noch die johanneische Tradition durchscheinen, indem er auf die von Joachim von Fiore ausgehende chiliastische Bewegung anspielt.[22] Hier setzen die Idealisten an.

Hegels idealistisches Interesse an der pneumatischen Dimension des Johannesevangeliums zeigt sich schon an der Vorliebe, mit der er sich auf Joh 4,23f. beruft: auf die Stelle, die Gott als Geist und das rechte Verhältnis zu ihm als eines „im Geist und in der Wahrheit" bezeichnet. Im Zentrum der 1798–1800, also in einer Zeit enger Verbindung und persönlicher Nähe zu Hölderlin[23] entstandenen Schrift ›Der

[22] G. E. Lessing, Die Erziehung des Menschengeschlechts, in: Lessing, Werke, Bd. 8: Theologiekritische Schriften III, Philosophische Schriften, hrsg. v. Helmut Göbel, München 1979, S. 508f.

[23] Im Januar 1797 trat Hegel die ihm von Hölderlin vermittelte Hofmeisterstelle in Frankfurt an. Die Freunde waren auch nach der Übersiedlung Hölderlins nach dem benachbarten Homburg einander nahe. Hierzu: Christoph Jamme, „Ein ungelehrtes Buch". Die philosophische Gemeinschaft zwischen Hölderlin und Hegel in Frankfurt 1797–1800, Bonn 1983.

Geist des Christentums und sein Schicksal‹ stehen diese Verse des Johannesevangeliums.[24] Weil das Christentum Gott als Geist und nicht als individuellen besonderen Geist, sondern als absoluten, „im Geist und in der Wahrheit" auffaßt, tritt es, wie Hegel sagt, von der Äußerlichkeit und Sinnlichkeit des Vorstellens, die in der Antike vorherrschte, und von der im „Gesetz" veräußerlichten Positivität des Judentums in die geistige Innerlichkeit zurück. Diese Vermittlung zur Innerlichkeit ist für Hegel das eigentliche, wahre Wesen des Christentums, das später durch die „positiven" Formen der Kirche entstellt wurde.

Immer wieder schlägt bei Hegel die aufklärerische Tradition durch, die den ursprünglich göttlichen Geist in menschliche Vernunft-Geistigkeit verwandelte. Doch steigert er den „Geist" über die aufklärerische Vernunft hinaus, indem er ihn nicht als eine humane, sich selbst beschränkende Vernunft versteht, sondern idealistisch absolut setzt – im menschlichen Geist. So überformt das religiöse Erbe die rationale Aufklärung. Allerdings bewahrt Hegel den Anspruch des Geistigen als den einer innerlichen, den Menschen zu einer eigenen, höchsten Souveränität befreienden Bestimmung. Der Geist ist „Geist Gottes", aber er ist „in ihm"[25] – im Menschen. Daher ist Gott nichts Äußeres, Fremdes, Anderes mehr, und schon gar nicht mehr eine Autorität, wenn er im Geist und in der Wahrheit zum Ereignis wird. An einer Stelle setzt Hegel bezeichnenderweise den „eigenen Geist" dem „göttlichen Geist" gleich.[26] Gott als Geist ist ihm eine vollkommen freie und erkennende Beziehung zum Unendlichen, das der Mensch letztlich in sich selbst trägt.

Nicht nur sporadisch zitiert Hegel das Johannesevangelium als Ausgangspunkt dieser Geistphilosophie, die ihrerseits zum entscheidenden Ansatz der Geschichtsphilosophie wird, weil sich der Geist erst in der Geschichte durchzusetzen vermag. Vielmehr bildet eine philosophisch-spekulative Ausdeutung dieses Evangeliums den Kern der Frühschrift über ›Den Geist des Christentums und sein Schicksal‹, und später noch strukturiert sie große Teile seiner Werke. Vor allem die Frühschrift bedeutet für die Genese der idealistischen Geschichtsphilosophie wie für die Interpretation der Patmos-Hymne eine Lektüre von erregender Erhellungskraft. Denn Hegel entwickelt, mit

[24] G. W. F. Hegel, Werke in zwanzig Bänden (künftig: Hegel, Werke), Bd. 1, Frankfurt a. M. 1971, S. 382.

[25] Hegel, Werke, Bd. 1, S. 389.

[26] Hegel, Werke, Bd. 1, S. 388.

einigen charakteristischen Differenzen, das gleiche geschichtsphilosophische Programm, das Hölderlin poetisch gestaltet. Umgekehrt fällt von dieser Beziehung auch Licht auf die Stellung der Schrift über ›Den Geist des Christentums und sein Schicksal‹ in Hegels Frühwerk. Sie dürfte entscheidend von Anregungen Hölderlins bestimmt sein – von einem Denken, das sich schon in bestimmten Zügen des ebenfalls in die gemeinsame Frankfurter Zeit gehörenden ›Empedokles‹ abzeichnet, dem Hölderlin aber doch erst später, in der Patmos-Hymne, umfassenden Ausdruck verlieh.

Hegel wie Hölderlin entwickelten folgende Hauptgedanken: Gott ist Geist; deshalb ereignet sich die Wahrheit des Göttlichen vollkommen nur in der Aussendung des Geistes; und weil Gott Geist ist, erscheint die Fixierung auf Christus, den „Sohn", in seiner gestalthaften Individualität und historischen Einmaligkeit als falsches Verhalten gegenüber dem Göttlichen – das müssen die Jünger, die an Christus hängen, erst lernen, und diese Erkenntnis erhält auch angesichts der Entwicklung des Christentums zu einer „positiven" Religion besondere Bedeutung; der Tod Christi selbst ist notwendig, denn nur durch den Untergang Christi als Individuum konnte das Göttliche die ihm allein angemessene Allgemeinheit und Freiheit des „Geistes" erreichen. Dieser Gedanke, auf dem Hegel immer wieder insistiert, bestimmt zu gleicher Zeit Hölderlins Empedokles-Konzeption. Empedokles, so schreibt er in der theoretischen Begleitschrift ›Grund zum Empedokles‹, mußte untergehen, weil sonst das von ihm repräsentierte höhere und allgemeinere Leben in einer Einzelheit – in der Individualität des Empedokles selbst – erstarrt wäre.[27]

Die erst durch den Übergang zum „Geist" gewonnene Allgemeinheit des Göttlichen bedingt bei Hegel zugleich eine vollkommene Einungskraft: So erst entsteht die „Gemeinde", in der, nach den Worten des Johannesevangeliums, Jesus – der vergeistigte Jesus – mit den Jüngern „eins" ist und sie als vom Geist Beseelte auch untereinander ganz eins sind. Nicht nur Prinzip der Verinnerlichung und des Wesentlichwerdens ist demnach der Geist. Er ist auch Prinzip der alle

[27] „So individualisirt sich seine Zeit in Empedokles", schreibt Hölderlin, „und jemehr sie sich in ihm individualisirt, je glänzender und wirklicher und sichtbarer in ihm das Räthsel aufgelöst erscheint, um so nothwendiger wird sein Untergang" (IV, S. 158, Z. 1–4). Er faßt Empedokles als den großen Vereiniger und Versöhner der Gegensätze auf und folgert: „... darum muß das Einigende untergehen, weil es zu sichtbar und sinnlich erschien ..." (IV, S. 161, Z. 20f.).

Schranken der Individualität überschreitenden Allgemeinheit und insofern der vollkommenen Gemeinschaft und „Versöhnung". Diese nur im Geist zu erreichende Gemeinschaft nennt Hegel immer wieder „Reich Gottes" – das war die Losung, mit der die Freunde Hölderlin, Hegel und Schelling aus dem Tübinger Stift schieden. Weil der Geist alles vereint und versöhnt, ist er auch „Liebe", und die vom Geist Beseelten stehen in der Vollkommenheit der Liebe, wie Hegel immer von neuem in noch emphatisch aufgehöhter Diktion erklärt und wie Hölderlin in der poetischen Sprache seiner Hymne sagt.

Doch geht Hölderlin weiter als Hegel. In der Patmos-Hymne, aber auch in der ›Friedensfeier‹ und im ›Einzigen‹ läßt er durch den allverbindenden und -versöhnenden Geist nicht nur das Göttliche mit den Menschen sowie die Menschen untereinander vereint sein. Der Geist versöhnt auch alle in der Geschichte jemals geoffenbarten Formen des Göttlichen miteinander. Denn wenn der „Geist" das eigentliche Wesen des Göttlichen als reine, schrankenlose Allgemeinheit ist, dann ist er auch ein Geist der Universalität, der alle historisch ausgeprägten Grenzen zwischen den verschiedenen Religionen und ihren „Göttern" aufhebt und das geschichtlich Getrennte wieder verbindet. Was äußerlich scheinbar getrennt ist, muß, wenn es in den Bereich des Göttlich-Wesentlichen reicht, im Tiefsten eins, ja sich das „Liebste" sein. In den Worten der ersten Patmos-Strophe: die „Liebsten" wohnen „nah" auf „getrenntesten Bergen". Der vom Geist ergriffene „Genius" des Dichters vermag sie zu vereinen, weshalb die Schlußtrias betont im Plural von den „Himmlischen" spricht und von den anderen „Söhnen", die der „Vater" – das übergeschichtliche Einheitsprinzip – neben Christus gesandt hat. Das pneumatische Denken begründet die im wesentlichen synkretistische Gesamtkonzeption. Bei Hölderlin führt die konsequente Ausdeutung des johanneischen Geist-Prinzips wie schon in Schleiermachers 1799 erschienenen Reden ›Über die Religion‹, die Hölderlin besaß,[28] zu einer universalen Vermittlung, und der Dichter selbst, der wie in der ›Friedensfeier‹ als ein vom Geist ergriffener Visionär spricht, vermag die Vermittlung selbst zu leisten. Die von ihm erbetenen „Fittige" sind die Fittiche des spekulativ gesteigerten johanneischen Geistes. Wie diejenigen der „Adler" – der Adler ist der Vogel des Johannes – befähigen sie ihn, sich über die Abgründe historisch gewordener Trennungen hinwegzuschwingen und das im „Geiste" Zusammengehörige als solches zu erkennen:

[28] Vgl. das Bücherverzeichnis in VII, 3, S. 390, Z. 79 f.

Nah ist
Und schwer zu fassen der Gott.
Wo aber Gefahr ist, wächst
Das Rettende auch.
Im Finstern wohnen
Die Adler und furchtlos gehn
Die Söhne der Alpen über den Abgrund weg
Auf leichtgebaueten Brüken.
Drum, da gehäuft sind rings
Die Gipfel der Zeit, und die Liebsten
Nah wohnen, ermattend auf
Getrenntesten Bergen,
So gieb unschuldig Wasser,
O Fittige gieb uns, treuesten Sinns
Hinüberzugehn und wiederzukehren.

Die in diesen Versen beschworene „Gefahr" liegt in der Trennung der „Liebsten" voneinander. Sie drohen auf „getrenntesten Bergen" zu „ermatten". Um diese Trennung überwinden zu können, erbittet der Dichter die geistige Fähigkeit der Verbindens und Vermittelns: „Fittige" und „unschuldiges Wasser".[29] Der Wunsch, „treuesten Sinns / Hinüberzugehn und wiederzukehren", enthält gerade das dialektische Moment der Vermittlung, und die vorausgehenden Bilder sind Symbole der gewünschten Vermittlungsfähigkeit: die „Adler" vermögen mit ihren „Fittigen" die Abgründe ebenso zu überwinden wie die „Söhne der Alpen", die dafür „leichtgebauete Brüken" zu bauen wissen. Zugleich illustrieren diese Bilder, daß dort, wo Gefahr ist, auch das Rettende wächst: den Adlern, die einsam „im Finstern" der Felsenklüfte hausen, sind als Rettendes die mächtigen Fittiche gewachsen, die Alpenbewohner haben zur Überwindung der trennenden Abgründe die rettende Fähigkeit zum Bauen von Brücken.

[29] Daß das Wasser, das im Zusammenhang des Gedichts natürlich zunächst an die zu der Insel Patmos führenden Wasserstraßen denken läßt, „unschuldig" heißt, deutet auf einen tieferen, symbolischen Sinn. In der hermetischen Tradition ist das Wasser das Medium der Vereinigung, insbesondere der geistigen Vermittlung. Die 'Aurea catena Homeri' nennt das „Wasser" das „einige Mittel, alle Dinge miscendo zu vereinigen"; es „hat den Geist in sich verborgen und ist ein vehiculum des Geistes" (zitiert nach: Rolf Christian Zimmermann, Das Weltbild des jungen Goethe, Bd. 2, München 1979, S. 301, Anm. 107).

Damit ist auch klar, was die berühmten Anfangsverse meinen: „Nah ist / Und schwer zu fassen der Gott." Infolge der geschichtlichen Trennungen ist der „Gott" als universales Prinzip nur noch schwer zu fassen. Und doch scheint er „nah", denn gerade die Erfahrung des Trennenden fordert die verbindenden Energien des Geistes heraus, so wie den Adlern Flügel wachsen und die Alpenbewohner die Fähigkeit entwickeln, Brücken zu bauen. Auf dieser Dialektik von Nähe und Ferne, von Trennung und Verbindung insistiert die Parallelstruktur: „*Nah* ist / Und schwer zu fassen der Gott" – „*Nah* wohnen, ermattend auf / Getrenntesten Bergen ..." Daß es sich um *geschichtliche* Vermittlung zu einem göttlichen Gesamtsinn der *Geschichte* handelt, der sich nur „fassen" läßt, wenn die Vermittlung des geschichtlich Vereinzelten und Getrennten gelingt – darauf deuten die dem visionär überschauenden Auge des Dichters ringsum gehäuft erscheinenden „Gipfel der *Zeit*". Der alles vereinende Geist vermag den geschichtlichen Gesamtzusammenhang zu stiften.

Endlich erhält in Hegels und Hölderlins idealistisch sublimierender Meditation des Johannesevangeliums das Verhältnis des Sohnes zum göttlichen Vater besonderen Rang. Kein anderes Evangelium betont so sehr die Rückbezogenheit des Sohnes auf den Vater als Legitimationsinstanz und tiefere Identität. Deshalb spricht der Dichter in der letzten Strophe der Patmos-Hymne nur noch vom „Vater" und deshalb läßt er in der ›Friedensfeier‹ und im ›Einzigen‹ den „Vater" als letzten Erfüllungsgrund der Geschichte erscheinen. In der ›Friedensfeier‹ ruft er ihn als „Fürsten des Festes" an – des Festes der endzeitlichen Vollkommenheit.[30] Geschichtsphilosophisch aussagekräftig wird die Figur des Vaters aber vor allem durch ihre eigentümliche Einordnung in eine zyklische Gesamtstruktur des Weltgeschehens. Zuerst ist jeweils nur unbestimmt von „einem Gott" die Rede (Friedensfeier, V. 23), von „dem Gott" (Patmos, V. 2), von einem zunächst ganz rätselhaften „Fürsten des Fests" (Friedensfeier, V. 15). Ihn „denkt" der poeta vates nur „dämmernden Auges" zu sehen (Friedensfeier, V. 13), er kann ihn also noch nicht klar in seinem eigentlichen Wesen erkennen, ja er scheint ihm „schwer zu fassen" (Patmos, V. 2); dann aber, auf dem hymnischen Höhe- und Endpunkt tritt diese zuvor eigentümlich im Unbestimmten bleibende Gottheit als „Vater" hervor. Die vorletzte Strophe der Patmos-Hymne beschwört den „ewigen Vater" (V. 202), die letzte den „Vater ... / Der über allen waltet" (V. 222). Daß diesem nun viel bestimmteren Sprechen vom

[30] Hierzu S. 41 f.

„Vater" ein Akt des *Erkennens* zugrunde liegt, macht die ›Friedensfeier‹ mit einer zitatartigen Anspielung auf das Johannesevangelium[31] deutlich: „Nun, da wir *kennen* den Vater ..." (V. 75), heißt es an der Schwelle der Partie, die das Wesen des „Vaters" allseitig entfaltet. Da beide Hymnen vom Anfang bis zum Ende sowohl einen Erkenntnis- als auch einen Geschichtsprozeß entwerfen, in dem der „Sohn" Christus sterben mußte, um „Geist" zu werden, ist die Verwandlung des anfangs unbestimmten „Gottes" zur Gestalt des „Vaters" am Ende Ergebnis dieses Prozesses. Das Verhältnis der drei Personen der christlichen Trinität erfährt eine bewußtseins- und geschichtsphilosophische Allegorese.

Ebenso verfährt Hegel in seiner vom Johannesevangelium ausgehenden Schrift ›Der Geist des Christentums und sein Schicksal‹. Ihm repräsentiert in der menschlichen Entwicklungsgeschichte die „Gottheit" einen ursprünglich-harmonischen Ganzheitszustand, in dem alles Lebendige kindlich-unbewußt lebt; aus dieser ursprünglichen und bewußten Einheit tritt die Menschheit heraus, und daher nimmt sie nun das Göttliche außer ihrer selbst wahr, als ein Anderes, Entfremdetes. Der Mensch ist in ein Stadium der Trennungen geraten, aus dem er aber, wie Hegel sagt, durch „Vereinigungen zur ursprünglichen, aber nun entwickelten, selbstproduzierten gefühlten Einigkeit zurückkehrt und die Gottheit erkennt ... und das Ganze wieder herstellt".[32] Auch Hölderlins Patmos-Hymne stellt den „Gott" als einen – nach dem Verlust der Ursprungsharmonie – zwar „nahen", aber entfremdeten: als einen schwer zu fassenden Gott dar. Es ist das Stadium der Trennungen: auf „getrenntesten Bergen" wohnen die zur liebenden Überwindung aller Trennungen bestimmten „Liebsten".

In Hölderlins poetischer Sprache wird indirekt deutlich, was Hegel direkt ausspricht: daß der „Gott" nichts anderes als die nun, nach dem Verlust der Ursprungseinheit, im „Geiste" wiederherzustellende Einheit und Ganzheit selbst ist. Die „getrennt" wohnenden „Liebsten" repräsentieren das zur allversöhnenden Aufhebung seiner selbst drängende Stadium der Trennungen: das Stadium des „Sohnes" oder, um den Plural aus der vorletzten Strophe der Patmos-Hymne heranzuziehen, der dem Anfangsplural „die Liebsten" respondiert: der „Söhne all". Im Stadium des „Sohnes" ist der Gott des Ursprungs

[31] Hölderlin kehrt die Worte bei Joh 14,7: „wenn ihr mich kenntet, so kenntet ihr auch meinen Vater" mit Absicht um. Vgl. hierzu S. 39f.

[32] Hegel, Werke, Bd. 1, S. 389f.

entschwunden, weil er sich in die geschichtliche Individuation (Inkarnation) hineinbegeben hat. Scheinbar paradox ist er in seinem eigentlichen, ursprünglich-ganzheitlichen, aber auch noch vorgeschichtlichen und vor allem Bewußtsein liegenden Wesen nur noch „schwer zu fassen", weil er in der plastischen, individuell-faßbaren Vereinzelung geschichtlich wirkt. In seinem ursprünglichen Wesen ist er *nicht mehr* und in seinem künftigen, geistig vollendeten Wesen ist er *noch nicht* zu „fassen". Dieses künftige Wesen aber ist das geschichtlich durch den Geist zu vermittelnde.

Hölderlin und Hegel sehen den „Sohn" nicht nur als Figuration der geschichtlichen Selbstentfremdung einer ursprünglich mit sich selbst in „göttlicher" Vollkommenheit einigen Menschheit. Er repräsentiert ihnen auch den aus der inneren Erfahrung der Entfremdung und „Trennung" erwachsenden Drang, diesen Zustand zu überwinden. In der entfremdenden Trennung selbst wächst „das Rettende" des Geistes. Als Fähigkeit zur Wiedererlangung der verlorenen Einheit ergibt es sich für die idealistische Spekulation Hölderlins und Hegels aus der Selbstaufhebung des Sohnes. Dieser leitet die Überwindung der geschichtlichen Trennungen geschichtlich durch seinen Tod ein, weil er damit das Prinzip der Individualität als Ursache aller Trennung unter das Gesetz des vermittelnden „Geistes" stellt. Die Geschichte mit ihrer Unseligkeit hebt sich in einem fortschreitenden Vermittlungsprozeß selbst auf zu einem endgeschichtlichen Heil, in dem sich alles zum Ganzen vermittelt hat. So vollziehen Hölderlin und Hegel die geschichtsphilosophische Entmythologisierung des zur mythischen Metapher gewordenen Evangelienberichts, demzufolge der „Sohn" Christus sich selbst dahingeben mußte und wollte, um zum „Vater" heimkehren und die Menschheit mit dem „Vater" versöhnen zu können.

Indem der „Sohn" durch seinen Tod zu einem vom „Geist" bestimmten Stadium überleitet, vermittelt er zu der im Zeichen des Vaters stehenden endzeitlichen Einheit und Ganzheit. Der „Vater" ist nun nicht mehr „der Gott" des Hymnenbeginns, der in die Ferne einer vergangenen Ursprungserfahrung und in die Ferne einer künftigen Vollendungserfahrung entrückt und deshalb nicht zu „fassen" ist. Er repräsentiert nun die durch den „Geist" geschichtlich vermittelte Erfahrung eines nicht mehr entfremdeten, ganzheitlichen, „göttlichen" Heilszustands, der vollkommen zugeeignete Gegenwart („Parusie"), kurz: Identität ist. Da dieser Zustand durch den vermittelnden Prozeß der Geschichte und des in ihm immer mehr zum Absoluten einer totalen Vermittlung gesteigerten „Geistes" wahrhaft menschlich angeeignet wird, erscheint am Ende dieses Göttliche in einzigartiger Weise vertraut – nicht mehr als „der Gott", sondern als „Vater". Dieser Prozeß bildet sich in Hölderlins Wechsel der Namen für das Göttliche ab. Am Anfang der Patmos-Hymne ist „der Gott" (in der ›Friedensfeier‹: „ein Gott") Phantom einer lediglich erinnerten, geahnten und ersehnten Identität, in der das menschliche Wesen mit sich selbst übereinstimmt, am Ende ist der „Vater" das Ereignis vollendeter Identität. Gegenwärtig, repräsentierend ist er eins mit dem „Sohn" und dem „Geist", da der Prozeß der Welt- und Bewußtseinsgeschichte zu einem Ende geführt hat, in dem Weltgeschichte und Bewußtseinsgeschichte als das Ganze des Vermittlungsvorgangs, der zu diesem Ende geführt hat, aufgehoben sind.

Deshalb ist in der ›Friedensfeier‹ der in der dichterischen Vision antizipierte Vollendungszustand zugleich der Zustand, in dem alles in der Geschichte Gewesene zu sich selbst kommt und in dem es seine eigene Geschichte *weiß* – die Geschichte, die erst nun, am Ende, als Ganzes und damit als sinnvoll überblickbar wird. In der Patmos-Hymne wählt Hölderlin dafür eine eigentümliche Doppelperspektive. Alles geschichtliche Geschehen „erklärt" (V. 208) die Gottheit, es ist *explicatio dei* auf das Vollendungsziel der vollkommenen Erkenntnis Gottes hin – „ein Wettlauf unaufhaltsam" (V. 210). Geschichte als fortschreitendes Erklären meint den Klärungsprozeß Gottes – ein allmähliches Heraustreten Gottes in die „Klarheit" (Doxa) seines wahren Wesens durch einen Vermittlungsprozeß, in dem Geschichte gleichbedeutend mit Vergeistigung und Herausbildung eines höchsten Bewußtseins ist (die ›Friedensfeier‹ spricht nicht vom „Erklären", sondern vom „Verklären", V. 88). Zugleich enthält das Ende den Anfang, ja dieser ist, weil die Geschichte nicht nur erkenntnishaft, sondern auch substantiell *explicatio dei*: Entfaltung Gottes ist, immer noch in allem einzelnen geschichtlichen Geschehen „dabei". Deshalb heißt es in der Patmos-Hymne von dem nun in der Gestalt des Vaters erkannten Gott: „Er ist aber dabei" (V. 210). Im Horizont dieses idealistischen Geschichtsdenkens bedeutet das mit einem begründenden „denn" sich anschließende Bibelzitat „Denn seine Werke sind / Ihm alle bewußt von jeher" – das griechische ἀπ' αἰῶνος macht die gesamtgeschichtliche Dimension deutlicher –, daß Sein und Bewußtsein im letzten Grunde als identisch gedacht werden. Dem entspricht es, daß, was vorher als geschichtliches *Geschehen* erschien, nun als bewußtes Machen, als *Werk* des Vaters sich darstellt, mit deutlicher Anspielung auf das Johannesevangelium (Joh 14,10ff.).[33] Analog verfährt die ›Friedensfeier‹.[34]

Besondere Bedeutung erhält in der Patmos-Hymne das Prinzip des „Sohnes". Wie Hegel erhebt Hölderlin es zum eigentlichen Prinzip der Geschichte, insofern Geschichte Übergang und Vermittlung ist. Christus, der „Sohn", hat nicht *einmal* gelebt, er ist nicht *einmal* gestorben, und er vermittelt durch seinen Tod nicht ein für allemal den „Geist", der zum „Vater" leitet. Denn Geschichte dauert ja immer noch an. Deshalb heißt es in konsequent geschichtsphilosophischer Umdeutung der traditionellen Vorstellung von dem in der Kirche fortlebenden Christus: „Und Einer stehet darunter / Sein Leben lang. Denn noch lebt Christus" (V. 204f.). Aus dieser Auffassung ergibt sich eine Grundstruktur der Hymne.

Soweit ein erster Umriß des aus dem johanneischen Verhältnis von Sohn und Vater abgeleiteten idealistischen Geschichtsentwurfs. Für Hegel ist der „Geist" nicht nur das in diesem Verhältnis vermittelnde Prinzip, sondern auch Ziel der Vermittlung – für ihn steht am Ende der absolute Geist; während Hölderlin, bei aller Betonung des vermittelnden „Geistes", doch den „Vater" als letzten Erfüllungshorizont in seine Texte einzeichnet. Das entspricht in genauerer Weise dem Johannesevangelium. Hölderlin folgt nicht der Hegelschen Tendenz zur Autonomie des „Geistes".

Für Hegel selbst blieb auch über die frühe Schrift ›Der Geist des Christentums und sein Schicksal‹ hinaus das Johannesevangelium eine Grundlage seiner geschichtsphilosophischen Spekulation. In den ›Vorlesungen über die Philosophie der Geschichte‹ geht er wiederum von der zentralen Bedeutung des Geistes im Christentum aus. Die griechisch-römische Welt mit ihren Göttergestalten ist für ihn wie

[33] „Glaubst du nicht, daß ich im Vater bin und der Vater in mir ist? Die Worte, die ich zu euch rede, die rede ich nicht von mir selbst. Der Vater aber, der in mir wohnt, der tut die Werke. – Glaubet mir, daß ich im Vater und der Vater in mir ist; wo nicht, so glaubet mir doch um der Werke willen ..."

[34] V. 81ff. „... Einmal mag aber ein Gott auch Tage*werk* erwählen ... Wenn nun vollendet sein Bild und fertig ist der Meister, / Und selbst verklärt davon aus seiner *Werk*statt tritt ..." Vgl. auch V. 25ff.: „Von heute aber nicht, nicht unverkündet ist er; / Und einer, der nicht Fluth noch Flamme gescheuet, / Erstaunet, da es stille worden, umsonst nicht, jezt, / Da Herrschaft nirgend ist zu sehn bei Geistern und Menschen. / Das ist, sie hören das *Werk*, / Längst vorbereitend, von Morgen nach Abend, jezt erst, / Denn unermeßlich braußt, in der Tiefe verhallend / Des Donnerers Echo, das tausendjährige Wetter, / Zu schlafen, übertönt von Friedenslauten, hinunter."

schon für Hölderlin in den so viel früher geschriebenen Hymnen ›Der Einzige‹ und ›Patmos‹ eine Weltzeit der glanzvollen äußeren Erscheinung und der großen Individualität, die christliche Ära dagegen eine Weltzeit der Verinnerlichung: des Geistes. Das Evangelium des Johannes frei zitierend (Joh 16,13), schreibt Hegel Jesus die entscheidenden Worte zu: „Wenn ich nicht mehr bei euch bin, wird euch der Geist in alle Wahrheit leiten."[35] So wichtig sind ihm diese Worte, daß er noch einmal auf ihnen insistiert: „Der Geist wird euch in alle Wahrheit leiten." Wesentliche Gedanken seiner Frühschrift aufgreifend, aber in klarer Begrifflichkeit stellt er die ganze Geschichte seit Christus als einen fortschreitenden Vergeistigungsprozeß und zugleich Bewußtseinsprozeß dar. Wieder gilt ihm der Tod Christi als Auslöschung der sinnlich erscheinenden Gestalt: als eigentlicher Beginn der Vergeistigung. Nur durch seinen Tod „ist er Geist",[36] was Hegel wiederum in der auf Christi Tod folgenden Aussendung des Geistes verbürgt sieht. Noch deutlicher wird nun der Zug zur Auffassung des Johannesevangeliums als einer bloß noch mythischen Metapher, die in der geschichtsphilosophischen Deutung ihre Entmythologisierung erfährt. Hegel scheint sich dessen voll bewußt gewesen zu sein, denn er bemerkt an einer Stelle: „das tief Spekulative ist aufs innigste verwebt mit der Erscheinung Christi selbst. Schon bei Johannes (ἐν ἀρχῇ ἦν ὁ λόγος, καὶ ὁ λόγος ἦν πρὸς τὸν θεὸν καὶ θεὸς ἦν ὁ λόγος) sehen wir den Anfang einer tieferen Auffassung ..."[37] Das Johannesevangelium erscheint ihm als der Beginn des eigenen idealistisch-spekulativen Umgangs mit der Tradition! Dies trifft auch für Hölderlin zu, so daß die Schlußverse über die Pflege des festen Buchstabens und vor allem über die gute Deutung des Bestehenden nur im Lichte einer schon vom festen Buchstaben des Johannesevangeliums vorgegebenen, vom „Geist" erfüllten Spekulation angemessen zu verstehen sind.

Was Hegel an weiteren Stufen im Fortgang der christlichen Ära seit Christi Tod entwickelt: die notwendige Befreiung der Apostel von der gestalthaften Erscheinung Christi um des Geistes willen und das rechte Verhältnis zu Christus in späterer Zeit, liest sich wie eine Paraphrase großer Partien der Patmos-Hymne. Wenn er etwa schreibt, es sei nicht das rechte Verhältnis, „wenn wir uns Christi nur als einer gewesenen historischen Person erinnern"[38], so hat dies seine vollkom-

[35] Hegel, Werke, Bd. 12, S. 393.

[36] Seite 393.

[37] Seite 400.

[38] Seite 393.

mene Entsprechung in der elften und zwölften Strophe der Patmos-Hymne, wo der Dichter davor warnt – stellvertretend sich selber warnt –, an Christus als an einer gewesenen historischen Person in der Erinnerung festzuhalten, obwohl er Mittel hätte, „ein Bild zu bilden, und ähnlich / Zu schaun, wie er gewesen, den Christ“ (V. 165f.).

Im großen Stil endlich hat Hegel die spekulative Ausdeutung der christlichen Trinität und darin die johanneische Pneumatologie zur Grundlage des dritten Teils seiner ›Vorlesungen über die Philosophie der Religion‹ gemacht. Unter dem Titel ›Die vollendete oder offenbare, die absolute Religion‹ gliedert sich dieser Teil in drei Hauptpartien, die unter folgenden charakteristischen Überschriften stehen: ›Das Reich des Vaters‹, ›Das Reich des Sohnes‹, ›Das Reich des Geistes‹. An den Duktus der ›Phänomenologie des Geistes‹ anknüpfend, versucht er den logischen Übergang zu einer „absoluten Religion“ zu konstruieren. Er faßt ihn als Fortschritt vom „Positiven“ zum Geistigen in der Weise auf, daß auch alles „Positive“ im Bereich des schon relativ Geistigen, nicht zuletzt die Bibel mit ihren „positiven“ Fixierungen in Gestalt von Lehren, Anweisungen usw. sowie die Theologie mit ihren Denkformen aufgehoben wird, bis am Ende Glaube, theologisches „Denken“ und der heilige „Geist“ in reines philosophisches Denken übergehn. Seine Zielvorstellung bringt Hegel auf folgenden Nenner: „Das Zeugnis des Geistes in seiner höchsten Weise ist die Weise der Philosophie, daß der Begriff rein als solcher aus sich ohne Voraussetzungen die Wahrheit entwickelt und entwickelnd erkennt und in und durch diese Entwicklung die Notwendigkeit der Wahrheit einsieht.“[39] Das liegt bereits weit jenseits von Hölderlins johanneischer Spekulation in der Patmos-Hymne, und Hegel radikalisiert damit entschieden seinen eigenen früheren Ansatz – aufschlußreich ist aber doch die sich damit ergebende Perspektive, in der das idealistische Denken seinen äußersten Horizont und so das in den Anfängen tendenziell angelegte Ende erreicht. Daß die Anfänge mit enthalten sind, zeigt in der ›Philosophie der Religion‹ der Abschnitt über ›Leiden und Auferstehung Christi‹. Hegel nimmt darin die in seinen früheren Schriften gegebene Auslegung des Johannesevangeliums in allen wesentlichen Elementen wieder auf.

Nicht weniger hoch schätzt *Schelling*, der jüngste der drei Stiftsfreunde, das Johannesevangelium als Botschaft des Geistes. In spekulativer Auslegung der Trinität schreibt er noch in seiner späten ›Philo-

[39] G. W. F. Hegel, Vorlesungen über die Philosophie der Religion, hrsg. v. Georg Lasson, Bd. 2, Hamburg 1966 (Philosoph. Bibliothek Bd. 61), S. 22.

sophie der Offenbarung‹: „Wie in Gott selbst die Unterscheidungen sind, so stellen sich im Christentum drei Hauptapostel dar. Sowenig Gott bloß in Einer Person ist, sowenig ist die Kirche in Einem der Apostel allein. Petrus ist mehr der Apostel des Vaters. Er blickt am tiefsten in die Vergangenheit. Paulus ist der eigentliche Apostel des Sohnes, Johannes der Apostel des Geistes – er allein in seinem Evangelium hat die Worte, die weder das petrinische Evangelium des Marcus, noch das paulinische kennt, die herrlichen Worte vom Geist, den der Sohn vom Vater senden wird, den Geist der Wahrheit, der vom Vater ausgeht und der erst in *alle* Wahrheit, d. h. in die ganze und vollkommene leiten wird."[40] Es braucht nicht genauer erörtert zu werden, wie wenig Schellings Unterscheidung zwischen Paulus und Johannes zutrifft – die Briefe des Paulus sind mindestens ebenso pneumatisch wie das Evangelium des Johannes. Das wußte Hölderlin besser, wie die an der Patmos-Hymne noch darzustellende absichtsvoll „pneumatische" Berufung auf Paulusworte neben den dominierenden Bezügen zum Johannesevangelium zeigt. Doch leitet Schelling aus dem „Geist" ebenfalls den Geschichtsprozeß ab. Auch ihm ist der „Geist" nicht bloß ein drittes, höheres Stadium nach demjenigen des Vaters und des Sohnes. Er interpretiert ihn als ein immer weiter treibendes geschichtliches Prinzip. Indem der Geist zur *Vergeistigung* drängt, entfaltet er sich als *Geschichte* in die Zukunft hinein. Daher versteht Schelling die Geschichte selbst als eine Art von Theologie. An die schon in der alten Kirche vorhandene Unterscheidung von ϑεολογία ἄκρατος – „reiner", abstrakt-systematischer Theologie – und οἰκονομία anknüpfend, plädiert er dafür, „daß wir nicht über der Theologie die Oekonomie vergessen, über der abstrakten Gotteslehre nicht die geschichtliche"[41].

Die geschichtsphilosophische Auslegung der „Oekonomie" ist eine Grundtendenz Hölderlins, Hegels und Schellings. In der allen drei Stiftsfreunden gemeinsamen geschichtlichen Perspektive, in welcher der „Geist" seine Geschichte hat und selbst zur Geschichte wird, betont aber Schelling am meisten das Moment der „Zukunft". Generell sieht er es in seiner ›Philosophie der Offenbarung‹ darauf ab, die mythologische Überlieferung unter dem Aspekt geschichtlicher Dynamik und als Zukunftsverheißung zu deuten. Deshalb liegt ihm so viel an der Gestalt des Dionysos, des *„kommenden"* Gottes, wie ihn

[40] Fr. W. J. Schelling, Philosophie der Offenbarung, Bd. 2, Darmstadt 1959 (Fotomechanischer Nachdruck der Ausgabe von 1859), S. 326f.
[41] Seite 333.

Hölderlin in der Elegie ›Brod und Wein‹ nennt (V. 54). Im adventistischen Sinn interpretiert ihn Schelling als Gott der „Zukunft“.[42] Aus demselben Grund ist ihm das Johannesevangelium vorzüglich interessant. Gerade die entscheidenden Verse über Gott als Geist und das rechte Verhältnis zu ihm „im Geist und in der Wahrheit“ enthalten ja die Perspektive einer Zukunft, die bereits im Anbrechen ist: „Aber *es kommt die Zeit* und ist schon jetzt, daß die wahrhaftigen Anbeter werden den Vater anbeten im Geist und in der Wahrheit ...“ Den Verfasser des Evangeliums nennt Schelling daher den Apostel der „zukünftigen Kirche“ und den „Apostel der Zukunft“.[43]

Während Hegel das Überschreiten alles „Positiven“ bis zu einer vollkommenen Allgemeinheit und Freiheit abstrakt sieht und seine Konzeption auf die Abstraktheit und Absolutheit des Geistes an sich selbst anlegt, hat Schelling eine durchaus bestimmtere, geschichtlich konkretere Vorstellung von der „Zukunft“. Das Allgemeine des Geistes, das sich über alles Enge, Beschränkte, Private, kirchlich und national Besondere, kurz über alles „Positive“ hinwegsetzt, sieht er sich *realisieren* in einer „wahrhaft allgemeinen Kirche“, „jener nichts mehr ausschließenden Stadt Gottes“.[44] In hymnischem Tone schreibt er, Johannes sei „der Apostel der Zukunft der letzten Zeit, wo das Christentum Gegenstand allgemeiner Erkenntnis geworden, wo es nicht mehr das enge, verschrobene, verkümmerte, verdürftigte der bisherigen dogmatischen Schulen, noch weniger das in armselige, das Licht scheuende Formen notdürftig eingeschlossene, ebensowenig das zu einem Privatchristentum zugeschnitzelte seyn wird, sondern erst wahrhaft *öffentliche* Religion – nicht als Staatsreligion, nicht als Hochkirche, sondern als Religion des Menschengeschlechts, das in ihm zugleich die höchste Wissenschaft besitzt“.[45] Unter zwei Hauptaspekten also sieht er dieses Reich des Geistes: als ein allgemeines, allumfassendes, und ferner als eine Sphäre, in der Religion zur Gnosis gedeiht: zu „Erkenntnis“ und „höchster Wissenschaft“.

Auch *Hölderlin* selbst hoffte in der um 1800, besonders bei den Frühromantikern verbreiteten Endzeit- und Vollendungsstimmung, die sich nach dem Scheitern der politischen Träume ins Religiös-„Geistige“ sublimierte, auf die – wie Schelling sagt – „Zukunft der letzten Zeit“. Und auch er beseelte diese Hoffnung aus dem Geist des Johan-

[42] Vgl. hierzu wieder das in Anm. 20 genannte Werk von Manfred Frank.

[43] Seite 327 und besonders S. 328.

[44] Seite 328.

[45] Seite 328.

nesevangeliums, indem er in der ›Friedensfeier‹ wie in der Patmos-Hymne den aus der Vergeistigung resultierenden Allheitsanspruch erhob. Doch wie schon über Hegels Gedankenentwurf geht er über Schellings Zukunftsvision hinaus, indem er nicht bloß für eine Weitung des *christlichen* Horizonts eintritt. Das johanneische Prinzip des Geistes führt Hölderlin zur Konzeption einer Universalität, die mit der an sich schon vergeistigten christlichen Offenbarung alle anderen religiösen, geschichtlichen und auch naturhaften Manifestationen eines höheren Lebens „versöhnt". Nach Schleiermachers Vorbild[46] gilt ihm erst diese universale Versöhnung als das wahrhafte „Reich Gottes".

Es ist bezeichnend, daß Hölderlin seine erste große geschichtsphilosophische Hymne, die ›Friedensfeier‹, im frühesten Ansatz vom Johannesevangelium ausgehen ließ, indem er sich auf die klassische Stelle Joh 4,23 und auf das in der Apostelgeschichte berichtete Pfingstgeschehen: auf das Ereignis des Geistes beruft. „Keiner", heißt es von Christus, „keiner, wie / du, gilt statt der übrigen *alle*. Darum haben / die denen Du es gegeben, die Sprache *alle* geredet, und du / selber hast es gesagt, daß in Wahrheit wir auf / Höhen und geistig auch anbeten werden in Tempeln" (II, 699, V. 10–15). So begründet er die noch in der vollendeten ›Friedensfeier‹ maßgebende Vorstellung, daß Christus eine allversöhnende Gestalt ist: ein Medium, das alle anderen Manifestationen des Göttlichen in der Geschichte zur All-Einheit vermittelt. Nach dem Bericht der Apostelgeschichte (2,4–11) inspirierte Christus bei der Aussendung des Geistes an Pfingsten die Jünger so, daß sie in *allen* Sprachen reden konnten. Daraus leitet Hölderlin Christi besondere Allheitsfähigkeit ab: „Keiner wie / du, gilt statt der übrigen *alle*." Wahrscheinlich handelt es sich in der Fortsetzung: „Darum haben die denen Du es gegeben, die Sprache alle geredet" um eine Verschreibung, denn statt „die Sprach*e* alle" müßte es heißen: „die Sprache*n* alle". Indem der Verfasser der Apostelgeschichte erzählt, wie der Geist die Jünger zum Sprechen in allen Sprachen inspirierte, versucht er ihre – in der Apostelgeschichte alsbald folgende – Missionstätigkeit zu legitimieren. Und indem er sagt, daß die vom Geist Erfüllten in *allen* Sprachen redeten, bringt er insbesondere den universalen Anspruch dieser Missionstätigkeit zum Ausdruck. Hölderlin verfolgt eine andere Intention. Die Geschichte von der Aussendung des Geistes dient ihm nicht zur Legitimation, vielmehr kommt es ihm auf den Geist selbst an. Er begründet die für ihn

[46] In der fünften seiner Reden ›Über die Religion‹.

entscheidende Bestimmung Christi als des Allumfassenden, der „statt der Übrigen alle“ gilt, vom pfingstlichen Geistgeschehen her, um damit den Geist zum obersten und universalen Prinzip zu erheben. Das gilt ebenso für die weitere Begründung aus Joh 4,21–24: „und du selber hast es gesagt, daß *in Wahrheit* wir auf Höhen und *geistig* auch anbeten werden in Tempeln.“ Wie Hegel und Schelling deutet Hölderlin die Worte Jesu, „daß die wahrhaftigen Anbeter werden den Vater anbeten im Geist und in der Wahrheit“, auf eine höchste Allgemeinheit und Freiheit – und deshalb auf Universalität. Und diese Vorstellung der Universalität steigert er entschieden gegenüber dem Johannesevangelium, denn er sieht sie geschichtlich sich in noch weiteren Horizonten als den vom historischen Jesus wahrgenommenen erfüllen. Das geht aus den folgenden Sätzen des Prosa-Entwurfs hervor: „Seelig warst du damals aber seeliger jezt, wenn wir des Abends mit den Freunden dich nennen und singen von den Hohen und rings um dich die Deinigen *all* sind. Abgelegt nun ist die Hülle. Bald wird auch noch anderes klar seyn, und wir fürchten es nicht“ (II, 699, Z. 15–20). Dieser Text spielt zunächst auf die im Johannesevangelium dargestellte Abend-Szene – es ist die Zeit des „Abendmahls“, Joh 13,4 – und die an diesem Abend gehaltenen Abschiedsreden Jesu an, zu denen auch die Verheißung des Geistes gehört. Da Jesus diese Reden bei Johannes in einem freudigen, schon auf die Verklärung vorausdeutenden Tone hält, sagt Hölderlin „Seelig warst du damals“. Dagegen hält er nun die endzeitliche Parusie: „Aber seeliger jezt, wenn wir des Abends mit den Freunden dich nennen.“ Dieser endzeitliche „Abend“ respondiert also dem „Abend“, an dem Jesus mit seinen Jüngern zusammen war – mit seinen „Freunden“, wie es im Johannesevangelium heißt (Joh 15,13 und, mit tieferem Sinn, Joh 15,15). Auch auf diese „Freunde“ spielt Hölderlin an; aber nun sind es nicht mehr die Jünger, vielmehr, in welthistorischer Weitung des Horizonts, die anderen Manifestationen des Göttlichen in der Geschichte, weshalb sie die „Hohen“ heißen. Indem sie als Christi „Freunde“ erscheinen und sich „alle“ rings um ihn versammeln, gelangt das johanneische Prinzip des universalen und versöhnenden Geistes zu einer letzten, alles Gewesene übertreffenden Erfüllung. Was hier die „Freunde“ sind, sind am Beginn der Patmos-Hymne die „Liebsten“, die „nah wohnen“, aber noch auf „getrenntesten Bergen“ der vermittelnden Zusammenführung, d. h. der endzeitlichen Versöhnung, harren.

Der entscheidende ideelle Ansatz der ›Friedensfeier‹ ist demnach aus dem Bezug zum Johannesevangelium und seiner Geistverkündigung entworfen. Die vollendete ›Friedensfeier‹ verfährt nicht nur indirekter, sondern biegt trotz des gleichbleibenden universalen Konzepts, das auf die Versammlung *aller* Himmlischen am „allversammelnden" Festtag zielt, in eine andere Richtung ab. Zwar beschwört Hölderlin in der vollendeten ›Friedensfeier‹ die Szene am Brunnen von Sichar in der Nähe des heiligen Berges Garizim (V. 40–50), jene Szene, in der Jesus zu der Samariterin die Worte von der Anbetung Gottes im Geist und in der Wahrheit sagt. Aber in überraschender Weise ist nun keineswegs mehr vom ideellen Zentrum dieser berühmten Szene die Rede, wie noch im Prosa-Entwurf. Vielmehr evoziert Hölderlin sie nur, um Christi Menschennähe und Menschenfreundlichkeit: seine Zugehörigkeit zum irdischen Bereich zu betonen. Daher die detaillierte Ausgestaltung der Szenerie am Brunnen vor der Stadt Sichar. Das alles dient nun einem völlig anderen Zweck: der Begründung des Gedankens an die vorrangige Einladung Christi zu dem endzeitlichen Friedensfest, das Götter und Menschen vereinen soll. Christi von der Bibel her bezeugte menschliche Zugewandtheit motiviert das dichterische Ich, zuallererst an ihn die Einladung auszusprechen. Doch ist es nicht diese Motivation letztlich, um derentwillen Hölderlin in der ›Friedensfeier‹ den ideellen Gehalt der Szene am Brunnen von Sichar opfert: die Worte über den Geist und die Wahrheit, von denen noch die ursprüngliche Konzeption im Entwurf ganz bestimmt ist. Der eigentliche Grund für die entscheidende Umdisposition vom Entwurf zur Ausführung dürfte vielmehr in dem bewußtseinsphilosophisch fundierten neuen Plan liegen, der endzeitlichen Vollendung eine gestalthafte und bildhafte Repräsentanz zu verleihen. Das hätte sich nicht mehr mit der Dominanz des Pneumatischen vertragen. Gestalthaft ist nun vor allem der „Fürst des Festes", und nachdrücklich ist vom „Bild" der vollendeten Zeit die Rede, das die Gottheit zugleich als ihr eigenes Bild geschaffen hat. Zwar verfolgte Hölderlin nun nicht plötzlich eine antipneumatische Konzeption – auch der „Geist" wirkt in dem dargestellten Vollendungsgeschehen, aber da es um den seiner selbst *bewußt* gewordenen Geist des Ganzen und auch um die Wahrnehmung der sich erst im Horizont der endzeitlichen Geschichts-Ganzheit gültig definierenden, d.h. sich ihrer *bewußt* werdenden binnengeschichtlichen Einzelerscheinungen geht, erhält der Aspekt des Geistes im eigentlich pneumatischen Sinn keine Bedeutung. So blieb das im Prosa-Entwurf zur ›Friedensfeier‹ erstmals programmatisch erfaßte pneumatische Potential des Johannesevangeliums als Grundlage einer sowohl eschatologischen wie universalistischen Geschichtsvision im Status des Gedankenentwurfs. Nachdem Hölderlin in der Hymne vom ›Einzigen‹ die entscheidende

Differenz zwischen den griechischen Gottheiten und Christus als diejenige zwischen plastisch-gestalthafter Manifestation und pneumatischem Wesen formuliert hatte, war die in der Patmos-Hymne unternommene Gestaltung des *geschichtlichen* Prozesses als eines *Vergeistigungs*prozesses vorgezeichnet – und damit konnte nun die pneumatische Konzeption des Prosa-Entwurfs zur ›Friedensfeier‹ und mit ihr das johanneische Erbe voll zum Tragen kommen.

III. Der geschichtliche Übergang vom plastischen Prinzip der Antike zum pneumatischen Prinzip des Christentums und die geschichtsphilosophische Schlüsselfunktion der Theodizee: 1.–6. Strophe

Nah ist
Und schwer zu fassen der Gott.
Wo aber Gefahr ist, wächst
Das Rettende auch.
Im Finstern wohnen
Die Adler und furchtlos gehn
Die Söhne der Alpen über den Abgrund weg
Auf leichtgebaueten Brüken.
Drum, da gehäuft sind rings
Die Gipfel der Zeit, und die Liebsten
Nah wohnen, ermattend auf
Getrenntesten Bergen,
So gieb unschuldig Wasser,
O Fittige gieb uns, treuesten Sinns
Hinüberzugehn und wiederzukehren.

So sprach ich, da entführte
Mich schneller, denn ich vermuthet
Und weit, wohin ich nimmer
Zu kommen gedacht, ein Genius mich
Vom eigenen Hauß'. Es dämmerten
Im Zwielicht, da ich gieng
Der schattige Wald
Und die sehnsüchtigen Bäche
Der Heimath; nimmer kannt' ich die Länder;
Doch bald, in frischem Glanze,
Geheimnißvoll

Im goldenen Rauche, blühte
Schnellaufgewachsen,
Mit Schritten der Sonne,
Mit tausend Gipfeln duftend,

Mir Asia auf, und geblendet sucht'
Ich eines, das ich kennete, denn ungewohnt
War ich der breiten Gassen, wo herab
Vom Tmolus fährt
Der goldgeschmükte Pactol
Und Taurus stehet und Messogis,
Und voll von Blumen der Garten,
Ein stilles Feuer; aber im Lichte
Blüht hoch der silberne Schnee;
Und Zeug unsterblichen Lebens
An unzugangbaren Wänden
Uralt der Epheu wächst und getragen sind
Von lebenden Säulen, Cedern und Lorbeern
Die feierlichen,
Die göttlichgebauten Palläste.

Es rauschen aber um Asias Thore
Hinziehend da und dort
In ungewisser Meeresebene
Der schattenlosen Straßen genug,
Doch kennt die Inseln der Schiffer.
Und da ich hörte
Der nahegelegenen eine
Sei Patmos,
Verlangte mich sehr,
Dort einzukehren und dort
Der dunkeln Grotte zu nahn.
Denn nicht, wie Cypros,
Die quellenreiche, oder
Der anderen eine
Wohnt herrlich Patmos,

Gastfreundlich aber ist
Im ärmeren Hauße
Sie dennoch
Und wenn vom Schiffbruch oder klagend

Um die Heimath oder
Den abgeschiedenen Freund
Ihr nahet einer
Der Fremden, hört sie es gern, und ihre Kinder
Die Stimmen des heißen Hains,
Und wo der Sand fällt, und sich spaltet
Des Feldes Fläche, die Laute
Sie hören ihn und liebend tönt
Es wieder von den Klagen des Manns. So pflegte
Sie einst des gottgeliebten,
Des Sehers, der in seeliger Jugend war

Gegangen mit
Dem Sohne des Höchsten, unzertrennlich, denn
Es liebte der Gewittertragende die Einfalt
Des Jüngers und es sahe der achtsame Mann
Das Angesicht des Gottes genau,
Da, beim Geheimnisse des Weinstoks, sie
Zusammensaßen, zu der Stunde des Gastmals,
Und in der großen Seele, ruhigahnend den Tod
Aussprach der Herr und die lezte Liebe, denn nie genug
Hatt' er von Güte zu sagen
Der Worte, damals, und zu erheitern, da
Ers sahe, das Zürnen der Welt.
Denn alles ist gut. Drauf starb er. Vieles wäre
Zu sagen davon. Und es sahn ihn, wie er siegend blikte
Den Freudigsten die Freunde noch zulezt,

Diese beiden ersten Strophentriaden[47] sind auf den Gegensatz zwischen der antiken Welt glanzvoller Gestalthaftigkeit und der von Christus eröffneten Geschichtsära pneumatischer Innerlichkeit angelegt. Das gleiche Kontrastverhältnis bestimmt schon die in der Handschrift unmittelbar vorausgehende Hymne ›Der Einzige‹. In ihr zeigt sich der Dichter von der griechischen Welt, „wo Apollo gieng in Königsgestalt" (V. 7f.), so sehr fasziniert, daß er sich „wie in himmlische Gefangenschaft verkaufft" (V. 5f.) fühlt. Dieser Faszination folgend, beschwört er die griechischen Landschaften und Städte: Elis, Olympia, den Parnaß, den Isthmus, Smyrna und Ephesos, und er betont gerade

[47] Auf die schon S. 203ff. erläuterte erste Strophe gehe ich im folgenden nicht mehr ein.

den ästhetischen Reiz und die sinnlich betörende Erscheinung des Göttlich-Höheren im Menschlichen: „Viel hab' ich *schönes* gesehn, / Und gesungen Gottes *Bild* / Hab' ich, das lebet unter / Den Menschen ..." (V. 25–28) – aber nur, um dann nach dem „verborgenen" (V. 35) Christus zu fragen. Verborgen nennt er ihn, weil er im Gegensatz zu den „unter den Menschen" glanzvoll sichtbaren Erscheinungen des Göttlichen pneumatisch, „geistig" ist.

In der Patmos-Hymne sieht der von einem „Genius" entführte Dichter auf seiner nach Pindarischem Muster inszenierten imaginären Reise zunächst die glanzvolle Welt des griechischen Ostens. Alles ist Licht, leuchtende, ja blendende und sinnbetörende Schönheit. „In frischem Glanze", „in goldenem Rauche", „mit Schritten der Sonne" „blüht" ihm „Asia" – das wie im Neuen Testament mit dem Namen der römischen Provinz bezeichnete Kleinasien – herauf, und „geblendet" sucht er einzelnes zu erkennen: den „goldgeschmükten Pactol", der als goldführender Fluß so heißt, das Taurus-Gebirge an der Südküste Kleinasiens, dessen über 3000 m hohe Gipfel mit „silbernem Schnee" im „Lichte" stehn über einem „Garten" „voll von Blumen" – womit vorzugsweise die sich zwischen Taurus-Gebirge und Küste erstrekkende, in der Antike durch Heiligtümer berühmte und heute noch paradiesisch schöne und wie ein großer „Garten" anmutende Landschaft Lykien gemeint ist, an deren Hauptort Xanthos die Ode ›Stimme des Volks‹ erinnert. Hölderlin denkt aber wohl auch an andere fruchtbare Küstenstriche, an denen die Griechen im Altertum siedelten. Wie am Beginn der ›Friedensfeier‹ verherrlicht er mit sublimem Pathos die Landschaft als Offenbarungsraum des Göttlichen.

Zwar befindet sich die in der zweiten Trias beschworene Insel des Johannes auch im Horizont der antiken Welt, denn Patmos ist ja eine griechische Insel. Und doch ist sie ganz anders. Nicht „Glanz", nicht „Licht", nichts „Goldgeschmüktes": die „dunkle Grotte" charakterisiert die Insel des Johannes. Sie ist der Ort geistversunkener Innerlichkeit. Darauf deutet das mystische „Dunkel" der Grotte und die aus ihrer kargen Vegetation herrührende Armut („... im ärmeren Hauße"), die an das vom Urchristentum über die Mönchsbewegungen und die Mystik bis zum Pietismus reichende Ideal der geistlichen Armut denken läßt. Für die Pietisten war das in Taulers mystischer Tradition stehende ›Buch von geistlicher Armut‹ wichtig, und in der Herrnhuter Pietistengemeinde des Grafen von Zinzendorf pflegte man dieses Armutsideal. Voll tritt der Kontrast zwischen der christlichen Insel Patmos und der antiken Welt durch die Entgegensetzung zu Zypern hervor, der seit dem Altertum sprichwörtlich reichen Heimatinsel der Göttin sinnlicher Liebe und Schönheit. Aphrodite hatte ihre Hauptkultstätte im zyprischen Paphos. Nicht wie „Cypros" ist Patmos, nicht „herrlich", sondern „ärmer" mit ihrer wüstenähnlichen Landschaft. Aber gerade deshalb ordnet Hölderlin Patmos einer tieferen Dimension zu. Der Mangel an äußerem Glanz und Reiz ist Signum der Innerlichkeit. Nicht zuletzt macht Hölderlin dies poetisch spürbar, indem er in auffälliger Weise auf optische Bestimmungen verzichtet und die traditionell der Sphäre der Innerlichkeit zugehörende akustische Wahrnehmung dominieren läßt: von geisterhaften „Stimmen" und „Lauten" tönt die einsame Szenerie der Insel Patmos wider.

Weil die Römer ihre Verbannten auf rauhe, unfruchtbare Inseln schickten, wurde Patmos in römischer Zeit zum Ort des Exils. Hölderlin wußte wohl aus seinen Quellen, daß Patmos später, nachdem die Türken im Jahre 1453 Konstantinopel erobert hatten, auch Zuflucht für Flüchtlinge aus Konstantinopel bot und noch später für andere, die flohen, als die Türken 1669 Kreta eroberten. Deshalb spricht er von den Fremden, die „klagend um die Heimath" sich dort aufhielten. Auch indem er unter diese aus der Heimat verbannten oder geflohenen Fremden mit einer deutlich zurechnenden Wendung – „*So* pflegte / Sie einst des gottgeliebten, / Des Sehers" – Johannes zählt, spielt er auf Historisches an. Denn entweder verbannte Kaiser Domitian (81–96) Johannes nach Patmos, weil er in Ephesos die neue, christliche Religion verbreitete, oder Johannes floh als alter Mann im letzten Regierungsjahr Domitians vor den Christenverfolgungen nach Patmos.

Der Übergang zur sechsten Strophe deutet das zentrale Problem an[48]: den Übergang vom antiken Prinzip des Plastischen, Sinnlich-Wahrnehmbaren zur „johanneischen", ja überhaupt nachantik-christlichen Sphäre des Pneumatischen. Zum ersten Mal setzt Hölderlin das von nun an die Hymne beherrschende Leitmotiv des „Sehens" und des „Gesehenen": des „Angesichts" ein. Als „Seher" ist Johannes auf Patmos der innerlich Schauende, der vom Geist inspiriert die Apokalypse schrieb – das Buch der Schrift, das traditionell als das am meisten pneumatische galt, weil sich seine Visionen jenseits des konkret Wahrnehmbaren entfalteten. Derselbe Johannes, der in späterer Zeit zum pneumatischen „Seher" wurde, stand aber früher, „in seeliger Jugend", dem historischen Jesus am nächsten. Wie kein anderer war er als Jünger Zeuge des Konkreten, das er in seiner unmittelbaren Rea-

[48] Hierzu analog ›Der Einzige‹, S. 132ff.

lität „sah“. „... es *sahe* der achtsame Mann / Das *Angesicht* des Gottes *genau*.“ Das ist die entscheidende Konstellation, die auch schon das Johannesevangelium selbst bestimmt: zuerst die historische Zeugenschaft, die μαρτυρία, später das Leben im Geiste. Indem Hölderlin beides auf die Gestalt des Johannes projiziert, macht er Johannes zur Figuration des in der Hymne verfolgten Fortschritts vom Prinzip unmittelbarer, plastischer Erscheinung, wie es in der Antike herrschte und besonders die griechische Kultur bestimmte, zum Prinzip des Pneumatischen, das die Geschichte seit Christi Tod trägt. Der Übergang im Leben des Johannes, von der unmittelbaren Erfahrung und Gewißheit des Jüngers zur geistigen Schau des alten „Sehers“, ist Modell des historischen Übergangs von der antiken zur christlichen Ära. Eine spätere Überarbeitung der Patmos-Hymne beschwört dieses Übergangsgeschehen mit den Worten: „... Denn wenn erloschen ist der Ruhm die Augenlust ... Und Reiche, das Jugendland der Augen sind vergangen ...“ (II, 180, V. 62–64). Zu diesem „Jugendland der Augen“ gehörte auch Johannes einst, als er „in seeliger Jugend“ das „Angesicht“ des Gottes „sah“. Die Welt des innerlichen „Sehers“ ist eine andere.

Christi Tod bildet die Epochengrenze. Denn nach Hölderlins immer wieder zum Ausdruck gebrachter Überzeugung gehört Christus selbst noch der antiken, gestalthaften Zeit an,[49] sein Tod aber, in dem sich das Gestalthafte nicht bloß individuell, sondern paradigmatisch auflöste, leitet in eine pneumatische Ära über – die gleiche Vorstellung wie bei Hegel. Daher konzentriert sich die letzte Strophe der zweiten Trias ganz auf Christi Tod. Er steht im Zeichen des erst jetzt zu freier Entfaltung gelangenden Geistes. Im Hinblick auf diese Zukunft im Geiste kann es von dem in den Tod gehenden Christus heißen, daß er, der „Freudigste“, „siegend blikte“. „Sein Licht war Tod“, lautet die Abbreviatur einer späten Überarbeitung (II, 186, V. 175). Christus „siegte“ in der Geschichte durch den in seinem Tod befreiten „Geist“, der die Ausbreitung des Christentums legitimiert und zum beseelenden Prinzip der Geschichte überhaupt wird, weil er nicht individuell fixiert bleibt, vielmehr universal wirkt und in einem Prozeß der Vergeistigung die Geschichte zu vollenden vermag.

Um die johanneische Konzeption zu betonen, hat Hölderlin nicht nur die Gestalt des Johannes selbst beschworen. Er hat seine Verse auch systematisch mit Anspielungen auf das Johannesevangelium, vor

[49] Die deutlichsten Zeugnisse dafür bieten die Elegie ›Brod und Wein‹, V. 207f. und V. 129f., und ›Der Einzige‹, V. 31–35.

allem auf Jesu Abschiedsreden im 14., 15. und 16. Kapitel des Evangeliums durchwirkt. Auf das 13. Kapitel geht die einleitende Bezeichnung des Johannes als des Gottgeliebten zurück: „Es war aber einer unter den Jüngern, der zu Tische saß an der Brust Jesu, welchen Jesus lieb hatte" (Joh 13,23); und in Anlehnung an die traditionelle Übersetzung von Platons ›Symposion‹ verwandelt sich ihm das Abendmahl (13,2 und 13,4) in ein „Gastmahl" (V. 82) – keineswegs bloß ein antikisierender Zug, vielmehr ein sprachliches Zeichen für die im „Geiste" angestrebte universale Vermittlung. Sie veranlaßt Hölderlin gerade in dieser späten Phase seines Werkes zu zahlreichen Synkretismen. Aber auch mit dem Evangelium schaltet er frei, denn zwei in der Bibel nur locker und äußerlich zusammenhängende Partien verbinden sich in der Patmos-Hymne zu einer Einheit: die Worte über das Abendmahl im 13. Kapitel und die ausführliche Gleichnisrede im 15. Kapitel, in der sich Christus als den Weinstock, die Jünger als die Reben bezeichnet (Joh 15,5). Der Evangelist läßt damit Jesus die innige Gemeinschaft mit den Jüngern zum Ausdruck bringen – das Abendmahl hat in seiner Darstellung keine eucharistische Bedeutung. Ebenso kommt es Hölderlin nur auf diese innige Gemeinschaft und nicht etwa auf die Eucharistie an. Nicht von Brot und Wein spricht er, vielmehr vom „Geheimnisse des Weinstoks". Dieses Geheimnis des Weinstocks ist die vollkommene und geradezu mystische – deshalb als „Geheimnis" empfundene – Verbundenheit Christi mit den Seinen, die der um den Zerfall der urchristlichen Gemeinde besorgte Verfasser des Evangeliums beschwört und die auch Hölderlins Thema in dieser Strophe und noch mehr in den folgenden Strophen der Hymne ist. Denn gerade im Fortbestehen dieser Gemeinschaft wirkt zunächst der „Geist".

Immer von neuem betont Jesus in den Abschiedsreden des Johannesevangeliums seine Liebe zu den Jüngern. „Und in der großen Seele, ruhigahnend den Tod / Aussprach der Herr und die lezte Liebe", lautet Hölderlins poetische Paraphrase. „Wie er hatte geliebt die Seinen, die in der Welt waren, so liebte er sie bis ans Ende" (ἀγαπήσας εἰς τέλος), heißt es im Evangelium (Joh 13,1); „Wer mich aber liebt, der wird von meinem Vater geliebt werden und ich werde ihn lieben und mich ihm offenbaren" (Joh 14,21); „Gleich wie mich mein Vater liebt, also liebe ich euch auch. Bleibet in meiner Liebe" (Joh 15,9); „Das ist mein Gebot, daß ihr euch untereinander liebet, gleich wie ich euch liebe. Niemand hat größere Liebe denn die, daß er sein Leben läßt für seine Freunde" (Joh 15,12f.). Diese wiederholte Zusicherung der Liebe hat Hölderlin zu den Worten veranlaßt: „denn nie genug / Hatt' er von Güte zu sagen".

Im Johannesevangelium unterscheidet Jesus die Jünger als „Freunde" von bloßen „Knechten"; eine Unterscheidung, die Hegel wichtig wurde, weil er darin die bisher behauptete Autorität des göttlichen Lehrers als eines Fremden, Höheren aufgehoben sah in einer vollkommenen Gemeinschaft – einer Gemeinschaft im „Geiste". „Ihr seid meine Freunde", sagt Jesus zu den Jüngern, „Ich sage hinfort nicht, daß ihr Knechte seid; denn ein Knecht weiß nicht, was sein Herr tut. Euch aber habe ich gesagt, daß ihr Freunde seid; denn alles, was ich habe von meinem Vater gehört, habe ich euch kund getan" (Joh 15,14f.). Hölderlin nimmt auch dieses Sprechen von den Freunden auf: „Und es sahn ihn, wie er siegend blikte / Den Freudigsten *die Freunde* noch zulezt." Und daß sie ihn „zulezt" sahen, wie er „*siegend* blikte", bezieht sich auf das am Ende der Abschiedsreden stehende Wort Christi: „Ich habe die Welt besiegt" (ἐγὼ νενίκηκα τὸν κόσμον).

Endlich ist auch die Bezeichnung Christi als des „Freudigsten" auf dem Hintergrund des Johannesevangeliums zu verstehen. „Solches rede ich zu euch", sagt Jesus (Joh 15,11), „auf daß meine *Freude* in euch bleibe und eure *Freude* vollkommen werde." Dann folgt die Ankündigung des Geistes und des durch ihn vermittelten künftigen Daseins in der „Freude" (Joh 16,20–24). Noch unmittelbar vor seiner Gefangennahme spricht Jesus von der eigenen „Freude", die zur Freude der Seinen werden soll (Joh 17,13): „... auf daß sie in ihnen haben meine Freude vollkommen". Nicht nur, weil Jesus hier und in Joh 15,11 seine eigene Freude betont, nennt Hölderlin ihn den „Freudigsten". Vor allem weil Jesus selbst schon vom „Geist" erfüllt redet und den Geist den Seinen verkündet, kann er der „Freudigste" heißen. Freude (χαρά) ist Zeichen der Erfülltheit vom Geiste, „Freude, mit *Geist*", wie Hölderlin in der Elegie ›Brod und Wein‹ mit deutlicher Anspielung auf die Bibel sagt (V. 134). Diese Freude mit Geist ist mystische Freude als Eins-Sein von Menschheit und Gottheit im „Geiste" und zugleich eschatologisch inspirierte Antizipation des Heilszustands. Auf diesen spezifisch „geistigen" Gehalt der Freude hebt die Patmos-Hymne ab, ja diese Freude ist Frucht des Geistes, von dessen Aussendung und Wirkung die folgende Strophentrias spricht: „Drum sandt' er ihnen / Den *Geist* ... und *Freude* war es / Von nun an, / Zu wohnen in liebender Nacht ..." (V. 100f.–117ff.).

Zuerst allerdings wechselt die dritte Trias ins Gegenteil über, in die „Trauer": „Doch *trauerten* sie, da nun / Es Abend worden ..."; erst nach der Aussendung des Geistes heißt es: „*Freude* war es / Von nun an, / Zu wohnen in liebender Nacht ..." Auch dieses Überwechseln von Trauer in Freude entspricht genau dem Johannesevangelium. „Ihr aber werdet *traurig* sein; doch eure *Traurigkeit* soll in *Freude* verkehrt werden", sagt Jesus zu seinen Jüngern (Joh 16,20), und ferner: „... ihr habt auch nun *Traurigkeit*, aber ich will euch wiedersehn, und euer Herz soll sich *freuen* und eure *Freude* soll niemand von euch nehmen" (Joh 16,22).

Alles kommt demnach auf die Aussendung des Geistes an; Christi Tod hat nur insofern wesentliche Bedeutung, als er in das Stadium des Geistes überleitet. Deshalb wird der Tod selbst lediglich kurz erwähnt: „Drauf starb er. Vieles wäre / Zu sagen davon." Soweit könnte man von einer dichterischen Meditation des Johannesevangeliums sprechen, die sich an den biblischen Text hält, auch wenn sie ihn in einen weiteren, idealistischen Horizont stellt. An *einer* Stelle aber weicht Hölderlin in bezeichnender Weise vom Evangelium entschieden ab. Nach den Worten über die „lezte Liebe" Jesu, der „nie genug / Hatt' ... von Güte zu sagen / Der Worte", fährt er fort: „und zu erheitern, da / Ers sahe, das Zürnen der Welt. / Denn alles ist gut". Auch im Evangelium ist nach der den „Freunden" verkündeten Botschaft der Güte und Liebe von der „Welt" die Rede (Joh 15,8–24), aber durchaus nicht in dem versöhnlichen Sinn, dem letztlich alles als „gut" gilt. Vielmehr stellt der Jesus des Evangeliums die „Welt" mit ihrem Haß den Jüngern entgegen, die „nicht von der Welt" sind (Joh 15,19) – eine Prophezeiung der Verfolgung, die das gemeinsame Schicksal Christi und seiner Jünger sein wird, zugleich aber auch eine klare Grenzziehung zwischen den Seinen und der „Welt", die Jesus mehrmals als die „sündige Welt" bezeichnet, weil sie nicht an ihn glaubt. Dieser Gedanke erfährt noch eine Verschärfung in Joh 16,8–11, wo Strafe und Gericht angedroht werden und das Böse sich im „Fürsten dieser Welt" verkörpert. Auch ist es die böse Welt, von der Jesus am Ende dieses Kapitels sagt (Joh 16,33): „Ich habe die Welt besiegt." Das ist dualistisch gedacht. Wenn Hölderlin im Gegensatz zur Bibel Jesus das „Zürnen der Welt" „erheitern" läßt und gar noch mit der Begründung: „denn alles ist gut", muß er dafür Gründe gehabt haben.

Zum einen dürfte er sich der im Pietismus weit verbreiteten häretischen Lehre von der *apokatastasis panton*: von der „Wiederbringung aller Dinge" erinnert haben, der er schon in der ›Friedensfeier‹ zentrale Bedeutung zumißt.[50] Der eschatologische Heilsuniversalismus dieser Lehre läßt nichts genuin Böses zu, alles gilt ihm letztlich als „gut", und deshalb setzt er ans Ende der Zeiten eine All-Versöhnung.

[50] Vgl. hierzu S. 92ff.

Das stimmt zu der eschatologischen Perspektive der Patmos-Hymne wie zur pietistischen Frömmigkeit des Landgrafen. Mit der *apokatastasis panton* verbindet sich in besonderer Weise das Grundproblem jeder Theodizee, aber auch jeder Kosmodizee, wie etwa der für Hölderlin wichtigen stoischen Kosmodizee.[51] Denn sowohl die Theodizee als „Rechtfertigung Gottes" aufgrund einer vorausgesetzten Anklage wegen der Zulassung des Bösen und des Leidens in der Welt wie die Kosmodizee sind auf ein harmonisches Gesamtsystem angewiesen, in dem es kein Übel an sich geben darf. Durch die eigenwertige Existenz des Übels wäre das Ganze der Natur wie der Geschichte als ein von Gott gewolltes und geschaffenes oder aber – in der pantheistischen Kosmodizee – als ein vom immanenten „Sinn" durchwirktes in Frage gestellt.

Daß sich Hölderlin gerade an dieser Stelle seiner Hymne dem Theodizee-Problem zuwendet, hat einen systematischen Sinn für alles Folgende. Denn in der sich unmittelbar anschließenden Strophentrias beginnt mit der Aussendung des Geistes die *Geschichte* als die Zeit, in der sich der Geist und damit auch der Sinn trotz alles scheinbar Sinnlosen und Sinnwidrigen bis zum Vollendungszustand hin entfaltet. Es handelt sich um die zwar nicht neue, aber für den deutschen Idealismus doch charakteristische Übertragung der Theodizee in die geschichtliche Dimension. Hegel schrieb später, in der Einleitung zu seinen ›Vorlesungen über die Philosophie der Weltgeschichte‹, der Entwicklungsgang der Weltgeschichte sei „die wahrhafte Theodicee, die Rechtfertigung Gottes in der Geschichte".[52] Nur kommt es den idealistischen Geschichtsphilosophen nicht mehr im engeren theologischen Sinn auf die Rechtfertigung Gottes selbst an, sondern, da sie die Idee Gottes in der Geschichte als der Vorstellung eines sinnvoll geordneten Ganzen aufgehen lassen, auf den *Geschichts-Sinn*. Gerade aber, indem die Idealisten – Hegel wie Hölderlin und Schelling – von der Aussendung des Geistes als dem entscheidenden, eschatologisch perspektivierenden Ereignis ausgingen, bewahrten sie den theologischen Ausgangspunkt wie sie andererseits aus dem zu einer letzten Sinn-Erfüllung hinführenden Wirken des „Geistes" *in* der Geschichte zum

[51] Deren Hauptzeugnisse sind ›Der Archipelagus‹ und die Ode ›Dichtermuth‹, für die ich den Nachweis im einzelnen geführt habe in: Jochen Schmidt, Hölderlins später Widerruf in den Oden ›Chiron‹, ›Blödigkeit‹ und ›Ganymed‹, Tübingen 1978, S. 103–112 („Die Ode ›Dichtermuth‹ in ihrem Traditionszusammenhang").

[52] Hegel, Werke, Bd. 12, S. 28; ebenso Bd. 12, S. 540.

„Sinn“ *der* Geschichte finden zu können glaubten. Unter diesem Aspekt ist die Patmos-Hymne eines der großen Zeugnisse idealistischen Geschichtsdenkens. Dessen fundamental optimistisches Valeur kommt schon in dem einleitenden Theodizee-Signal „denn alles ist gut“ zum Vorschein.

Die Theodizee und ihre kosmologische und geschichtsphilosophische Dimensionierung ist in Hölderlins Werk von grundlegender Bedeutung. Analog zu der Wendung „denn alles ist gut“ in ›Patmos‹ heißt es bereits im ›Fragment von Hyperion‹: „Alles muß kommen, wie es kömmt. Alles ist gut“ (III, 171, Z. 9). Dem Bruder schreibt Hölderlin am 4. Juni 1799: „So gehet das Gröste und Kleinste, das Beste und Schlimmste der Menschen aus Einer Wurzel hervor, und im Ganzen und Großen ist alles gut ...“ (VI, Nr. 179, Z. 82–84); im Brief an die Schwester vom 19. März 1800: „Und so ists mein gewisser Glaube, daß am Ende alles gut ist, und alle Trauer nur der Weg zu wahrer heiliger Freude ist“ (VI, Nr. 205, Z. 62–64). In anderer, besonders aufschlußreicher Form zeigt sich der Anschluß an die Tradition der Theodizee in einem Vers der Hymne ›An die Madonna‹, die ungefähr der gleichen Zeit wie die Patmos-Hymne angehört. Er lautet: „Nichts ists, das Böse“, und mit dem Nachdruck einer kühnen Metapher aus Pindars dritter Nemeischer Ode[53] fügt der Dichter hinzu: „Das soll / Wie der Adler den Raub / Mir Eines begreifen“ (II, 211, V. 84–86). Die Formulierung „nicht*s* ists, das Böse“ besagt exakt, daß dem Bösen keine selbständige Existenz zukommt. Es ist ein Nicht-Seiendes – eine Auffassung, die aus dem Platonismus stammt. Für Platon ist die Schlechtheit ein ἀνυπόστατον, also οὐδέν: „Nichts“, denn Sein kommt nur der Gottheit als dem letzten Grund alles Seienden zu, und sie ist „gut“. Im Anschluß an die Aristotelische Steresis-Lehre erklärte man bis weit in die christliche Tradition hinein das dennoch vorhandene Böse lediglich als einen Mangel an Gutem, als eine „privatio boni“, und wahrte damit Platons ontologische Negation des Bösen. Schon die altchristliche Literatur betont immer wieder, die Welt als Werk eines guten Gottes könne nichts Böses enthalten.

Die Hauptvertreter dieser Art von Theodizee sind Origenes und Augustinus[54], und vielleicht war es Hölderlin, dem ausgebildeten

[53] Pindar, Dritte Nemeische Ode, V. 80ff.

[54] Die markanteste Stelle bei Origenes, De principiis II 9, 2: „Denn es ist sicher, daß das Schlechte im Fehlen des Guten besteht“ *(Certum namque est malum esse bono carere)*. Seine wichtigste Erörterung zu diesem Thema befindet sich im Kommentar zum Johannesevangelium (in Joh. II 13). Vgl.

Theologen, in seiner „johanneischen" Patmos-Hymne bewußt, daß seit Origenes gerade der Beginn des Johannesevangeliums als Beweis für die ontologische Negation des Bösen diente. Dann wäre auch der inmitten von Anspielungen auf das Johannesevangelium stehende Satz „denn alles ist gut" entgegen dem ersten Anschein in tieferem Sinne johanneisch. Alle Dinge seien durch den Logos geschaffen worden, heißt es am Anfang des Johannesevangeliums, und weiter: „und ohne ihn (den Logos) ist nichts entstanden" (καὶ χωρὶς αὐτοῦ ἐγένετο οὐδέν) – eine Hinzufügung, die schon Origenes in seinem großen Kommentar zum Johannesevangelium als nachdrücklichen Hinweis auf die Substanzlosigkeit des Bösen versteht. Das „Nichts" (οὐδέν) ist in diesem an Platon orientierten Verständnis identisch mit dem οὐκ ὄν: mit dem, was kein Sein hat und deshalb im ontologischen Sinne ein „Nichts" ist.

Augustinus, der für die christliche Tradition bis weit in die Neuzeit maßgebende Autor, macht in der Auseinandersetzung mit seinen manichäischen Anfängen die Problematik des Bösen und des Übels in der Welt zu einem großen Thema, indem er die Argumente des Platonismus und der Stoiker aufgreift. Schon in seiner Frühschrift ›De ordine‹ entwickelt er den von der stoischen Kosmodizee ausgehenden und auch noch für Hölderlin, nicht zuletzt für den ›Hyperion‹ wichtigen Gedanken, daß das einzelne Übel im guten Ganzen des Kosmos aufgehoben ist, ja er sieht mit der stoischen Kosmodizee das Übel als sinnvoll und notwendig an, denn eine Ordnung, so sagt er, sei um so vollkommener, je mehr Entgegengesetztes sie umfaßt: erst die Einheit, die sie über dem Entgegengesetzten bildet und die sie nur so bilden kann, macht sie zur lebendig-schönen Ordnung, die insofern auch gut ist. Augustins Erörterung des Bösen und des Übels im 7. Buch der ›Confessiones‹ exponiert dann leitmotivisch die Formel „alles ist gut", indem sie zugleich auf die biblische Grundlage in der Genesis (1,31) anspielt, wo es von Gott nach der Erschaffung der Welt heißt: „Er sah, daß *alles gut* war." *„Omnia bona"*, lautet Augustins eindringlich wiederholte Formel.[55] Er begründet sie erstens mit dem vom

René Cadiou, Introduction au système d'Origène, Paris 1932, S. 53f. Zu Augustinus vgl. Div. quaest. 24; De vera relig. 18,35; Ep. 79; 140,2,45 (Alles Geschaffene ist gut, insofern es von Gott als dem höchsten und allem zugrundeliegenden Guten geschaffen ist). Zum Theodizee-Horizont, in dem auch das *scheinbar* Schlechte doch letztlich den guten Plänen Gottes dient: In evang. Joh. 41,12; Nat. bon. 37; Enchir. 96; vgl. Soliloq. 2,28f.

[55] Am eindringlichsten ist folgende Stelle: „Itaque vidi et manifestatum est

ontologischen Denken Platons abgeleiteten Argument, daß alles Seiende, insofern es wesentlichen Anteil am Sein hat, auch gut sein müsse – „quaecumque sunt, bona sunt";[56] zweitens mit dem von der Idee des Kosmos abgeleiteten Argument, das schon in Platons ›Timaios‹, dann aber vor allem in der Stoa von großer Bedeutung ist: daß das Ganze des Universums, das ja als Kosmos vollkommen und insofern „gut" sein müsse, als Kosmos auch allumfassend sei. Folglich sei *alles* gut. Hier wird ein auch für Hölderlin wichtiger Aspekt der Formel „alles ist gut" deutlich: Sie meint, daß im Horizont des Ganzen alles gut ist, da die Ganzheit: die Allheit gut ist. Er habe sich nichts Einzelnes besser gewünscht, sagt Augustinus, denn er habe das Ganze bedacht – „quia omnia cogitabam".[57] Das ist genau die Struktur von Hölderlins Aussage im Brief an den Bruder vom 4. Juni 1799: „... und im Ganzen und Großen ist alles gut."

Diese alte philosophisch-theologische Tradition, die sich in vielfacher Variation durch die Jahrhunderte zieht, gewann im 18. Jahrhundert besondere Aktualität. Obwohl Kant in der ›Kritik der reinen Vernunft‹ (B 113ff.) nachgewiesen hatte, daß es sich um bloße Tautologien handle, weil von vornherein die positive Wertung im „Sein" und im „Ganzen" untergebracht wurde, die man dann wieder herauslas, weiß sich Hölderlin von dieser Tradition ebenso getragen wie Goethe, der in seinem ›Faust‹ das Böse in Gestalt des Mephistopheles auch nur das letztlich Gute bewirken läßt[58] und es damit in einem „guten" Gesamtzusammenhang aufhebt. Seit dem Erscheinen von Leibnizens ›Essais de théodicée‹ (1710) gab es eine durch das ganze 18. Jahrhundert anschwellende, vom aufklärerischen Optimismus gespeiste und nur selten – am entschiedensten bekanntlich von Voltaire in seinem ›Candide‹ – aufgehaltene Flut von Theodizee-Schriften. Dieser Optimismus, auf den allerdings gerade in der Patmos-Hymne

mihi, quia omnia bona tu fecisti et prorsus nullae substantiae sunt, quas tu non fecisti (eine wörtliche Anspielung auf den schon erwähnten, zum selben Zweck von Origenes kommentierten Passus am Beginn des Johannesevangeliums). Et quoniam non aequalia omnia fecisti, ideo sunt omnia, quia singula bona sunt et simul omnia 'valde bona', quoniam fecit deus noster 'omnia bona valde'" (Augustinus, Confessiones/Bekenntnisse, hrsg. u. übersetzt v. Joseph Bernhart, München 1955, S. 338).

[56] Confessiones, S. 338.

[57] Confessiones, S. 340.

[58] Das wird schon im ›Prolog im Himmel‹ deutlich, vor allem aber in den Versen 1335f., in denen sich Mephisto selbst charakterisiert als „ein Teil von jener Kraft, / Die stets das Böse will und stets das Gute schafft".

dann doch tiefe Schatten fallen, prägt auch den deutschen Idealismus. Mit der Formulierung „alles ist gut“ zitiert Hölderlin auch die seit Leibnizens ›Théodicée‹ gängige Formel «tout est bien», die Voltaire im Untertitel seines zu europäischer Berühmtheit gelangenden und noch im Erscheinungsjahr 1756 in etwa zwanzig Auflagen verbreiteten Lehrgedichts ›Poème sur le désastre de Lisbonne‹ exponiert hatte: ›examen de cet axiome: tout est bien‹ und nicht zuletzt mehrere Male spöttisch in seinem ›Candide‹ sowie im Artikel ›Tout est bien‹ seines allgemein verbreiteten ›Dictionnaire philosophique portatif‹ (1764) aufgriff.[59] Zur öffentlich diskutierten Kardinalformel des Optimismus und der sich mit ihm verbindenden Theodizee war die Formel «tout est bien» durch die Preisfrage der Königlich-Preußischen Akademie für das Jahr 1755 geworden. Unter der durchsichtigen Hülle einer Infragestellung des „Systems“ von Pope forderte die Akademie zu einer Kritik der Leibnizschen Lehre von der besten aller Welten heraus. Das Thema lautete: ›On demande l'examen du système de Pope, contenu dans la proposition: Tout est bien‹.[60] In den folgenden Jahrzehnten spielte dann das Problem keine bedeutende Rolle mehr, offenbar weil diese Zeit vom Autonomiedenken des sich mündig, frei, ja genial fühlenden Subjekts bestimmt war, das sich selbst zutraute, die Welt zu gestalten und sein Schicksal in die Hand zu nehmen – und daher das Interesse an einem von einer objektiven Über-Vernunft gesicherten Gesamtsystem verlor. 1791 veröffentlichte Kant seine Schrift ›Über den Grund des Mißlingens aller philosophischen Versuche in der Theodizee‹. Aber nach der Jahrhundertwende, ungefähr gleichzeitig mit einem Aufschwung fatalistischer Anschauungen, wird das Theodizeeproblem wieder lebendig: das wohl früheste Zeugnis ist Hölderlins Patmos-Hymne, dann folgt Schelling 1804 mit der Abhandlung über ›Philosophie und Religion‹, 1809 im Freiheitsaufsatz, 1810

[59] Voltaire, Romans et Contes, Paris 1954 u.ö. (Bibliothèque de la Pléiade), S. 150, S. 227.

[60] Die Themenstellung erhielt folgenden aufschlußreichen Zusatz: «Il s'agit: (1) de déterminer le vrai sens de cette proposition, conformément à l'hypothèse de son auteur. (2) De la comparer avec le système de l'optimisme, ou du choix meilleur, pour en marquer exactement les rapports et les différences. (3) Enfin d'alléguer les raisons qu'on croira les plus propres à établir ou à détruire ce système.» Die berühmte Devise im vierten Brief von Popes ›Essay on Man‹ vom Januar 1735 lautete: “Whatever is, is right”. – Zur Gesamt-Diskussion, die von Leibnizens optimistischer Theodizee ausging, vgl. Wolfgang Hübner, Sinn und Grenzen des Leibnizischen Optimismus, in: Hübner, Zum Geist der Prämoderne, Würzburg 1985, S. 133–152.

in den Stuttgarter Privatvorlesungen,[61] und Hegel hat seine Geschichtsphilosophie ausdrücklich als „Theodizee" bezeichnet.[62]

Wie nicht zuletzt Hölderlins wiederholte Verwendung der Formel „alles ist gut" schon in den 90er Jahren zeigt, war das Theodizeepotential nicht verschwunden, sondern in einer durch den zeitgenössischen Naturkult induzierten pantheistischen Kosmodizee aufgegangen. Auch bei Kant läßt sich dies in vielfacher Weise beobachten. Nach dem Schock der Französischen Revolution und dem Erlöschen sowohl eines unkomplizierten Naturvertrauens wie des Vertrauens auf eigene schöpferische Gestaltungsmöglichkeiten, das auf diesem Naturvertrauen basierte, kam es aber partiell zu einer Retheologisierung, insbesondere des Geschichtsdenkens. So steht die Patmos-Hymne trotz ihrer Esoterik in der geistigen Grundströmung der Zeit. Die Theodizeeformel eröffnet eine Geschichtsdeutung, welche die Geschichte als „göttliches Werk" (V. 160), ja als „Unsterblicher Schiksaal" (V. 177) erscheinen läßt und jegliche Autonomie negiert: „sie nicht walten", heißt es von den Menschen, „es waltet aber / Unsterblicher Schiksaal" (V. 176f.). Die Menschen können auch nicht von sich aus „Sinn" bestimmen: „Sinn" wird objektiv bestimmt, gerade auch dort, wo sie nur Sinnloses in der Geschichte zu sehen glauben.

„Es ist der Wurf das eines Sinns", formuliert die spätere Patmos-Überarbeitung in großartiger Abstraktheit (II, 177, V. 152), indem sie auf den johanneischen Logos anspielt, der in geschichtsphilosophischer Perspektive bei der Erschaffung der Welt nicht ein für alle Mal seine Tätigkeit erschöpft hat, vielmehr in der Geschichte weiterwirkt, bis zu dem Vollendungsstadium, das ihm in höchster Vergeistigung entspricht. So schließt die Wendung „denn alles ist gut" als gnomische Theodizee-Formel unmittelbar vor Beginn der geschichtsphilosophischen Mittelpartie der Patmos-Hymne schon deren hermeneutisches Prinzip ein.

Hermeneutisches Prinzip in *geschichtsphilosophischer* Hinsicht war

[61] Hierzu: Odo Marquard, Schwierigkeiten mit der Geschichtsphilosophie, 2. Aufl., Frankfurt a. M. 1987, S. 58.

[62] Hegel, Vorlesungen über die Philosophie der Geschichte, in: Werke, Bd. 12, S. 28, und, am Ende formelhaft resümierend, S. 540: „Daß die Weltgeschichte dieser Entwicklungsgang und das wirkliche Werden des Geistes ist, unter dem wechselnden Schauspiele ihrer Geschichten – dies ist die wahrhafte *Theodizee*, die Rechtfertigung Gottes in der Geschichte. Nur *die* Einsicht kann den Geist mit der Weltgeschichte und der Wirklichkeit versöhnen, daß das, was geschehen ist und alle Tage geschieht, nicht nur nicht ohne Gott, sondern wesentlich das Werk seiner selbst ist."

ansatzweise schon Leibnizens Vorstellung von der besten aller Welten. Denn „Welt“ ist für Leibniz nicht wie in der enttemporalisierten Ordo-Konzeption der Scholastik die statische Gesamtheit des gegenwärtig schon Vorhandenen, vielmehr die sich in eine unabsehbare Zukunft hinein entfaltende *series rerum*, die Aufeinanderfolge miteinander verknüpfter Ereignisse, die für einen endlichen Geist erst am „Ende“ der – endlosen – Weltentwicklung klar überschaubar wäre. Schon in § 8 der Theodizee sagt Leibniz: „Ich nenne Welt die ganze Folge (toute la suite) und die ganze Zusammenfassung (toute la collection) aller existierenden Dinge“; und in § 202 meint er, die ganze Folge der Dinge bis ins Unendliche sei die beste, die möglich ist, obwohl das, was in jeder Einzelheit im ganzen Universum existiert, nicht das Beste ist: «on pourroit dire que toute la suite des choses à l'infini peut être la meilleure qui soit possible, quoyque ce qui existe par tout l'univers dans chaque partie du temps ne soit pas le meilleur.»

In diesem geschichtsphilosophischen Horizont hat also die von Hölderlin eingesetzte Formel nicht den vom ontologischen Argument her nahegelegten, aber empirisch leicht anzufechtenden Sinn, daß alle gegenwärtig vorhandenen einzelnen Dinge schon an sich „gut“ sind, und auch nicht den, daß – bei zugegebenem Mangel des Einzelnen an sich – die Gesamtheit des gegenwärtig Vorhandenen unter dem Aspekt der vorhandenen Gesamtheit „gut“ ist. Vielmehr besagt sie, daß erst die sich geschichtlich in die Zukunft hinein entfaltende Geschichte, wenn sie idealiter als vollendet vorgestellt wird, „alles“ in den einzelnen Zeiten der Geschichte, das an sich, als Einzeln-Zerstreutes, nur kontingent erscheinen muß, in den Status des sinnvoll „Guten“ erhebt. Es kommt nur auf die *Perspektive* an. Was aus der Perspektive isolierter Einzelzeiten und einzelner Begebenheiten als sinnloser Wirrwarr (confusion) empfunden werden kann (Voltaires Perspektive beim Hinweis auf das Erdbeben von Lissabonn), stellt sich aus der Perspektive des geschichtlichen Universums als großartige Ordnung dar. Leibniz schreibt in der ›Theodizee‹ (II, § 147): „Es ist damit gerade wie mit jenen perspektivischen Erfindungen, wo gewisse schöne Zeichnungen völlig verworren (confusion) erscheinen, bis man sie aus dem richtigen oder durch ein gewisses Glas oder einen Spiegel betrachtet. Erst indem man sie richtigstellt oder sich ihrer in angemessener Weise bedient, macht man sie zur Zierde eines Zimmers. In gleicher Weise vereinen sich die scheinbaren Unschönheiten unserer kleinen Welten in der großen zu Schönheiten und enthalten nichts, was der Einheit eines allgemeinen, unendlich vollkommenen Prinzips entgegen wäre (rien qui s'oppose à l'unité d'un principe universel infiniment parfait): im Gegenteil, sie steigern die Bewunderung für dessen Weisheit, die das Übel dem höchsten Gut dienlich sein läßt (qui fait servir le mal au plus grand bien)."

Es fragt sich nur, *wie* und nicht zuletzt *wem* es möglich ist, aus der Perspektive der geschichtlichen Gesamtheit zu sprechen, da doch die Position des Einzelnen prinzipiell nicht vom Stellenwert der Einzelzeiten differieren kann. Die traditionelle Antwort lautet: demjenigen, der aus der Offenbarung weiß, daß die Gesamtgeschichte Heilsgeschichte ist, allgemeiner: daß die Welt als eine von Gott gewollte, wenn schon nicht gegenwärtig, so doch aufs Ganze der Geschichte gesehen gut sein muß. Aus dem Horizont des idealistischen Dichter-Philosophen: desjenigen, der in sich intuitiv jene Ganzheit als Vollkommenheit und damit als „gut" erfaßt, die sich geschichtlich entfaltet, und der daher die Spuren der geschichtlichen Entfaltung als solche zu erkennen und auf das noch nicht sichtbare Vollkommenheitsziel hin zu ordnen vermag. Die Möglichkeit einer solchen Intuition findet aber ihre allgemeinere Grundlegung schon in Leibnizens Begriff der Monade, da die Monade das Ganze in individueller Form ist und daher zur *repraesentatio mundi* fähig ist. Nachdem Leibniz in der ›Metaphysischen Abhandlung‹ die Monade als Spiegel Gottes definiert hat, erklärt er: „Man kann sogar sagen, daß jede Substanz in gewisser Weise das Gepräge der unendlichen Weisheit und der Allmacht Gottes trägt und ihn nachahmt, soweit sie dazu fähig ist (autant qu'elle en est susceptible). Denn sie drückt, wenn auch verworren, alles aus, was sich im Weltall in Vergangenheit, Gegenwart und Zukunft ereignet (tout ce qui arrive dans l'univers, passé, présent ou avenir), was eine gewisse Ähnlichkeit mit einer unendlichen Perzeption oder Erkenntnis hat" (Abschnitt 9). Indem also Leibniz der einzelnen Monade und damit vorzugsweise dem Menschen, der besonders befähigt (susceptible) ist, eine gewisse Ähnlichkeit mit einer „unendlichen", d. h. göttlichen Gesamterkenntnis zuschreibt, überspringt er die Schranken der geschichtlichen Vereinzelung und der beschränkten Perspektive.

Die so erklärbare *repraesentatio mundi* im einzelnen – derjenige, der dazu am meisten fähig (susceptible) ist, muß natürlich der Philosoph sein, später der Dichter – ist notwendigerweise ein geistiger Vollzug dessen, was als „Welt" nach Leibnizens Definition aufzufassen ist: Vollzug der „universalis locorum et temporum, hoc est rerum finitarum omnino omnium, collectio" – so die Erläuterung von Christian Friedrich Baumeister in seiner bereits im Jahre 1741 erschienenen Rezeptionsgeschichte der ›Théodicée‹, die er unter dem Titel ›Historia doctrinae recentius controversae de mundo optimo‹ veröffentlichte (S. 262). In solchem Horizont vermag man jene bisher ganz rätselhaft esoterisch anmutenden Wendungen historisch und systematisch zu verstehen, die Hölderlin in der Zeit, in der die Patmos-Hymne entstand, sowohl in Gedichten wie brieflich gebraucht: Wendungen, in denen er von mystischen Zentralorten spricht, die, wie der „allversammelnde“ Festtag in der ›Friedensfeier‹ alle Zeiten, alle Orte in sich versammeln. Dabei ist jeweils der Bezug zur eigenen philosophischen oder dichterischen Repräsentationsfähigkeit deutlich. Im zweiten Brief an Böhlendorff schreibt er (VI, Nr. 240, 433): „daß alle heiligen Orte der Erde zusammen sind um einen Ort und das philosophische Licht um mein Fenster ist jezt meine Freude“. Dies ist die „universalis locorum ... collectio“. In dem hymnischen Entwurf ›Vom Abgrund nemlich ...‹ stehen die Verse (II, 250, V. 18–21): „Ein wilder Hügel aber stehet über dem Abhang / Meiner Gärten. Kirschenbäume. Scharfer Othem aber wehet / Um die Löcher des Felses. Allda bin ich / Alles miteinander.“

Die in der Patmos-Hymne allerdings noch komplexer vermittelte Fähigkeit der Allwahrnehmung, die philosophische wie die dichterische, die im Wesen des monadischen Individuums bei Leibniz angelegt, wenn auch nicht bei allen gleichermaßen ausgeprägt ist, befähigt also auch zur Wahrnehmung des Geschichts-Ganzen. Zu der These, daß dieses trotz des vielen einzelnen *nicht* Guten dennoch „gut“ sei, trägt auch noch bei Hölderlin das theologische Erbe bei. Deutlich spielt ja in die Patmos-Hymne der providentielle Finalismus herein, der sich in der Tradition ausgebildet hatte. Hölderlin beschwört ihn mit der Anspielung auf den johanneischen Logos: „Es ist der Wurf das eines Sinns“, und später spricht er vom „Werk“ der Himmlischen, das „zu Ende“ geht, indem es sich als „Schiksaal“ vollzieht. Doch kann dies schon als Chiffre einer nicht verfügbaren immanenten Geschehensnotwendigkeit gelesen werden. Vor allem: er löst die konkreten Füllungen religiös-politischer Art auf, wie sie etwa noch Bossuets in vielem mit den Anschauungen Leibnizens zu vergleichenden ›Sermon sur la Providence‹ und seinen großen ›Discours sur l'histoire universelle‹ bestimmen. Darin ist es providentieller Plan, das Christentum auszubreiten und das jüdische Volk als «peuple de Dieu» zu erhalten. Alle Ereignisse, auch politische Katastrophen, werden in diesem „Sinn“ positiv instrumentalisiert. Hölderlins Lösungsversuch ist radikaler, indem er den Zusammenbruch sowohl des kirchlichen und des im engeren Sinn theologisch-religiösen wie überhaupt des harmonistisch-optimistischen Weltbilds reflektiert. „Gut“ findet er das Ganze nicht *trotz* des sinnlos chaotisch erscheinenden binnenzeitlichen Geschehens, sondern scheinbar paradox gerade *wegen* dieses chaotisch auf Zerstörung angelegten Geschehens. Hier liegt die eigentlich geschichtsphilosophisch-hermeneutische Funktion des „Geistes". Denn nur unter der Voraussetzung, daß die Zerstörung oder Auflösung alles im Hegelschen Sinn „Positiven" zur Freisetzung des „Geistes" führt und die Vergeistigung als ein höchstes „gutes" Ziel erscheint, kann die alle gewordenen Bindungen, Formen und Institutionen wieder zerrüttende Dynamik der Geschichte im ganzen als „gut" begriffen werden. Damit scheint ein Grenzwert der Möglichkeit von Theodizee erreicht zu sein. Erst durch diese, aus den folgenden Strophen erhellende, Paradoxie erhält die Theodizee-Formel „alles ist gut" in der Patmos-Hymne ihren spannungsreichen, historisch differenzierten Sinn. Sie bildet die Schwelle zu den beiden mittleren Strophentriaden, die *zugleich* von der Aussendung und Wirkung des Geistes und andererseits chaotischer Zerstreuung und Zerstörung sprechen, weil das eine nur durch das andere möglich wird.

IV. Der geschichtliche Vergeistigungsprozeß als Leidenserfahrung. Verlust der Sinn-Evidenz und pneumatischer Trost: 7.–12. Strophe

Doch trauerten sie, da nun
Es Abend worden, erstaunt,
Denn Großentschiedenes hatten in der Seele
Die Männer, aber sie liebten unter der Sonne
Das Leben und lassen wollten sie nicht
Vom Angesichte des Herrn
Und der Heimath. Eingetrieben war,
Wie Feuer im Eisen, das, und ihnen gieng
Zur Seite der Schatte des Lieben.
Drum sandt' er ihnen
Den Geist, und freilich bebte
Das Haus und die Wetter Gottes rollten
Ferndonnernd über
Die ahnenden Häupter, da, schwersinnend
Versammelt waren die Todeshelden,

Izt, da er scheidend
Noch einmal ihnen erschien.

Denn izt erlosch der Sonne Tag
Der Königliche und zerbrach
Den geradestralenden,
Den Zepter, göttlichleidend, von selbst,
Denn wiederkommen sollt es
Zu rechter Zeit. Nicht wär es gut
Gewesen, später, und schroffabbrechend, untreu,
Der Menschen Werk, und Freude war es
Von nun an,
Zu wohnen in liebender Nacht, und bewahren
In einfältigen Augen, unverwandt
Abgründe der Weisheit. Und es grünen
Tief an den Bergen auch lebendige Bilder,

Doch furchtbar ist, wie da und dort
Unendlich hin zerstreut das Lebende Gott.
Denn schon das Angesicht
Der theuern Freunde zu lassen
Und fernhin über die Berge zu gehn
Allein, wo zweifach
Erkannt, einstimmig
War himmlischer Geist; und nicht geweissagt war es, sondern
Die Loken ergriff es, gegenwärtig,
Wenn ihnen plözlich
Ferneilend zurük blikte
Der Gott und schwörend,
Damit er halte, wie an Seilen golden
Gebunden hinfort
Das Böse nennend, sie die Hände sich reichten –

Wenn aber stirbt alsdenn
An dem am meisten
Die Schönheit hieng, daß an der Gestalt
Ein Wunder war und die Himmlischen gedeutet
Auf ihn, und wenn, ein Räthsel ewig füreinander
Sie sich nicht fassen können
Einander, die zusammenlebten
Im Gedächtniß, und nicht den Sand nur oder
Die Weiden es hinwegnimmt und die Tempel
Ergreifft, wenn die Ehre
Des Halbgotts und der Seinen

Verweht und selber sein Angesicht
Der Höchste wendet
Darob, daß nirgend ein
Unsterbliches mehr am Himmel zu sehn ist oder
Auf grüner Erde, was ist diß?

Es ist der Wurf des Säemanns, wenn er faßt
Mit der Schaufel den Waizen,
Und wirft, dem Klaren zu, ihn schwingend über die Tenne.
Ihm fällt die Schaale vor den Füßen, aber
Ans Ende kommet das Korn,
Und nicht ein Übel ists, wenn einiges
Verloren gehet und von der Rede
Verhallet der lebendige Laut,
Denn göttliches Werk auch gleichet dem unsern,
Nicht alles will der Höchste zumal.
Zwar Eisen träget der Schacht,
Und glühende Harze der Aetna,
So hätt' ich Reichtum,
Ein Bild zu bilden, und ähnlich
Zu schaun, wie er gewesen, den Christ,

Wenn aber einer spornte sich selbst,
Und traurig redend, unterweges, da ich wehrlos wäre
Mich überfiele, daß ich staunt' und von dem Gotte
Das Bild nachahmen möcht' ein Knecht –
Im Zorne sichtbar sah' ich einmal
Des Himmels Herrn, nicht, daß ich seyn sollt etwas, sondern
Zu lernen. Gütig sind sie, ihr Verhaßtestes aber ist,
So lange sie herrschen, das Falsche, und es gilt
Dann Menschliches unter Menschen nicht mehr.
Denn sie nicht walten, es waltet aber
Unsterblicher Schiksaal und es wandelt ihr Werk
Von selbst, und eilend geht es zu Ende.
Wenn nemlich höher gehet himmlischer
Triumphgang, wird genennet, der Sonne gleich
Von Starken der frohlokende Sohn des Höchsten,

1. Die Aufhebung des „Positiven“ in der Geschichte durch den Geist

Den in den beiden ersten Strophentriaden entwickelten Gegensatz von antik-plastischem und christlich-pneumatischem Prinzip übertragen die dritte und die vierte Trias auf die Geschichte – zuerst auf die nach Christi Tod beginnende und dann auf die spätere Geschichte, der sich der Dichter, indem er als Ich hervortritt, selbst zurechnet. Christi Tod, so wird nun deutlich, war ein epochaler Umbruch, aber nicht ein einfacher Ablösungsvorgang. Vielmehr versteht Hölderlin den Prozeß der Umorientierung auf den „Geist“ als eine stets bleibende Aufgabe, weil eine unaufhebbare existentielle Schwierigkeit. Denn ein fortwährendes menschliches Grundbedürfnis drängt nach dem Sichtbaren, Plastischen und Schönen, nach dem sinnenhaft und menschlich Erfahrbaren und nach der Bejahung des schon Vorhandenen. Im Zeichen des „Geistes“ jedoch müssen sich die Jünger davon trennen lernen – und sie lernen es nur auf schmerzhafte Weise, beim Abschied Christi, an dessen Gestalt und Angesicht sie hängen; und der Dichter, der in einer historisch repräsentativen Rolle für die spätere Zeit spricht, muß es ebenfalls lernen, um dem Prinzip des Geistes und der Entfaltung des Geistes in der Geschichte gerecht zu werden. Auch ihm fällt es schwer, sich um des Geistes willen vom historisch Fixierten zu lösen, dessen Bildhaftigkeit und Schönheit ihn gefangennimmt. Immer von neuem drängt das Bedürfnis nach festem Halt zu einer Wiedervergegenwärtigung des historisch Gewesenen in seiner einstigen Form. Stellvertretend für alle anderen muß der Dichter begreifen, daß ein Nachgeben gegenüber dieser Sehnsucht Verrat am „Geist“ und an der erst noch zu einer künftigen, „geistigen“ Vollkommenheit sich entwickelnden Geschichte wäre. Um es mit dem Begriff Hegels zu sagen: Er beschwört die Gefahr eines Stagnierens im „Positiven“.

Damit verbinden sich zwei Problemperspektiven. Erstens meint Hölderlin, indem er von Christus spricht, zugleich seine von ihm selbst immer wieder als problematisch empfundene Faszination durch die Antike. Denn Christus, der „des Menschen Gestalt“ annahm,[63] gehört für ihn zunächst auch zur antiken Sphäre der schönen Gestalthaftigkeit. Er war deren letzter Repräsentant. Andere Dichtungen und Schriften reflektieren in direktem Hinblick auf die Griechen die Gefahr eines gegenwart- und zukunftbedrohenden Klassizismus.

[63] Brod und Wein, V. 107.

„Nicht sie, die Seeligen, die erschienen sind, / Die Götterbilder in dem alten Lande, / Sie darf ich ja nicht rufen mehr“, beginnt die Hymne ›Germanien‹. Ihre allgemeinste Form erreicht diese Reflexion in der Patmos-Hymne. Ihr Problem ist der Verrat am Geist und der Verlust der Geschichte um einer fragwürdigen Positivität willen, die im Kern auch schon die Fragwürdigkeit des Klassizismus ausmacht. Zweitens entwickelt Hölderlin ein im weitesten Sinn religiöses Dilemma. Denn alles Bedürfnis nach dem Höheren, „Göttlichen“ bedarf einer wahrnehmbaren Orientierung und also des wie auch immer Fixierten – „weil / Ohne Halt verstandlos Gott ist“, wie es in einer späten Überarbeitung des ›Einzigen‹ heißt (II, 163, V. 78f.). Und doch verlangt gerade das religiöse Empfinden nach einer alles Fixierte übersteigenden Geistigkeit, weil das Göttliche nicht zu irgendeiner menschlich beschränkten Form reduziert werden darf.

In seiner dem pietistischen Landgrafen gewidmeten Hymne trifft Hölderlin damit zugleich eine Problematik, die für den Pietismus in seinem Verhältnis zur Orthodoxie und zur kirchlichen Institution wesentlich war. Denn die Kirche repräsentiert den Bereich des Fixierten, des Dogmas, des Ritus, des Bildes, des Sakraments und der festgelegten Gebetsformen; der Pietismus dagegen tendiert zur Loslösung von all dem und zum „Geistigen“. Mit einer Ausnahme: er hält die Bibel hoch – aber durchaus in einem „geistig“ freieren Sinn. Aus dieser Problem-Konstellation ergibt sich die besondere Bedeutung der „Schrift“ in der Patmos-Hymne. Die Schrift ist fixiert, als „vester Buchstab“, aber doch vom „Geist“ inspiriert, der dadurch, daß das schriftlich Fixierte „gut“, nämlich im Sinne des Geistes „gedeutet“ wird, wieder zum Vorschein kommt; allerdings in notwendig anderer, geschichtlich vermittelter Weise. So hebt sich am Ende der scheinbar aporetische Gegensatz auf, und der Dichter selbst sieht es als Aufgabe der Dichtung an, dazu beizutragen. Damit hofft er das Ziel zu erreichen, das sowohl der orthodoxe Dogmatismus wie der alle fixierte Tradition kritisch auflösende Rationalismus der Aufklärung verfehlen muß. Deshalb lauten die letzten Worte: „Dem folgt deutscher Gesang.“

Nach diesem Gesamtaufriß skizziere ich zunächst die motivische Ausprägung des Themas in der dritten und vierten Trias, um dann den schwierigen Text in Verbindung mit einer Hegel-Lektüre zu interpretieren.

Die vorangehende Trias führte zu der paradigmatischen Gestalt des Johannes. „Johannes sah“ zuerst äußerlich-sinnenhaft das „Angesicht“ des Gottes. Dann wandelte er sich zum inspirierten, innerlichen

„Seher". So wird er zur Symbolfigur des Übergangs von der antiken, plastischen Ära zur christlich-pneumatischen Zeit. Als Inbegriff des Sichtbaren erscheint das Motiv des „Angesichts" zu Beginn der dritten Trias sofort wieder, und im weiteren Verlauf ergibt sich ein ganzes Spektrum sinnverwandter Vorstellungen. Von der „Schönheit" Christi ist die Rede, von seiner wunderbaren „Gestalt" und schließlich, mit besonderer Betonung, von seinem „Bild". Und immer ist dieses Geflecht von plastischen Motiven kontrapunktisch zu einem Geflecht pneumatischer Motive angelegt.

„Lassen wollten sie nicht / Vom *Angesichte* des Herrn" (V. 95f.), heißt es zuerst von den Jüngern. Hegel sagt im ›Geist des Christentums‹: „Jesus hatte das Bewußtsein der Notwendigkeit seines Untergangs seines Individuums und suchte auch seine Jünger von ihr zu überzeugen. Aber sie konnten ihr Wesen nicht von seiner Person trennen ... Erst nach der Entfernung seines Individuums konnte ihre Abhängigkeit davon aufhören und eigener Geist oder der göttliche Geist in ihnen selbst bestehen; ‚es ist euch nützlich, daß ich weggehe', sagt Jesus Joh 16,7, ‚denn wenn ich nicht abginge, so käme der Tröster nicht zu euch; der Geist der Wahrheit' (Joh 14,16ff.)."[64] „Drum sandt' er ihnen den Geist", heißt es in der Patmos-Hymne (V. 100f.) – Hölderlin kehrt die Kausalität im Verhältnis zu Hegel zunächst um, folgt aber dann doch dem gleichen Grundgedanken, indem er das Ende der „Gestalt" um des „Geistes" willen als notwendig darstellt.

Sofort zu Beginn der folgenden Strophe spitzt sich der epochale Umbruch auf einen entscheidenden Augenblick zu. Das „Izt", bei dem Hölderlin an das johanneische „Nun" beim Abschied gedacht haben mag (Joh 16,4: „*Nun* aber gehe ich zu dem, der mich gesandt hat ..."), steht nicht nur am Strophenbeginn als erstes Wort exponiert, es ist auch emphatisch ins Strophenenjambement gerückt, und eine Anapher steigert es zu höchstem Nachdruck: „Drum sandt' er ihnen / Den Geist ..., Izt, da er scheidend / Noch einmal ihnen erschien. / Denn izt erlosch der Sonne Tag ..." (V. 100–108). Das nochmalige, allerletzte „Erscheinen" und „der Sonne Tag" deuten auf die in diesem Moment zu Ende gehende Ära der Gestalthaftigkeit und Sichtbarkeit. Der „Geist" und die alsbald beschworene „Nacht" („... Zu wohnen in liebender Nacht", V. 117) signalisieren den Beginn der neuen, innerlichen Ära. Dieser Darstellung liegt der Beginn der Apostelgeschichte zugrunde. Unmittelbar nach der Verkündigung des Geistes erscheint Jesus den Jüngern noch ein letztes Mal, indem er vor

[64] Hegel, Werke, Bd. 1, S. 388.

ihren Augen zum Himmel auffährt und sie ihm „nachsehen“ (Apg 1,8–10). Darauf kommt der Geist über die Jünger (2. Kapitel). Die Akzentuierung des epochalen Umbruchs durch die Konzentration auf eine „Wende der Zeit“ in einem einzigen Augenblick ist aber Hölderlins Werk.

Zwar setzen die Verse, in denen es heißt, daß Christus „scheidend / Noch einmal ihnen erschien“, die Auferstehung voraus – aber die Auferstehung selbst, als entscheidender Glaubensinhalt, an dem der Erlösungsglauben selbst hängt, wird gar nicht erwähnt. Hölderlin läßt ihn einfach aus, indem er von der Trauer der Jünger bei Jesu Abschied sofort zur Aussendung des Geistes übergeht (V. 100f.: „Drum sandt’ er ihnen / Den Geist“). Diese *Leerstelle* ist von großer historischer Bedeutung und wirft zugleich ein bezeichnendes Licht auf die Haltung, mit der Hölderlin auf den Wunsch des Landgrafen reagierte, ein gegen die aufklärerische Bibelkritik gerichtetes Gedicht zu schreiben. Denn die aufklärerische Bibelkritik hatte ihren Höhepunkt durch Lessings Veröffentlichung des von Reimarus stammenden Fragments ›Über die Auferstehungsgeschichte‹ im Jahre 1777/78 erreicht – eine Veröffentlichung, die einen Sturm auslöste. Nachdem schon die Bibelkritik des englischen Deismus die biblischen Erzählungen von Christi Auferstehung in Zweifel gezogen hatte, deckte der Hamburger Professor für orientalische Sprachen und angesehene Philosoph Reimarus (1694–1768) durch genauen Textvergleich der Osterdarstellungen in den vier Evangelien so schwere Widersprüche auf, daß er daraus auf die Unglaubwürdigkeit der angeblichen Auferstehungszeugen zu schließen sich gezwungen sah. Die moderne Bibelexegese hat andere Wege beschritten, indem sie – von David Friedrich Strauß bis zu Bultmann – die Auferstehungsgeschichten in den Bereich *mythischer* und von den Evangelienschreibern lediglich mit unterschiedlicher literarischer und „kerygmatischer“ Absicht geformter Vorstellungen verwies; aber als *historisches* Faktum ist die Auferstehung seit Reimarus obsolet. Wenn Hölderlin dem Wunsch des Landgrafen im engeren Sinne gefolgt wäre, hätte er sich in seiner Hymne gerade dieser entscheidenden Bibelkritik entgegenstellen müssen. Statt dessen trägt er ihr Rechnung! Indem er seinerseits die Auferstehung übergeht und alles Gewicht auf die Aussendung des Geistes und dessen eschatologisches Wirken in der Geschichte legt, läßt er den historischen Anteil der aufklärerischen Kritik an seiner pneumatisch-geschichtsphilosophischen Konzeption erkennen.

In dieser Konzeption wirkt auch noch nach der Aussendung des Geistes die gestalt- und erscheinungshafte Antike bis zu einem allerletzten Nachklang fort. „Ferneilend zurük blikte / Der Gott ...", heißt es mit einer Anspielung auf eine ganze Anzahl von Bibelstellen, nicht zuletzt auf die Kapitel 20 und 21 des Johannesevangeliums, die berichten, wie Jesus später noch mehrere Male geisterhaft seinen Jüngern erschien. Der gleichsam ins Leere gehende Strich am Ende der neunten Strophe markiert die Kluft zwischen dem endgültigen Verschwinden des Alten und dem Schicksal der neuen, von allem Gestalthaften gelösten Zeit. Sie ist zunächst eine Zeit der Halt- und Orientierungslosigkeit. Mit dem restlosen Aufhören des plastischen Prinzips scheint das Chaos hereinzubrechen.

Diesem sinnbedrohenden Geschehen wendet sich die zehnte Strophe zu, indem sie das Leitmotiv des Gestalthaften und in der „Schönheit" sich vollendenden Sichtbaren noch einmal aufnimmt, um es der totalen Negation zu unterstellen: „Wenn aber stirbt alsdenn / An dem am meisten / Die *Schönheit* hieng, daß an der *Gestalt* / Ein Wunder war ..." (V. 136–139). Wohl erinnern diese Worte zunächst an einen Psalmenvers, der seit je auf Christus gedeutet wurde: „Du bist der Schönste unter den Menschenkindern" (Psalm 45,3); doch spricht Hölderlin aus seinem eigenen pneumatischen Verstehenshorizont, in dem die „Schönheit" als Signum des Vollendet-Plastischen unwiderruflich der Vergangenheit angehört. Schon früher war von Christi Tod („Drauf starb er", V. 88), von der Aussendung des Geistes und anderen Ereignissen *nach* Christi Tod die Rede. Demnach meint der neue Einsatz „Wenn aber stirbt alsdenn ..." nicht mehr das faktische Sterben Christi, sondern sein geschichtlich immer noch weitergehendes Sterben, zunächst im Schwinden der unmittelbaren Erinnerung an seine historisch-konkrete Existenz. Daß nur solche *Erinnerung* an Christus gemeint sein kann, zeigt auch der nun folgende Hinweis auf diejenigen, „die zusammenlebten / Im *Gedächtniß*" (V. 142f.). Auf den realen Tod also folgt ein Tod in Abstufungen: Nach der Gestalt erlischt nun auch die Erinnerung an sie. Sie konnte nur so lange authentisch vorhanden sein als diejenigen lebten, die mit Christus noch selbst zusammen waren.

In den idealistischen Duktus der Vergeistigung übersetzt heißt das: Wie Christus notwendigerweise als Individuum im Tod erlöschen mußte, um den Übergang ins Geistige zu ermöglichen, der sich bei der alsbaldigen Aussendung des Geistes vollzog, so mußte später, auf einer weiteren Stufe der Vergeistigung, die immer zugleich eine fortschreitende Abstraktion von allem Bestimmten und Konkreten ist, auch die gedächtnishafte Fixierung auf seine Gestalt aufhören. In Hegels Sprache: Auch diese Spuren des „Positiven" mußten schwinden, um die noch reinere Transformation in „Geist“ und „Geschichte“ zu ermöglichen. Hölderlin führt diesen Gedanken genauer aus. Wie der im Gedächtnis als „Gestalt“ und in seiner „Schönheit“ noch eine Weile indirekt weiterexistierende Jesus „stirbt“, so muß sich auch alles verflüchtigen, was sich an „Positivem“ mit der Erinnerung an Christus verbindet. Dazu gehören die gottesdienstlichen Institutionen und die – in metaphorischen Bildern angedeuteten – Voraussetzungen für ihr Bestehen („und wenn ... nicht den Sand nur oder / Die Weiden es hinwegnimmt und die Tempel / Ergreifft ...“), ferner die in Riten, d.h. in „positiven“ gottesdienstlichen Formen sich vollziehende Ehrung Christi und der Seinen („wenn die Ehre / Des Halbgotts und der Seinen / Verweht ...“).

Gemessen am tatsächlichen Gang der Kirchengeschichte: am Prozeß zunehmender Institutionalisierung, Dogmatisierung, Ritualisierung, kurz am Prozeß des Positivwerdens, den Hegel in seinem theologisch-geschichtsphilosophischen Jugendwerk kritisiert, weil er in ihm die ursprüngliche, durch Christi Tod befreite Tendenz zum „Geist“ in ihr Gegenteil pervertiert sieht, muten diese Vorstellungen erstaunlich ahistorisch an. Hölderlins Konzeption scheint eher auf der Linie des späteren Hegel zu liegen, der, unbekümmert um die in den Jugendschriften noch wahrgenommene tatsächliche historische Entwicklung, seiner Vision von einem permanenten Fortschritt bis zum Stadium des absoluten Geistes folgt. Wahrscheinlich aber denkt Hölderlin, wie schon der Anlaß des Gedichts nahelegt, doch in einem spezifischeren Sinn historisch, indem er nicht die Kirchengeschichte vom Urchristentum bis zur Neuzeit, vielmehr nur den neuzeitlichen, alles „Positive“ des Christentums in Frage stellenden und insofern die „Tempel“ samt ihren Fundamenten untergrabenden *Aufklärungsprozeß* meint. Dieser Aufklärungsprozeß hatte sich in den letzten Jahrzehnten des 18. Jahrhunderts sowohl philosophisch wie innertheologisch radikalisiert und war ein Generationserlebnis. Erst auf diesem Hintergrund ist auch der Wunsch des Landgrafen an Klopstock zu verstehen – der Wunsch, dem dann Hölderlin auf seine ihm ganz eigene Weise in der Patmos-Hymne entsprach. Während der Landgraf in der aufklärerischen Bibelkritik nur einen Zerstörungsprozeß zu sehen vermochte, gegen den er einen dichterischen Einspruch großen Formats wünschte, akzeptiert Hölderlin diesen Prozeß der Aufklärung, indem er ihn als einen nur *scheinbaren* Zerstörungsprozeß, in Wahrheit aber als einen gesamtgeschichtlich notwendigen, weil vergeistigenden und daher in der Perspektive des eschatologisch wirkenden „Geistes“ sinnvollen Prozeß interpretiert. Demnach ist

›Patmos‹ zunächst ein sublimes *Trost*gedicht, das den Landgrafen in seiner Trauer und in seinem Pessimismus, wie er aus dem Brief an Klopstock spricht, durch den Aufweis eines höheren Sinns zu trösten unternimmt. Auch darin ist ›Patmos‹ ein in tieferem Sinne pneumatisches Gedicht, denn der heilige „Geist" ist der „Paraklet", der *„Tröster"* – so heißt er gerade in den Abschiedsreden des Johannesevangeliums, die Hölderlin als biblisches Fundament wählte (Joh 14,16; 14,26; 15,26; 16,7). Auf der Ebene allgemeinerer geschichtlicher Reflexion aber ist die Patmos-Hymne Zeugnis eines Denkens, das sich nicht von der gegenaufklärerischen Reaktion vordergründig vereinnahmen läßt, vielmehr trotz kritischer Vorbehalte die Aufklärung als ein geschichtlich notwendiges und besonders von der Warte des Idealismus aus notwendiges Moment der Transformation zum Geistigen und damit zu einer allgemeineren und freieren Kultur versteht.

Zunächst allerdings spielt der Vers über den Untergang der Tempel auf die Zerstörung des Jerusalemer Tempels durch Titus im Jahre 70 n. Chr. an. Denn die Apostelgeschichte berichtet, daß das von Hölderlin beschworene „Zusammenleben im Gedächtniß" gerade im Tempel zu Jerusalem stattfand: „Sie blieben aber beständig in der Apostel Lehre und in der Gemeinschaft und im Brotbrechen und im Gebet ... und sie waren täglich und stets beieinander einmütig im Tempel ..." (Apg 2,42–46). Daß nun dieser Tempel untergehen mußte, wird für Hölderlin zum Symbol für die zunächst zerstörerisch wirkende, aufs Ganze gesehen jedoch notwendige Aufhebung des „Positiven" auch in der späteren Zeit.

Vor allem aber ist die Vorstellung, daß die Geschichte, indem sie das „Positive" auflöst, auch „die Tempel" ergreift, in besonderer Weise johanneisch besetzt. Sie erinnert an jene für die Idealisten zentrale Partie des Johannesevangeliums, in der Jesus zu der Samariterin sagt, künftig werde nicht mehr an bestimmten Stätten, weder auf dem Berge Garizim in Samaria noch auf dem Tempelberg in Jerusalem: folglich auch nicht mehr in Tempeln, sondern „im Geist und in der Wahrheit" angebetet. Ähnlich sagt die Apostelgeschichte: „Aber der Allerhöchste wohnt nicht in Tempeln, die mit Händen gemacht sind ..." (Apg 7,48 und 17,24); sie betont dies, um das Festhalten am Beschränkt-Institutionellen als ein dem „Geist" nicht adäquates Verhalten zu kritisieren.

Hölderlin steigert das Ende des plastischen Prinzips zum universellen Geschehen, indem er das Leitmotiv des „Angesichts" und des „Sehens" von der Gestalt Christi auf die höchste Gottheit überträgt, die nur so lange sichtbar bleiben kann als sie sich gestalthaft, nicht zuletzt durch den „Halbgott" Christus, ins Endliche vermittelt: der „Höchste" wendet „selber sein *Angesicht*", da nirgends ein „Unsterbliches mehr am Himmel zu *sehn* ist oder / Auf grüner Erde" (V. 147–151). In diesem Augenblick drängt sich die Drohung des Sinnverlusts als allgemeines Schicksal auf. Waren die Jünger schon kaum imstande, den Abschied des historisch-konkret erlebten Christus zu ertragen, so ist nun dieses ursprünglich beschränkte Erleben zu einer allgemeinen und auch radikaleren Erfahrung geworden. Was erst nur der Tod des einen Individuums Jesus war, als einer sichtbaren und geliebten Gestalt, von der die Seinen nicht gerne ließen, radikalisiert sich im Laufe der Geschichte zum Untergang des Gestalthaften schlechthin. Daher erscheint schon am Beginn der Strophe Christi Tod als paradigmatisches Ereignis: „Wenn aber stirbt alsdenn / An dem am meisten / Die Schönheit hieng, daß an der Gestalt / Ein Wunder war ..." Weil die Erfahrung, die ehemals zunächst nur die eines persönlichen Verlusts für die „Freunde" Jesu war, als universale und totale Erfahrung nicht bloß die christliche Heilsverheißung, vielmehr überhaupt jede Möglichkeit von Sinn-Gewißheit in Frage stellt, drängt sich nun die Sinn-Frage auf. Hölderlin stellt sie in der Form, in der sie Luthers Katechismus refrainartig durchzieht: „Was ist diß?"

Darauf antwortet die folgende, elfte Strophe mit dem biblischen Worflergleichnis: „Es ist der Wurf des Säemanns ..." Die spätere Fassung greift direkt auf den johanneischen Logos zurück, indem sie die Drohung des Sinnverlusts mit den Worten abweist: „Es ist der Wurf das eines Sinns ..." Die Geschichte, so sagt das später entmetaphorisierte Gleichnis, ist ein Vergeistigungsprozeß – und darin liegt ihr „Sinn". Um einen Vergeistigungsprozeß handelt es sich insofern als er „dem Klaren zu" führt (V. 154). Die dem Worfler vor die Füße fallende Schale ist dasjenige, was im Klärungsprozeß der Geschichte, der auch ein Prozeß des Wesentlichwerdens ist, als das Unwesentliche beiseite fällt, während das Wesentliche, das „Korn", ans „Ende" kommt. Was beiseite fällt, ist das dem reinen Geist noch nicht Gemäße: nicht das Schlechte und Verwerfliche wie in dem hier aufgegriffenen Gleichnis aus dem Matthäusevangelium (3, 12), sondern das noch von einer früheren Zeit her mit geschichtlicher Notwendigkeit wie die Schale am Korn Haftende. Als das Nicht-Wesentliche, Nicht-Geistige ist es das Äußere zum Inneren, das sich in ihm – wie das Korn in der Schale – aufbewahrt hat, aber seiner nun nicht mehr bedarf. Kurz: die zunächst noch vorhandenen „positiven" Formen, die in früherer Zeit notwendig waren, weil die Menschen einen Halt finden mußten, müssen nun, im geschichtlich fortgeschrittenen Stadium der Vergeistigung, wegfallen, damit der reine Geist hervorzutreten vermag. Das ist die Antwort auf die erschütterte Frage „Was ist diß?“, die sich auf den Untergang alles „positiv“ Sichtbaren und lebendig Erfahrbaren rückbezieht. Wie Schleiermacher in seinen Reden ›Über die Religion‹ faßt Hölderlin das Abfallen des Exoterischen („Schale“) und das Hervortreten des Esoterischen, Wesentlichen („Korn“) als einen großen Reinigungsprozeß auf, der dem „Klaren“ zu führt.[65]

Nur in dieser Perspektive läßt sich auch das Folgende verstehen. Nach dem Worfler-Gleichnis heißt es zunächst:

[65] Schleiermacher schreibt: „Nirgends ist die Religion so vollkommen idealisiert, als im Christentum und durch die ursprüngliche Voraussetzung desselben; und eben damit zugleich ist immerwährendes Polemisieren gegen Alles Wirkliche in der Religion als eine Aufgabe hingestellt, der nie völlig Genüge geleistet werden kann. Eben weil überall das irreligiöse Prinzip ist und wirkt, und weil alles Wirkliche zugleich als unheilig erscheint, ist eine unendliche Heiligkeit das Ziel des Christentums. Nie zufrieden mit dem Erlangten sucht es auch in seinen reinsten Anschauungen, auch in seinen heiligsten Gefühlen noch die Spuren des Irreligiösen, und der dem Universum entgegengesetzten und von ihm abgewandten Tendenz alles Endlichen. Im Ton der höchsten Inspiration kritisiert einer der ältesten heiligen Schriftsteller den religiösen Zustand der Gemeinen, in einfältiger Offenheit reden die hohen Apostel von sich selbst, und so soll Jeder in den heiligen Kreis treten nicht nur begeistert und lehrend, sondern auch in Demut das Seinige der allgemeinen Prüfung darbringend, und nichts soll geschont werden auch das Liebste und Teuerste nicht, nichts soll je träge beiseitegelegt werden, auch das nicht was am allgemeinsten anerkannt ist. Dasselbe, was exoterisch heilig gepriesen und als Wesen der Religion aufgestellt ist vor der Welt, ist immer noch esoterisch einem strengen und wiederholten Gericht unterworfen, damit immer mehr unreines abgeschieden werde, und der Glanz der himmlischen Farben immer ungetrübter erscheine an allen Anschauungen des Unendlichen. Wie Ihr in der Natur seht, daß eine zusammengesetzte Masse, wenn sie ihre chemischen Kräfte gegen etwas außer ihr gerichtet gehabt hat, sobald dies überwunden, oder das Gleichgewicht hergestellt ist, in sich selbst in Gärung gerät, und dies und jenes aus sich abscheidet: so ist es mit einzelnen Elementen und mit ganzen Massen des Christentums; es wendet zuletzt seine polemische Kraft gegen sich selbst, immer besorgt durch den Kampf mit der äußern Irreligion etwas fremdes eingesogen, oder gar ein Prinzip des Verderbens noch in sich zu haben, scheut es auch die heftigsten innerlichen Bewegungen nicht um es auszustoßen. Dies ist die in seinem Wesen gegründete Geschichte des Christentums“ (Friedrich Schleiermacher, Über die Religion. Reden an die Gebildeten unter ihren Verächtern, Hamburg 1958 [Philosophische Bibliothek Bd. 255], S. 164f.).

Und nicht ein Übel ists, wenn einiges
Verloren gehet und von der Rede
Verhallet der lebendige Laut

Als akustische Wahrnehmung entspricht der „lebendige Laut" der plastischen „Gestalt" im Bereich des Optischen. Wie der Vergeistigungsprozeß das Plastische aufhebt, so schwindet auch der ursprünglich „lebendige Laut" – beides wird zunächst als schmerzliches, weil der gewohnten Orientierung beraubendes Geschehen erfahren. Aus der übergeordneten, eschatologischen Perspektive des „Geistes" ist es aber kein „Übel", vielmehr ein notwendiges Geschehen, weil es dem Wesen des Vergeistigungsprozesses selbst entspricht. „Nicht ein Übel ists": das sagt Hölderlin insbesondere zum Landgrafen, indem er dessen Wunsch nach einem poetischen Plädoyer für die Authentizität der Bibel relativiert. Das Authentische, so geben die Verse zu verstehen, ist mit dem „lebendigen Laut" der Rede unwiederbringlich dahin. Einen Anspruch darauf zu erheben, wäre im Hinblick auf die transformierende Vergeistigungsdynamik der Geschichte falsch. Dem gleichen Argumentationsmuster folgt die nun anschließende Partie:

Zwar Eisen träget der Schacht,
Und glühende Harze der Aetna,
So hätt' ich Reichtum,
Ein Bild zu bilden, und ähnlich
Zu schaun, wie er gewesen, den Christ

Hölderlin reagiert hier, wo er sein dichterisches Vermögen ins Spiel bringt und „Ich" sagt, zunächst wiederum auf den Wunsch des Landgrafen, angesichts der durch den Aufklärungsprozeß ausgelösten Erosion die religiöse Überlieferung als das historisch Wahre zu verteidigen. Selbst wenn dies gelänge, so deuten die Verse an, entstünde daraus das Falsche im Horizont einer Geschichte, die nicht stehengeblieben ist. „Ein Bild" des Vergangenen zu „bilden" ist eine illegitime Anwandlung, den Verlust des Plastischen und damit letztlich des festen Halts wettzumachen; eine Anwandlung, die durchaus auch den Dichter selbst befällt und die zugleich eine allgemeine Bedeutung hat. Wie es im Horizont des „Geistes" ein – menschlich verständlicher – Irrtum der Jünger war, daß sie vom historisch selbst erlebten Jesus nicht lassen wollten, so wäre es nun, in späterer Zeit, verfehlt, den historischen Jesus, „wie er gewesen", rekonstruieren zu wollen. Den Jüngern konnte er erst durch seinen Abschied den „Geist" vermitteln und damit zur inneren, wahrhaften Realität werden, und so kann er auch für die Späteren nur in geistiger, geschichtlich adäquater Weise erfahrbar bleiben, wenn er nicht als historisches Phänomen restauriert wird. Denn dadurch würde er zum verfügbaren Inventar statt zur lebendigen und geschichtsmächtig in die eschatologische Zukunft weisenden Instanz. Das historisch Vergangene muß der Vergangenheit überlassen bleiben, weil sonst keine lebendige Gegenwart und Zukunft möglich wäre. Gerade das ängstlich dogmatisierende Festhalten am einstmals Sinnvollen würde das jetzt und künftig Sinnlose zeitigen. Notwendig ist daher der Mut, sich vom Vergangenen zu lösen, auch wenn noch kein neuer Halt und „Sinn" faßbar ist und der zunächst bildlos-leere Raum der Geschichte sich in eine noch unbestimmte Zukunft hinein öffnet. Diese Offenheit muß gewahrt bleiben. Das alles liegt in dem selbstauferlegten Verbot, „ein Bild zu bilden", um „ähnlich / Zu schaun, wie er gewesen, den Christ".

In den zu diesem Bild-Verbot hinführenden Versen: „Zwar Eisen träget der Schacht, / Und glühende Harze der Aetna, / So hätt' ich Reichtum, / Ein Bild zu bilden ..." versetzt sich der Dichter, der hier auf die ursprüngliche Bedeutung des Wortes „Poet" zurückgreift, nicht etwa in die Rolle eines Bildners, der aus konkreten Rohstoffen ein „Bild" verfertigen kann. Es handelt sich um ein Gleichnis.[66] *Wie* der Schacht Eisen und der Ätna glühende Harze trägt, *so* hätte der Dichter in seiner Art Mittel, ein Bild Christi zu „bilden". Das Gleichnis ist in besonderer Weise prägnant. Denn der Hinweis auf den eisentragenden „Schacht" und die glühenden Harze des „Aetna" symbolisiert die Gestaltungskraft und schöpferische Tiefe, deren sich der Dichter in deutlichem Selbstbewußtsein sicher fühlt. Aus diesem Selbstbewußtsein heraus spricht er auch von seinem „Reichtum", in dem eine Verführung liegt. Vor allem aber kommt es auf die Evokation des materialhaft und konkret Greifbaren an, des Eisens und der

[66] Diese überzeugende Erklärung gibt Albrecht Seifert, Untersuchungen zu Hölderlins Pindar-Rezeption, München 1982, S. 692, nachdem schon Romano Guardini, Hölderlin, Weltbild und Frömmigkeit, München 1955, S. 539, in diese Richtung gedeutet hatte. – Zu der eigenartigen Vorstellung von den „glühenden Harzen" des Ätna, unter denen die Lavamasse zu verstehen ist, weist Seifert S. 692 auf Zedlers ›Universal-Lexicon‹ von 1732 ff. hin, wo unter dem Stichwort ›Aetna‹ zu lesen steht: „Die Ursache solcher stetigen Entzündung soll von der fetten salpeterichten mit Alaun und *Hartz* vermischten Erde herrühren, daher denn diese Materie durch die Luft und Windlöcher der innerlichen Hölen leichtlich Feuer fange, und also eine immerwährende *Glut* erwecke."

Harze: ebenso wie mit der nachdrücklich betonten bildhaften Konkretion durch die *figura etymologica* „ein Bild zu bilden“ ergibt sich damit der Kontrast zur Abstraktheit des „Geistes“. Sie muß durchgehalten werden. Vor einem Rückfall warnt der Dichter an der Schwelle einer historisierend rückwärtsgewandten Romantik und eines der Historie verfallenden 19. Jahrhunderts sich selbst, indem er repräsentativ die Aufgabe in der bereits zum Ende der Zeit eilenden Geschichte wahrnimmt, die nur noch den „Geist“ erlaubt und in welcher der „Geist“ selbst Geschichte geworden ist.

Im gleichen Horizont steht die Anfangspartie der folgenden, zwölften Strophe. In ihr vollzieht sich ein Wechsel des Aspekts. Wieder ist vom „Bild“ die Rede: von der Versuchung des Dichters, daß er „von *dem Gotte* / Das Bild nachahmen möcht'“. „Von dem Gotte“ – nicht mehr vom „Christ“. Doch ist nicht etwa ein anderer Gott als Christus gemeint. Vielmehr pointiert diese Wendung das Unangemessene des hypothetisch dargestellten Unterfangens: ein Versuch, Christi „Bild zu bilden“, um ihn „ähnlich zu schaun“, „wie er gewesen“, würde letztlich nicht einer Vergegenwärtigung der irdischbeschränkten Existenz des historischen Christus gelten, sondern erhielte wirklichen Sinn nur als ein Versuch, dadurch sich auch „des Gottes“: der göttlichen Dimension Christi zu vergewissern. Aber gerade dies wäre sowohl unangemessen als auch unmöglich. Natürlich spielt hier das alttestamentliche Bilderverbot[67] und die Areopagrede des Paulus (Apg 17,22ff.) über den „unbekannten“ und sich deshalb allen Fixierungen entziehenden Gott herein. Hölderlin aber verwandelt das religiöse Bilderverbot und die religiöse Bilderscheu in eine geschichtsphilosophisch begründete Warnung vor dem „Positiven“.

Nicht zuletzt würde jeder Versuch, ein „Bild“ des Gottes zu schaffen, zu einem Entwurf eigener Sinn-Vorstellungen im dann lediglich scheinbar Göttlich-Anderen führen. Auf diese Gefahr deutet zunächst die Versuchung durch einen, der *„sich selbst“* „spornt“, weil er „traurig“ nicht mehr ohne schon voll greifbaren Sinn-Entwurf: ohne göttliches „Bild“ leben kann. Vor allem beruft sich der Dichter, wie am Ende der Hymne ›Wie wenn am Feiertage ...‹, auf eine tiefere, warnende Erfahrung, die ihn lehrt: „nicht, daß ich seyn sollt etwas, sondern / Zu lernen“ (V. 172f.). Es kommt also darauf an, daß er sich für das geschichtliche Geschehen offenhält statt durch eigene Sinn-Entwürfe: durch „Bilder“ des Göttlichen diesen Sinn nach dem Modell

[67] Ex 20,4f.; Lv 26,1; Dt 4,16ff.; 5,8f.; 27,15; bei den Propheten vor allem Jesaja 40,18f.

vergangener Offenbarungen, aber im Grunde doch nur eigenen Sinnvorstellungen folgend selbst konstituieren zu wollen. Der Sinn liegt zwar *in* der Geschichte, insofern sie sich zu einem sinnhaften Ende hin bewegt, aber er transzendiert jedwedes menschliche Vorstellungsvermögen, das lediglich einzelnen, sowohl vergangenen wie gegenwärtigen Augenblicken verhaftet bleibt und deshalb nie das Ganze zu fassen vermag. Denn nur im Ganzen der Geschichte liegt ihre Wahrheit und ihr „Sinn", der sie als gleichsam von göttlichem Walten bestimmtes, sinnhaft organisiertes „Werk" erscheinen läßt. „Denn sie nicht walten", heißt es von den Menschen, „es waltet aber / Unsterblicher Schiksaal und es wandelt ihr *Werk* / Von selbst, und eilend geht es zu Ende" (V. 176–178). Das „Ende" ist das johanneische Eschaton. Die eschatologisch strukturierte Geschichte, in der sich alles Positive um des sich in der Geschichte und *als* Geschichte selbst vollendenden „Geistes" willen auflösen muß, erlaubt keinerlei „Bild" des Göttlichen.

Dieser Gedankengang führt zum hymnischen Höhepunkt des Gedichts. Mit fremdartigen Vorstellungen beschwören die im *saltus dithyrambicus* zur Schlußtrias überspringenden Verse die endzeitliche Vollendung:

> Wenn nemlich höher gehet himmlischer
> Triumphgang, wird genennet, der Sonne gleich
> Von Starken der frohlokende Sohn des Höchsten,
>
> Ein Loosungszeichen ...

Nicht von der Wiederkunft Christi ist die Rede, nicht von der Parusie im Sinne einer endzeitlichen Wiedervergegenwärtigung, sondern vom Höhergehen des himmlischen Triumphgangs: von einem allgemeinen geschichtlichen Prozeß, der als ein sich vollendender erkennbar wird. Und Christus bleibt bildlos und gestaltlos aufgehoben in der Vollendung dieses geschichtlichen Prozesses. Nicht gesehen als Erscheinung, sondern „genennet", ist er jenseits alles Gestalthaft-Fixierbaren Metapher und Zeichen: „der Sonne gleich" (wieder eine Anspielung auf die traditionelle Benennung als Christos Helios, die seit jeher keine spezifische, sondern eine universale Bedeutung hatte) und ein „Loosungs*zeichen*". Sein allgemeinstes Wesen, daß er der „Sohn des Höchsten" ist, sagt sich in der zeichenhaften Nennung – auf dem ins Triadenenjambement gerückten Wort „ein Loosungszeichen" liegt denkbar stärkste Emphase – nicht mehr als das Bezeichnete und eigentlich Gemeinte an. Vielmehr wird es selbst aufgehoben im bildlosen „Zeichen“. In ihm wird Christi Namen zur bloß noch das Ende der Geschichte anzeigenden „Losung“. Mit anderen Worten: An die Stelle der traditionellen Parusie tritt nun ein *Symbol* der zur Vollendung gelangten Geschichte. Damit erreicht die gegen Bild und Mythos gerichtete Vergeistigung und Entmythologisierung ihr Ziel.

Die im „Bild“, im Sichtbaren des göttlichen „Angesichts“ und im Wunder der „Gestalt“ sich manifestierende Positivität, so läßt sich zusammenfassend zur dritten und vierten Trias sagen, wird im Geist und in der Geschichte aufgehoben – und dieser Prozeß ist schon im Todesschicksal Christi selbst und in der auf dieses Todesschicksal folgenden Aussendung des Geistes angelegt.

2. Die Entstehung der „Gemeinde“ durch die verbindende und universalisierende Kraft des Geistes. Differenz Hegels und Hölderlins

Mit der Auflösung alles „Positiven“ verbindet sich eine zweite, bisher ausgesparte Grundstruktur: der Übergang vom individuell Vereinzelten zu einer Allgemeinheit, die sich zunächst, nach dem Tode Jesu, als „Gemeinde“ und zuletzt als weltgeschichtliche Universalität realisiert. Das ist ebenso eine Wirkung des „Geistes“, denn er hebt nicht nur das Plastische auf, indem er es vergeistigt; er hebt zugleich alle individuelle Besonderung auf und universalisiert. Er *ist* das Prinzip der Allgemeinheit und damit auch erst des allgemeinen Heiles, das die Tübinger Freunde Hölderlin, Hegel und Schelling in dieser Weite verwirklicht wissen wollten, als sie sich die Abschiedslosung „Reich Gottes“ wählten.

Hegel entwickelt in der Schrift ›Über den Geist des Christentums und sein Schicksal‹ Stufe um Stufe aus dem Text des Johannesevangeliums das Wirken des Geistes aus dem Engen und Nahen ins Weite und Allgemeine. Aus der persönlichen Verbundenheit Christi mit seinen Jüngern führt die Entwicklung zu der später nur noch „geistigen“ Gegenwart in der „Gemeinde“ und schließlich zu dem endzeitlichen Allzusammenhang des „Reiches Gottes“, in dem der universale „Geist“ sein Ziel erreicht. Wie Hölderlin geht Hegel von den Abschiedsreden Jesu im Johannesevangelium aus. Darin spricht Jesus immer wieder vom Eins-Sein, von der geradezu mystischen Verbundenheit mit den Jüngern: „... werdet ihr erkennen, daß ich in meinem Vater bin und ihr in mir und ich in euch“ (Joh 14,19); „bleibet in mir, und ich in euch. Gleichwie die Rebe kann keine Frucht bringen von ihr selber, sie bleibe denn am Weinstock, also auch ihr nicht, ihr bleibet denn in mir. – Ich bin der Weinstock, ihr seid die Reben. Wer in mir bleibt und ich in ihm, der bringt viel Frucht" (Joh 15,4f.). „Am klarsten", kommentiert Hegel, „ist die lebendige Vereinigung Jesu in seinen letzten Reden bei Johannes dargestellt, sie in ihm und er in ihnen ..."[68] Hölderlin verwendet in seiner Hymne für dieses Eins-Sein die alte Metapher vom glühenden Eisen, das Feuer und Eisen in einem untrennbar Einen ist: „Eingetrieben war, / Wie Feuer im Eisen, das" (V. 97f.). Mit dieser Metapher charakterisierten die Stoiker die gänzliche Durchmischung: die κρᾶσις δι' ὅλων. Besonders bezeichneten sie so die alldurchdringende Kraft des – mit dem Feuer gleichgesetzten – Pneumas.[69] Aus dieser Tradition drang das Bild in die christliche Mystik und schließlich in den Pietismus. Das vom Feuer durchglühte Eisen, „ferrum ignitum", wurde zum Bild für das mystische Eins-Sein des Menschen mit dem Göttlichen.[70] Hölderlin fügte es als eines der zahlreichen pietistischen Signale für den pietistisch frommen Landgrafen in die Hymne ein.

Ausgehend von dem innigen, aber immer noch auf einer persönlichen und insofern noch äußerlichen Bindung beruhenden Eins-Sein Jesu mit seinen „Freunden" („lassen wollten sie nicht vom Angesichte des Herrn", heißt es bei Hölderlin) stellt Hegel die nächsthöhere als die zugleich intensivere und „geistigere" Stufe dieses Eins-Seins dar. Nach Jesu Entfernung, so schreibt er, fiel das Gegenüber von Jesus und seinen Jüngern dahin, das als Gegenüber trotz aller nahen Verbundenheit doch immer auch noch eine Trennung bedeutete, insofern Jesus und der von ihm ausgehende „Geist" noch ein „objektiv" anderes war: „Nach seiner Entfernung fiel auch diese Objektivität, diese

[68] Hegel, Werke, Bd. 1, S. 384.

[69] „Die Vereinigung verschiedener Eigenschaften am selben Substrat ist daher eine stoffliche Verschmelzung, die gleichmäßig den ganzen Körper erfaßt und qualitativ bestimmt; und da die Stoiker innerhalb der Welt keinen leeren Raum anerkennen, kommen sie dazu, die Undurchdringlichkeit der Körper zu leugnen und eine 'totale Durchmischung' (κρᾶσις δἰ ὅλων) anzunehmen, bei der die Qualitäten der verschiedenen Pneumaströmungen erhalten bleiben. Hauptbeispiele sind das Feuer, das ein ganzes Eisenstück durchglüht, und die Seele, die den ganzen Leib bis in die äußersten Teile der Gliedmaßen belebt ..." (Stoa und Stoiker, eingeleitet und übertragen von Max Pohlenz, Zürich/Stuttgart 1950, S. 54).

[70] So bei Maximilian Sandaeus, Pro theologia mystica Clavis (1640), worauf August Langen, Der Wortschatz des deutschen Pietismus, 2. Aufl., Tübingen 1968, S. 404, s. v. „ferrum ignitum" hinweist.

Scheidewand zwischen ihnen und Gott; und der Geist Gottes konnte dann ihr ganzes Wesen beleben.“[71] Wiederum mit Berufung auf das Johannesevangelium fährt er fort: „Es muß aller Gedanke einer Verschiedenheit des Wesens Jesu und derer, in denen der Glaube an ihn zum Leben geworden, in denen selbst das Göttliche ist, entfernt werden ...“[72]; Jesus hebe durch seinen Tod „alle göttliche Persönlichkeit, göttliche Individualität gegen seine Freunde auf, mit denen er nur eins sein will, die in ihm eins sein wollen“.[73] Die immer weitere und freiere Entfaltung des Geistes führt bei Hegel zur Bildung der „Gemeinde“, wobei er sich sowohl auf das Johannesevangelium wie auch auf die bekannte Stelle Mt 18, 19 und 20 bezieht: „Wo zwei unter euch einswerden auf Erden, warum es ist, daß sie bitten wollen, das soll ihnen widerfahren von meinem Vater im Himmel. – Denn wo zwei oder drei versammelt sind in meinem Namen, da bin ich unter ihnen ...“ Auf die gleichen Bibelverse spielt Hölderlin in der Patmos-Hymne an: „... wo zweifach / Erkannt, einstimmig / War himmlischer *Geist*“ (V. 126–128). Am „Geist“ also liegt Hölderlin, ebenso wie Hegel in seiner Auslegung der Stelle. Damit weichen beide und auf bezeichnend „johanneische“ Weise von dem Wortlaut bei Matthäus ab. Hölderlin spricht einfach vom „Geist“, der bei Matthäus gar nicht vorkommt. Hegel setzt seine Version sogar *gegen* den biblischen Wortlaut, indem er statt „in meinem *Namen*“ schreibt: „in meinem *Geiste*“.

Während es in Luthers Übersetzung von Mt 18, 19 heißt: „wo zwei unter euch einswerden ...“, läßt Hölderlin den himmlischen Geist „einstimmig“ sein. Offenkundig greift er hier auf den griechischen Urtext zurück: ἐὰν δύο συμφωνήσωσιν ... Darin ist die Vorstellung der „symphonia“, des Überein- und Zusammenstimmens, enthalten. Analog spricht Hegel von „Harmonie“ und „Einklang“, indem er ebenfalls, in freier Kontamination von Mt 18, 19 und 20, die συμφωνία τῶν δυοῖν ἢ τριῶν zitiert.[74] Der „Geist“ verwirklicht sich demnach im harmonischen Gemeinschaftserlebnis der „Gemeinde“ in freierer und eigentlicher Weise. Er ist, um eine Lieblingsprägung Hölderlins aufzunehmen, seinem Wesen nach „Gemeingeist“. Es handelt sich um eine sowohl für Hölderlins wie Hegels Denken zentrale Vorstellung. Sie enthält die Idee der Ganzheit und zugleich die Konzeption einer alle Individualität auflösenden Geistigkeit, was auch heißt: eine Absage

[71] Hegel, Werke, Bd. 1, S. 384.
[72] Seite 385.
[74] Seite 385.
[74] Seite 387.

an die orthodoxe Lehre vom persönlichen Gott. Hegel betont diesen Gegensatz ausdrücklich.

Dennoch unterscheiden sich Hegels und Hölderlins geschichtsphilosophische Meditationen. Hegels Jugendschrift entwirft eine durchgehend optimistische Konstruktion, die bis zur Vision vom „Reich Gottes" als einer vollkommen vom „Geist" erfüllten Gemeinschaft führt. Hölderlin dagegen betont zunächst das Leiden an dem als zerstörerisch empfundenen Prozeß der Auflösung, dem alle faßbaren Bindungen, alle Halt gewährenden Orientierungen ausgesetzt sind, bevor sich das universale Heil im reinen „Geist" ereignen kann. Er läßt die Urgemeinde der Jünger und jedwede religiöse Gemeinschaft mitsamt ihren Ausdrucksformen untergehen und nimmt den Geist ganz in den Gang der Geschichte zurück. Wohl ist dieser Gang der Geschichte als Vollendungsprozeß ebenso wie bei Hegel letztlich optimistisch-idealistisch konzipiert, aber es macht den eigenen Charakter von Hölderlins Hymne aus, daß er diesen Vollendungsgang der Geschichte zugleich als eine für die Menschen permanent tragische Erfahrung gestaltet. „Furchtbar" nennt er es, wie „da und dort / Unendlich hin zerstreut das Lebende Gott" (V. 121f.). In der Not eines scheinbar sinnlosen Schicksals drängt sich ihm die Frage auf: „Was ist diß?" (V. 151), und trotz der sinnzusichernden Antwort auf diese Frage ist die Situation einer am Sinn verzweifelnden Bedrängnis nicht aufgehoben. Der Dichter selbst, als repräsentatives Ich in der geschichtlichen Verlorenheit, sieht sich „wehrlos" einem ausgeliefert, der „traurig redend" ihn überfällt.

So bricht sich in Hölderlins Hymne der idealistisch-eschatologische Duktus der Geschichte, statt wie in Hegels glatter Konstruktion problemlos durchzulaufen, immer wieder an den dunklen, desorientierenden Erfahrungen, und so sehr, daß diese überhand zu nehmen drohen. Daher setzen die dritte und die vierte Trias der Hymne dem Verständnis so große Schwierigkeiten entgegen. Die Gebrochenheit ihrer Gedankenführung entspringt ihrer Problematik. Der „Geist", der sich bei Hegel ohne Anfechtung bis zum „Reich Gottes" universalisiert und *heraus*tritt ins Licht der Geschichte, tritt bei Hölderlin in eine dem Menschen dunkel bleibende Geschichte *zurück*. In ihr kommt es nicht zur progressiven Verwirklichung des seinem Wesen nach universalisierenden Geistes in der Gemeinschaft, die aus der ursprünglich kleinen „Gemeinde" der Jünger immer mehr ins Weite wächst, vielmehr zerfällt die Gemeinde. Im Anschluß an das Johannesevangelium spricht Hölderlin von der Diaspora, der „Zerstreuung" (Joh 16,32: „siehe, es kommt die Stunde und ist schon gekommen, daß ihr *zerstreut* werdet, ein jeglicher in das Seine ...“; Hölderlin, V. 121f.: „Doch furchtbar ist, wie da und dort / Unendlich hin *zerstreut* das Lebende Gott“), und er läßt die Jünger vergebliche Versuche unternehmen, die Gemeinschaft zu erhalten. Es heißt, daß „schwörend ... sie die Hände sich reichten“, um so den Gott zu „halten“ (V. 132–135)[75], den Gott, der sich „ferneilend“ entzieht, während sich die Gemeinschaft der Seinen auflöst.

[75] Das fremdartige Bild: „wie an Seilen golden gebunden“ geht auf eine mit Bedeutung aufgeladene Kombination traditioneller Metaphorik zurück. Ein Element dieser Metaphorik verwendet Hölderlin schon im ›Hyperion‹ (III, 148): „... zur Verherrlichung (führt) das Leben den Tod mit sich, *in goldenen Ketten* ...“ Die Metapher findet sich in Plotins Schrift ›Über das Böse‹ (Enneaden I 8,15,25): Περιληφθὲν δεσμοῖς τισι καλοῖς, οἷα δεσμῶταί τινες χρυσῷ. („Gefesselt von schönen Fesseln, wie Gefangene vom Golde“). Von Plotin wurde sie in die frühchristliche Literatur übernommen, und von dort strahlte sie weiter aus. Der religiöse Kontext der Patmos-Hymne legt es nahe, daß Hölderlin hier bewußt auf derartige, bis in den Pietismus sich fortpflanzende Stellen der religiösen Tradition anspielt. Ich nenne hier nur einige frühchristliche Zeugnisse, weil diese gerade das bevorzugte Einzugsgebiet der Pietisten waren. Ambrosius, De Isaac, VII, 61, Corpus Scriptorum Ecclesiasticorum Latinorum, Bd. 32, 1, S. 686, 6: „*Aureis* enim *vinculis* soluta virtutum prona fertur in praecipitio et labitur ad inferiora (anima)“. Augustinus, Enarratio in Psalm. 89,13,1, C. C. Bd. 39, S. 1251: „... *velut aureis vinculis illigati* a via Dei non exorbitant“ (wörtlich Hölderlins Formulierung: „wie mit Seilen [Fesseln] golden gebunden“).

Das andere Element der von Hölderlin verwendeten Metaphorik, auf das besonders das Wort „Seil“ hinweist, war ein Topos der pietistischen Literatur und geht auf Hosea 11,4 zurück: „Ich ließ sie ein menschlich Joch ziehen und in *Seilen der Liebe* gehen ...“ August Langen, Der Wortschatz des deutschen Pietismus, Tübingen 1968, führt S. 51 u. a. folgende Belege aus der pietistischen Literatur an: „Zeuch mich mit den *Liebes-Seilen* / Zeuch mich kräfftig / O Mein Gott ...“ (Neander); „Du warest immer hinter mir, und zogst mit *Liebes-Seilen* mich unermüdet stets zu dir“ (Gersdorf). Analog verwenden die Pietisten oft die Vorstellung von den „Gängelbanden“, an denen Gott die Menschen führt (Belege bei Langen, S. 313). Hölderlin hat diese Vorstellung von den „Seilen“ oder „Gängelbanden“, an denen Gott die Menschen liebevoll leitet, immer wieder verwendet, so in V. 19f. der Ode ›Dichtermuth‹, wo es vom „Sonnengott“ heißt, daß er die Menschen „aufgerichtet *an goldnen / Gängelbanden*, wie Kinder, hält“. In der Vorstufe derselben Ode ist von *„goldnen Zauberseilen“* die Rede (II, 537, 1f.). Der Entwurf der Rhein-Hymne sagt von der Gottheit, daß sie das flüchtige Leben der Menschen *„an goldnen Seilen* gelenkt“ hat (II, 727,35–728,1). Von Empedokles heißt es (IV, 43,999–1001): „Wie eine neue Sonne kam er uns / Und stralt’ und zog das ungereifte Leben /

Was bleibt, das ist die Erfahrung des „Geistes“ im Medium der „Schrift“, in dem er unabhängig von der geschichtlichen Dunkelheit wie ein Licht in der Nacht von demjenigen wahrzunehmen ist, der sich in die Schrift versenkt: Daraus ergibt sich die besondere Bedeutung der „Schrift“ in der Patmos-Hymne. Ganz am Ende erst, in der Vollendung der Geschichte selbst, ist das johanneische Prinzip des Geistes in seiner vollkommenen Universalität deutlich, dann aber in einer Weite, die über den christlichen Horizont hinausreicht: Die Schlußtriade gilt nicht etwa einer universalen Gemeinschaft bloß der Menschen, sondern der „Himmlischen“, ähnlich wie die ›Friedensfeier‹, und schließt damit den Ring zur ersten Strophe.

Erst die Einsicht in diese Grundstruktur erlaubt es, die zunächst verwirrende Stimmungsregie in der dritten und vierten Trias nachzuvollziehen. Verzagtheit beim Abschied Christi, Stärkung und Ermutigung durch den „Geist“, dann aber doch wieder Mutlosigkeit und

An goldnen Seilen freundlich zu sich auf.“ Im gleichen Sinne heißt es in V. 190 der Patmos-Hymne selbst, daß den „Muth“ der *„goldene Zaum“* hält. Den hier zu analysierenden früheren Patmos-Versen liegt aber die umgekehrte Vorstellung zugrunde: daß Gott von menschlicher Liebe „wie an Seilen golden / Gebunden“ sei. Auch sie ist pietistisch und war Hölderlin z.B. aus Hillers ›Geistlichem Liederkästlein‹ vertraut, das er 1784 als Geschenk zur Konfirmation erhalten hatte und jahrelang als Maulbronner Gesangbuch benutzte. Vgl. Philipp Friedrich Hiller's sämmtliche Geistliche Lieder ..., hrsg. v. K.C.E. Ehmann, Reutlingen 1844, Lied 84, 106, F. 568.

Die eigentliche Bedeutung der komplizierten Operation, in der Hölderlin die beiden metaphorischen Elemente miteinander verschmolzen hat, dürfte sich aus der Ambiguität des Passus „wie an Seilen golden gebunden“ ergeben: Er bezieht sich sowohl auf „das Böse“ wie auch auf den „Gott“. In bezug auf „das Böse“ kommt mehr das erste Element, in bezug auf den „Gott“ mehr das zweite zum Tragen. Die Ambiguität, die durch die Apokoinu-Stellung syntaktisch realisiert wird, hat einen präzisen Sinn: Indem die Jünger „das Böse“ „wie an Seilen golden gebunden“ „nennen“, „halten“ sie zugleich den „Gott, wie an Seilen golden gebunden“ – und umgekehrt. Beiden Aspekten übergeordnet ist, wie auch das Hyperbaton zeigt („... schwörend, damit er halte, ..., sie die Hände sich reichten“), der Versuch der Jünger, an der Gemeinschaft festzuhalten, indem sie sich „die Hände reichen“. Denn das „Böse“ ist die Trennung und das Trennende, der „Gott“ aber das Vereinende und die Vereinigung.

Ohne Berücksichtigung des Sinngehalts, welcher der zentralen Metapher in der Tradition zukommt und den Hölderlin an den genannten anderen Stellen seines Werks übernimmt, ergäbe sich die einfachere Beziehung (die aber auch so noch, als dritter Aspekt, möglich ist), der zufolge die Jünger, indem sie sich die Hände reichten, „wie an Seilen golden gebunden hinfort“ fühlten.

Verlorenheit in der Zerstreuung, ja im Untergang, dann ein sinnzusichernder Trost, aber wieder schwere Anfechtung – dieser Wechsel bildet die desorientierende Auslieferung an das binnengeschichtliche, noch nicht auf seinen endzeitlichen Sinn hin durchschaubare Geschehen ab.

3. Die „Schrift“ als Halt und als Medium des Geistes

Die vom „Geist“ erfüllte Schrift verleiht in diesem verwirrenden Geschehen Halt und Kraft. Ihren Lesern gelingt es, zu „bewahren / In einfältigen Augen, unverwandt / Abgründe der Weisheit“ (V. 117–119) – „Weisheit“ als Wissen um den sich in der Geschichte entgegen allem äußeren Anschein vollziehenden Sinn. Damit vermögen sie das scheinbar Sinnlose des unmittelbaren geschichtlichen Geschehens zu bestehen.

Das Buch der Schrift und das *liber naturae* – „Und es grünen / Tief an den Bergen auch lebendige Bilder“, heißt es nach den Versen über die Schrift – sind die beiden *indirekten* Möglichkeiten der Sinnwahrnehmung in der „Nacht“. Vorher ist vom „Tag“ die Rede und, mit dem Nachdruck der kühnen Metapher, von der *Direktheit* seiner Sinn-Offenbarung: „... izt erlosch der Sonne Tag / Der Königliche“, heißt es, „und zerbrach / Den *geradestralenden*, / Den Zepter, göttlichleidend, von selbst ...“ (V. 108–111). Auf das Wort „geradestralend“ kommt es an. Die Worte „gerade“ und „geradezu“ verwendet Hölderlin immer wieder im Sinne unseres heutigen Wortes „direkt“.[76] Erst durch diesen Kontrast tritt das Wesen der Offenbarung durch die Schrift als ein indirektes hervor. Dem Johannesevangelium durchaus entsprechend pointiert Hölderlin den Übergang von der unmittelbaren Offenbarung auf die mittelbare. Die Patmos-Hymne weitet dieses Prinzip des Mittelbaren, in dem sich der „Geist“ vermittelt, zu einem universalen Prinzip aus. Schrift, Natur und, wie die Schlußtrias zeigt, die Geschichte selbst unterstehen ihm. Als Medium aber, in dem der „Geist“ am entschiedensten wirkt und das zugleich die Qualität des „vesten Buchstaben“ besitzt, hat die Schrift Vorrang vor den anderen Vermittlungsinstanzen.

[76] Am deutlichsten im ›Ister‹, wo es in V. 11 ff. von denjenigen, die auf die „andere Seite“ des Stroms kommen wollen, heißt: „... Nicht ohne Schwingen mag / Zum Nächsten einer greifen / *Geradezu* / Und kommen auf die andere Seite ...“

Ich halte hier in der Erörterung des für die Hymne zentralen Themas der „Schrift" ein, um eine besondere Verständnisschwierigkeit aufzulösen. Hölderlin läßt „den geradestralenden, / Den Zepter" als Zeichen einer Zeit unmittelbarer Offenbarung „zu rechter Zeit" zerbrechen und begründet dies mit den Worten „Denn wiederkommen sollt es", die auf Joh 14,3 anspielen: „... So will ich wiederkommen." Er greift damit einen von der Zeit der Kirchenväter bis in den Pietismus wirkenden Grundgedanken traditioneller Theodizee und zugleich Geschichtstheologie auf. Gottes Heilsplan, so besagt diese Spielart der Theodizee, disponiert die Geschichte in einer sinnvollen, wenn auch den Menschen nicht einsehbaren „Ökonomie".[77] Zu ihr gehört die der Vorsehung eigene Vorausschau auf das Ganze, aus der heraus selbst geschichtlich dunkle Einzelepochen ihren gleichsam ökonomischen und pädagogischen Sinn erhalten. Auch in der ›Friedensfeier‹ hat Hölderlin dieses Erbe der Theodizee geschichtsphilosophisch anverwandelt.[78] Da die Idee der göttlichen „Ökonomie" *geschichtlich* von Bedeutung ist, erfährt der altgriechische Begriff der „rechten Zeit", des καιϱός, der für die Griechen so wichtig war, daß sie ihm zahlreiche Erörterungen und sogar bildliche Darstellungen und kultische Ehren widmeten, eine theologisch-geschichtsphilosophische Metamorphose. Clemens von Alexandrien ersetzte in seinem ›Paidagogos‹, den noch Lessing in seiner Schrift über

[77] Zu dem für die Geschichtsphilosophie fundamentalen Begriff der Ökonomie in der altchristlichen Literatur: I. Brandt, Die Geschichte des Wortes 'Ökonomie', Diss. Leipzig 1950; O. Lillge, Das patristische Wort οἰκονομία, seine Grundlage und Geschichte bis auf Origenes, Diss. Erlangen 1955; R. A. Markus, Trinitarian Theology and Economy, in: JThS 9 (1958), S. 89–102; J. Reumann, Οἰκονομία as "Ethical Accomodation" in the Fathers and its Pagan Backgrounds, in: TU 78 (1961), S. 370–379; E. J. Thomson, Economy, in: JThS 16 (1965), S. 368–420; K. Duchatelez, La notion d'économie et ses richesses théologiques, in: NRTh 92 (1970), S. 267–292; R. Waelkens, L'Economie, thème apologétique et principe herméneutique dans l'Apocriticos de Macarios Magnès, Löwen 1974. Die von zahlreichen Forschern, so auch von Lillge und Markus, vorgenommene heilsgeschichtliche Deutung des οἰκονομία-Begriffs in der Schrift des Irenäus ›Adversus haereses‹ wird widerlegt von M. Widmann, Der Begriff der οἰκονομία im Werk des Irenäus und seine Vorgeschichte, Diss. Tübingen 1956, sowie von Walter Jaeschke, Die Suche nach den eschatologischen Wurzeln der Geschichtsphilosophie, München 1976, S. 225ff. Ich verzichte hier daher auf die Anführung von Arbeiten speziell über den οἰκονομία-Begriff des Irenäus.

[78] Vgl. S. 90ff.

›Die Erziehung des Menschengeschlechts‹ zugrunde legt, den Begriff der Ökonomie (οἰκονομία) geradezu durch den der „Rechtzeitigkeit" (εὐκαιρία).[79] Auch für Origenes, dessen Zentralbegriffe „Vorsehung" (πρόνοια) und „Erziehung" (παίδευσις) lauten, ist die „Ökonomie" und mit ihr die Vorstellung der „rechten Zeit" (καιρός) wesentlich.[80] In der Patmos-Hymne hat Hölderlin diesen Begriff exponiert, weil der Gedanke der göttlichen „Ökonomie" auch zum Grundbestand des pietistischen Denkens gehört, das mit Vorliebe auf frühchristliche Vorstellungen zurückgriff.[81] Die Hervorhebung der „rechten Zeit" war also wiederum ein dem pietistisch frommen Landgrafen zugedachtes Signal.

Es ist von innerer Konsequenz und entspricht zugleich dem Programm der Hymne, daß die Verse über die Bedeutung der Schrift ganz biblisch und, in einem spezielleren Sinn, pietistisch geprägt sind. Die Vorstellung der „einfältigen Augen" („und Freude war es / Von nun an, / Zu ... bewahren / In *einfältigen Augen*, unverwandt / Abgründe der Weisheit") geht auf Mt 6,22 zurück: „Wenn *dein Auge einfältig* ist, so wird dein ganzer Leib Licht sein." Die „Einfalt", die Hölderlin auch an früherer Stelle ins Spiel bringt – in V. 78f.: „Es liebte der Gewittertragende die *Einfalt* / Des Jüngers" –, wird in der Bibel nie unter dem Aspekt des intellektuellen Vermögens negativ verstanden. Einfalt ist Synonym für Lauterkeit und die sich aus dieser Lauterkeit ergebende Gottnähe und Gottgefälligkeit. Paulus sagt (2 Kor 1,12):

[79] Vgl. Paidag. lib. 1, c.12. Vgl. M. Kerkhoff, Zum antiken Begriff des καιρός, in: ZPhF 27 (1973), S. 156–274; M. Berciano, Kairos. Tiempo humano e histórico-salvífico en Clemente de Alejandría, Burgos 1976. Zum ›Paidagogos‹: H.-I. Marrou, Introduction au pédagogue de Clément d'Alexandrie, Paris 1960, S. 7–97.

[80] Vgl. Matth.-Komm. 10,10 (11); 17,8 (605–606); 17,9 (608). Vgl. Henri de Lubac, Geist aus der Geschichte. Das Schriftverständnis des Origenes, Einsiedeln 1968, S. 96f.

[81] Hier ist besonders das monumentale Werk des für den deutschen Pietismus wichtigen Pierre Poiret zu nennen, das den Begriff der „Ökonomie" schon im Titel trägt: L'économie divine ou Système universel et démontré des œuvres et des desseins de Dieu envers les hommes, 1687 (lat. 1705; dt. in Ausw. 1711, engl. 1713; niederl. 1723; dt. vollst. 7 Bde., 1737–1742). Vgl. M. Wieser, Pierre Poiret, Der Vater der romanischen Mystik in Deutschland, 1932. Im Jahre 1728 erschien die ›Oeconomia salutis‹ des Hallenser Pietisten Joachim Lange. Bei dem württembergischen Pietisten Johann Albrecht Bengel kommt der Begriff der Ökonomie immer wieder vor, auch in seinem ›Gnomon‹, den Hölderlin besaß.

„Denn unser Ruhm ist dieser ... daß wir in Einfalt und göttlicher Lauterkeit ... auf der Welt gewandelt haben ...", und er spricht von der „Einfalt in Christo" (2 Kor 11,3). Zu einem großen Thema aber wurde die Einfalt erst durch Mystik und Pietismus, und aus diesem Grund insistiert Hölderlin in der dem pietistischen Landgrafen gewidmeten Hymne auf der „Einfalt" als einem inneren Wert. Der Mystik gilt die „Einfalt" geradezu als Voraussetzung der *unio mystica*. Das Herrnhuter Gesangbuch enthält einen ganzen Abschnitt ›Von der Einfalt‹ sowie ein Lied auf die „Einfältigkeit"[82], und noch heute findet sich in protestantischen Gesangbüchern Spangenbergs Lied ›Heilige Einfalt, Gnadenwunder‹.[83] Das dem jungen Goethe vertraute Ebersdorfer Gesangbuch bietet eine Abhandlung ›Von des Glaubens Einfältigkeit auf Christum‹.[84] Besonders beliebt war im Anschluß an Mt 6,22 das von Hölderlin aufgegriffene Bild der „einfältigen Augen" – ein Indiz dafür, wie gezielt er bei der Niederschrift der Hymne den pietistischen Fundus ausschöpfte. In einem Kirchenlied Tersteegens, der einen wahren Kult mit der „Einfalt" trieb, heißt es: „Einfältig sey dein Aug in allem, / Sonst kann dein Thun nicht Gott gefallen."[85] Sogar das Kompositum „Einfaltsauge" verwendet er in einer Reihe seiner Lieder.[86]

Oft gilt die „Einfalt" in pietistischen Texten als Gegensatz weltorientierter und aufgeklärter Vernunft – ein Grund mehr für Hölderlin, diesen Begriff gerade dort einzusetzen, wo vom Bibellesen die Rede ist. Denn der Landgraf hatte ja ein gegen die unfromme, aufklärerische Bibelexegese gerichtetes Gedicht gewünscht. Der Gegensatz findet sich etwa in folgendem Lied Tersteegens: „Wer in Vernunft geht ein, kommt bald in Angst und Treiben; / Wer Frieden liebt, der muß im Einfaltsgrunde bleiben."[87]

In Opposition zur bloß aufgeklärten Vernunft steht auch der Begriff der „Weisheit". Die Leser der Schrift, so heißt es, bewahren in einfäl-

[82] Das Gesangbuch der Gemeinde in Herrn-Huth. Herrnhut 1737. 1. Aufl. 1735, 2. Aufl. 1737, zahlreiche weitere Auflagen, S. 473ff., S. 477.

[83] Vgl. August Langen, S. 362.

[84] Evangelisches Gesang-Buch, In einem hinlänglichen Auszug der Alten, Neuern und Neuesten Lieder, Der Gemeinde in Ebersdorf Zu öffentlichem und besonderem Gebrauch gewidmet, Ebersdorf 1742, S. 364ff.

[85] Gerhard Tersteegen, Geistliches Blumengärtlein inniger Seelen (GBG). Zuerst 1727. 13. Original-Auflage, Elberfeld 1826, S. 295.

[86] GBG 70, auch GBG 22, 38, 55, 77.

[87] GBG 52.

tigen Augen „Abgründe der Weisheit". Immer schon hat das religiöse Empfinden gegenüber der Weltweisheit eine eigene, höherstehende, weil allein mit dem göttlichen Grund der Dinge vertraute Weisheit beansprucht. Im alttestamentlichen Judentum verbindet sich diese Gottesweisheit mit der Kenntnis der „Schrift". Der „Weise" ist der vollendete Thoragelehrte. Im Buche Sir 38,24–39 ist der „Schriftgelehrte" (γραμματεύς) der durch beständiges Thorastudium „weise" Gewordene. Im Neuen Testament tritt bei Paulus, speziell im ersten Korintherbrief, der für Hölderlins ›Friedensfeier‹ von großer Bedeutung war und auch den Landgrafen von Homburg besonders beschäftigte,[88] der Gegensatz der wahren, nun aber nicht mehr auf der Schrift beruhenden, sondern vom „Geiste" eingegebenen Weisheit zur Verstandesweisheit beherrschend hervor. Paulus polemisiert im Namen der vom „Geist" eingegebenen göttlichen Weisheit gegen die bloße Verstandesweisheit, denn er spricht in den Korintherbriefen zu Griechen: zum Volk der Philosophie und der „sophistischen" Aufklärung. „Sintemal die Juden Zeichen fordern und die Griechen nach Weisheit fragen", lautet die aufschlußreiche Unterscheidung (1 Kor 1,22). Und seine Botschaft: „Denn es steht geschrieben: ‚Ich will zunichte machen die Weisheit der Weisen, und den Verstand der Verständigen will ich verwerfen. Wo sind die Klugen? Wo sind die Schriftgelehrten? Wo sind die Weltweisen? Hat nicht Gott die Weisheit dieser Welt zur Torheit gemacht?'" (1 Kor 1,19 und 20). Gegen die Weltweisheit stellt er seine eigene, inspirierte Weisheit: „Und mein Wort und meine Predigt war nicht in vernünftigen Reden menschlicher Weisheit, sondern in Beweisung des Geistes und der Kraft" (1 Kor 2,4). Das ist der wahre „Geist der Weisheit" (πνεῦμα σοφίας, Eph 1,17). Weil diese Weisheit keine am Tage liegende und verfügbare ist, sondern eine göttliche, da von der Gottheit durch den „Geist" vermittelte, spricht Paulus von ihrer Tiefe (βάθος), Hölderlin von „Abgründen" der Weisheit. „O welch eine *Tiefe* des Reichtums, beides, der Weisheit und Erkenntnis Gottes!" ruft Paulus in Röm 11,33 aus. Zu dieser „Tiefe" gehört ihre Verborgenheit. „Wir reden von der heimlichen, verborgenen Weisheit Gottes", fährt er in der Weisheitsrede des ersten Korintherbriefs fort (1 Kor 2,7), von dem, „was kein Auge gesehen hat und kein Ohr gehört hat" (1 Kor 2,9), um dann wieder von dem durch den „Geist" der wahren Weisheit ermöglichten Zugang zu der abgründigen „Tiefe" der Gottheit zu sprechen: „Uns aber hat es Gott offenbart durch seinen

[88] Im Nachlaß des Landgrafen befindet sich eine Auslegung von 1 Korinther 13,13. Vgl. Kirchner, S. 67.

Geist; denn der Geist erforscht alle Dinge, auch die *Tiefen* der Gottheit" (1 Kor 2,10). Bei den spiritualistischen Pietisten stand diese Weisheitstradition in hohem Ansehen. Gottfried Arnold verfaßte eine Schrift mit dem Titel ›Das Geheimnis der göttlichen Sophia‹[89], und Bengel sieht, wie viele andere pietistische Schriftsteller, die Bibel selbst als „Quell der Weisheit" (fons sapientiae).[90]

Hölderlin stellt sein pneumatisches Schriftverständnis in den Dienst der Geschichtsdeutung. Denn der Geist ist der geschichtlich Wirkende. Das zeigt sich nicht zuletzt in der elften Strophe, die auf die sinnfordernde, weil am Sinn der Geschichte beinahe verzweifelnde Frage „Was ist diß?" (V. 151) mit einer sinngebenden Perspektive antwortet, indem sie auf das Worflergleichnis Mt 3,12 anspielt: „Und er hat seine Wurfschaufel in der Hand: Er wird seine Tenne fegen und den Weizen in seine Scheuern sammeln; aber die Spreu wird er verbrennen mit ewigem Feuer." Diesen Bibelvers, der vom endzeitlichen Gericht spricht, verwandelt Hölderlins pneumatische Auslegung in eine Deutung der Weltgeschichte. Und Weltgeschichte ist nicht etwa das historisierte Weltgericht, sondern Reinigung um der Vervollkommnung willen. „Dem Klaren zu" (V. 154) schwingt Hölderlins Worfler den Weizen über die Tenne. Ein hintergründiges Wort. Denn „Klarheit" ist Luthers Übersetzung für den Terminus, der die endzeitliche Erscheinung des Herrn und insofern die erlösende Vollkommenheit bezeichnet: Doxa. Doxa, „Klarheit", ist der Glanz göttlicher Epiphanie oder – etwa bei Moses – einer gottähnlichen Erscheinung (Luk 2,9: „Die Klarheit des Herrn leuchtete um sie"; Apg 22,11: „Als ich aber vor Klarheit dieses Lichts nichts sehen konnte"). Zu einem wichtigen Motiv wird die „Klarheit" im zweiten Korintherbrief, in einer Partie, die zu den klassischen pneumatischen Texten des Neuen Testaments gehört – ein Horizont, den Hölderlins Evokation der „Klarheit" mitintendiert. „Der Buchstabe tötet, aber der *Geist* macht lebendig" (2 Kor 3,6) und „Der Herr ist *Geist*; wo aber der *Geist* des Herrn ist, da ist Freiheit" (2 Kor 3,17), lauten die entscheidenden pneumatischen Aussagen, in deren Zusammenhang Paulus den neuen, mit Christus in die Welt gekommenen und vollendeten Zustand der „Klarheit" gegenüber der noch nicht pneumatischen, son-

[89] Leipzig 1700. Faksimiledruck Stuttgart 1963.

[90] „Fons est sapientiae: quem, qui gustarunt, omnibus aliorum quamlibet sanctorum, expertorum, devotorum, sapientium hominum documentis anteponunt" (§ 1 der ›Praefatio‹ zum ›Gnomon‹. In der in Anm. 8 genannten Ausgabe auf S. VI).

dern auf dem bloßen „Buchstaben" beruhenden „Klarheit" des mosaischen Gesetzes entwickelt, um mit den Worten zu schließen (2 Kor 3,18): „Nun aber spiegelt sich in uns allen des Herrn *Klarheit* mit aufgedecktem Angesicht, und wir werden *verklärt* in dasselbe Bild von einer *Klarheit* zu der anderen, als vom Herrn der *Geist* ist." Auf diesen pneumatischen Begriff der „Klarheit" greift Hölderlin in der ›Friedensfeier‹[91] wie in der Patmos-Hymne wiederholt zurück. In der späteren Überarbeitung der Patmos-Hymne rückt die Doxa sogar als Leitbegriff an den Anfang: „. . .Drum, da gehäuft sind rings, *um Klarheit*, / Die Gipfel der Zeit . . ." (V. 9). Daß die „Klarheit" von den „Gipfeln der Zeit" rings umschlossen erscheint, definiert sie universalgeschichtlich. Als endzeitliche Vollendung ist sie die All-Repräsentation des geschichtlich Gewesenen. „Klarheit" ist das, was am Ende der Geschichte als deren Wahrheit ins Licht, auch ins Licht des Bewußtseins tritt – und diese Wahrheit ist das Ganze der Geschichte selbst, das sich erst am Ende offenbart. Die Widmungsfassung macht den Worfler, der den Weizen „den Klaren zu" wirft, zum Gleichnis des in der Geschichte zu dieser endzeitlichen Vollkommenheit wirkenden Geistes.

V. Pneumatisch vermittelte Universalität: „Gesang" und „Schrift": 13.–15. Strophe

. . . und hier ist der Stab
Des Gesanges, niederwinkend,
Denn nichts ist gemein. Die Todten weket
Er auf, die noch gefangen nicht
Vom Rohen sind. Es warten aber
Der scheuen Augen viele
Zu schauen das Licht. Nicht wollen
Am scharfen Strale sie blühn,
Wiewohl den Muth der goldene Zaum hält.
Wenn aber, als
Von schwellenden Augenbraunen
Der Welt vergessen
Stillleuchtende Kraft aus heiliger Schrift fällt, mögen

[91] Wieder mit dem vom 1. Korintherbrief exponierten Gegensatz zur bloßen Verstandesweisheit, V. 22–24: „Ein Weiser mag mir manches erhellen; wo aber / Ein Gott noch auch erscheint, / Da ist doch andere Klarheit."

Der Gnade sich freuend, sie
Am stillen Blike sich üben.

Und wenn die Himmlischen jezt
So, wie ich glaube, mich lieben
Wie viel mehr Dich,
Denn Eines weiß ich,
Daß nemlich der Wille
Des ewigen Vaters viel
Dir gilt. Still ist sein Zeichen
Am donnernden Himmel. Und Einer stehet darunter
Sein Leben lang. Denn noch lebt Christus.
Es sind aber die Helden, seine Söhne
Gekommen all und heilige Schriften
Von ihm und den Bliz erklären
Die Thaten der Erde bis izt,
Ein Wettlauf unaufhaltsam. Er ist aber dabei. Denn seine Werke sind
Ihm alle bewußt von jeher.

Zu lang, zu lang schon ist
Die Ehre der Himmlischen unsichtbar.
Denn fast die Finger müssen sie
Uns führen und schmählich
Entreißt das Herz uns eine Gewalt.
Denn Opfer will der Himmlischen jedes,
Wenn aber eines versäumt ward,
Nie hat es Gutes gebracht.
Wir haben gedienet der Mutter Erd'
Und haben jüngst dem Sonnenlichte gedient,
Unwissend, der Vater aber liebt,
Der über allen waltet,
Am meisten, daß gepfleget werde
Der veste Buchstab, und bestehendes gut
Gedeutet. Dem folgt deutscher Gesang.

1. Die vergeistigende Wirkung von Gesang und Schrift

Die Hinwendung zur Schrift verbindet sich in der Schlußtrias mit der Aufgabe des Dichters – mit dem „Gesang“. Schon aus der zyklischen Komposition geht der leitmotivische Charakter dieser Verbindung von „Schrift“ und „Gesang“ hervor: Am Anfang ist vom „Stab des Gesanges“ (V. 182f.) und von der „Schrift“ die Rede, aus der „stillleuchtende Kraft“ (V. 194) fällt; abschließend vom „vesten Buchstab“ und vom „deutschen Gesang“. Dieser Zusammenhang von Schrift und Dichtung liegt in der gemeinsamen Teilhabe am „Geist“ begründet. Und Hölderlin verwandelt seine Programmatik in poetische Struktur, indem er auch diese Partie der Hymne intensiv mit Stellen aus der Schrift durchwebt.

Schon der sich im *saltus dithyrambicus* vollziehende Übergang zur Schlußtrias enthält eine bezeichnend pneumatische Anspielung auf die Schrift. Beim Höhergehen himmlischen Triumphgangs, so heißt es, wird „von Starken der frohlokende Sohn des Höchsten“ „genennet“. Die fremdartige Vorstellung von den „Starken“ stammt wiederum aus den wegen ihrer pneumatischen Grundtendenz von Hölderlin favorisierten Briefen des Paulus. Paulus versteht die „Stärke“ als eine Stärke im Geist. „Stark zu werden durch seinen Geist an dem inwendigen Menschen“, wünscht er sich (Eph 3, 16), und in diesem Sinne fordert er die Gemeinde in Ephesos auf (Eph 6, 10): „Zuletzt, meine Brüder, seid stark in dem Herrn und in der Macht seiner Stärke.“ „Wir aber, die wir stark sind“, kann Paulus in Röm 15, 1 in der Gewißheit des Geistes und Glaubens sagen. Überdies deutet ein bekannter Vers bei Jesaja (30, 15) in die pietistische Sphäre der inneren Stille: „Durch Stillesein und Hoffen werdet ihr stark sein.“

Die „Starken“ sind also die pneumatisch besonders Befähigten. Daß sie das Losungszeichen der erfüllten Zeit „nennen“, weist schon auf die dichterische Sphäre – „nennen“ ist in Hölderlins ganzem Werk ein Grundwort, das die dichterische Beschwörung der höheren, „göttlichen“ Lebenserfüllung meint. Deshalb schließen sich nun die Worte über die Aufgabe der Dichtung an: „und hier ist der Stab / Des Gesanges, niederwinkend“ (V. 182f.).

Aus dieser Antizipation des Vollendungszustands kehrt nun aber die Hymne zur noch unerfüllten Gegenwart und zur geistigen Aufgabe in ihr zurück. Dieses Kompositionsprinzip ist für viele von Hölderlins Gedichten typisch. Ein anderes bedeutendes Beispiel ist die ›Friedensfeier‹: Nach dem hymnischen Höhepunkt, der ebenfalls der

Schau des Vollendungszustands am Ende der Geschichte gilt, kehrt auch dort die letzte Trias in eine Sphäre der Erwartung und Vorbereitung zurück – aus der antizipierenden Zukunftsschau in die, allerdings schon eschatologisch überglänzte, Gegenwart. In dieser noch nicht erfüllten, aber der künftigen Erfüllung gewissen Gegenwart sieht der Dichter der Patmos-Hymne die Aufgabe von „Gesang" und Schrift. „Niederwinkend" antwortet der Gesang dem „höher" gehenden himmlischen Triumphgang als ein Akt der Vermittlung zwischen dem mit den Insignien des Göttlichen ausgestatteten geschichtlichen Erfüllungsgeschehen und dem noch binnengeschichtlich befangenen menschlichen Bewußtsein.

Diese Vermittlung gründet sich auf die Einsicht in die Vermittelbarkeit des zu Vermittelnden. Daher die Gnome „Denn nichts ist gemein". Sie zitiert Röm 14,14: „Ich weiß und bin gewiß in dem Herrn Jesus, daß *nichts gemein* ist." Dem Gebrauch des Wortes „gemein" (griechisch, auch in der Bibel: κοινός) liegt die Wertung des Allgemeinen, Weitverbreiteten als des Geringwertigen zugrunde. Im sakralen Bereich bedeutet „gemein" (κοινός) als Gegensatz zu „heilig" (ἅγιος) soviel wie „profan", und „profan" ist die Masse derjenigen, die zum Heiligen und Allerheiligsten *(fanum)* keinen Zugang haben, also draußen im *pro-fanum* bleiben müssen.[92] Die Vorstellung des „Gemeinen" als des Profanen verbindet sich im Judentum mit der Vorstellung des kultisch Unreinen.[93] Diesen rituell veräußerlichten Begriff des Profanen und insofern „Gemeinen", der auf bestimmte Dinge, Tiere und Menschen angewendet wurde, weist aber das Neue Testament immer wieder ab (Apg 10,28 und Röm 14,14), weil es in der von Gott geschaffenen Welt nichts objektiv Unreines, „Gemeines" geben kann. Für Hölderlins gnomische Formulierung „Denn nichts ist gemein" ist dies allerdings nur der biblische Hintergrund.

In der eschatologischen Perspektive der Hymne bedeutet die Feststellung, nichts sei gemein, daß die endzeitliche „Erweckung" *allen* zuteil wird – Hölderlin übernimmt auch hier nicht die orthodoxe Drohung mit dem Jüngsten Gericht, sondern die auf der biblischen Basis

[92] Vgl. Kittels Theologisches Wörterbuch zum Neuen Testament, Bd. 3, S. 791, s. v. κοινός.

[93] Vgl. Markus 7,2: „Und da sie sahen etliche seiner Jünger mit gemeinen – das ist: mit ungewaschenen – Händen das Brot essen, tadelten sie es", worauf Jesus zu den Pharisäern sagt (Markus 7,15): „Es ist nichts außerhalb des Menschen, das ihn könnte gemein machen, so es in ihn geht; sondern was von ihm ausgeht, das ists, was ihn gemein macht."

von Eph 1,10; 3,2.9 und Kol 1,25 seit Origenes lebendige und für den Pietismus wesentliche Anschauung von der *apokatastasis panton*. Im Gegensatz zur orthodoxen Lehre besagt sie, daß es nichts an sich Böses und Schlechtes gibt („Nichts ist gemein"), und deshalb am Ende der Zeit nichts endgültig verworfen ist, vielmehr alles „wiederhergestellt" werden kann. Seit Origenes versteht man die *apokatastasis panton* als „Wiederherstellung aller" am Ende der Zeit. Bereits für die Konzeption der ›Friedensfeier‹ ist die geschichtsphilosophische Umdeutung der eschatologischen *apokatastasis panton* konstitutiv. In der Sprache der traditionellen Eschatologie, die Hölderlin in der Patmos-Hymne verwendet, erscheint die *apokatastasis panton* als – allerdings universale – „Auferweckung von den Toten". Diese eschatologische Totenauferweckung gehört zu den Inhalten apokalyptisch-traditioneller Offenbarung im Judentum (Daniel 12,1f.; vor allem Jesaja 26,19 und Henoch 51,1) und hat später auch das Neue Testament und das Christentum erreicht. Hölderlin löst sie gänzlich von der göttlichen Wirkungsmacht ab, indem er sie dem „Gesang" zuschreibt – womit er die traditionelle Vorstellung der Auferweckung von den Toten zugleich zur bloßen Metapher einer subjektiv-innerlichen Erfahrung macht. Er transponiert den religiösen Auferstehungsglauben in eine geschichtlich-subjektive Erfahrungsdimension.

Nicht spontan und aus der Autonomie des dichterischen Wortes heraus jedoch vermag der „Gesang" die „auferweckende" Erfahrung zu vermitteln, vielmehr nur im Hinblick auf die Geschichte, deren Vollendungsgang wahrzunehmen und deren „Zeichen" zu deuten der Dichter aufgrund seines antizipatorischen Vermögens in besonderer Weise befähigt ist. Davon sprechen immer wieder auch die anderen Dichtungen. In der Ode ›Rousseau‹ fliegt der dichterische Geist „wie Adler den / Gewittern, weissagend seinen / Kommenden Göttern voraus", in der ›Friedensfeier‹ sieht der Dichter als erster die endzeitliche Erfüllung in der Gestalt des „Fürsten des Fests", und es ist sein Amt, die „Einladung" auszusprechen, die zur endzeitlichen Allversammlung der Friedensfeier führt. Diesem dichterischen Aussprechen der Einladung an die „Himmlischen" entspricht in der Patmos-Hymne das „Niederwinken" durch den Gesang. Aufgrund seines antizipatorischen Gespürs weiß der Dichter die Zeichen der sich vollendenden Geschichte zu deuten, und indem er dies tut, trägt er, ohne selbst in verfälschender Weise etwas „sein" zu wollen statt zu „lernen" (V. 172f.), zur Vollendung der Geschichte bei.

Aus dem deutenden Verhältnis des Dichters zur Geschichte, deren Vollendung er im höher gehenden „himmlischen Triumphgang" erkennt und im „Loosungs*zeichen*“ mythologisch-heilsgeschichtlich beschwört, erschließt sich auch die Wendung: „und hier ist der Stab / Des Gesanges.“ In diesem Bild verschmilzt sich die Rolle des Seher-Dichters, des *poeta vates*, der die Vollendung der Geschichte erschaut und seine Vision im „Gesang“ vermittelt, mit dem Bild des antiken Sehers: des Augurs. Wichtigstes Attribut des Augurs ist der „Stab“, der *lituus*, – ursprünglich ein Zauberstab, auf dessen magische Wirkung Hölderlin in dem Wort „niederwinkend“ anspielt. Wie die „Starken“ und der Dichter in der Patmos-Hymne, so sind die antiken Auguren an erster Stelle auf Himmelszeichen bezogen („Wenn nemlich höher gehet himmlischer / Triumphgang ...“): auf die *„signa ex caelo“*. Die Himmelszeichen zu deuten ist das Amt des Augurs, der damit dem Gemeinwesen einen wichtigen Dienst leistet. Die Auguren sind „Interpreten Jupiters, des Höchsten, Größten“: *„interpretes Jovis optimi maximi“*. So lautet die klassische Definition (Cicero, leg. 2,20). Exakt diese Funktion erhält der Dichter in der Patmos-Hymne als einer, der im Hinblick auf das Geschehen am „Himmel“ „lernt“ und „deutet“, um seine Deutung im „Gesang“ den Menschen zu vermitteln.

Dieser Zusammenhang von Dichtertum und augurengleichem Deutertum, der im *saltus dithyrambicus* von der vorletzten zur letzten Trias stärkste Emphase gewinnt, perspektiviert die ganze Schlußtrias, indem er auf indirekte Weise das Dichtertum von Anfang an mit der Dimension der *Deutung* verbindet, von der die Schlußverse direkt sprechen: „Gut *gedeutet*“ werden soll „Bestehendes“ durch den „deutschen Gesang“. Auch die Mittelstrophe der Schlußtrias erhält erst aus diesem Horizont einen einsehbaren Sinn, denn erst so wird ihre Metaphorik zugänglich und erst so läßt sie sich in den Gesamtduktus integrieren. Es ist vom „*Zeichen* ... am donnernden Himmel“ die Rede: vom *signum ex caelo*, ferner von den Instanzen, die „den Bliz erklären“. Der Blitz war das prominenteste *signum ex caelo*, weil dem Blitzgott Zeus selbst zugeordnet. Den „Bliz erklären“ hieß in ausgezeichneter Weise als *„interpres Jovis optimi maximi“* fungieren.

Doch zunächst bleibt ein „Zeichen“ ungedeutet, weil Hölderlin von ihm annehmen konnte, daß der Landgraf als bibelfrommer Klopstockverehrer es unmittelbar verstehen würde. Der Dichter hält sich hier in der Rolle des Zeichendeuters zurück, der auf das Zeichen nur hinzuweisen braucht: „Still ist sein Zeichen / Am donnernden Himmel. Und Einer stehet darunter / Sein Leben lang. Denn noch lebt Christus.“ Es ist das Zeichen, das besonders dann am Himmel erscheint, wenn das Gewitter – hier wie in der ›Friedensfeier‹ Metapher des Geschichtsgewitters – zwar noch seinen Donner vernehmen läßt, aber schon die

Sonne wieder durchdringt: der Regenbogen. Im Gegensatz zum Donner ist er ein „stilles“ Zeichen. Heilsgeschichtliches Zeichen ersten Ranges ist der Regenbogen schon in der Bibel, nachdem sich das Unwetter der Sintflut verzogen hat. In der Genesis heißt es (1 Mose 9,13): „Meinen Bogen habe ich gesetzt in die Wolken; der soll das *Zeichen* sein des Bundes zwischen mir und der Erde.“ Der folgende Bibelvers läßt erkennen, daß auch Hölderlins Verbindung des „Zeichens“ mit dem „donnernden Himmel“ schon biblisch vorgegeben ist, denn Gott verheißt den Regenbogen zusammen mit den „Wetterwolken“: „Und wenn es kommt, daß ich Wetterwolken über die Erde führe, so soll man meinen Bogen sehen in den Wolken.“ Natürlich huldigt Hölderlin zugleich Klopstock, der das versöhnende Zeichen des Regenbogens im berühmtesten seiner Gedichte, in der ›Frühlingsfeyer‹, aufnimmt. Die ›Frühlingsfeyer‹ schließt mit den Versen: „Siehe, nun komt Jehova nicht mehr im Wetter, / In stillem, sanftem Säuseln / Komt Jehova, / Und unter ihm neigt sich der Bogen des Friedens.“

Hölderlin selbst hat den Regenbogen in seinen Dichtungen zu einem bevorzugten Zeichen des Friedens und der Versöhnung gemacht. In der schönen Ode ›An eine Fürstin von Dessau‹ erscheint er als „Zeichen“ auf „dunkler Wolke“, die, wie in der Patmos-Hymne der noch „donnernde Himmel“, eine Metapher des Kriegsgeschehens ist. Und wie das „Zeichen“ des Regenbogens in der Patmos-Hymne „still“ erscheint, so in der Ode „schweigend“ (I, 309,21 ff.):

Und wie auf *dunkler Wolke* der *schweigende*
Der schöne Bogen blühet, ein *Zeichen* ist
Er künftger Zeit, ein Angedenken
Seeliger Tage, die einst gewesen.

Erst die Dechiffrierung dieses in der Patmos-Hymne nicht mehr näher bestimmten „Zeichens“ klärt auch das Umfeld in der vorletzten Strophe. Denn nun läßt sich erst einsehen, warum es heißen kann, daß Christus sein Leben lang unter diesem „Zeichen“ steht: als der Versöhnende und Friedenstiftende, als der er in der biblischen Tradition und bei Hölderlin – besonders in der ›Friedensfeier‹ – erscheint, steht er unter dem Zeichen des versöhnenden Friedens. Und nun erschließt sich auch ein sinnvoller Zusammenhang mit der Anfangspartie der Strophe, in welcher der Dichter den Landgrafen und sich selbst von den Himmlischen „geliebt“ weiß. Denn der Regenbogen als Zeichen des Bundes, den Gott mit den Menschen geschlossen hat, ist das heilsgeschichtliche Zeichen dieser Liebe.

Daß Christus unter dem Zeichen der Versöhnung und des Friedens steht, und zwar „sein Leben lang“ und – da er „noch lebt“ – immer noch geschichtlich fortwirkend mit seinem Beispiel und seiner Botschaft, hat eine spezifische Funktion, die sich gerade auf die Deutung des „Zeichens“ bezieht. Denn Deuten heißt Vermitteln – und erst indem Christus das „stille“ Zeichen des Vaters durch sein Leben und sein Wort in das Leben der Menschen vermittelt, d.h. das Göttliche menschlich erfahrbar macht, „deutet“ er es. So erscheint auch Christus hineingenommen in die Dimension der vermittelnden Deutung, welche die Schlußtrias insgesamt bestimmt. Er wird zur hermeneutischen Figur.

Das „Erklären“ des anderen Zeichens, des Blitzes, schreibt Hölderlin anderen Mittlerinstanzen zu: den heldischen Halbgöttern, den „heiligen Schriften“ und den „Thaten der Erde“. Daß er sein eigenes dichterisches Deuten am Ende als ein Deuten vorzugsweise der Schrift versteht, weist auf eine Tendenz zu entschiedener Mittelbarkeit. Denn wenn die heiligen Schriften wie die Taten der Erde als *explicatio dei* den Blitz „erklären“ und insofern schon als vermittelnde Instanzen erscheinen, dann ist die Deutung der Schrift ihrerseits durch den „Gesang“ eine weitere, weniger ursprüngliche Stufe der Vermittlung. Diese weitere Abstufung erfährt ihre Begründung aus einer gewissermaßen pädagogischen Einsicht, die schon in der Eröffnungsstrophe der Schlußtrias formuliert wird. Nach den Worten „... und hier ist der Stab / Des Gesanges, niederwinkend ...“, die von der Vorstellung ausgehen, daß der Dichter gleich dem Augur durchaus ein herausgehobenes unmittelbareres Verhältnis zum „Himmlischen“ hat und insofern zu einer ursprungsnahen Vermittlung imstande ist, spricht er selbst einen Einwand aus: „Es warten *aber* / Der scheuen Augen viele / Zu schauen das Licht. Nicht wollen / Am scharfen Strale sie blühn ... Wenn aber ... Stillleuchtende Kraft aus heiliger Schrift fällt ...“ Die besondere Dignität der Schrift liegt also in ihrer ausgeprägten Mittelbarkeit. In dem kompliziert gebrochenen, dialektischen Gesamtduktus der Schlußtrias suspendiert das „aber“ die zunächst im ersten Impuls begeistert ausgesprochene unmittelbarere Wirkungsmöglichkeit des „Gesangs“, bis dann, ganz am Ende, als neue Lösung statt des unmittelbareren „Niederwinkens“ die Deutung der Schrift durch den Gesang gefunden wird.

Insgesamt läßt sich damit die Schlußtrias als eine Reflexion auf die Notwendigkeit und das Wesen von Vermittlung und Vermittlungsinstanzen verstehen, ja als ein Reflexionsprozeß, in dessen Verlauf der Dichter sich in seinem Selbstverständnis immer mehr dem Mittelbaren zuwendet. Indem er abschließend sagt: „Wir haben gedienet der Mutter Erd'/ Und haben jüngst dem Sonnenlichte gedient, / Unwissend, der Vater aber liebt, / Der über allen waltet, / Am meisten, daß gepfleget werde / Der veste Buchstab, und bestehendes gut / Gedeutet. Dem folgt deutscher Gesang", sagt er zwar nicht den unmittelbareren Erfahrungen („Mutter Erde", „Sonnenlicht") und dem Versuch ab, sie dichterisch zu vermitteln, aber klaren Vorrang erhält das geschichtlich schon in der Schrift Vermittelte und dessen weitere Vermittlung durch dichterisches „Deuten". Sosehr sich darin zunächst eine weitere Zurücknahme der dichterischen Subjektivität und ihres Erfahrungsvermögens ausdrückt, so sehr kommt sie durch das Amt des „Deutens" wieder ins Spiel – auf spezifisch pneumatische Weise, wie noch genauer zu sehen sein wird. Der Abstraktheit des „Zeichens", auf die sich alles Wahrnehmbare reduziert und die sich bis zur Abstraktheit der „Schrift" und des „Buchstabens" steigert, entspricht die Allgemeinheit des deutenden Geistes.

Nach diesem Gesamtüberblick über die strukturbildenden Leitvorstellungen der Schlußtrias kehre ich zur Bestimmung der Bibel-Zitate und ihres Stellenwerts im Programm pneumatischer und pietistischer Deutung der Schrift durch den „Gesang" zurück. Schon die erste Bibel-Anspielung allerdings: die Anspielung auf die Auferweckung der Toten verbindet sich wahrscheinlich in systematisch konzipiertem Synkretismus mit antiker Mythologie. Zwar fungiert der *poeta vates* mit seinem „Stab" zunächst als zeichendeutender Augur, der auf die wiederholt genannten *signa ex caelo* bezogen ist. Daß nun aber der „Stab des Gesangs" die Toten auferweckt, liegt außerhalb jeder Auguren-Funktion. Vollzöge sich damit lediglich der *Übergang* von antiker in christliche Vorstellungsweise, dann bliebe doch ein ungelöster Rest, denn dann dürfte allenfalls in säkularisierender Übertragung vom erweckenden Gotteswort auf das dichterische Wort der „Gesang", nicht aber der „Stab des Gesangs" genannt werden, der die Toten auferweckt. Es ist deshalb wahrscheinlich und es liegt im Horizont des für die gesamte Schlußtrias bestimmenden Gedankens der *Deutung* auch nahe, daß Hölderlin hier eine weitere antike Vorstellung derjenigen des Augurs assoziiert. Denn nicht nur der Augur hatte einen Stab und war eine Deuter-Figur. Auch Hermes, der Gott der nach ihm benannten Hermeneutik, der Deutungskunst, führte einen Zauberstab – und mit diesem Zauberstab konnte er, wie es bei Homer heißt (Ilias 24,343 f.; Odyssee 5,47 f.), die Menschen sowohl einschläfern wie wecken. Gelegentlich schrieb man ihm sogar die Fähigkeit zu, mit seinem Zauberstab Tote zu erwecken. Metaphorisch galt diese

Fähigkeit als Kraft des Gottes der Beredsamkeit und damit der Literatur im weitesten Sinne, die Menschen „aufzuwecken". „Er konnte mit seinem Stabe die Todten auferwecken", heißt es in Benjamin Hederichs ›Gründlichem mythologischen Lexicon‹ (Sp. 1604), „weil durch die Wohlredenheit blöde und gleichsam todte Gemüther ermuntert und belebt werden können."

Wenn also Hölderlin die Vorstellung, daß der „Stab des Gesangs" die Toten auferweckt, auf den Stab des Hermes bezieht, dann versteht er sich selbst am Beginn der ganz auf Deutung angelegten Schlußtrias programmatisch als „hermeneutischen" Dichter, wie er dies schon in anderer Weise, als geschichtlicher Zeichendeuter, im Hinblick auf die Auguren und die *signa ex caelo* tut. Und dann dürfte es sich um einen bewußten, strukturbildenden Synkretismus von antiker Mythologie und biblischen Vorstellungen handeln. Denn die Auferweckung der Toten ist ja ein biblischer Topos. Indem der Dichter als Hermeneut sich in die Rolle des griechischen Hermes begibt und sich zugleich biblisch orientiert, scheint er einleitend an sich selbst die Vereinigung von antiker und christlicher Sphäre zu vollziehen, die ein Hauptthema der mit diesen Versen eröffneten Schlußtrias ist.

Die in den Versen über die Auferweckung der Toten zitierte biblische Tradition ist wiederum charakteristisch für Hölderlins Intention: Wieder greift er auf das Johannesevangelium zurück, das im Anschluß an die jüdische Apokalyptik besonders nachdrücklich von der Auferstehung der Toten spricht. Der Evangelist stellt die Erfüllung durch den göttlichen Geist metaphorisch als ein Erlebnis der Auferweckung *wie* vom Tode und zugleich als eine Berufung zum höheren, wahren Leben dar: „Denn wie der Vater die Toten auferweckt und macht sie lebendig, also auch der Sohn macht lebendig, welche er will" (Joh 5,21); „... Wer mein Wort hört und glaubt dem, der mich gesandt hat, der hat das ewige Leben ... Er ist vom Tode zum Leben hindurchgedrungen" (Joh 5,24); ganz eschatologisch Joh 5,25: „... Es kommt die Stunde und ist schon jetzt, daß die Toten werden die Stimme des Sohnes Gottes hören; und die sie hören werden, die werden leben ...". Diese Vorstellung überträgt Hölderlin auf die Wirkung des „Gesangs", und gerade in der für den pietistisch frommen Landgrafen geschriebenen Patmos-Hymne mußte ihm die biblische Vorstellung geistiger Auferweckung vom Tod eines weltlich („roh") gefangenen Daseins zum wahren Leben naheliegen, denn das Erlebnis innerer *Erweckung*, in dem sich das Dasein des Erweckten vom Weltlichen zum Geistigen hinwendet, war für die Pietisten zentral. Sie empfanden es als eine „Wiedergeburt" zum höheren Leben hin. Indem Hölderlin diese Kraft der Erweckung der Dichtung zuschreibt, stellt er den „Gesang“ auch in den Horizont pietistischer Frömmigkeit. Zugleich vollendet er mit der Evokation von Erweckung und Wiedergeburt die Reihe der im Pietismus maßgebenden, aus alter Tradition übernommenen Stationen des inneren Weges zu Gott: des „itinerarium mentis in deum“. Die erste dieser Stationen ist die *Erleuchtung* (V. 194f.): „Wenn ... still*leuchtende* Kraft aus heiliger Schrift fällt“. Die zweite Station ist die *Reinigung*: Der Worfler wirft den Weizen „dem Klaren zu“. Die dritte Station und zugleich das Ziel ist die zu Beginn der Schlußtrias mit dem Bild der Auferweckung vom Tode beschworene *Wiedergeburt*.

Am Pietismus orientiert sich Hölderlin auch, indem er die Vorstellung des „Lichts“ und der Erleuchtung gerade mit der Schrift verbindet. In der pietistischen Literatur kommt oft der pneumatische Sinn des schon alten „lumen scripturae“-Topos zum Vorschein. „... Eben dieser göttliche Geist“, sagt Gottfried Arnold, „reget und erwecket durch seine eußerliche Zeugnisse und Wort das im Hertzen verborgene Wort, welches *als ein Licht alle Menschen gern erleuchtet* ...“[94] Nicht zuletzt ist die Verbindung des Schriftwortes mit der Vorstellung des Lichts in besonderer Weise johanneisch: das Johannesevangelium setzt, vor allem am Beginn, den Logos dem Licht gleich, das die Welt „erleuchtet“.

Daß in der Patmos-Hymne endlich eine „Kraft“ stilleuchtend aus heiliger Schrift fällt, zeugt erneut von dem virtuosen Synkretismus, mit dem Hölderlin die johanneische Sphäre mit dem anderen pneumatischen Element: den Paulus-Briefen übereins bringt. „Denn ich schäme mich des Evangeliums von Christo nicht; denn es ist eine *Kraft* Gottes, die da selig macht“, heißt es in Röm 1, 16, und in 1 Thess 1, 5: „Unser Evangelium ist bei euch gewesen in der *Kraft und in dem heiligen Geist.*“ Auch sonst läßt Paulus erkennen, daß die „Kraft“ als eine innerliche aus dem „Geist“ kommt. Hölderlin folgt auch hier seiner pneumatischen Grundtendenz. „Daß ihr völlige Hoffnung habet durch *die Kraft des heiligen Geistes*“, schreibt Paulus der Gemeinde in Rom (Röm 15, 13), und noch Lessing nimmt in seiner späten theologiekritischen Schrift ›Über den Beweis *des Geistes und der Kraft*‹ eine entsprechende Wendung aus 1 Kor 2, 4 auf: „... in Beweisung des Geistes und der Kraft“. Für Paulus kommt es letztlich nicht so sehr auf die Worte der Bibel als auf ihren „Geist“ und ihre „Kraft“ an. Darauf be-

[94] Gottfried Arnold, Die geistliche Gestalt eines evangelischen Lehrers, Frankfurt/Leipzig 1723, S. 393f.

riefen sich gerne schon die altchristlichen Pneumatiker und später noch, in bewußtem Anschluß an die urchristliche pneumatologische Tradition, die spiritualistischen Pietisten. Als ein Beispiel unter vielen möge ein Zitat Gottfried Arnolds aus einer Homilie des Macarius dienen: „Die Worte, damit der Herr zu uns redet, sind Geist und Krafft und durchdringen das Hertz, daß dadurch die Krafft darinnen wächst: Denn wo diese Krafft des Worts in ein Hertz sich ergeust, da bleibet sie feste ...“[95] Indem Hölderlin von der stilleuchtenden „Kraft“ spricht, die aus „heiliger Schrift“ fällt, meint er die Kraft der Erleuchtung durch den Geist, und er evoziert damit absichtsvoll die pneumatische Tradition von Paulus bis zum Pietismus.

Das „der Welt vergessene“ Lesen in der Schrift gilt in besonderer Weise der pietistischen Bibelfrömmigkeit in weltabgeschiedener Andacht. Dem pietistischen Kult der weltabgewandten Innerlichkeit gilt auch der auffällig wiederholte Hinweis auf die „Stille“: „Stillleuchtende Kraft“ fällt aus heiliger Schrift und „Am *stillen* Blike“ üben sich die Bibelleser. Die Pietisten, die man bekanntlich „die Stillen im Lande“ nannte, widmeten sich geradezu einem Kult der Stille. Hölderlins Dichtungen, nicht zuletzt die ›Friedensfeier‹[96], zeugen immer wieder von der hohen Wertung der „Stille“ als eines Zustands innerer Erfüllung und Gottnähe, und schon der junge Hölderlin hatte pietistisch inspirierte Gedichte ›An die Ruhe‹ und ›An die Stille‹ verfaßt.

2. Weltgeschichtliche Universalität der Vermittlungsinstanzen, aber Vorzug der Schrift in der Gegenwart

Der weiteste Horizont eschatologischen Vollendungsdenkens bildet sich in den beiden letzten Strophen aus. Wiederum im Anschluß an das Johannesevangelium betont Hölderlin den Bezug des Sohnes zum Vater, der das endzeitliche Heil repräsentiert. Zu ihm geht deshalb der in der Zeit wirkende Sohn selbst ein, und zu ihm hin erlöst er die Menschen. Weil der „Vater“ für die Erfüllung am Ende der Geschichte steht, ist am Schluß von ihm die Rede. Der „ewige Vater“

[95] Gottfried Arnold, Wahre Abbildung der ersten Christen, Frankfurt 1696, S. 20 (Erstes Buch, drittes Kapitel).

[96] Von den zahlreichen Stellen seien nur folgende herausgehoben: in V. 73 heißt Christus „ein Ruhigmächtiger“, in V. 84 ist die Vollendung der Zeit durch ihre „Stille“ gekennzeichnet und in V. 89 erscheint, zu dieser Vollendung der Zeit, „der stille Gott der Zeit“.

heißt er in der zweitletzten Strophe, und in der letzten: „Der Vater ... der über allen waltet".

Daß nun aber die Rede vom „Vater" sich mit der andern von den „Himmlischen" verbindet, überschreitet weit den johanneischen und überhaupt den christlichen Horizont. Der „Vater" ist für Hölderlin ein schlechthin universales Prinzip, das *alles* einschließt. In der ›Friedensfeier‹ führt diese Vatergestalt als „Fürst des Festes" am „*all*versammelnden Festtag" der endzeitlichen Friedensfeier *alle* Himmlischen zusammen, indem er zugleich selbst diese Allheit repräsentiert.[97] In ›Patmos‹ heißt es nach den Versen über Christus ganz entgegen der christlichen Anschauung von Christus als dem „einzigen" Sohn des Vaters: „Es sind aber die Helden, seine Söhne / Gekommen *all* ..." Zu den „Söhnen" gehören als Soter-Gestalten Herakles und Dionysos, die in der Hymne ›Der Einzige‹ als Christi „Brüder" erscheinen. Nicht auf die „Söhne" im einzelnen kommt es Hölderlin an, vielmehr auf die zu verschiedenen Zeiten in jeweils besonderer Weise durch sie geleistete Vermittlung des „göttlichen" Lebens ins Irdische. Weil sich sein Denken auf die Ganzheit der Geschichte richtet, nimmt er zur christlich-nachantiken Geschichtsära auch die früheren, durch andere „Söhne" zum ganzheitlichen Sinn hin vermittelten Epochen hinzu. Sofern Christus die Geschichte bis zur endzeitlichen Erfüllung der von ihm eingeleiteten Ära des Geistes bestimmt, kann es heißen: „... noch lebt Christus" (V. 205). Zum Ganzen der Geschichte aber, in dem allein die volle Wahrheit liegt, gehören doch auch die anderen, nichtchristlichen Epochen, für Hölderlin vor allem die griechische Antike.

Der Horizont wird noch weiter. Nicht nur die „Söhne" als große Mittlergestalten wirken in der Geschichte. Alles, was als Medium des universalen, weil dem Universalprinzip des Vaters entsprechenden Geistes dient, trägt zur Vollendung der Zeit bei. Dazu gehören die „heiligen Schriften" – ein bedeutungsvoller Plural! – und die „Thaten der Erde" (V. 209), d. h. die scheinbar nur profane Geschichte, in der sich aber doch ein höherer Sinn kundtut. All diese Manifestationen erklären den „Bliz" (V. 208): Sie sind *explicatio dei* – nicht bloß theoretische Erklärung, sondern lebendige Entfaltung der Gottheit selbst. Das im „Bliz" symbolisierte absolute Wesen der Gottheit bedarf der Vermittlung zum Menschlichen hin, und im Vermittlungsprozeß entfaltet es sich geschichtlich. Zugleich aber enthält der Begriff des Erklärens, über die Vorstellung der Entfaltung hinaus, die Dimension

[97] Zum genaueren Nachweis vgl. S. 41 und S. 62.

der Vergeistigung. Der Geschichtsprozeß ist auch ein Prozeß der Vergeistigung. Und weil er auf ein endzeitliches Ziel gerichtet ist und auf allen Ebenen und in allen Bereichen stattfindet, die gleichsam miteinander konkurrieren, erscheint die eschatologische Geschichtsdynamik als „ein Wettlauf unaufhaltsam" (V. 210).

Diese Geschichtsdynamik führt nicht nur zu einem göttlichen Vollendungszustand universaler Vermittlung und Vergeistigung *hin*, sie geht auch vom göttlichen Prinzip aus. In allem, was geschieht, ist es immer schon mitenthalten. Deshalb heißt es abschließend „Er ist aber dabei" und, mit einer Anspielung auf Apg 15,1 („Gott sind seine Werke bewußt von der Welt her"): „Denn seine Werke sind / Ihm alle bewußt von jeher" (V. 210f.). Geschichte ist nicht autonom, sondern, unter dem Aspekt des in der Geschichte waltenden göttlichen Sinns, ein Gesamt-„Werk", dessen einzelne geschichtliche Teil-„Werke" schon in einem unvordenklichen, absoluten Anfang beschlossen liegen, der als „Vater" bezeichnet wird und der durch den Vermittlungsprozeß der Geschichte – durch die Sphäre der „Söhne" und anderer medialer Instanzen – zu sich selbst in der Form des universalen Geistes zurückkehrt. So wird das im Johannesevangelium vorgegebene Verhältnis von „Vater" und „Sohn" geschichtsphilosophisch ausgedeutet. „Ich bin vom Vater ausgegangen und gekommen in die Welt, wiederum verlasse ich die Welt und gehe zum Vater", heißt es im Johannesevangelium (Joh 16,28). Im Johannesevangelium steht auch das Wort (Joh 14,28): „Ich gehe zum Vater ... Der Vater ist größer als ich", und ferner (14,6): „Niemand kommt zum Vater denn durch mich."

Die im Ton des Epilogs gehaltene Schlußstrophe faßt zusammen und zieht Folgerungen für das in der gegenwärtigen geschichtlichen Situation adäquate Verhalten. Der logische und motivische Duktus ist schwierig, aber genau durchdacht.

> Zu lang, zu lang schon ist
> Die Ehre der Himmlischen unsichtbar.
> Denn fast die Finger müssen sie
> Uns führen und schmählich
> Entreißt das Herz uns eine Gewalt.

„Die Ehre" meint die Ehrung und zugleich die glanzvolle Epiphanie (doxa). Das stimmt zu dem im Sinnzentrum der Verse stehenden Wort „unsichtbar", das noch einmal den leitmotivisch ausgeprägten Grundgedanken aufnimmt: das Problem der sichtbaren, plastischen Verkörperung des Göttlichen in einer zum Pneumatischen drängenden Geschichte. Der großen Mittelpartie der Hymne zufolge weicht die gestalthafte Repräsentation des Göttlichen in der Ära Christi dem Prinzip des „Geistes“. Doch läßt sich dieses Ende des Gestalthaften nur schwer ertragen, weil das Bedürfnis nach festem Halt und nach unmittelbarer Versicherung göttlichen Sinns durch glanzvoll „sichtbare“ Manifestationen des Göttlichen nicht mehr gestillt wird. Zwar hat diese schwer zu bestehende Phase der Geschichte als entscheidende, schon das Eschaton vorbereitende Vergeistigungsphase ihren großen Sinn, der, wenn er erkannt ist – und zu seiner Erkenntnis will die Hymne beitragen –, Orientierung im scheinbar sinnlosen Chaos verleiht. Zunächst aber entspringen daraus Desorientierung und Zweifel – ganz anders als in Hegels planem Vergeistigungsoptimismus. Obwohl die Vollendung infolge des bis zur Vergeistigung fortgeschrittenen Geschichtsprozesses schon entschieden nähergerückt ist, scheint sie vordergründig doch entfernter denn je, da „die Ehre der Himmlischen *unsichtbar*“ geworden ist – das ist die Paradoxie dieser Epoche. Nicht als ob die „Ehre“ wieder „sichtbar“ werden sollte. Vielmehr ist nur in Anbetracht des aus der binnengeschichtlichen Beschränkung entspringenden, gesamtgeschichtlich gesehen aber nicht sinnvollen Bedürfnisses nach einer unmittelbar sichtbaren Bezeugung des Göttlichen die Zeit seit dem Aufhören dieser Bezeugung „zu lang“. „Denn fast die Finger müssen sie uns führen ...“, lautet die erfahrungshafte Begründung für dieses schmerzliche „Zu lang“: Obwohl in der pneumatisch-christlichen Epoche die Menschen der Vollendung durch den Vergeistigungsprozeß nähergekommen sind, haben sie nicht mehr einen so einfach-klaren und daher unmittelbare Sicherheit gewährenden Zugang zum Göttlichen wie in der Geschichtsepoche, in der sich der göttliche Sinn glanzvoll-gestalthaft manifestierte.

Hier nun erhält die geschichtsphilosophische Poesie ihre Bedeutung – auch die Patmos-Hymne reflektiert, wie so manche andere Dichtung Hölderlins, ihre eigene Legitimation. Sie vermag durch ihre geschichtsphilosophische Gesamtschau das bis zum Gefühl der Sinnlosigkeit und bis zur Trostlosigkeit verwirrende Geschehen der Gegenwart in einen höheren Zusammenhang einzuordnen und darin, ohne flach-erfahrungsfernen Optimismus, doch als sinnvoll zu erweisen. Als wesentlich vom „Geist“ ausgehende Geschichtsphilosophie und als Trostgedicht, das sich auf den Geist als den „Tröster“ bezieht, d.h. der Substanz wie der Intention nach, ist ›Patmos‹ eine pneumatische Dichtung.

Die durch die Entfaltung des Geistes zur sinnvollen Einheit und

Ganzheit vollendete Geschichte und die ebenfalls nur pneumatisch vermittelte und vermittelbare Einsicht in diese Ganzheit führt notwendig zu einer Konzeption der Universalität, in der nichts von allem, was in der Geschichte gelebt und gewirkt hat, keine Gestalt und keine Kraft, ausgeschlossen bleiben darf. Deshalb besteht Hölderlin auf der Pluralität, ja Universalität der aus der binnengeschichtlichen Perspektive zwar nur irdisch-beschränkt erscheinenden, aus der Perspektive der endzeitlichen Sinnerfahrung aber „himmlisch" zu nennenden Gestalten und Kräfte der Geschichte. Er spricht von „den Himmlischen" (V. 213) und hebt mehrfach auf die Allheit ab: „Es sind aber die Helden, seine Söhne, / Gekommen *all* ..." (V. 206f.), „... Opfer will der Himmlischen *jedes* ...". Die an diese Wendung anschließenden Worte: „Wenn aber eines versäumt ward, / Nie hat es Gutes gebracht" spielen auf die Besorgnis der alten Griechen an, daß man an wichtigen Festen, bei denen einer größeren Zahl von Göttern oder ihnen allen Verehrung und Opfer dargebracht werden sollten, nicht einen Gott vergesse und sich seinen Zorn zuziehe. Schon die Oineussage in der Ilias (IX, 529ff.) zeugt von dieser Sorge. Aus ihr entsprang der Brauch, außer den namentlich genannten Göttern auch noch „die anderen" oder „alle Götter" (πάντες ϑεοί) anzurufen. Seit dem dritten vorchristlichen Jahrhundert breitete sich dann immer mehr der Kult „aller Götter" in der hellenistischen Welt aus. Ihm waren eigene Heiligtümer gewidmet. Ein solches, dem Kult „aller Götter" gewidmetes Heiligtum hieß „Pantheon" (πάνϑειον, ἱερὸν πάντων ϑεῶν, lateinisch Pantheum) – am berühmtesten ist der Kuppelbau auf dem Marsfeld in Rom. Erst vor diesem Hintergrund erhalten Hölderlins Verse mit ihrer universalistisch-pantheistischen Tendenz ihre Bedeutungsfülle. Der in ihnen enthaltene Begriff des „Opfers", das *jedem* der Himmlischen dargebracht werden soll, wird ihm zur mythologisierenden Metapher des Gedankens, daß im Bewußtsein alles, was geschichtlich gewirkt hat und weiterwirkt, als gültig anzuerkennen ist. Diese Betonung der Pluralität, ja der Universalität bestimmt die Patmos-Hymne ebenso wie die auf den endzeitlichen Frieden einer göttlichen Allharmonie angelegte ›Friedensfeier‹.

Der Gedankenentwurf beider Hymnen entspricht der Konzeption, die Schleiermacher in seinen Reden ›Über die Religion‹ entwickelte. Hölderlin selbst besaß Schleiermachers ›Reden‹, die auch dem theologisch interessierten Landgrafen bekannt gewesen sein dürften. An der „lebendigen Anschauung des Universums"[98] liegt Schleiermacher.

[98] Schleiermacher (vgl. Anm. 65), S. 167.

Denn die wahre Religion sei unendlich und könne sich deshalb nicht in einer der historisch gewordenen, „positiven“ Einzelreligionen erschöpfen. Das Christentum sei die Religion der Religionen, sagt er, da es in seiner vom „Geist“ und von der „Liebe“ bestimmten Art nichts anderes ausschließe, vielmehr universal bejahend und vergemeinschaftend wirke. Im Postulat einer alle „positiven“ Einzelreligionen übergreifenden Universalreligion sieht Schleiermacher deshalb keinen Gegensatz zum Christentum, sondern erst dessen wahre Erfüllung. Sein Wesen ist Selbstüberschreitung ins Universale. Aus demselben Grund vereint Hölderlin alle „Himmlischen“ im universalen Konzept der Hymnen, in deren Zentrum Christus steht.

Am Ende seiner ›Reden‹ betont Schleiermacher: „Unzählige Gestalten der Religion sind möglich ... So tretet gleich ein in die Eine und unteilbare Gemeinschaft der Heiligen, die *alle* Religionen aufnimmt ...“[99] Diesen Universalismus entwickelt er nach einer bezeichnenden Berufung auf die „Manen des heiligen verstoßenen Spinoza“, um sich gegen jede Monopolisierung zu wenden: „Das neue Rom, das gottlose, aber konsequente, schleudert Bannstrahlen und stößt Ketzer aus; das alte, wahrhaft fromm und religiös im hohen Stil, war gastfrei gegen jeden Gott, und so ward es der Götter voll.“[100] Er verschmilzt das Christentum mit dem Pantheismus, der sich im Medium der Aufklärung ausgebreitet hatte und selbst eine wesentliche Erscheinung aufklärerischen Geistes ist. Zugleich aber wendet sich Schleiermacher gegen aufklärerische Reduktionen. Das ist auch Hölderlins Position. Auch er bezieht in seinen Dichtungen immer wieder Stellung gegen aufklärerische Verkümmerungsformen. Und doch bewahrt er, nicht zuletzt in der Patmos-Hymne, die sich der Landgraf als poetischen Widerspruch *gegen* die Aufklärung gewünscht hatte, ebenso wie Schleiermacher deren Grundpositionen. Denn die Konzeption der Universalität, in der nichts ausgeschlossen bleiben darf, liegt nicht bloß in der Konsequenz des vom „Geist“ ausgehenden universalistisch-geschichtsphilosophischen Denkansatzes. Sie bewahrt auch den seinem Wesen nach universalen *Toleranzgedanken*. Ja, dieser erfährt nun eine Potenzierung, da es nicht nur darum geht, anderes und sogar *alles* andere tolerant gelten zu lassen. Die endzeitliche Wahrheit der Geschichte liegt vielmehr in einem universalen *Konsensus*. In der ›Friedensfeier‹ stellt ihn Hölderlin als „allversammelnden“ Festtag dar, in ›Patmos‹ ergibt er sich erst im Hinblick auf „die Söhne *all*“ und

[99] S. 172f.
[100] S. 36.

„der Himmlischen *jedes*". Aus der „natürlichen" Universal-Religion der Aufklärer, die in der Vernunft begründet war, ist die vom „Geist" legitimierte Universal-Geschichte geworden.

Aus dem Universum der Sinnwahrnehmungsmöglichkeiten reflektiert Hölderlin am Ende der Patmos-Hymne nun allerdings die in seiner Zeit wesentlichen: „Wir haben gedienet der Mutter Erd' / Und haben jüngst dem Sonnenlichte gedient, / Unwissend ..." (V. 220f.). Diese Metaphern sind schwer zu fixieren und vielleicht mehrdeutig. In manchen seiner Dichtungen ist die Berufung auf Erde und Sonne ein polarer Ausdruck für die Ganzheit der Natur. Hier aber ist der „Dienst" durch das historisch abstufende, auf eine fast unmittelbare Gegenwart deutende „jüngst" deutlich differenziert („... Und haben *jüngst* dem Sonnenlichte gedient"). Fraglos ist die „Mutter Erde" auch eine Chiffre des sich seit Rousseau ausbreitenden Naturkults, der Hölderlins eigenes Denken und Dichten weitgehend bestimmt. Nicht zufällig lautet der Titel einer seiner Hymnen: ›Der Mutter Erde‹. Die Metapher des Sonnenlichts, die zunächst an den aufklärerischen Kult der Vernunft, der «lumières», erinnert, dürfte am wahrscheinlichsten doch dem Griechenkult im deutschen Geistesleben gelten, von Winckelmann bis zu Hölderlin selbst. Oft spricht Hölderlin in seinen Dichtungen vom griechischen „Tag". In der unmittelbar vor ›Patmos‹ entstandenen Hymne ›Der Einzige‹ repräsentiert der Licht- und Sonnengott Apollon die Kultur Griechenlands, an dessen „alte seelige Küsten" sich der Dichter „wie in himmlische Gefangenschaft verkaufft" fühlt. Vom „Dienen" spricht er nun in der Patmos-Hymne. Und wieder versucht er sich von dieser Faszination zu befreien, um nicht das Gebot der Gegenwart zu versäumen.

Da die in der Anfangspartie der Patmos-Hymne dominierende Metaphorik des lichten, ja blendenden Glanzes ebenfalls der antiken Welt gilt, der die zum ersten Mal mit der „dunkeln" Grotte des Sehers von Patmos beschworene Sphäre pneumatischer Innerlichkeit entgegengesetzt wird, gibt der Dichter am Ende zu erkennen, daß der Gegensatz von antik-plastischer und christlich-pneumatischer Ära bis in die Gegenwart hinein ausgetragen werden muß und daß er ihm selbst zum Problem geworden ist. Weil aber die geschichtsphilosophische Reflexion der Hymne die Einsicht zeitigt, daß sich die Geschichte als Vergeistigungsprozeß von der Welt des Glanzvoll-Sichtbaren zur Innerlichkeit des Pneumatischen hinbewegt und nur so zur endzeitlichen Vollendung führt, folgert er nun, daß die im Gang der Geschichte erreichte pneumatische Epoche den Vorrang des Pneumatischen fordert. Und dieses wird durch die „Schrift" repräsentiert.

Denn die Schrift ist vom Geist inspiriert und wieder nur vom Geist zu deuten. Es handelt sich zugleich um den Vorrang des Mittelbaren vor der erfahrungs- und erscheinungshaften Unmittelbarkeit eines Dienstes an der „Mutter Erde“ und dem „Sonnenlicht“.

Die Unwissenheit derer, die der Mutter Erd’ und dem Sonnenlicht „unwissend“ gedient haben, ist demnach im Mangel an geschichtlicher Einsicht begründet: an der Einsicht, zu welcher der Dichter nun durch die in der Hymne selbst vollzogene Reflexion hingefunden hat. Aus dem erreichten Wissen kann er sagen, daß der „Vater“ als das die ganze Geschichte durchwaltende Prinzip *jetzt*, in dieser pneumatischen Epoche, das ihr vornehmlich Adäquate „am meisten liebt“: „daß gepfleget werde / Der veste Buchstab, und bestehendes gut / Gedeutet“.

Nicht daß damit die anderen in der Geschichte vorhandenen Dimensionen der Sinn-Vermittlung abgelehnt würden. Nicht auf das Lutherische „sola scriptura“, vielmehr auf All-Repräsentanz kommt es Hölderlin an, weil *alles* geschichtlich von Bedeutung war und die Wahrheit der Geschichte erst in ihrer am Ende wahrzunehmenden Ganzheit liegt. Aber neben diesem übergeordneten Interesse am Ganzen der Geschichte steht das Interesse an der Gegenwart und dem ihr am meisten Angemessenen. Denn die Geschichte ist nicht ein jederzeit unterschiedslos auf alle sinnvermittelnden Instanzen gleichermaßen angelegtes Geschehen. Da sie ein Vergeistigungsprozeß ist, erhalten in ihrem Endstadium die vergeistigenden und an sich selbst schon vergeistigten Instanzen besondere Bedeutung. Daher nun der Vorrang der „Schrift“, den Hölderlin betont, indem er dennoch den übergeordneten Allheits- und Ganzheitsaspekt bewahrt: „... der Vater aber liebt, / Der über *allen* waltet, / Am *meisten*, daß gepfleget werde / Der veste Buchstab ...“ Die poetische Geschichtsphilosophie der Patmos-Hymne reflektiert nicht bloß, in vollständiger Distanz zum Geschehen, den Geschichtsprozeß im ganzen und faßt nicht nur den Zustand der Vollendung ins Auge, sie fragt auch nach der Forderung der Gegenwart und sucht diese aus dem gesamtgeschichtlichen Horizont zu bestimmen.

3. Geist und Buchstabe. Das hermeneutische Problem bei Hegel und Hölderlin

> ... der Vater aber liebt,
> Der über allen waltet,
> Am meisten, daß gepfleget werde
> Der veste Buchstab, und bestehendes gut
> Gedeutet. Dem folgt deutscher Gesang.

In der geschichtlichen Perspektive fortschreitender Vergeistigung nehmen sich diese Schlußverse paradox aus. Kann die Pflege des festen Buchstaben und die gute Deutung des Bestehenden der Dimension des Geistes zugehören, da doch die Formulierung eher auf das „positiv“ Festgesetzte hinzuweisen scheint? „Der Buchstabe tötet, aber der Geist macht lebendig“, lautet der berühmte Satz des Paulus, der allerdings nicht so allgemein zu verstehen ist, wie er später ausgelegt wurde, sondern den Gegensatz zwischen dem mosaischen Gesetz (γράμμα) unter dem Aspekt seines Gesetztseins und andererseits dem Geist (πνεῦμα) Christi meint: den Gegensatz zwischen Altem und Neuem Testament. Aber schon im frühen Christentum, bei Origenes und einer Reihe anderer Kirchenväter, erhält die paulinische Antithese von Buchstabe und Geist eine wesentlich hermeneutische Dimension: Nun macht erst der Geist das an sich tote Wort in der – allegorischen – Deutung lebendig. In der Folge bestimmt die Spannung zwischen den Befürwortern des *sensus litteralis* und denen des *sensus spiritualis*, d. h. zwischen den Verfechtern einer engeren Orientierung am überlieferten Wort und denen eines freieren Umgangs mit ihm, die Auseinandersetzung. Nach Augustins Schrift ›De spiritu et littera‹, die eher heilsökonomisch orientiert ist, aber doch auch die hermeneutische Dimension des Origenes miteinbezieht, und nach dem Nebeneinander der verschiedenen Tendenzen im Mittelalter wirft die Reformation das Problem mit größter Intensität auf. Luther behandelt es vor allem in der ersten Psalmenvorlesung und findet die Formel: *spiritus latet in littera*. Er versucht den Geist eng an das *verbum externum* zu binden. In den spiritualistischen Strömungen, die von der Reformation ausgingen, nicht zuletzt im spiritualistischen Pietismus wurde dieser Standpunkt Luthers wieder verlassen. Immer von neuem betonen bedeutende Schriftsteller des Pietismus, wie Gottfried Arnold, daß es weniger auf den Buchstaben und die Satzung als auf den „Geist“ ankommt – daß nur der Geist Zugang zur Wahrheit und ein Leben in der Wahrheit zu schaffen vermag. Der „Geist“ ist innerlich, er zeugt, um einen Lieblingsausdruck Gottfried Arnolds zu verwenden, vom „inwendigen" Christentum; Schrift, Satzung und Buchstabe bleiben äußerlich. In zwei seiner eindrucksvollsten Werke, die über der ›Kirchen- und Ketzerhistorie‹ beinahe vergessen worden sind, in der ›Wahren Abbildung der ersten Christen‹ (1696) und in der ›Wahren Abbildung des inwendigen Christentums‹ (1708), betont Gottfried Arnold unermüdlich das Prinzip des Geistes als das für die Gestaltung eines wahrhaft christlichen Daseins entscheidende. Mit Vorliebe beruft er sich dafür auf die auch für Hölderlin zentralen Bibelstellen: auf das vierte Kapitel des Johannesevangeliums, in dem von der Anbetung Gottes „im Geist und in der Wahrheit" die Rede ist, und auf die Botschaft des Paulus an die Korinther: „Gott ist Geist" und: „Der Buchstabe tötet, der Geist aber macht lebendig." Systematisch sammelt Gottfried Arnold aus der frühchristlichen Literatur Hinweise auf das Primat des Geistes.[101] Zwar sieht er durchaus die Spannung, in die er so zur schriftlichen Überlieferung gerät. „Niemand", schreibt er, werde „so verkehrten Sinnes sein, daß er ... argwöhnen wollte, man verachte das geschriebene Wort oder mache sich eines Enthusiasmi teilhaftig", „gleich als wenn dieses ewige Licht nicht noch immer in uns durch die Hl. Schrift zeugete".[102] Er beruft sich auf Spener, den Begründer des Pietismus, der es als Irrlehre abweist, „wollte man mit Ausschließung göttlichen Worts alles auf unmittelbare Offenbarung und Eingebung setzen"; das „inwendige", pneumatische Christentum will er nicht anders verstanden wissen als mit „Bedingung und Voraussetzung der äußeren Anleitungen, Übungen und Mittel, welche Gott selbst als Wege zu dem inneren Christentum verordnet hat".[103] Aber solche Feststellungen bleiben nachrangig gegenüber dem dominanten Spiritualismus.[104] Er richtet sich gegen die ver-

[101] In der ›Wahren Abbildung der ersten Christen‹ vor allem im 1. und 2. Kapitel sowie im 5. Kapitel, das von „der reichen Ausgießung des Geistes" handelt.

[102] Inwendiges Christentum, S. 29.

[103] S. 30.

[104] Die tote Buchstabenschrift, so betont Gottfried Arnold immer wieder, kann nur vom Erleuchteten zum Leben erweckt und entziffert werden:

> Ja wenn du in der schrifft noch so ein meister bist /
> So must du alles doch erst in der that erfahren /
> Was du aus buch und schall nach kunst buchstaben weißt /
> Der Geist muß dir im grund ohn mittel offenbahren /
> Was Christus in uns sey / was neuer namen heist.

äußerlichte Orthodoxie und den institutionellen Charakter der Kirche, indem er aus der geschichtlichen Erfahrung eines Jahrhunderts der Religionskriege spricht, in denen sich gezeigt hatte, daß der Buchstabe tötet. Eines der bedeutendsten pietistischen Bibelwerke, die Berleburger Bibel, verfolgt einen radikal spiritualistischen Kurs, indem sie das *testimonium spiritus sancti internum* weit über den bloßen Buchstaben setzt. „Buchstabe" und „Bild" sind in ihr gegenüber dem „Geist" gleichermaßen inferior.[105] Der württembergische Pietismus, aus dem Hölderlin selbst kommt, ist nüchterner. Das „Wort" hat bei dem Bibelphilologen Bengel ein stärkeres Gewicht. Immerhin aber betont auch Bengel, das äußere Wort sei nur Vehikel für das innere Wort. Auch ihm kommt es auf den Geist an, ohne den der Buchstabe tot ist. Nicht zuletzt an den aus dem Herrnhuter Pietismus kommenden Schleiermacher ist wieder zu erinnern. In seinen Reden ›Über die Religion‹ sagt er, daß der „lebendige Geist" oft schlummert und sich dann „in die tote Hülle des Buchstabens" zurückzieht.[106]

Zum Horizont der Schlußverse gehört andererseits auch die Erfahrung mit der aufklärerischen Bibelkritik, gegen die sich der Landgraf „sein" Gedicht gewünscht hatte, und endlich die Erfahrung der eigenen idealistischen Generation, die den pietistischen Spiritualismus zur philosophischen, besonders zur geschichtsphilosophischen Speku-

(Poetische Lob- und Liebessprüche, LXVI, S. 81)

> ...
> Zuletzt würckt gott allein im innern Chor der seelen /
> Ohn mittel / bild und hülff / figur und creatur

(Poetische Lob- und Liebes-Sprüche, LXXV, S. 96f.)

105 Im Apokalypse-Kommentar der Berleburger Bibel (7. Band) zu Kapitel 10,9 stehn die aufschlußreichen Verse:

> Der *Buchstab* ist es nicht, die *Bilder* töten nur:
> Was Geist und Leben heißt, das hat des Geists Natur;
> Das dringt durch Mark und Bein, das hat lebendig Wesen,
> Das spricht auch ohne Wort, das macht, was kranck, genesen:
> Daraus kommt Profezey, Verstand und reiner Geist,
> Der durch ein rein Gefäß auch rein auf andre fleußt.

(Zitiert nach: Martin Brecht, Die Berleburger Bibel. Hinweise zu ihrem Verständnis, in: Pietismus und Neuzeit, Bd. 8, 1982, S. 199.)

106 Schleiermacher, S. 170.

lation steigerte. Hegels Transzendentallogik übergeht entschlossen alles Wirkliche und Historische – insofern auch das historische Zeugnis der Schrift und ihren „vesten Buchstaben".[107] Dem Hegelschen „Geist" dient das historische Substrat nur zur Objektivierung seiner selbst. In der „Gegenständlichkeit", so sagt er, wird der Geist „sich seiner bewußt, auf daß er selig sei".[108] Der „Geist" enthält vorgängig schon alles in sich selbst und soll eigentlich nur noch den Begriff seiner selbst hervorbringen. Deshalb formt die Spekulation alles Historische und so auch die Schrift nach der Maßgabe des „Geistes" um. Aus diesem Grunde setzt Hegel immer wieder bei der „spekulativen Idee" des Christentums ein, bei der Idee der Trinität, und daher hält er sich in seiner Jugendschrift über den ›Geist des Christentums und sein Schicksal‹ an die Worte des Johannesevangeliums über die Anbetung Gottes „im Geist und in der Wahrheit". Im übrigen weist er das historisch Bezeugte, den „vesten Buchstaben", strikt ab, ebenso jedwede Exegese. Denn das Verständnis des Wahren und der „Geist" hat sich nicht von der historisch gegebenen Basis der Schrift her zu entwickeln und zu rechtfertigen, vielmehr hat sich umgekehrt die Überlieferung vor dem autonomen Geist und seinem geschichtlichen Bedarf zu rechtfertigen. Deshalb darf mit ihr erstens eklektisch verfahren und nur das zugelassen werden, was, wie einige Stellen im Johannesevangelium, dem Anspruch des seiner selbst gewissen Geistes gemäß ist; und zweitens kann sie spekulativ, d. h. symbolisch und allegorisch, gedeutet werden, je nachdem, was die sich aus dem „Geist" ergebende Perspektive erfordert.

Indem Hegel nur *die* Partien der Bibel gelten läßt, die den „Buchstaben" und überhaupt das „Positive" als inferior kritisieren und dagegen das Prinzip des Geistes betonen, sieht er die Bibel als ein historisches Dokument, das sich im Horizont des von ihr selbst propagierten „Geistes" auflöst und sich damit der spekulativen Deutung überantwortet. Nur darin liegt ihr philosophischer Wert.

Auch unter geschichtsphilosophischem Gesichtspunkt entwertet Hegel die Bibel. Denn da der Geist sich geschichtlich weiterbewegt, um zur vollen Wahrheit seiner selbst zu gelangen, ist alles historisch Vergangene und so auch das Zeugnis der Bibel angesichts

[107] Vgl. hierzu und zum Folgenden: Otto Kühler, Sinn, Bedeutung und Auslegung der Heiligen Schrift in Hegels Philosophie, Leipzig 1934.

[108] G. W. F. Hegel, Sämtliche Werke, hrsg. v. G. Lasson, Bd. 8: Vorlesungen über die Philosophie der Weltgeschichte (1), Leipzig 1917 (Philosoph. Bibl. 171 a), S. 51.

des gegenwärtigen, schon so viel weiter fortgeschrittenen Stadiums des Geistes nur als eine Form der Rückständigkeit zu begreifen. Was in den entsprechenden Partien des Neuen Testaments steht, ist der Anfang des sich entwickelnden geistigen Prinzips und insofern achtenswert, aber eben nur als Anfang. „Das, was in der Bibel steht", sagt Hegel, sei „als vorher Gewußtes noch nicht das Wahrhafte"[109], denn das Wahrhafte des Geistes liegt erst am Ende seiner geschichtlichen Entwicklung.

Doch ist für Hegel die „Deutung" nicht die Selbstauslegung des geschichtlichen Geschehens und deshalb nicht mit dem historischen Geschehen selbst streng verbunden. Die Deutung des geschichtlichen Geschehens und so auch des in der Bibel geschichtlich Überlieferten entspringt allein dem schon je durch sich selbst verständigten menschlichen Geist, der nach der autonomen Notwendigkeit seiner Prinzipien zu einer bestimmten Deutung der Geschichte und des geschichtlich Überlieferten drängt. Die „Deutung" kann dann nur noch in der Umsetzung des biblischen Zeugnisses in die Form der spekulativen Selbstgewißheit bestehen. Schon gar nicht legt sich die Bibel selbst aus, wie es der alte reformatorische Grundsatz fordert: *scriptura sacra sui ipsius interpres*. Deutung ist vielmehr ganz und gar Sache der philosophischen Erkenntnis. Und wenn sich die Philosophie gelegentlich auf Bibelstellen beruft, so nicht, um sich damit selbst zu legitimieren, vielmehr um ihrerseits diesen Stellen der Schrift eine höhere, philosophische Legitimation zu verleihen. Wo Hölderlin vom „vesten Buchstab" spricht, sagt Hegel: „Das Wort sollte auch solch ein Festes sein, aber der Geist macht daraus, was das Wahre ist."[110] Er fordert, „daß bei der Religion von ihr selber und nicht von dem Buchstaben angefangen werde" und beansprucht zugleich das Recht, „daß die Religion treu und offen aus der Vernunft entwickelt ... werde, ohne den Ausgangspunkt von bestimmten Worten zu nehmen".[111]

[109] G. W. F. Hegel, Sämtliche Werke, hrsg. v. G. Lasson, Bd. 8: Vorlesungen über die Philosophie der Weltgeschichte (3), Leipzig 1920 (Philosoph. Bibl. 171 c), S. 722.

[110] G. W. F. Hegel, Sämtliche Werke, hrsg. v. G. Lasson, Bd. 14: Vorlesungen über die Philosophie der Religion. III. Teil: Die absolute Religion, Leipzig 1929 (Philosoph. Bibl. 63), unveränderter Nachdruck Hamburg 1966, S. 194 (2. Halbband des 2. Bandes der Ausgabe von 1966).

[111] G. W. F. Hegel, Sämtliche Werke, hrsg. v. G. Lasson, Bd. 12: Vorlesungen über die Philosophie der Religion. Einleitung: Begriff der Religionsphilosophie, Leipzig 1925 (Philosoph. Bibl. 59), unveränderter Nachdruck Hamburg 1966, S. 39 (1. Halbband des 1. Bandes der Ausgabe von 1966).

Was also meint Hölderlin, indem er am Ende seiner Hymne von der Pflege des „vesten Buchstabs" und vor allem, wenn er von der „guten Deutung" des Bestehenden als der vornehmsten Aufgabe spricht? Handelt es sich um eine konservativ-orthodoxe Wendung, um eine Wendung gegen den pietistischen Spiritualismus und die idealistische Spekulation?

Zwar meint die Pflege des „vesten Buchstabs" zunächst einfach die grundlegende Arbeit der biblischen Textkritik, auf der dann erst die „gute Deutung" aufbauen kann. Aber dieses Postulat wäre sinnlos, wenn es in der Deutung dann, etwa in Hegels Sinn, gar nicht mehr auf den Buchstaben ankäme. Andererseits zeigt die hier vorgelegte Interpretation der Hymne, daß Hölderlins Verfahren selbst durchaus pneumatisch-spekulativ ist. Er folgt den gleichen Signalen des Johannesevangeliums wie Hegel und mit gleicher Tendenz. Er verfährt ebenso eklektisch, indem er aus dem Johannesevangelium zwar die Stellen über den Geist und ähnliches übernimmt, aber stillschweigend übergeht oder sogar ins Gegenteil verkehrt, was nicht in seine Konzeption paßt – so spricht er von der „Erheiterung" der „zürnenden Welt" durch Christus bei seinem Abschied, während das Evangelium von der sündigen, straffälligen und dem Gericht zu überantwortenden Welt handelt. Vor allem: Die entschlossene Universalisierung des Heilsgeschehens in den beiden letzten Strophen, die weit über den christlichen Horizont hinausreichen, indem sie auch die anderen „Söhne" und „Himmlischen" einbeziehen, hat längst nichts mehr mit dem „vesten Buchstab" im engeren Sinne zu schaffen. Endlich spricht die Absage an positivistische Repristination – „Ein Bild zu bilden, und ähnlich / Zu schaun, wie er gewesen, den Christ" (V. 165f.) – auch gegen eine vordergründige, positivistische Festlegung auf den festen Buchstaben.

Die Lösung des Problems kann nur darin liegen, daß das Prinzip der pneumatisch-spekulativen Eklexis, dem Hölderlin im ganzen Verlauf der Hymne selbst huldigt, auch das des Schlusses ist. *Der* Buchstabe der Bibel soll gepflegt werden, der dem Prinzip der bloßen Buchstäblichkeit widerspricht – also die entsprechenden Partien aus dem Johannesevangelium, den Korintherbriefen und der Apostelgeschichte. Die gute Deutung des Bestehenden ist Deutung gerade dieser Partien und, allgemeiner, Deutung aus deren „Geist": pneumatische Deutung; da der „Geist" aber in die Geschichte eingegangen und selbst geschichtlich vermittelt ist, wird die gute Deutung auch zur pneumatischen Deutung aus der geschichtlichen Dimension des Vergeistigungsprozesses, den das Wirken des Geistes erst ausgelöst hat und in dem er sich selber weiter „dem Klaren zu“ entfaltet. Nur sofern man die gute Deutung des Bestehenden pneumatisch versteht, als inspirierte Auslegung der Schrift, läßt sich auch die resümierende Schlußwendung „Dem folgt deutscher Gesang“ als Aussage über den Charakter dieses „Gesanges“ selbst verstehen. Sie ist umgekehrt ein Hinweis darauf, was mit der guten Deutung des Bestehenden gemeint sei.

Dennoch scheint der Abstand zu Hegel beträchtlich. Das geht aus jenen früheren Versen hervor, in denen es heißt: „Im Zorne sichtbar sah ich einmal / Des Himmels Herrn, nicht, daß ich seyn sollt etwas, sondern / Zu lernen“ (V. 171–173). Hegels autonomer Geist braucht nichts mehr zu „lernen“. Er „ist“ schon alles an sich selbst. Hölderlin, der bereits Jahre früher den subjektiven Idealismus Fichtes abgewiesen hatte, sagt hier der Spekulation ab, die von sich aus den Sinn in autonomen Entwürfen glaubt konstituieren zu können. Er sucht die objektive Sphäre der Erfahrung zu retten, die auch die Erfahrung einer den Menschen unverfügbaren Geschichte ist: „Denn sie nicht walten, es waltet aber / Unsterblicher Schiksaal und es wandelt ihr Werk / Von selbst ...“ (V. 176–178). Wie die Natur gehört die Überlieferung in den „heiligen Schriften“ zu dieser objektiven Sphäre der Erfahrung, die als „Bestehendes“ respektiert werden will – aber nicht im positivistischen Sinne oder im dogmatisch-konservativen Sinne der Orthodoxie, sondern in der geistig-geschichtlichen Vermittlung durch die „Deutung“, die zugleich das pneumatische und geschichtsbewußte Prinzip des „deutschen Gesangs“ ist. Dieses umfassende hermeneutische Konzept reicht weit über das Problem der modernen aufgeklärten Bibelexegese, die den Landgrafen bekümmerte, ins Grundsätzliche hinein. Es reflektiert Hölderlins eigenes idealistisches Grundproblem und sucht es in einer dialektisch vermittelnden Bewegung zu lösen. Das ist der weiteste Horizont, den der pneumatisch-geschichtsphilosophische Duktus der Hymne entwirft. Der engere ist der einer innerpietistischen Problematik: der Spannung zwischen dem radikalen Spiritualismus, den die pietistischen Separatisten vertraten und der keinen „vesten Buchstab“ mehr gelten läßt, und andererseits einem vordergründigen Biblizismus.

Indessen bleibt, wenn man das hermeneutische Problem: die Aufgabe des „Deutens“ in dieser Weise als umgreifend und ausschlaggebend ansieht, doch auch eine kaum auflösbare Schwierigkeit des Textes am Ende der Hymne. Es könnte scheinen, als setze Hölderlin den „vesten Buchstab“ und „Bestehendes“ in eins, so als sei die Rede vom „Bestehenden“ nur eine Verdeutlichung der Aussage über den „vesten Buchstab“, der dann in jedem Fall nicht bloß als das schriftlich

Fixierte, Feste, sondern zugleich schon als das Gültige gemeint wäre. Mindestens ebenso vertretbar ist aber eine andere Lesart: daß dasjenige, was nach der – dann textkritisch aufzufassenden – Pflege des Buchstaben *noch* bestehen bleibt vom biblischen Text, „gut gedeutet" werden soll. Bei diesem Verständnis hätte Hölderlin auch den Erkenntnisanspruch der in der Zeit der Aufklärung entstandenen wissenschaftlichen Bibelkritik miteingebracht und gewahrt. Eine solche Abstufung auch im Bereich des schriftlich Fixierten läge auf der Linie jener Logik, die ihn schon früher in der Hymne formulieren läßt (V. 157f.): „Und nicht ein Übel ists, wenn einiges / Verloren gehet ..." Wie dem auch sei: das außerordentliche, weil Verseinheit und syntaktische Einheit gegeneinander extrem ausspielende Enjambement, durch welches das Wort „Gedeutet" noch in den Anfang des letzten Verses gehoben wird, obwohl der Satz damit endet, legt die Emphase auf die Deutung. Nur ihr widmet sich der „Gesang".

REGISTER

Namen

Sachen